Power and Interdependence
4th Edition

权力与相互依赖

第四版

中译本修订版

〔美〕罗伯特·基欧汉（Robert O. Keohane）著
约瑟夫·奈（Joseph S. Nye）

门洪华 译

北京大学出版社
PEKING UNIVERSITY PRESS

著作权合同登记号　图字：01-2011-2944

图书在版编目（CIP）数据

权力与相互依赖：第四版 / （美）罗伯特·基欧汉，（美）约瑟夫·奈著；门洪华译 . —中译本修订版 . —北京：北京大学出版社，2024.9
（社会科学经典）
ISBN 978-7-301-34710-2

Ⅰ.①权… Ⅱ.①罗… ②约… ③门… Ⅲ.①国际关系理论–研究 Ⅳ.① D80

中国国家版本馆 CIP 数据核字（2024）第 006652 号

Authorized translation from the English language edition, entitled POWER & INTERDEPENDENCE, 4th Edition by KEOHANE, ROBERT O.; NYE, JOSEPH S., published by Pearson Education, Inc., Copyright © 2012, 2001, 1997 by Robert O. Keohane and Joseph S. Nye.

All rights reserved. No part of this book may be reproduced or transmitted in any form or by any means, electronic or mechanical, including photocopying, recording or by any information storage retrieval system, without permission from Pearson Education, Inc.

CHINESE SIMPLIFIED language edition published by PEKING UNIVERSITY PRESS LTD., Copyright © 2024.

本书中文简体翻译版由 Pearson Education（培生教育出版集团）授权北京大学出版社在中华人民共和国境内（不包括香港、澳门特别行政区及台湾地区）独家出版发行。未经出版者书面许可，不得以任何方式抄袭、复制或节录本书中的任何部分。

本书封面贴有 Pearson Education（培生教育出版集团）激光防伪标签，无标签者不得销售。

书　　名	权力与相互依赖（第四版）（中译本修订版） QUANLI YU XIANGHU YILAI（DI-SI BAN）(ZHONGYIBEN XIUDING BAN)
著作责任者	〔美〕罗伯特·基欧汉（Robert O. Keohane）〔美〕约瑟夫·奈（Joseph S. Nye）著　门洪华译
责任编辑	贺怡敏　陈相宜
标准书号	ISBN 978-7-301-34710-2
出版发行	北京大学出版社
地　　址	北京市海淀区成府路 205 号　100871
网　　址	http://www.pup.cn
新浪微博	@北京大学出版社　@未名社科–北大图书
微信公众号	北京大学出版社　北大出版社社科图书
电子邮箱	编辑部 ss@pup.cn　总编室 zpup@pup.cn
电　　话	邮购部 010-62752015　发行部 010-62750672 编辑部 010-62753121
印 刷 者	北京中科印刷有限公司
经 销 者	新华书店
	650 毫米 × 965 毫米　16 开本　31.5 印张　429 千字 2024 年 9 月第 1 版　2024 年 9 月第 1 次印刷
定　　价	129.00 元

未经许可，不得以任何方式复制或抄袭本书之部分或全部内容。
版权所有，侵权必究
举报电话：010-62752024　电子邮箱：fd@pup.cn
图书如有印装质量问题，请与出版部联系，电话：010-62756370

目 录

中译本修订版序言 /1

译者前言　构筑新自由制度主义的理论基石 /3

中译本序言 /33

第四版序言 /41

第四版前言 /46

第一编　理解相互依赖

第一章　世界政治中的相互依赖 /003
关于相互依赖的新探讨 /007

作为一个分析概念的相互依赖 /010

权力与相互依赖 /013

国际机制变迁 /022

第二章　现实主义与复合相互依赖 /027
复合相互依赖的特征 /029

　　多种渠道 /030

　　问题之间没有等级之分 /031

　　军事力量起着次要作用 /032

复合相互依赖的政治进程 /035

　　联系战略 /036

　　议程设置 /038

　　跨国关系与跨政府关系 /040

　　国际组织的作用 /042

第三章　解释国际机制的变迁 / 045

经济进程解释模式 / 045

总体权力结构解释模式 / 050

  霸权的衰落 / 050

  总体结构模式的局限性 / 056

问题结构解释模式 / 059

  问题结构解释模式的局限性 / 063

国际组织解释模式 / 065

关于机制变迁的综合解释 / 069

第二编　海洋和货币领域的机制变迁

第四章　关于海洋政治和货币政治的历史回顾 / 075

国际货币问题领域 / 078

  1914 年之前的国际金本位制 / 081

  1920—1976 年的国际货币机制 / 087

海洋问题领域 / 105

  海洋问题领域的界定 / 107

  传统的航海自由机制 / 109

  1920—1975 年的机制阶段 / 112

  海洋政治的议程变化 / 118

结　论 / 120

第五章　海洋和货币的复合相互依赖 / 121

复合相互依赖的条件 / 121

  武力的作用 / 121

  各问题之间没有等级之分 / 128

  联系的多渠道 / 133

  货币、海洋与复合相互依赖 / 136

货币和海洋问题领域的政治进程 / 138
　　行为体的目标 / 139
　　国家政策的工具 / 145
　　议程形成 / 147
　　问题之间的联系 / 149
　　国际组织的作用 / 152
结　论 / 155

第六章　海洋和货币领域的决策政治 / 157
经济进程与机制变迁 / 157
总体结构与机制变迁 / 160
　　海洋机制的衰落 / 161
　　国际货币机制 / 163
问题结构模式与机制变迁 / 168
　　国际货币问题领域 / 169
　　海洋政治 / 173
国际组织与机制变迁 / 177
　　海洋政治 / 179
　　国际货币领域 / 182
系统解释的局限：国内政治和领导 / 185
结　论 / 191

第三编　机制与两个双边关系

第七章　美国与加拿大和澳大利亚的关系 / 199
加美关系与复合相互依赖 / 201
澳美关系与复合相互依赖 / 208
加美关系中的问题与结果辨析 / 217

澳美关系中的问题与结果辨析 / 233

关于议程形成政治的比较分析 / 238

对不同冲突结果的解释 / 243

关于机制变迁的其他解释 / 250

第四编　美国与复合相互依赖

第八章　应对相互依赖 / 263

解释模式与世界政治的条件 / 264

复合相互依赖中的权力 / 266

复合相互依赖的趋势 / 269

复合相互依赖中的领导 / 272

多元领导与政策协调 / 275

确立国际机制的合法性 / 278

国际组织与国内组织 / 280

结　论 / 287

第五编　全球主义与信息时代

第九章　权力、相互依赖与信息时代 / 291

信息革命与复合相互依赖 / 294

信息与权力 / 298

充足的悖论与信任政治 / 302

第十章　权力、相互依赖与全球主义 / 309

全球化与相互依赖 / 311

全球主义的维度 / 313

强全球主义：美国制造？ / 317

关联性、敏感性与脆弱性 / 320

相互依赖和全球主义：举例说明 / 324

当代全球主义的新意何在？ / 327

网络密度 / 328

传播成本的降低与制度转化率 / 332

跨国参与和复合相互依赖 / 333

距离无关紧要吗？ / 336

全球化与冷战的终结 / 339

冷战的终结与全球主义的维度 / 339

关联政治与全球主义的美国化 / 342

政治、公正、权力与治理 / 343

全球主义与国内政治 / 344

公正与不平等加剧的政治影响 / 347

权力与网络 / 351

全球主义的治理 / 353

第六编　关于理论与政策的进一步思考

跋 / 363

一、《权力与相互依赖》的主题 / 364

二、关于《权力与相互依赖》研究纲领的批评 / 372

相互依赖与讨价还价 / 372

复合相互依赖 / 377

国际机制变迁 / 380

三、结构理论的局限性：系统政治进程 / 386

四、认识与学习 / 391

结　论 / 395

为多边主义喝彩？三思而后行 / 397

  需要国际机制 / 400

  不切实际的观点 / 402

    切莫试图重温历史 / 403

    问一下世界真正需要什么 / 403

    建立在共享利益之上 / 405

    利用机制来防范灾难 / 406

    最好的执行是自我执行 / 407

    寻求恰当时机 / 408

    利用机制，使美国着眼于未来 / 409

  机制的维持 / 410

    联合国维和行动 / 411

    国际债务 / 411

    汇率 / 412

索　引 / 414

中译本修订版序言

2012年，北京大学出版了门洪华教授翻译的《权力与相互依赖（第四版）》中译本。这一年，习近平开始担任中共中央总书记。此时，巴拉克·奥巴马还在担任美国总统，用美国副国务卿罗伯特·佐利克2005年的话讲，当时的人们普遍希望中国成为基于规则的国际秩序的"负责任利益攸关方"，中国经济也从中获益匪浅。佐利克的潜台词是，中国应该成为美国的初级合伙人。用《权力与相互依赖》的话讲，美国希望继续行使领导权。

我们在《权力与相互依赖》中指出，其他国家与美国主导的国际机制合作"取决于该机制的合法性——确实符合所有主要参与方利益的广泛共识"（英文版第197页）。21世纪第一个十年的美国政策显然无法达到可以接受的合法性标准。2003年美国在未能获得联合国对其军事行动支持和授权的情况下入侵伊拉克，美国金融系统管理不善导致了2008—2009年的金融危机。美国政策的失败显然促成了中国的政策转向。2009—2016年，奥巴马总统做了大量努力接触中国和强化国际规范，这些努力均为继任的唐纳德·特朗普总统所废弃。特朗普任职期间，鄙视国际合作和盟友，这进一步削弱了美国全球领导权的合法性。拜登总统恢复美国全球领导地位的努力是否成功和持久，我们还需要继续观察。

天真的读者可能把《权力与相互依赖》视为乐观之作，部分原因在于可追溯到康德的自由主义传统将经济相互依赖与和平关联在一起。确实，本书解释了"复合相互依赖"的情境：各社会之间有着多元的联系渠道；议题之间不存在等级之分；最重要的是，武力被普遍视为并非实现国家目标的适宜手段。然而，《权力与相互依赖》并不认为复合相互依赖构成了世界的新形态，而只是认为它是一种可能的世界形态。本书对复合相互依赖政治进程的见解是有条件的：尤其有赖于武力被排除在政策工具的选择之外。

用本书的术语讲，21世纪初，大多数美国人和许多中国人认为双边关系正在进入复合相互依赖时期。然而，不幸的是，21世纪第一个十年，中美关系转向了现实主义模式。对双方而言，武力再次成为活跃的权力工具，武力威胁寻常可见。对照本书表2.1"现实主义和复合相互依赖条件下的政治进程"，其中所描述的"现实主义"比"复合相互依赖"更适用于当前的中美关系。

相比当前，2012年的中美关系更符合《权力与相互依赖》的描述。然而，这并不意味着，对中国读者而言，阅读本书不像过去那么重要了。复合相互依赖的世界比单一的现实主义世界更好，更有利于经济获益、文化繁荣、人民之间的相互理解、技术进步、应对气候变化等既有全球威胁的共同行动。最重要的是，复合相互依赖的世界更少可能引发军事冲突，后者深具破坏性，给全人类和地球生态带来威胁。

中美两国短期内不太可能走向复合相互依赖的世界，因此我们必须考虑的是，在一个更接近于现实主义模式的世界里，如何使外交发挥作用。然而，即使在现实主义的条件下，更好或更坏的结果也都有可能发生。在当前中美关系处于现实主义的条件下，我们需要做的是，助力促进稳定的中美关系，降低严峻危机的可能，避免战争。

罗伯特·基欧汉、约瑟夫·奈

2023年2月16日

译者前言
构筑新自由制度主义的理论基石

《权力与相互依赖》由美国著名学者罗伯特·基欧汉、约瑟夫·奈合著，是一部颇有理论建树的力作。1977年，本书第一版出版，标志着新自由主义国际关系学派挑战（新）现实主义理论主导地位的开始，构成新自由制度主义兴起的理论基石；1989年，本书重版并增加了对批评的回应；2001年本书第三版出版；2012年本书第四版出版，两位学者将全球化、国际机制与相互依赖概念相整合，指点国际局势，激扬文字，对21世纪初的世界政治（world politics）进行严肃的理论分析，成为代表新自由制度主义发展的巅峰之作。自1977年以来，本书一直是国际关系研究引用频率最高的著作之一，其真知灼见力透纸背，被视为"不可替代之作"[①]。

20世纪60年代和70年代，国际关系出现大分化、大组合，一度有美国霸权衰落之说。对此，美国学术界提出了各种各样的解释和政策建议，而《权力与相互依赖》的复合相互依赖模式是公认最有解释力的理论之一。此后，以复合相互依赖理想模式为基石，基欧汉建构了新自由制度主义（Neoliberal Institutionalism）理论模式，使之成为与新现实主义比肩而立，甚至取代其主导地位的体系理论（systemic

---

① 王逸舟：《"国际规则"理论及其启示——再说〈权力与相互依赖〉一书》，《世界经济与政治》1995年第3期，第89—92页；肯·斯泰尔斯（Ken Sitles）语 [Robert O. Keohane and Joseph S. Nye, Jr., *Power and Interdependence* (New York: Addison-Wesley and Longman, 2001)]。

theory)。① 随着信息时代的到来,全球化成为国际关系理论发展与实践变革的驱动力,基欧汉与奈殊途同归,共同致力于对全球治理的探究,并提出全球主义治理的理论框架。② 可以说,《权力与相互依赖》的理论主题——特别是复合相互依赖模式——构成了新自由制度主义的理论基石。

从逻辑线索上讲,《权力与相互依赖》由理论框架、现实验证、批评回应与理论发展等四个相互联系的部分组成。在理论框架部分,作者剖析相互依赖的概念,提出敏感性相互依赖和脆弱性相互依赖的区分,在权力与相互依赖之间建立联系框架;在批评政治现实主义的基础之上,提出"复合相互依赖"的理想模式;提出国际机制概念及国际机制变迁的解释模式,从而为新自由制度主义的崛起奠定了理论基础。在现实验证部分,作者分别从海洋领域、国际货币领域、美加关系、美澳关系等方面就国际机制变迁予以解释,验证自己的理论主张;剖析美国与复合相互依赖的关系,就美国外交提出了自己的政策建议。在批评回应部分,作者对《权力与相互依赖》的理论批评做出

---

① Robert O. Keohane, *After Hegemony: Cooperation and Discord in the World Political Economy* (Princeton: Princeton University Press, 1984); Robert O. Keohane, *International Institutions and State Power: Essays in International Relations Theory* (Boulder: Westview Press, 1989); Robert O. Keohane, "International Institutions: Can Interdependence Work?" *Foreign Policy* 110 (Spring 1998): 82−96+194; Joseph S. Nye, Jr., *Bound to Lead: The Changing Nature of American Power* (New York: Basic Books, 1990); 秦亚青:《权力·制度·文化——国际政治学的三种体系理论》,《世界经济与政治》2002 年第 6 期,第 5—10 页;门洪华:《和平的纬度:联合国集体安全机制研究》,上海人民出版社 2002 年版,第一章;等等。

② Robert O. Keohane and Joseph S. Nye, Jr., "Introduction," in Joseph S. Nye, Jr. and John Donahue (eds.), *Governance in a Globalizing World* (Washington: Brookings Institution Press, 2000), pp. 1–41; Robert O. Keohane and Joseph S. Nye, Jr., "Globalization: What's New? What's Not? (And So What?)" *Foreign Policy* 118 (Spring 1998): 104—119; Robert O. Keohane, "Governance in a Partially Globalized World," *American Political Science Review* 1 (March 2001): 1—13; Robert O. Keohane, "The Globalization of Informal Violence, Interdependence and Legitimacy in World Politics After September 11" (forthcoming); Joseph S. Nye, Jr., The *Paradox of American Power* (New York: Oxford University Press, 2002); etc.

回应，并将20世纪80年代以来新自由制度主义的理论发展贯穿其中，强调自身理论的价值及其限制条件，指明未来理论的发展方向。20世纪90年代以来，国际局势发生了翻天覆地的变化，全球化驶上快车道，美国"单极霸权"的战略图谋越来越突出。进入21世纪，国际社会将走向何方？在理论发展部分，两位学者敏锐地抓住信息时代、全球主义两个概念，提出以国际机制（国际制度）为核心，对全球主义进行治理的新思路。

《权力与相互依赖》是罗伯特·基欧汉和约瑟夫·奈的双剑合璧之作，既有理论上的深度建构，也有实践上的指导价值，"征战沙场，剑强于笔；长远观之，却是笔指导剑"恰是本书的点睛之笔。译者拟从理论建构的角度剖析本书的学术价值，具体地说，从核心概念、核心命题、研究纲领三个方面剖析其理论价值，阐明本书理论主题是构建新自由制度主义基石的观点；结合对新自由制度主义研究纲领的阐述，阐明国际关系理论发展之"中间道路"的价值及其对中国国际关系理论研究的启示。

一、核心概念的厘定

相互依赖、国际机制（国际制度）、全球化（全球主义）、国际治理构成新自由制度主义的核心概念，相互依赖、国际机制（国际制度）为其他概念的基础。

相互依赖古已有之，中国早有"唇亡齿寒""城门失火，殃及池鱼"之论；古希腊城邦之间存在着实质性的相互依赖关系。① 马克思、恩格斯在《共产党宣言》中指出，"过去那种地方的和民族的自给自足和闭

---

① Barry Hughes, *Continuity and Change in World Politics: The Clash of Perspectives* (New Jersey: Prentice Hall, 1991), p. 218.

关自守状态，被各民族的各方面的互相往来和各方面的相互依赖所代替了"①。20世纪中叶以来，复合相互依赖程度日趋加深，国际机制（国际制度）的作用逐渐突出，全球化进程明显加快。罗伯特·基欧汉与约瑟夫·奈指出："20世纪70年代，相互依赖的说法不绝于耳；到了90年代，耳濡目染皆全球化也。"②

自罗伯特·基欧汉和约瑟夫·奈阐明"我们生活在一个相互依赖的时代"以来，相互依赖成为学术界几乎最为流行的术语（buzzword），关于相互依赖的探讨如火如荼，任何关于国际关系的理论探讨和新理论的出现莫不以此为背景和探讨问题的现实渊源③，而复合相互依赖也成为论述国家间关系和超国家（supranational）关系的主体理论之一。罗伯特·基欧汉、约瑟夫·奈、约翰·斯帕尼尔、丹尼斯·皮雷奇斯、斯坦利·霍夫曼等学者都曾论述过相互依赖④，其中尤以罗伯特·基欧汉和约瑟夫·奈的理论建构为代表。

相互依赖是一种客观存在的事实，学术界对此提出了不同的解释。基欧汉和奈指出，世界政治中的相互依赖指的是以国家之间或不同国家的行为体之间相互影响为特征的情形。首先，相互依赖有赖于强制力或者要付出代价的影响和联系。罗伯特·吉尔平指出，相互依

---

① 《马克思恩格斯选集》第1卷，人民出版社1995年版，第276页。

② Robert O. Keohane and Joseph S. Nye, Jr., "Globalization: What's New? What's Not? (And So What?)": 104.

③ 新现实主义理论、新自由主义理论、国际政治经济学、全球化理论等理论对相互依赖的描述能充分证明这一点。

④ Robert O. Keohane and Joseph S. Nye, Jr., *Power and Interdependence: World Politics in Transition*(Boston: Little, Brown and Company, 1977); John Spanier, *Game Nations Play: Analysing International Politics* (New York: Holt, Rinehart and Winston, 1978); Dennis Pirages, *Global Ecopolitics: The New Context of International Relations* (North Scituate, Mass: Duxbury Press, 1978); John Ruggie, *The Antinomies of Interdependence* (New York: Columbia University Press, 1983); Robert Gilpin, *The Political Economy of International Relations* (New Jersey: Princeton University Press, 1987); etc.

赖指的是"相互的但又不平等的依存关系"①。这就是所谓的"非对称相互依赖"或相互依赖的非对称性。②政治经济旧秩序维持着旧殖民地对发达国家依赖的现实证明了这一点。相互依赖是普遍存在的，但非对称性的特征潜伏着产生一个国家依附于另一个国家的可能性。其次，相互依赖的含义并不局限于互利（mutual benefit）的情形，并不是以互利为特征的。相互依赖关系的代价和收益的核心是如何分配收益，追求最大限度的收益（不管是相对收益还是绝对收益）是行为体的本质特征。最后，相互依赖并不一定导致合作，遑论促进和平。③自由主义者认为相互依赖是和平的源泉，随着相互依赖网络的扩大，各国的合作关系不难培育出来。而在马克思主义者和现实主义者看来，相互依赖是冲突和不安全的原因。④吉尔平认为，"经济相互依赖在社会集团以及国家之间建立了一种实力关系……相互依赖产生了一种可供利用和操纵的脆弱性。……作为这一情况的对策，各个国家均努力加强自己的独立性，而增加他国对自己的依赖性"⑤。肯尼思·沃尔兹（亦译作肯尼思·华尔兹）精辟地指出，"破坏相互依赖的关系要付出昂贵的代价，意思也就说尽了"，"相互依赖也会加快战争的到来"，"把世界视为一个单位并称之为相互依赖，在逻辑上是错误的，在政治上是蒙昧主义的"。⑥相互依赖引发国际合作的愿望，但只能使各行为体的关系加深，是否能够达成合作与和平还要考虑诸因素的

---

① 〔美〕罗伯特·吉尔平：《国际关系政治经济学》，杨光宇等译，经济科学出版社1989年版，第24页。

② 〔美〕肯尼思·沃尔兹：《国际政治理论》，胡少华、王红缨译，中国人民公安大学出版社1992年版，第190页。

③ 同上书，第七章；梅然：《经济相互依赖与和平》，《世界经济与政治》1998年第9期，第65—69页。

④ 〔美〕罗伯特·吉尔平：《国际关系政治经济学》，第70页。

⑤ 同上书，第30页。

⑥ 〔美〕肯尼思·沃尔兹：《国际政治理论》，第123、167、191—193页。

博弈结果。而且，相互依赖的加深并非没有限度，盛极而衰亦是天然法则。

基欧汉和奈在相互依赖概念上的重大贡献在于，源于对国家之间财富和权力分布不平衡的强调，他们集中关注相互依赖的非对称程度，强调权力在相互依赖中的作用①，并借此提出分析相互依赖的两个变量：敏感性和脆弱性。敏感性测量的是一个行为体环境的变化在多大程度上影响其他行为体，这表示，个体行为体面对的结果是被集体控制的；脆弱性测量的是行为体终止一种关系需要付出的代价。当这两个因素都处于高度不平衡的状态时，就会出现依赖现象（而非相互依赖）。敏感性似乎更接近相互依赖的实质意义，但脆弱性却是决定国家怎样采取回应行动的关键因素。相互依赖是一个程度问题，取决于一个情景中互动的动力密度。②他们指出，敏感性指的是某政策框架内做出反应的程度——一国变化导致另一国家发生有代价变化的速度多快？所付出的代价多大？而脆弱性相互依赖的衡量标准只能是，在一段时间内，行为体为有效适应变化了的环境做出调整应付的代价。其次，他们针对现实主义理想模式的核心判断（国家是国际政治最重要的行为体，使用武力或武力威胁是行使权力的最有效工具，世界政治中的问题有等级之分，军事安全最为重要），提出复合相互依赖的概念或曰理想模式：各个社会的多渠道联系；国家之间关系的议题包括许多无明确或固定等级之分的问题；在复合相互依赖占主导地位的情况下，政府不在自己所处地区内或在某些问题上对其他政府使用军事力量。罗伯特·基欧汉和约瑟夫·奈断言，上述三个特征比现实主义接

---

① Michael Suhr, "Robert O. Keohane: A Contemporary Classic," in Iver Neumann and Ole Waver (eds.), *The Future of International Relations: Masters in the Making* (London: Rouledge, 1997), pp. 90—120.

② 〔美〕亚历山大·温特：《国际政治的社会理论》，秦亚青译，上海人民出版社2000年版，第431—437页。

近于经济和生态相互依赖方面的全球性问题，更有助于表现当前国家之间关系的特性。通过对复合相互依赖的界定，基欧汉和奈既表明了自己对此前国际关系研究的继承性，又体现了自己的独创性，昭示着建构新的研究纲领（research programme）的努力。

国际机制的概念与相互依赖紧密相关。在国际关系理论的发展历程上，国际机制理论与相互依赖理论是齐头并进的，国际机制理论从20世纪70年代国际关系的复合相互依赖模式发展而来，80年代成为新自由主义与新现实主义争论的焦点。① 有的学者指出，"国家对相互依赖挑战的主要而非排他性的综合反应是国际机制的创立"②。

相互依赖导致某些规则和制度安排，这种规则和制度被称为国际机制（更广泛意义上被称为国际制度）。基欧汉和奈指出，相互依赖关系发生在调节行为体行为并控制其行为结果的规则、规范和程序的网络中，或受到该网络的影响，并将对相互依赖关系产生影响的一系列控制性安排称为国际机制。厄恩斯特·哈斯指出，机制是"在相互依赖的背景下为控制冲突而实施的人为安排"③。肯尼思·沃尔兹认为，"由于各国的紧密依赖，任何一国如不遵循成功的惯例，就会陷入不利境地。这样，各国之间的相同点便增加了。这种相同点是系统作用的结果。人们正是把这种相同点归因于各国对所谓国家行为规则的接受"④。"在公认的观点看来，相互依赖的增长已经使地球缩小，并且造就了对世界事务进行集中管理的可能性。"⑤ 而所谓"管理"的最集

---

① Chris Brown, *Understanding International Relations* (Houndmills: Macmillian Press Ltd., 1997), p. 170.

② Robert M. Crawford, *Regime Theory in the Post-Cold War World: Rethinking Neoliberal Approaches to International Relations* (Dartmouth: Dartmouth Publishing Company, 1996), p. 53.

③ Ernst Haas, "Word Can Hurt You; or, Who Said What to Whom About Regimes," in Stephen Krasner, *International Regimes* (Ithaca: Cornell University Press, 1983), p. 54.

④〔美〕肯尼思·沃尔兹：《国际政治理论》，第155页。

⑤ 同上书，第254页。

中的体现和基本特征就是国际机制的创立。相互依赖是国家之间相互影响且双方都为此付出成本的一种状态。由于双方都付出了成本，相互之间的依赖程度有所加深，双方的自主权也受到某些原则、规则或惯例的约束。从成本和效益分析中不难得出这样的结论：制度的安排既是必需的也是可能的。这就为国际机制的产生与发展创造了活动空间和推动力。国家间相互依赖的出现就伴随着国际机制的产生。国际规范的出现可追溯到古希腊的时代，那时各城邦之间已经存在实质性的相互依赖关系。[1] 随着国家之间交往的加深，各国之间的相互依赖也加深了，从而导致国际规范和规则的不断发展。笔者因此得出一个可供讨论的观点：从人类发展的漫长历程来看，相互依赖与国际机制存在着正比关系；所谓"全球化"是相互依赖规模最大化的结果，也是国际机制的规模和作用最大化的契机。

随着世界各国在政治、经济、军事、文化等方面相互依赖程度的日益深化，国际机制在国际政治中发挥着越来越重要的作用；与此同时，国际机制这一概念无论在理论著作还是大众传媒中都得到越来越频繁的运用。自20世纪70年代以来，国际机制逐渐成为诸多国际关系理论范式的论述对象和研究重点。1981年，斯蒂芬·克拉斯纳提出了迄今最为权威的国际机制定义："在国际关系特定问题领域里，行为体愿望汇聚而成的一整套明示或默示的原则（principles）、规范（norms）、规则（rules）和决策程序（decision-making procedures）。所谓原则，是指对事实、因果关系和诚实的信仰；所谓规范，是指以权利和义务方式确立的行为标准；所谓规则，是指对行动的专门规定和禁止；所谓决策程序，是指流行的决定和执行集体选择政策的习惯。"[2]

---

[1] Robert M. Crawford, *Regime Theory in the Post-Cold War World: Rethinking Neoliberal Approaches to International Relations*, pp. 10—21.

[2] Stephen Krasner, "Structural Causes and Regime Consequences: Regimes As Intervening Variables," *International Organization* 36 (Spring 1982): 186.

基欧汉对该定义提出批评，认为原则、规则、规范之间的区别不甚清楚，有损概念的科学性，他将国际机制定义为"有关国际关系特定问题领域的、政府同意建立的有明确规则的制度"①。进而，基欧汉认为国际制度（international institutions）是包括三个方面内容的体系：正式的政府间国际组织（IGOs）和国际非政府组织（INGOs）、国际机制与国际惯例（conventions）。其中，"国际机制"即克拉斯纳定义中明示的机制，而"国际惯例"即克拉斯纳定义中默示的机制。②基欧汉将国际机制的概念扩展到国际制度，将素来与国际机制难以区分的国际组织包容在国际制度概念中，从而建立了比较严谨的国际制度体系，奠定了新自由制度主义理论体系的概念基础。③

全球化是相互依赖规模最大化的过程，它不仅指系统内和单元之间相互影响的关系，更侧重从整个系统的角度肯定系统的各种内生变量和外生变量对所有系统单位的整合作用。④全球化是20世纪90年代的时髦用语。基欧汉和奈指出，他们关于相互依赖的定义——"这种说法意在表明，人们普遍认识到世界政治的性质正在发生变化。当然，这种模糊的说法也意味着，人们对变化的理解还是肤浅的"——同样适用于全球化。全球化与相互依赖概念有着深厚的渊源，从某些方面说，全球化只是替代相互依赖来描述经济开放和一体化深入的时髦词语，如约翰·鲁杰（John Ruggie）指出的，全球化与相互依赖的关系，就像联邦快递（Federal Express）借助不同国家邮局之间的信

---

① Robert O. Keohane, *International Institutions and State Power: Essays in International Relations Theory*, p. 4.
② Ibid., pp. 3–4.
③ 详见门洪华：《和平的纬度：联合国集体安全机制研究》，第一章第一节"国际机制的概念"部分。
④ 冯绍雷等：《热话题与冷思考（十一）——关于全球性与民族性的对话》，《当代世界与社会主义》1999年第3期，第4—14页。

件交换。① 基欧汉和奈以全球主义的概念将二者联系在一起。他们认为，全球主义是相互依赖的一种表现形式，但是它并不意味着世界大同。全球主义古已有之，是"需要有关各方付出代价的、跨国或国际相互联系的、空间广阔的网络"，全球化就是全球主义增长的过程。全球主义的加强——相互依赖网络的深化——不仅是程度的变化，还意味着不同的相互依赖关系在更多的环节上进一步交织在一起。因此，某一个地方发生的事件，也许会对其他地区造成重大影响。② 新自由制度主义看到了全球化和相互依赖的现实，它没有告诉我们全球化的最终结果是什么，但却准确指出了相互依赖与全球化进程的结果：国际关系中建立在实力基础上的等级制度模糊化；问题的层次性更加明显，而且彼此关联增加了；依靠军事力量解决的问题少了，作用也降低了。与此相联系，国际机制的网络拓展了，其作用突出了。他们强调，相互依赖的复杂性对现实主义地理解全球化和全球主义至为关键，尤其是，相互依赖并非仅仅是经济的，也存在战略的、环境的和观念的相互依赖；而同样作为多维现象的全球主义也包括经济全球主义、军事全球主义、环境全球主义、社会和文化全球主义等诸多层面。

在定义全球主义的时候，他们不仅继续强调敏感性和脆弱性，而且提出了关联性的概念，并强调其重要意义。以此为基础，他们提出了全球治理的概念和意义。他们指出，随着相互依赖网络的加深，贸易、金融、环境和安全等问题越来越难以分割，各有为其服务的国际

---

① Robert O. Keohane, "From Interdependence and Institutions to Globalization and Governance," Introduction to *Institutions, Law and Governance in a Partially Globalized World* (London: Routledge, 2002).

② Robert O. Keohane and Joseph S. Nye, Jr., "Globalization: What's New? What's Not? (And So What?)" *Foreign Policy* 118 (Spring 1998): 104–119; Robert O. Keohane and Joseph S. Nye, Jr., *Power and Interdependence* (4th Edition) (New York: Longmcn, 2012), pp. 228–232.

制度。世界体系越来越像一个整体，正式、非正式的进程与制度指导并制约集体行为，治理的问题由此而生。从全球的角度讲，治理问题即全球社会的各种制度与进程如何有效地、合法地编织起来，发挥作用。[1]

以上分析表明，相互依赖、国际机制是构成其他新自由制度主义概念的基础，而这些概念又都是以美国为核心的，从某种意义上讲，美国本身就是相互依赖的杰作，而当今的国际机制（国际制度）、全球化（全球主义）、国际治理都是美国有意为之的产物。

二、核心命题的探讨

《权力与相互依赖》的核心命题有如下三个：建构复合相互依赖的理想模式，解释国际机制的变迁，探究全球主义的治理。从基欧汉近四十年的学术生涯及其研究成果来看，其学术抱负就在于回答在相互依赖的世界上国际制度如何运作。[2]《权力与相互依赖》可谓其学术成就的第一块理论基石。在《权力与相互依赖》中，基欧汉和奈以对相互依赖的探讨为逻辑起点，探讨国际机制变迁，从而为新自由制度主义的建构提供了理论基础；通过对全球化（全球主义）及其治理的探讨，进一步发展了新自由制度主义。

1. 建构复合相互依赖的理想模式

国家之间的相互依赖变得如此紧密，以致所有国家都受到了严格制约。国家不断地、更多地卷入彼此的事务，它们变得越来越依赖于

---

[1] Robert O. Keohane, "From Interdependence and Institutions to Globalization and Governance," Introduction to *Institutions, Law and Governance in a Partially Globalized World*.

[2] Ibid.

自己边界之外的事务。①基欧汉和奈强调非对称相互依赖是一种权力资源,从而将权力与相互依赖连接起来。相互依赖并不意味着行为者的利益处于和谐状态或权力关系不重要,托马斯·谢林指出,相互依赖实际上是一种混合动机博弈,冲突、和谐均有充分表现,而权力是相互依赖的内在因素。②在相互依赖关系中,相比行为者是独立或自主的情况下,权力体现得更明显。③相互依赖掩盖了美国特殊的地位,所以必须把相互依赖拆开,指明某些国家相对依附、另一些国家相对独立的特殊情况。④为了避免该概念使用随便而导致的思想限制,他们重新定义和解释相互依赖,其定义相对宽泛,将武力、经济等战略问题也纳入其中,视之为包含以行为体之间有代价的相互影响为特征的情境。⑤他们创造性地提出了复合相互依赖的概念,将之作为分析多元跨国问题情境的理想模式。他们强调相互依赖的脆弱性和敏感性,使美国在全球相互依赖中的特殊地位凸显出来。

在相互依赖尤其是经济相互依赖普遍存在的情形下,世界政治的特征是什么?这是本书试图解答的一个主要问题。

基欧汉和奈表明自己的目的是,批判现实主义的理想模式,提出新研究纲领的构想。作者概述了现实主义的基本假设:国家之间存在着现实的或潜在的冲突,国家随时都有可能动用武力;每一个国家都力图保卫自己的疆土和利益免受现实威胁或臆想的威胁。国家之间的政治一体化微不足道,而且只有符合最强大国家利益的时候才有可

---

① 〔美〕肯尼思·沃尔兹:《国际政治理论》,第168页。

② Thomas Schelling, *The Strategy of Conflict* (Cambridge: Harvard University Press, 1960), pp. 5—12;海伦·米尔纳:《国际关系理论中的无政府假设》,载大卫·A.鲍德温主编:《新现实主义和新自由主义》,肖欢容译,浙江人民出版社2001年版,第143—171页。

③ 〔美〕海伦·米尔纳:《国际关系理论中的无政府假设》,第143—171页。

④ 〔美〕肯尼思·沃尔兹:《国际政治理论》,第182、186页。

⑤ Robert O. Keohane, "From Interdependence and Institutions to Globalization and Governance," Introduction to *Institutions, Law and Governance in a Partially Globalized World*.

能存在下去；跨国行为体或者不存在，或者在政治上无足轻重，国家生存端视其能否明智地使用武力或武力威胁，国际政治体系的稳定端视政治家能否成功地调整其利益追求，建立行之有效的势力均衡。作者指出，同时批驳这些假设，我们可以设想出一个完全相反的理想模式：非国家行为体直接参与世界政治，各问题之间不存在明确的等级区分，而武力并非有效的政策工具。这就是复合相互依赖的本质特征。具体地说，复合相互依赖的理想模式包含如下核心内容：其一，各社会之间的多渠道联系，它包括政府精英之间的非正式联系或对外部门的正式安排、非政府精英之间的非正式联系（包括面对面的交流或通过电讯联系）和跨国组织（如多国银行或多国公司）等，这些渠道可以概括为国家间联系、跨政府联系和跨国联系。其二，国家间关系的议程包括许多没有明确或固定等级之分的问题，它意味着军事安全并非始终是国家间关系的首要问题。其三，当复合相互依赖普遍存在时，一国政府不在本地区内或在某些问题上对他国政府动用武力。传统的国际政治理论明确或含蓄地否认以上三个假设的准确性，所以他们的模式是以否定国家是单一性的、理性的国际行为体这一现实主义的根本假定为特征的。① 作者强调指出，他们所提出的三个基本条件非常符合某些全球经济和生态相互依赖的状况，也接近于勾勒出国家之间全部关系的特征；他们并不认为复合相互依赖完全忠实地反映了世界的政治现实，恰恰相反的是，复合相互依赖与现实主义的观点一样，都是理想模式。大多数世界政治的实际情况往往介于这两个极端之间。不过，复合相互依赖正越来越反映出世界许多地区的现实，而且，与简单的仅仅关注权力和安全的国际关系理论所反映的世界政治

---

① 〔美〕亚历山大·温特：《国际政治的社会理论》，"译者前言"第10页。

的模糊面貌相比，它对现实的反映更为准确。① 在某些情况下，现实主义的假设准确或基本准确地解释了世界政治的现状；但在更多的情况下，复合相互依赖更好地解释了世界政治的现实。

复合相互依赖的三个主要特征导致不同的政治过程，而这些政治过程将权力资源转化为控制结果的权力。在一个复合相互依赖的世界里，应强调国家应该追求目标的多样性。由于问题之间缺乏明确的等级之分，各个问题的目标追求应该不同，而且问题之间的联系也不甚密切。每一个官僚机构将追求自身目标的达成；如果一个问题影响多个机构，这些机构会在此问题上达成妥协，但它们难以保持政策的持久不变。而且，跨国行为体将把不同的目标引入各类问题中。

2. 解释国际机制的变迁

国际机制为什么演变、如何演变？这是《权力与相互依赖》探讨的第二个核心命题。

世界政治中的规则和程序从来不像井然有序的国内政治制度那样完整或具有自主性，国际机制的有效性因时而异、因问题领域而异。由于国际机制对少数国家或许多国家在某个具体问题上的相互依赖关系往往影响巨大，研究国际机制的变迁可以更好地理解权力与相互依赖。

相互依赖在相当程度上影响国际机制的变迁，罗伯特·基欧汉和约瑟夫·奈指出，就少数国家或许多国家在某个问题上存在的相互依赖关系来说，某些国际机制经常还是具有重要影响的。国际机制影响国家的能力和利益，基欧汉称之为"机制依赖能力"。随着国际复合相互依赖的增加和各国政策的变化，政治学家开始重新定义国际制度，

---

① Robert O. Keohane and Joseph S. Nye, Jr., "Globalization: What's New? What's Not? (And So What?)" *Foreign Policy* 118 (Spring 1998): 104–119.

国际制度在国际机制的基础上予以拓展，并包含着对国际机制的研究。20 世纪 80 年代，国际机制研究的重心从描述相互依赖和国际机制现象转向深入分析国家合作的条件。主权国家间的合作是如何发生的？国际制度又怎样影响了它？① 相互依赖作为分析问题的实质性背景，一直是国际机制变迁研究的根本出发点之一。相互依赖也影响着国际机制的作用。由于相互依赖的存在，国际机制有时起着重要的作用。但国际机制不能超越国家权威和国际政治的现实，其作用依赖于对特定环境综合因素的评估。在相互依赖关系中，各方的依赖程度不一，而且绝大多数情况下存在着非对称性。因此，相互依赖对各方自主权的限制程度也是不一样的。相互依赖的这一特点影响着国际机制的脆弱性。相互依赖意味着参与各方要付出代价，国际机制可以为这些代价提供某种适度的保证，各国在可承受成本的范围内也会接受相应的制度安排。但是，无政府状态和国家利益的考虑是具有根本意义的。机制依赖于共享利益，但是集体行动往往导致短视行为，导致共同利益难以发现和维系。② 如卢梭指出的，猎手也许选择个人追捕兔子而不是合作追逐麋鹿。③ 相互依赖的不对称性、国家利益的考虑直接导致了国际机制作用的限度。肯尼思·沃尔兹指出，"相互依赖的增长无疑会导致管理集体事务必要性的增加，但它不会创造能够进行这种管理的管理者"④。相互依赖的不对称性、国际机制的脆弱性以及其他国际政治的现实使得传统意义上的大国仍然充当着国际事务的管理者。我们不否认，从理论上讲，即使最强大的国家（如当前的美

---

① Robert O. Keohane, "International Institutions: Can Interdependence Work?" *Foreign Policy* 110 (Spring 1998): 82–96.

② Robert O. Keohane, *After Hegemony: Cooperation and Discord in the World Political Economy*, p. 246.

③ Jean-Jacques Rousseau, *A Discourse on the Origin of Inequality* (New York: E. P. Dutton, 1950), p. 238.

④ 〔美〕肯尼思·沃尔兹：《国际政治理论》，第 254 页。

国)也越来越依赖国际机制①,但国际政治的现实表明,国际机制仍不过是权力链上新的一环,其作用是赋予国家权力,而不是束缚它们的手脚②。

基欧汉和奈提出了解释国际机制变迁的四种基本模式,即经济进程解释模式、总体权力结构解释模式、问题结构解释模式、国际组织解释模式。概言之,一个模式以经济和技术变革为基础;两个模式是结构性的,其中一个使用总体权力结构预测结果,另一个依赖各问题领域内的权力分布;在"国际组织解释模式"中,关系、规范和制度的网络非常重要。此后,作者应用以上四种模式对国际海洋领域、国际货币领域、美加关系、美澳关系进行分析和验证。这四种模式的提出及其应用分析,体现了作者挑战现实主义主导地位的本意,也包含着国际制度理论的初步萌芽,因为机制变迁的国际组织模式就是作者建立新理论范式——新自由制度主义的初步尝试。③

3. 探求全球主义的治理

全球主义如何治理?这是《权力与相互依赖》探讨的第三个核心命题。

我们已经步入一个全新的革命时代。信息技术革命的发展带动全球化的扩张,使国际社会的相互依赖关系日益加深。随着相互依赖的加深,一系列的全球问题,如人口爆炸、粮食短缺、生态安全等,需要国际社会协调行动,加强合作;随着全球化进程的加快,生产和经营活动日益跨国界,传统的一国范围内解决的规则不适应现实需要,

---

① Robert O. Keohane, "International Institutions: Can Interdependence Work?" *Foreign Policy* 110 (Spring 1998): 82–96.

② Robert O. Keohane, *After Hegemony: Cooperation and Discord in the World Political Economy*, p. 13.

③ Robert O. Keohane, "From Interdependence and Institutions to Globalization and Governance," Introduction to *Institutions, Law and Governance in a Partially Globalized World*.

建立与超越国界行为相适应的国际机制成为必然。技术进步和相互依赖的加强将导致现存的各种国际机制的逐渐过时、瓦解以及新型国际机制的产生、发展。相互依赖日益向更广和更深发展,改变了原有的竞争方式。各国在竞争中相互依赖、在相互依赖中竞争,竞争对手实力的增长成为己方繁荣的条件。该状况将促使国际机制的更新和发展。而且,信息技术革命使相互依赖的基础发生了改变。传统的国际关系理论认为,相互依赖的各方并非总是互利的,国际合作始终与倾轧现象、竞争过程及混乱状态等保持着辩证关系。① 全球化带来了一个充满机会的时代:过去僵硬的意识形态障碍正在消逝或已经不复存在,国际机制大为有效,大国一致与均势的共处成为切实可行的国际秩序选择。② 但从现在的情况看,信息技术和信息产业的发展虽然并不能使国际社会与康德设想的世界联邦制度及永久和平局面相一致,但对参与信息交流的各方来说,或多或少都是有利可图的。信息是一种新型的共享性资源,改变了相互依赖的基础。当前,协商建立相应的国际机制是一项紧迫的任务,关乎各国甚至整个人类的兴衰荣辱。它为国际机制的发展提出了广阔的空间和前所未有的发展机遇,也提出了全球治理的命题。

基欧汉坦言自己曾对全球化重视不够,并以在编著《国际化与国内政治》一书时采用国际化的概念而非全球化作为例证。③ 随着全球化成为20世纪90年代的时髦用语,基欧汉和奈对全球化进行深入思考,从而将新自由制度主义的应用发展到新的阶段。基欧汉和奈清醒地认识到,"在我们乃至我们子孙的有生之年,新的'世界宪章'都不

---

① 王逸舟:《西方国际政治学:历史与理论》,上海人民出版社1998年版,第392页。
② 罗伯特·A. 斯卡拉皮诺:《迈向一种可行的国际秩序》,门洪华译,《世界经济与政治》2000年第7期,第53—55页。
③ Robert O. Keohane, "From Interdependence and Institutions to Globalization and Governance," Introduction to *Institutions, Law and Governance in a Partially Globalized World*.

大可能被接受。世界的政治和文化多样性——及其绝对规模——使得这种前景分外渺茫"。然而,只要全球化继续深化下去,国家或其他行为体就会发现,它们的价值观越来越受到他者行为的影响。因此,它们将寻求管理相互依赖的影响,即管理全球化。他们为全球主义的治理开出了如下"药方":在领土疆界内采取单边国家行为,降低脆弱性;接受外在标准,增强竞争力;强国或国家集团采取单边行动,以影响领土之外的国家、企业、非政府组织等行为体;区域合作,增强政策的有效性;全球层次的多边合作,建立管理全球化的国际机制;跨国和跨政府合作——包括"市民社会"——以管理全球化。作者强调指出,社会空间是由市场、政府和市民社会组成的三角形,社会的更多方面——但不是所有方面——开始接近于复合相互依赖的理想模式。

基欧汉和奈提出国际机制的"俱乐部模式"(club model)的概念,即某些国际机制由创始国设定一套标准而具有选择性特征,由于这些机制的运行与其他问题领域的国际机制没有密切联系,它们可以从系统中"分离出来"。其成员则可以确立规则,以主导与之相联系的问题领域。在俱乐部模式中,"缺乏对局外者的透明度"具有关键性意义。①三个方面的进展明显削弱了俱乐部体系:首先,越来越多的发展中国家参与由富国主导的俱乐部,这些国家的领导人对富国的领导作用表示怀疑,非常憎恨由富国而不是由他们自己制定的俱乐部规则;其次,全球化造成了各种非政府行为体如公司、商业联盟、劳工组织和

---

① Robert O. Keohane and Joseph S. Nye, Jr., "The Club Model of Multilateral Cooperation and Problems of Democratic Legitimacy," in Roger B. Porter et al. (eds.), *Efficiency, Equity and Legitimacy: The Multilateral Trading System at the Millennium* (Washington: Brookings Institution Press, 2001), pp. 264—307.

非政府组织等的扩散，它们期望自己的声音为人所知①；最后，民主规则扩展到越来越多的国家，并在国际层次上发挥作用。他们强调，在全球主义的治理中，应关注国际机制的民主赤字（democratic deficit），加强国际机制的合法性。②

《权力与相互依赖》通过对以上三个核心命题的探讨，构筑起新自由制度主义的理论基石，并促进该理论范式的进一步发展。基欧汉曾指出，在经济相互依赖基础上发展起来的国际制度能够提供信息、减少交易成本，使得承诺更富可兑性，并且能够担负关键性的利益协调，从而有利于互惠合作，"从经济相互依赖到国际制度到国际治理，不啻是一大进步，国际合作的新自由制度主义理论已经超越了相互依赖"③。

三、研究纲领的建构

新自由制度主义是在挑战新现实主义的过程中成长和发展起来的，它接受了新现实主义的合理内核，在此基础上发展成为独立的国际制度理论体系，其后又借鉴和吸纳其他国际关系理论流派特别是建构主义学派的最新成果，及时保持着学术前沿地位，新自由制度主义关于多边主义（multilateralism）和全球治理（global governance）的研究成为带动学术创新的核心动力。④

新自由制度主义的探究，当以复合相互依赖为起点。国际关系理

---

① Wolfgang H. Reinicke, *Global Public Policy: Governing Without Government* (Washington: Brookings Institution, 1998).

② Robert O. Keohane, "International Institutions: Can Interdependence Work?" *Foreign Policy* 110 (Spring 1998): 82—96.

③ Robert O. Keohane and Lisa Martin, "The Promise of Institutionalist Theory," *International Security* 30(Summer 1995): 39—51.

④ Joseph S. Nye, Jr., et al. (eds.), *Governance in a Globalizing World.*

论诸范式都涉及相互依赖，但只有新自由制度主义将之作为体系理论的基石。①复合相互依赖有三个来源，即对现实主义的质疑、一体化理论发展、跨国关系研究。关于现实主义的批评自不待说，实际上，《权力与相互依赖》就是批判现实主义的产物。关于一体化理论，基欧汉和奈指出，他们在20世纪50年代和60年代学习过地区一体化理论，卡尔·多伊奇对多元安全共同体的研究和厄恩斯特·哈斯对欧洲联合的研究为他们提供了诸多真知灼见。②第二次世界大战结束以来，各社会之间的经济联系迅速增加，跨国公司的作用日益增强，他们开始关注对跨国关系的研究，并于1971年合作编辑出版了《国际组织》"跨国关系与世界政治"专辑（后结集成书）。他们非常关注跨国行为体的作用，并以此为基础提出了"世界政治"的松散范式（loose paradigm），从国际政治经济领域对新现实主义进行批评。③此后，两人共同探索取代现实主义的理论构架，其成果就是《权力与相互依赖》。

《权力与相互依赖》是一个巨大的转向，标志着建构国际制度理论的开始，是连接跨国主义（transnationalism）、相互依赖与新自由制度主义的桥梁。在《权力与相互依赖》中，基欧汉与奈从建立一个新范式的尝试后退（retreat），转向建立一个新的研究纲领，即为了补遗（supplementarity），而放弃了互补（complementarity）的理念。④他们放弃了将国内政治和外交政策纳入其相互依赖和跨国模式的任务，而这

---

① 关于现实主义的分析，参见〔美〕肯尼思·沃尔兹：《国际政治理论》，第七章；〔美〕罗伯特·吉尔平：《世界政治中的战争与变革》，武军等译，中国人民大学出版社1994年版，第六章等；关于社会建构主义理论对相互依赖的分析，参见〔美〕亚历山大·温特：《国际政治的社会理论》等。

② Karl Deutch, et al., *Political Community and the North Atlantic Area* (Princeton: Princeton University Press, 1957); Ernst Haas, *The Uniting of Europe* (Stanford: Stanford University Press, 1958); Joseph S. Nye, Jr., *Peace in Parts* (Boston: Little, Brown, 1971).

③ Michael Suhr, "Robert O. Keohane: A Contemporary Classic," pp. 90-120.

④ Ibid.

些曾是他们孜孜以求的。他们意在发展一种处于国际体系层次的世界政治理论,这意味着他们开始自动地向现实主义理论体系看齐。作者明确地指出,自己的动机并非完全为了寻求一条通往世界永久和平的有效途径,而是想用这个概念批评在国际政治学研究中的传统权力理论,进行科学的修补,以在更大程度上靠近客观现实。

应该说,在《权力与相互依赖》中,基欧汉和奈明确地挑战了现实主义把国家作为行为体的许多前提假设:军事安全在外交事务中的相对重要性、军事力量在国际政治中的作用、事务性领域中权力资源的替换性。[①]他们认识到,随着相互依赖的加深,国家间关系的调控越来越引起人们的关注和重视,而各种非国家行为体在国际舞台上越来越活跃,现实主义以国家和权力为中心的理论范式受到越来越多的挑战。他们第一次系统性地提出了国际机制的概念,并分析了国际机制变迁的四种模式,特别是详尽批驳了作为纯粹现实主义模式的总体结构主义,并全面论述了自己建构的国际组织模式。他们的研究表明,当国家处于复合相互依赖的世界中,在解释国际机制的变迁时,问题领域模式和国际组织模式更为有效。这一结论为国际制度理论的建构埋下了伏笔。

进入 20 世纪 80 年代,基欧汉开始接受结构现实主义最根本的假定,并在此基础上探究复合相互依赖的世界上国际机制如何形成与变迁,以图认识和理解这个复合相互依赖的世界。其主要的理论关注点是国际机制或国际制度,其分析层次仍是研究纲领,但研究目标却已经定位为体系理论范式了。这个时候,国际关系理论发展仍然处于群雄逐鹿的阶段,但"楚汉之争"——新现实主义和新自由制度主义之争——已现端倪。

---

① 〔美〕大卫·鲍德温主编:《新现实主义与新自由主义》,第 13 页;秦亚青:《国际制度与国际合作——反思新自由制度主义》,《外交学院学报》1998 年第 1 期,第 40—47 页。

新现实主义并不完全排除其他国际行为体，也承认非国家行为体在国际事务中可以起到很大的作用，但它更强调从理论建设和发展的角度来看，研究单位越是单一、越是集中，就越容易发现规律性、实质性的理论模式。虽然其他国际行为体也起到了作用，但是基本研究单位应该是最具意义的一个——民族国家。新现实主义的第二个假说是单一国家说。单一国家说认为国家是一个一元社会整体，能够独立地确立国家的利益，制定并执行国家的对外政策。新现实主义的第三个假说是理性国家说。理性国家说认为国家行为体在某一给定环境中，能够确立国家目标，考虑多种政策方案的可行性和可能导致的结果，然后选择能够最大限度地实现国家目标的政策方案。①

从以上三个方面着眼，基欧汉确实接受了新现实主义最根本的假定。首先，基欧汉承认，自己曾强调非国家行为体的重要意义，但后来认识到非国家行为体仍然是从属于国家的，所以将注意力回转到国家上来。② 其次，一般自由主义学派都认为把国家作为单一、理性和国际社会中的主要行为体是不妥当的，但新自由制度主义恰恰吸收了现实主义的这个命题。正是因为国家的单一性和理性，它才需要国际秩序，才需要合理地解决冲突，才能够考虑以最小的代价换取最大的利益。③ 有人据此认为，基欧汉一度是新现实主义研究纲领的参与者（participant），尽管他批判沃尔兹的理论学说。④

---

① 秦亚青：《西方国际关系学的现实主义与新现实主义理论》，《外交学院学报》1996 年第 2 期，第 40—46 页。

② Robert O. Keohane, *International Institutions and State Power: Essays in International Relations Theory*, p. 8.

③ Robert O. Keohane, "Institutional Theory and the Realist Challenge After the Cold War," in David Baldwin (ed.), *Neorealism and Neoliberalism: The Contemporary Debate* (New York: Columbia University Press, 1993), pp. 301–338.

④ Robert O. Keohane (ed.), *Neorealism and Its Critics* (New York: Columbia University Press, 1986).

实际上，基欧汉在建构自己的体系理论时，首先收进了复合相互依赖的基本假定，但为了理论体系的建构，他也摒弃了某些观点，这可谓一种立场的倒退，但是这种倒退并未造成灾难，而是造就了理论的高峰。基欧汉的出发点很清楚，即致力于发展高度简约、呈现高度科学性的体系理论，因此他采取的是退两步进一步的战略：从建构理论范式和全面否定现实主义基本假说的立场后退，着重建构新自由制度主义的研究纲领；从肯定多元国际行为体的立场后退，放弃对军事力量重要与否的探讨，其研究方法也统一到个体主义上来。① 基欧汉将现实主义纳入其理论框架，但用新的假定加以补充，亦即对新现实主义进行扬弃。② 基欧汉指出，从认识论和本体论上讲，现实主义的复杂形式——包括经典现实主义和结构现实主义——与新自由制度主义的共同点甚多。③ 但是，现实主义抛弃了太多的因素，不仅有制度，而且还有跨国关系、国内政治和观念的作用等。现实主义长于结构研究，却短于进程分析。④ 鉴于此，他借鉴理性选择理论（rational choice theory）和制度经济学（institutional economics）的相关理论框架，强调国际进程（process）的重要性，将国际机制作为独立的解释变量，建构起新自由制度主义的理论框架。基欧汉接受了现实主义的假设，但在国际制度对世界政治进程的影响上，他却得出了与现实主义截然不同的结论：国际制度赋予国家进行合作的能力，以降低交易成本，获致共同收益；国际制度很少参与协议的集中实施，但确实增加了互惠机会，使一国政府信守诺言，并督促他国也这样做；既然遵从国际制

---

① 秦亚青：《国际政治的社会建构——温特及其建构主义国际政治理论》，《欧洲研究》2001年第3期，第4—11页。

② Michael Suhr, "Robert O. Keohane: A Contemporary Classic," pp. 90–120.

③ Robert O. Keohane, "From Interdependence and Institutions to Globalization and Governance," Introduction to *Institutions, Law and Governance in a Partially Globalized World*.

④ Ibid.

度已有的规范使他国的行为可以预见，强国也从遵守规则中获益。① 其后，他转向研究西方旧制度如何影响国家的战略进而塑造冷战后的欧洲，创立了在现实主义、自由主义双肩之上的新自由制度主义的研究纲领，促成新自由制度主义与新现实主义分庭抗礼的局面。

我们据此断定，新自由制度主义是在对新现实主义的批判中发展起来的。从 20 世纪 80 年代中期的国际机制研究到 90 年代比较完整的理论框架的建立，新自由制度主义已经被确立为西方国际关系学中颇具影响力的理论流派，成为能够与新现实主义在理论方面抗衡、在学理方面展开辩论的政治哲学思潮。新自由制度主义提出了国际制度的供应理论，强调了国际制度对于国家行为的影响和制约作用，讨论了无政府状态下国际合作的可能和条件。在方法论方面，新自由制度主义从对新现实主义的证伪着手，提出了以国际系统的进程为重要原因解释国家的国际行为的理论。从政治思潮的角度来看，虽然新自由制度主义接受了一些现实主义理论假定，但新自由制度主义强调具有理性的人所创造和建立的制度对于人们在相互依赖的社会中决策和行动的重大影响力，强调政治进程及其可变性，强调无政府状态下的秩序与合作，淡化冲突、淡化权力结构，这些观点在西方自由主义传统中是根深蒂固的。②

基欧汉与立志在现代主义和现实主义之间创立独立研究纲领的学者共同起步；而后，他退回到传统主义的核心假定，并借此提出了功能主义的国际机制理论；此后，他在新现实主义和自由主义的共同基础之上，提出了独立的研究纲领，即新自由制度主义。③ 他接受了现实主义的基本假定，但并没有完全放弃自由主义对多元行为体的

---

① Robert O. Keohane, "International Institutions: Can Interdependence Work?" *Foreign Policy* 110 (Spring 1998): 82–96.

② 秦亚青：《国际制度与国际合作——反思新自由制度主义》，第 40—47 页。

③ Michael Suhr, "Robert O. Keohane: A Contemporary Classic," pp. 90–120.

强调。特别是，随着全球化的发展，基欧汉再次强调了非国家行为体（包括政府间组织、非政府组织和多国公司等）的重要性。以此为现实基点，基欧汉和奈提出了全球主义的概念，探究全球主义治理的可行途径，从而促进了全球治理理论（theory of global governance）的发展。①

从以上分析中，我们大约可以把握新自由制度主义的发展脉络。基欧汉和奈以创建体系理论范式的雄心作为出发点，但其途径却是从研究纲领的层次着手，走的是"中间道路"（middle ground）。我们有必要在此重温基欧汉和奈撰写的"《权力与相互依赖》中译本序言"：《权力与相互依赖》并不认为世界政治"一切都是崭新的"，我们并不寻求否认现实主义所有论点的正确性，或提出全新的"自由主义"理论来替代现实主义。我们的目标是，寻求建立一种看待世界政治的方法，帮助我们理解政治与经济的关系、制度化国际合作的模式，同时保留现实主义关于世界政治中权力和利益作用的核心洞见。

四、研究纲领的启示：国际关系理论发展的"中间道路"

以上关于《权力与相互依赖》研究纲领的分析，特别是关于"中间道路"的探讨，对我们看待国际关系理论的发展甚有启示意义。

国际关系理论有三大主流理论范式，即现实主义、自由主义和建构主义。②玛格丽特·赫尔曼指出，国际关系研究就像巴比伦塔（Tower of the Babel），充满着各种各样的不和谐声音，使得国际关系研究领域成为控股管理公司，而不是一致的知识研究界。她呼吁加强各种理

---

① Joseph S. Nye, Jr., et al. (eds.), *Governance in A Globalizing World*, "Introduction".
② 门洪华：《国际机制理论主要流派的批评》，《世界经济与政治》2000 年第 3 期，第 23—29 页。

论范式的沟通和相互认识，为国际关系理论流派之间的对话提供基础。[1] 诚如赫尔曼所言，国际关系诸理论范式之间的矛盾是难以调和的，在同一个问题上的认识各不相同，得出的结论和解决途径也迥异。但是，在看到国际关系理论范式之间差别（divergence）的同时，我们也应该看到它们之间的趋同（convergence）[2]，认识到各理论范式新的发展都是借鉴其他理论范式和观点或受到其他理论范式的影响或启示。国际关系理论范式论争的历程显示，任何一种理论流派的发展都是建立在对已有理论流派的批判、借鉴和超越的基础上，原本论战激烈的理论流派之间有所趋同是一个非常有趣的现象。

现实主义与自由主义的论战历史久远。进入20世纪70年代，现实主义和自由主义都对当时国际关系理论对现实解释的乏力不满，先后走上理论体系科学化的道路。肯尼思·沃尔兹提出了高度简约的现实主义理论，摒弃了经典现实主义（classic realism）中人性等难以科学标定的概念和无法证伪的假设，把无政府状态和自助体系、权力分布、国家利益特征和生存需求等设定为国际关系理论的核心概念，并促使国际关系研究集中在体系结构这个因素上面，从而把现实主义推进到新现实主义或结构现实主义阶段。[3] 其间，基欧汉和奈则提出复合相互依赖的概念，用相互依赖理论将现实主义和自由主义结合起来，为新自由制度主义的出现奠定了理论整合的基础。[4] 新现实主义的理论

---

[1] Margaret G. Herman, "One Field, Many Perspectives: Building the Foundations for Dialogue," *International Studies Quarterly* 42 (Winter 1998): 605–624.

[2] 例如，"多数新现实主义者认为，民族主义、尚武精神、种族主义以及其他国内因素非常重要；而新自由主义承认权力是国际行为的核心；有的建构主义者则承认，如果有强大国家的支持或物质力量的持续保证，则观念的影响会更大"。转引自 Stephen M. Walt, "International Relations: One World, Many Theories," *Foreign Policy* 110 (Spring 1998): 29–46。

[3] 秦亚青：《国际政治的社会建构——温特及其建构主义国际政治理论》，第 4—11 页。

[4] Robert O. Keohane and Joseph S. Nye, Jr., "Power and Interdependence Revisited," *International Organization* 41(Autumn 1987): 733.

科学化努力确定了 80 年代的核心研究议程。随后，基欧汉接受现实主义对国际行为体性质及其社会环境的假定；接受了现实主义对国家行为动机的假定，承认国家是理性的自我主义者，国家行为的目的是自我利益（基欧汉称之为"系统分析的普遍模式"）①；承认国家是国际政治的"关键行为体"，而国际社会的无政府状态影响了国际合作；他选择了个体主义的方法论，承认国际体系中权力和财富的分布对国家行为有重要的影响。在此基础上，他建立了自己的体系层次的理论，即国际制度理论。可以说，基欧汉的理论融合了现实主义和自由主义两家之长，具有强大的生命力。②基欧汉自己也承认，新自由主义与新现实主义之间存在着某种"相互依赖"的关系，他的新自由制度主义就是同样多地从现实主义和自由主义借鉴过来的。总结新自由制度主义的发展轨迹，我们可以看到，新自由制度主义是在挑战新现实主义的过程中成长和发展起来的，它接受了新现实主义的合理内核，在此基础上发展成为独立的国际机制理论体系，其后又借鉴和吸纳其他国际关系理论流派特别是建构主义学派的最新成果，保持着学术前沿地位。需要指出的是，基欧汉不仅对新自由制度主义理论做出贡献，而且对以权力和知识为基础的机制理论也贡献良多。③ 面对新自由制度主义的挑战，新现实主义积极迎战，并适时提出了新的理论观点，最为突出的就是罗伯特·吉尔平和斯蒂芬·克拉斯纳。吉尔平提出了霸权

---

① Robert O. Keohane, *After Hegemony: Cooperation and Discord in the World Political Economy*, p. 27.

② Andreas Hasenclever, Peter Mayer, and Volker Rittberger, *Theories of International Regimes* (London: Cambridge University Press, 1997), p. 14.

③ Andreas Hasenclever, Peter Mayer, and Volker Rittberger, *Theories of International Regimes*, p. 6; Robert O. Keohane, "The Theory of Hegemonic Stability and Changes in International Economic Regimes 1967–1977," in Ole Holsti, et al. (eds.), *Changes in the international System* (Boulder: Westview Press, 1980); Judith Goldstein and Robert O. Keohane(eds.), *Ideas and Foreign Policy: Beliefs, Institutions, and Political Change* (Ithaca: Carnell University Press, 1993).

与大国政策协调（policy coordination）并存的理论主张，并强调多边管理与政策协调的价值，其中对国际机制的认识突破受到新自由制度主义的影响；克拉斯纳是坚定的新现实主义者，但在《结构冲突：第三世界对抗全球自由主义》这本经典著作中，他对现实主义的修正及其理论剖析吸收了许多新自由制度主义的认识。① 新现实主义和新自由制度主义之间从激烈论战到理论通约，被学术界称为"新新合成"（Neo-Neo synthesis）。②

自 20 世纪 80 年代以来，非主流国际关系理论的影响越来越大。这些理论流派被基欧汉统称为"反思主义"（reflective theories），包括规范理论（normative theory）、批判理论（critical theory）、女性理论（feminist theory）、后现代理论（post-modernism）、历史社会学派（historical sociology）等。③ 这些理论流派着重对理性主义的批判，但对理论体系的建构着墨不足。这种状况因亚历山大·温特的著作《国际政治的社会理论》发表而改变。温特对理性主义进行的是建设性批判，他接受了理性主义的认识论，自觉不自觉地向结构主义的分析体系靠拢，他甚至自称是"结构现实主义者"。他明确宣告自己建立的是介于理性主义和反思主义之间的中间道路，力图使国际关系理论成为一种既考虑国际政治的社会建构又坚持科学实在论的理论体系。④ 尽管温特的努力引起极大的争议，但其研究成果将建构主义推进到体系理论层次，使之成为大家都认可的理论范式。芬尼莫尔指出，建构主义与自由主义和现实

---

① 〔美〕斯蒂芬·D. 克莱斯勒：《结构冲突：第三世界对抗全球自由主义》，李小华译，浙江人民出版社 2001 年版，第 25、74—75、291—292 页。

② Steve Smith, et al. (eds.), *International Relations Theory: Positivism and Beyond* (London: Cambridge University Press, 1996), pp. 149–185.

③ 秦亚青：《国际政治的社会建构——温特及其建构主义国际政治理论》，第 4—11 页。

④ 同上。

主义之间是互补的，而不是竞争性的关系。① 基欧汉也指出，亚历山大·温特等建构主义学者提出的许多观点为自由制度主义者所接受。②

图 0.1　建构主义、理性主义与反思主义

资料来源：秦亚青：《国际政治的社会建构——温特及其建构主义国际政治理论》，第 4—11 页。图为译者根据文章内容自制。

　　检视国际关系理论范式之间的论争历程，笔者呼吁国际关系理论的研究者要用一种开放的、建设性的心态看待国际关系理论的发展，在国际关系理论的研究中注意吸取其他理论流派的精华，从而为建构更有解释力的国际关系理论做出贡献。基欧汉曾指出，"我们应该打破人为的以'现实主义'和'自由主义'为营垒的学术边界，每一个人都应该有自己的主张，都应该与这种无意义的朦胧进行斗争"③。即使新现实主义最坚定的捍卫者约瑟夫·格列科也承认，现实主义没有提供通过制度化安排进行合作的解释，需要发展一种国际机制理论，现实主义和自由制度主义两种方法都有助于我们探求对国际合作政治学的解释。④ 实际上，任何理论都有其发展脉络可循。其发展脉络就存在

---

① Matha Finnemore, *National Interests in International Society* (New York: Cornell University Press, 1996), p. 27.

② Robert O. Keohane and Lisa Martin, "The Promise of Institutionalist Theory," *International Security* 30 (Summer 1995): 39-51, footnote 2.

③ Robert O. Keohane, "Institutional Theory and the Realist Challenge After the Cold War," pp. 301-338.

④ Joseph Grieco, "Understanding the Problem of International Cooperation: The Limits Neoliberal Institutionalism and the Future of Realist Theory," in David Baldwin (ed.), *Neorealism and Neoliberalism: The Contemporary Debate*, pp. 301-338.

于国际关系理论的历史长河之中。在看到国际关系理论范式之间差别的同时,我们也应该看到它们之间的趋同,认识到各理论范式新的发展都是借鉴其他理论范式和观点或受到其他理论范式的影响或启示,理论范式的相互启示和融合将成为未来理论的发展之道。①

门洪华

2012 年 1 月 10 日

---

① 门洪华:《论国际关系理论的相互借鉴与融合之道》,《世界经济与政治》2004 年第 7 期,第 35—36 页; Stephen M. Walt, "International Relations: One World, Many Theories," *Foreign Policy* 110 (Spring 1998): 29-46; Margaret Herman, "One Field, Many Perspective: Building the Foundations for Dialogue," *International Studies Quarterly* 42 (Winter 1998): 605-624。

中译本序言

本书可谓历史久远。我们1971年开始撰写《权力与相互依赖》——当时毛泽东仍然健在，中美关系尚未正常化；1977年，本书第一版在美国印刷发行。自20世纪70年代以来，世界发生了巨大的变化。中国读者也许会问：为什么要阅读这本很久以前写就的著作呢？

问题的答案在于，今天许多中国读者的起点与我们在20世纪70年代面临的问题一样：都是国际关系的"现实主义"理论。这些理论强调国际关系的无政府状态、各国对权力和安全的不懈追求、将使用或威胁使用武力作为运用权力的手段等。现实主义理论极少关注经济相互依赖和国际组织的作用——包括我们在《权力与相互依赖》中称为"国际机制"的国际制度。

20世纪50—60年代，当我们还在学校就读之时，我们接受的教育是用现实主义的眼光来看待国际政治，但我们常常感到这种看待世界的观点不妥。它并没有分析经济相互依赖给主要资本主义国家间的政策合作带来压力的方式，也不能帮助我们理解这些国家的政府为什么在贸易、国际金融等领域确立调节相互关系的一系列规则。1968年，我们两人同时担任《国际组织》杂志的编委，我们的合作恰始于此。我们决定编辑一期《国际组织》专辑，其目的是批判世界政治的传统观点，展示广为人知的国际组织的重要性。该专辑指出了多国商业公司、罗马天主教会和恐怖组织等非国家组织在世界政治中的重要意义①，批判了所谓的世界政治"国家中心观"。

相比20世纪60年代和70年代初期而言，非国家行为体在当代世界的作用更为显著。这些非国家行为体以各种方式影响中国。国外技术主要是通过跨国公司（在全球开展业务的技术先进、实力强大的组织）的投资引入中国的。以关注人权、劳工标准和环境保护的行动主义者为首的倡议网络（advocacy networks）批评中国的政策。实际上，如果认识不到中国社会与以国外为基地的非国家行为体的联系，就无法完全理解中国在当今世界政治中的作用。例如，中国加入世界贸易组织表明，相互依赖的增强使得国际机制对中国的影响更大；它为非国家行为体——其运行和支持基础主要在中国边界之外——提供了影响中国决策的通道。

当我们撰写本书第一版时，我们既关注理论，也关注政策。我们对美国的外交政策提出批评。那时的美国外交政策主要以越南战争为中心，而我们反对这场战争。现实主义理论不应为美国卷入越南而难以抽身承担责任。恰恰相反，沃尔特·李普曼（Walter Lippmann）、汉斯·J. 摩根索（Hans J. Morgenthau）、肯尼思·N. 沃尔兹（Kenneth N. Waltz）等现实主义者都反对美国的东亚政策。但是，从某些方面讲，现实主义理论应该为我们所讨厌的美国外交政策的另一方面负责：它未能充分关注跨国关系、经济相互依赖和国际制度（international institutions）。我们明确指出，美国外交政策在这些领域的失败源于现实主义假设的局限性。

我们的分析重点和政策关注点有助于解释本书前八章的倾向性。从政策关注的角度讲，我们以美国外交政策为分析目标，但本书的关

---

① 参见 *International Organization*, vol. 25, no. 3 (Summer 1971)。该专辑后来结集出版，即 Robert O. Keohane and Joseph S. Nye, Jr. (eds.), *Transnational Relations and World Politics* (Cambridge, MA: Harvard University Press, 1972)。

注焦点与关于该主题的绝大多数著述和文章截然不同。我们关心政策的前提条件，主要强调国际体系本质的变化以及如何理解之。在最后一章，我们才引申出以上分析对外交政策的启示意义。第七章关于两国关系的个案分析聚焦于美国，但纵览全书，理论建构才是我们的分析重点。我们选择个案的标准是，既关注它对理解世界政治的潜在意义，也关注其内在的政策价值。

在本书第一版中，我们以国际体系为分析层次，提出关于世界政治的各种解释。然而，这并不意味着，我们认为外交政策的国内政治因素不重要。恰恰相反，我们再三强调，外交政策与国内政治越来越难以割裂开来。尽管如此，我们仍然认为，了解完全在国际体系的基础上能够解释多少问题至关重要。20世纪80年代以来，越来越多的美国国际关系著作将国内政治与外交政策及国际体系层次相互作用的结果联系起来，其分析也越发细致入微了。

当我们撰写《权力与相互依赖》第一版时，马克思主义理论对美国学术界有相当大的吸引力——比现在大得多。鉴于此，我们曾思考自己的分析与马克思主义模式的异同之处。同马克思主义者一样，我们也强调政治的经济基础：经济相互依赖的作用是我们的理论基础。像许多马克思主义者一样，我们从世界政治的总体结构模式入手，将政策视为一系列政治和经济现实的衍生。但是，我们从来没有把阶级作为有价值的分析概念。而且，我们坚持认为，行为的关键性资源在于具体行为体（包括国家和跨国公司等非国家行为体）的利益和能力。因此，我们很快就摆脱了总体结构模式的限制，转而研究具体问题的环境和国际组织的活动如何影响政策后果。对我们而言，政治和经济结构只是分析的起点而已。政治和经济结构对后果有巨大影响，但它们自身并不具有决定性。

我们深感荣幸的是，《权力与相互依赖》在美国受到众多关注，到1989年第二版发行时，我们已经积累了诸多评论和批评。自然，作为回应，我们有许多话要说。我们撰写了"跋"，试图澄清某些被误解的论点。21世纪之初，在中国仍然可能出现这种误解——就像20世纪70—80年代的美国那样，"跋"对中国读者或有助益。当读者开始阅读本书或至少读完第一章至第三章时，读一下"跋"或许是值得的。"跋"重申了本书的主题，探讨了相互依赖、讨价还价、"复合相互依赖"（我们创造的新词）和国际机制变迁等核心概念。

《权力与相互依赖》并不认为世界政治"一切都是崭新的"。1989年，我们曾强调这一点非常重要，现在依然如此。我们并不企图否认现实主义所有论点（我们在读研究生期间学习过的）的正确性，或提出全新的"自由主义"理论来替代现实主义。我们的目标是，寻求建立一种看待世界政治的方法，帮助我们理解政治与经济的关系、制度化国际合作的模式，同时保留现实主义关于世界政治中权力和利益作用的核心洞见。

显然，《权力与相互依赖》的论点是附有条件的。"复合相互依赖"条件下的政治与现实主义条件下的政治不同（本书第二章）。由于复合相互依赖条件或现实主义条件都非普适性的，要想认识世界政治，就必须认识适用于特定时间某些特定国家之间的条件。例如，1971年的中美关系非常符合现实主义理论：安全问题至关重要，两国之间极少经济相互依赖，国际组织和国际机制在两国关系中的作用可以忽略不计。但当前，现实主义理论不适用于中美关系的现实。现实主义理论仍然重要，因为中美都是大国，它们继续为可能发生在彼此之间的战争未雨绸缪，它们之间存在利益的战略冲突——中美之间针锋相对的台湾政策就是明证。然而，其他因素发生了巨大的变化。从经济方面讲，中美之间存在相当程度的相互依赖性：贸易和外国直接投资非常重要，美国的企业领导人源源不断地来到中国，拜望中国领导人。国际组织和国际机制在中美关系上发挥重要作用：中国是联合国安理会常任理事国，并加入了世界贸易组织。非国家行为体在中美之间也发挥着重要作用，2008年奥林匹克运动会——其组织基础是跨国性的而非国家间的——对中国的重要性可以佐证之。

相比本书第一版而言，《权力与相互依赖》第四版与现在的中国更为相关。在复合相互依赖的条件下，当许多关系排除了使用或威胁使用武力时，中国决策者需要理解如何施展影响。他们也需要预期，中国参与跨国网络如何影响国外对中国的看法，其人民如何看待本国政府。进一步说，中国公民需要了解复合相互依赖条件下世界政治的复杂性，从而对中国政府的政策做出评估、进行批评，促使其政策更导向合作、和平与繁荣。

相比现实主义而言，当前中国在多个问题领域面临的情况更接近于我们提出的复合相互依赖理想模式。戴着现实主义的眼镜看待复合相互依赖将扭曲现实并导致政策失误。对21世纪之初的中国学者、普通民众和决策者而言，本书确实提供了第二副眼镜，透过这副眼镜我们可以更清晰、更好地专注于认识复合相互依赖、相互依赖与权力相结合的更为宽泛的模式。

在新千年之初，每一个人都在谈论"全球化"而不是"相互依赖"。本书第九章和第十章是专为2001年出版的《权力与相互依赖》第三版而写的。全球化指的是（我们1977年描述过的）相互依赖的强化。1977年，我们指出了复合相互依赖的三个特征：各社会之间的多渠道联系，问题之间没有等级之分，武力不发挥作用。我们认为，尽管复合相互依赖并非世界政治的普遍特征，但它描述了与美国结盟的发达工业国家之间的关系。现在，民主和开放的市场在全球得到更广泛的扩展；相比昔日，美国比对手更为强大。复合相互依赖并非无处不在，通过动用武力来进行的恐怖主义和反恐战争可以佐证。然而，相比1977年或1989年，今天的复合相互依赖并没有增进多少。

1977年，我们试图理解迅猛的技术变革——当时以电话、电视和喷气式飞机为代表——如何影响世界政治。我们仍然试图认识技术变革与政治之间的相互作用，尽管现在"信息革命"和因特网代表着最根本的技术转型。恰如我们在第九章所探讨的，信息革命的巨大影响已有所体现。随着中国人民与主张言论自由和多元民主的国家人民之间的商业、社会交往越来越密切，信息革命将影响中国的政治体系。如我们在第十章所探讨的，全球化创立了许多复杂的关系网络，增加了战略互动的可能性，同时也制造了巨大的不稳定性。由于这些联系的存在，全球规模的恐怖主义成为全球化的一个例证。我们在第十章描述了"军事全球主义"，我们可以扩展其范围，将所有正式和非正式的暴力全球化的事例都纳入其中。我们的一个重要观点是，全球化不仅仅是经济相互依赖增加的问题，还涉及环境、社会、与武力相关的相互依赖。2001年9月11日美国经历的恐怖主义行动表明，全球化也有其骇人听闻的一面。

我们在1977年试图理解两类动力的重要意义：一类是迅猛的技术变革，一类是国家利益和权力在塑造全球政治经济中的作用。我们认为，这两类动力的重要性进一步增加，本书分析框架的重要性也随之水涨船高。在本书第一版中，我们描述了"现代主义者"和"现实主义者"过于简单化的观点，在这一点上，我们仍然相信自己是正确的。例如，我们不仅指出了经济相互依赖的正确性，而且指出经济相互依赖是不对称的，国家因此可以传统方式来运用权力。第九章和第十章采用了与本书1977年版一样的分析角度：技术变革、政治、经济密切相关，但任何一种力量都不能主导彼此。例如，当前分析全球化的著述都夸大全球化的经济分量，过分强调其新奇性（newness），认为全球化是由技术所决定的。而本书第十章与这些著述截然不同，其论点与《权力与相互依赖》1977年版的第一至第八章一脉相承。

因此，多年来，我们保持了观点的一致性。20世纪70年代，我们反对从早期地缘政治急遽转变为地缘经济的观点，今天依旧如此。所有市场都在政治框架内运行，在和平时代忽视军事安全的作用，就如同忘记了氧气对呼吸的重要性。将飞机作为武器、将因特网作为传播媒介的恐怖主义再次表明,面对战争武器,对和平的追求是何等的脆弱!复合相互依赖不会自动出现,它需要建构,而复合相互依赖的建构应以确保安全为基础。

此外,我们始终认为,问题领域角度和地区角度的世界政治不同。地区差别对中国读者尤其有意义。传统而言,东亚多边制度化程度弱于欧洲甚至美洲。东亚地区没有类似欧洲联盟、北约、里约条约或美洲国家组织的国际制度。相比欧洲和美洲而言,东亚地区面临的安全威胁更为突出,双边关系更为重要。因此,东亚图景中的现实主义因素更为显著,有时使得接近于复合相互依赖的模式相形见绌。如我们对具体问题领域的探讨(第三章)所指出的,世界政治的总体结构并非适用于各个地区。我们的分析框架必须经过中国读者的改造,才能适用于中国的情势和东亚的现实。

在结束本序言之际,我们谨对30多年来帮助我们思考的个人和组织表示谢意。我们在《权力与相互依赖》英文版的三个序言中对许多个人和机构表达了谢忱,有些提供帮助的个人和组织我们没有提到。我们感谢他们的关注、批评和支持。

我们之间的热烈讨论至少与他人的看法同等重要。朋友们经常问我们怎样做到如此长时期的密切合作。简单的回答是:在撕掉彼此章节的时候,我们排除了自负。虽然合作中难免遇到挫折,但合作带来了迅速回应、挖掘思想的学术乐趣。对我们而言,合作既是知识激励之源,也是加深友谊的纽带,这是言语难以表达的,而且怎么强调都不为过。20世纪70年代中期,我们在奈位于麻省列克星敦市的花园里展开讨论,形成了本书第一版的核心思想。1997—1999年,我们在新罕布什尔州桑德维奇的原始山林中构思出本书第九章和第十章的观点。

在共同写作之际,我们享受着攀登新罕布什尔州怀特山脉时一路交谈的乐趣——我们几乎翻越了所有最陡峭的山崖和最险峻的陡坡。我们发现，享受自然美景、锻炼身体和友谊的欢乐都提高了思考的质量。

我们最密切合作的友谊是与我们的夫人和生活伴侣南内尔·奥弗霍尔泽·基欧汉（Nannerl Overholser Keohane）和莫莉·哈丁·奈（Molly Harding Nye）分享的。1977年我们曾写道，她们的贡献仅仅在序言中说明是难以尽意的，需要另一本书才能——道来。走过幸福而充满创造力的35年，我们的愿望终于变成了现实！

罗伯特·基欧汉、约瑟夫·奈

2011 年 11 月 1 日

第四版序言

"社会科学家提出了关于战争与和平的各种理论,但从未梦想过这些理论会为每天都作为报纸头版头条、具有世界性历史意义的事件所检验。今天,具有广泛性的检验即将在全世界展开。"约翰·米尔斯海默(John J. Mearsheimer)1990年在《大西洋月刊》上发表的宏文如此写道。事实证明,他的预测是正确的。冷战的结束导致安排和主导世界长达半个世纪之久的复杂国际体系寿终正寝。国际生活必将发生变革。但如何变革呢?

对许多从现实主义角度思考国际关系的人士而言,稳定的两极结构终结必然意味着不确定性的大幅上升,没有了冷战期间联盟结构的保护和制约,各国开始为寻求安全而奔忙。米尔斯海默写道:"我认为,随着冷战成为历史,现在的欧洲陷入重大冲突乃至战争的可能性甚大。"随着苏联的解体,诸多事件(尤其重要的是前南斯拉夫的战争)似乎证实了这一预言。但更为显著的是,随着由多种族构成的南斯拉夫在恐怖暴力中解体,欧洲诸大国——美国亦是如此——花了大部分的精力来避免卷入这一战争。德国、法国和英国没有利用这一冲突寻求地缘优势,而是尽最大努力避免卷入其中。历史经验告诉我们,战争常常被大国视为谋求利益的机会。现在,大国视之为拖后腿的危险。

米尔斯海默的宏文发表已历 20 年之久，世界事务的突出特征是，大国之间没有发生冲突。我们可以列举出这里或那里发生的事件，诸如美国和俄罗斯激烈争吵，或美国和中国为争取优势而角力，但以大国冲突的常规形态——战争、代理人战争、军备竞赛等——来衡量，没有大国冲突是我们时代具有主导性意义的地缘政治现实。冷战结束已历 20 年，日本和德国依旧是民事大国而不是军事强国，尽管是世界第二大和第三大经济强国。* 中国、印度等新兴大国必然致力于军事建设，但按照历史标准看，它们显然同时聚焦于经济和技术实力的增强。

现实主义者在理论上可能是正确的，但解释历史事件时却往往错误百出。欧洲大国不再重复历史，其原因可能是，随着这些国家的经济产出和军事力量占全球比重的下降，它们不再是世界舞台上的主角。但如何解释亚洲的变化呢？另一位知名学者阿龙·弗里德伯格（Aaron Friedberg）承认，欧洲或许因厌战、贸易、民主、国际制度和后现代心态而转向太平时代，但亚洲几乎没有表现出这些特征，而是群雄并起，它们秉持传统观念，存在历史宿怨，国内政体纷繁复杂，极少国际制度将它们联系在一起。弗里德伯格的文章发表于 1993 年，他认为亚洲将出现米尔斯海默预测的情景。然而，17 年过去了，亚洲没有任何迹象证明这一预测的正确。

或许，问题在于国际体系并非多极的。在米尔斯海默发表其宏文的同年，专栏作家查尔斯·克劳萨默（Charles Krauthammer）撰文指出，我们并不是从两极转向多极，而是趋向"单极时刻"，形成一个从任何角度衡量都是美国完全主导的体系。这一论述对此后的 15 年产生了重大的影响，美国经济异常繁荣，其军事实力超过其他大国之和，其模式似乎照耀着地球的任何一个角落。几乎所有国际问题的解决均

---

* 实际上，中国 GDP 规模 2007 年超过德国、2010 年超过日本，目前大国经济规模的排序是：美国、中国、德国、日本。——译者

纳入了美国的轨道，所有危机似乎都是单极的产物，阿富汗战争和伊拉克战争堪为明证。

然而，现实主义所预测的反对这一压倒性霸权的制衡性联盟在哪里？我们或许可以俄罗斯或中国的某些策略为证，但随着单极秩序的削弱，这些显得并不重要。在"9·11"事件、伊拉克战争、金融危机或者更关键的是"其他国家的崛起"、新兴大国的成长等一系列事件的冲击下，美国不再像过去那样主导国际秩序。然而，这一体系依旧非常稳定，既有的危机极少导致严重后果。"9·11"事件之后，西方世界遍受恐怖主义袭击灾难的预言并未成为现实。伊拉克战争的战火并没有延伸到其邻国。尽管诸多群体关注中国和俄罗斯的巨额军事开支，将中俄两国描述为现实威胁，但两国并没有采取这样的行为。苏联这一多民族大国的解体、中国这一新兴大国和其他中等国家的崛起并没有导致冲突或战争。"大萧条"以来最严峻的金融危机并没有带来多少政治崩溃和社会动乱。至为关键的是，大国似乎专注于发展经济，而不是谋求对邻国的军事控制。

1986年，历史学家约翰·刘易斯·加迪斯（John Lewis Gaddis）撰写了一篇题为《长期和平》的宏文，他指出，1945—1986年间没有大国冲突，这是数世纪以来大国保持和平的最长时段。1986年至今，又过去了很多年，显然这是一个更具有地缘政治意义的长时段，值得我们深入探究。现代国家体系缘起于17世纪围绕德意志前景而展开的残酷宗教战争，自此诸多国际关系学者致力于解释不稳定与战争问题。现在，我们需要的是对稳定与和平做出解释。

解释当前国际秩序的动力，最有助益的莫过于罗伯特·基欧汉和约瑟夫·奈在《权力与相互依赖》一书中提出的相互依赖概念。本书是国际关系理论的一部经典力作。相互依赖的理念随处可见，而不仅仅是出现在学术文献中。随着18世纪和19世纪现代贸易的兴起，这一概念出现在许多学者——经济学家尤为多见——的笔下。他们假定,战争是不可行的或不利的。这些看法常常以夸张的形式体现出来。诺曼·安杰尔(Norman Angell)是一位英国的畅销书作者,他甚至在第一次世界大战前夜预言战争已经过时。安杰尔的观点是,对参战各方而言,欧洲大国之间的大规模战争代价如此高昂,即使胜利者也会因此陷入困顿。他当然期盼甚至奢望这会使得战争不复存在,但显然他并不相信仅仅依靠相互依赖就能阻止战争,否则他就不会穷一生之力劝诫政治家不要使用武力了。而就其预测而言,事实证明他再正确不过了。约翰·梅纳德·凯恩斯(John Maynard Keynes)的传奇式名著《和平的经济后果》不过是事后诸葛亮,他详细阐述了安杰尔的预言,即通过超负荷的巨额赔款摧毁德国经济的后果是英法经济付出高昂代价。数十年之后,随着贸易繁荣,西方经济再次相互交织在一起,理查德·库珀(Richard Cooper)在一篇名作中复活了相互依赖的概念。

基欧汉和奈吸收各式各样的观点,提出了丝丝入扣、颇具说服力的国际体系理论。它扩展了相互依赖的范畴,不再将之限定于经济学所关注的现实,还认为核毁灭的相互脆弱性阻止了美苏两国走向战争。核威慑是相互依赖的一种表现形式。这一理论并不拒绝现实主义,而是认为现实主义对现代世界结构的解释力不足。它假定了一个光谱范畴:一端是现实主义的"理想模式",即国家只关注生存与安全,战争永远是可能的选择;一端是相互依赖的世界,在福祉方面,各国存在着相互依赖。国际生活的任何后果均有赖于某国如何确定自己在这一范畴的位置。

相互依赖理论对 21 世纪提供了一系列强有力的解释。国际关系学者——以及生活在这个世界上的芸芸众生——面对的最重要问题是,世界最重要的崛起大国和既有大国之间的关系是和平的还是好战的。中国的崛起——以及美国对中国崛起的反应——是否会像历史上曾经的大国崛起一样,最终走向全面战争?或者,对双方而言,两国经济之间的相互制约、核威慑是否会塑造强有力的动机，从而建立具有高度竞争性的和平关系？迄今，尽管中国的崛起与昔日曾经的大国崛起足堪匹敌，甚至实现了超越，但中国对承担更大的全球角色（尤其是发挥军事作用）不甚感兴趣。美国也在寻求与中国共处，而不是对抗。如果这一态势发生变化，无论哪一方面都会注定改变全球体系的基本稳定。

我笃信《权力与相互依赖》是国际关系领域的经典名著，而且认为本书应引起当今世界更多的关注。自初版至今，其洞见穿越了国际变革的动荡时代，其研究议程更为丰富，而正确理解国际关系也从未像今天这么重要。

法利德·扎卡里亚

第四版前言

21 世纪的权力与相互依赖

就国际关系著作的影响力而言，《权力与相互依赖》堪称长盛不衰。这么说，不仅是因为本书第四版于 34 年之后出版，还由于 21 世纪前十年本书持续被引用。根据谷歌学术搜索（Google Scholar），《权力与相互依赖》被引用 2500 次之多，对其中 105 个引用的抽样调查表明，其中 63 个引用——占 60%——出现在 2000 年迄今的时段，20 世纪 90 年代仅有 28 个引用（占 27%），1989 年之前仅有 14 个引用（占 13%）。这部分反映了在动荡的世界政治中理论家与所发生的事件之间的关系。本书 1977 年初版，不久苏联入侵阿富汗，核军备竞赛再起，导致冷战逐步消融的"缓和"时期就此终结。许多理论家就此认为，我们的著作"很有趣，但不甚相关"。20 世纪 80 年代，世界发生重大变革，转向我们提出的复合相互依赖这一理想模式（尽管并非完全符合这一模式的特征），与本书刚刚出版时的情势相比，国际关系学者认为《权力与相互依赖》更重要了。

我们的分析持续受到关注，显然并非仅仅因为我们的著作本身，与世界的变革方式也密切相关。我们试图回答两个重要问题：(1) 当相互依赖尤其是经济相互依赖广泛存在时，世界政治的主要特征是什么？（2）国际机制如何、为何改变？为了回答这些问题，我们提出了不对称相互依赖的概念，作为一种运用权力的手段。这种方法与盛行的现实主义范式相契合，但却将权力分析的范畴延伸到军事安全之外那些不受关注的领域。我们也提出了解释国际关系的理想模式（ideal type），我们称之为"复合相互依赖"。就此，我们推翻了现实主义的三个假设：（1）国家是唯一重要的行为体；（2）安全是主导性的目标；（3）武力是最重要的工具。我们随即推断出权力斗争——谁在什么时间、以什么方式得到什么——将在这一想象的条件下进行。我们针对管控国际议题的机制如何变化，提出了四个因果模式：经济模式、基于总体权力结构的模式、基于问题领域内权力分布的模式、国际组织模式。本书的重要性之所以持续得到认可，很大程度上是因为现在所谓的"全球化"这一事实使得世界在诸如气候变化、金融市场等特定问题或世界某些地区（如发达民主国家之间）的关系更接近复合相互依赖。同时，我们承认武力继续发挥作用，认为武力与经济相互依赖之间存在着互动。例如，我们写道："控制社会性流动人口与外国军队和军备技术变革的困难或许会实质上增强特定国家或非国家团体将恐怖主义视为政治武器而不会引起报复威胁的能力。"冷战结束、全球化增强、信息革命降低了非国家行为体进入的成本，使得国际舞台上充斥着跨国行为体，也使得我们在1977年的分析更具相关性。曾经被视为幻念的概念现在似乎无处不在了。

然而，相关性的增强并不能确保其有效性：《权力与相互依赖》因其主题的重要性仍然保持相关性，但对当代世界政治的解释可能存在高度误导。我们还需要更多的时间来确认其效用，尤其是本书初版至今，对我们的观点构成挑战的三个最重大事件分别是1989—1991年的冷战结束、2001年9月11日的恐怖主义袭击及其回应、2008年的全球金融危机。这些事件对《权力与相互依赖》议程的价值或制约性有什么启示？

在评估这些挑战时,重要的是承认我们所做分析的局限性。在《权力与相互依赖》中,我们尝试提供一个分析框架,即用国际因素来解释世界政治中的变革与稳定。在本书第一版的前言中,我们承认不涉及国内政治的此类解释是不完整的,但认为"国内政策和外交政策的复杂关系,使得如何基于国际体系的信息进行解释变得至关重要";在第二版的"跋"中,我们重申"任何体系层面的解释都必然是不完整的"。《权力与相互依赖》分析的另一个局限性与复合相互依赖议题最为相关,诸如连接社会的多种管道、并不按照等级秩序安排的多种议题、政府未曾使用的军事力量等。因此,很难相信我们的著作对全面理解当前美朝关系有所助益,我们的著作也无助于全面理解以核武器为核心议题的1977年美苏关系。

《权力与相互依赖》从未声称预测未来或提供预测未来的方法,而是想提供一些概念,从而有助于世界政治观察者理解或解释他们所看到的林林总总,他们可以用某些普遍性模式予以解释,现实主义政治理论此前提出的中央集权式安全框架对当前的变化震惊不已,他们却并不感到惊奇。对这一框架有效性的检验并不在于其是否预测了这些事件的发生,或导致践行者这样做(或不这样做),而在于是否有助于我们理解其细节,即一系列事件发生之后回荡着的"冲击波"。

冷战的结束(1989—1991)

某些分析家预知了冷战的最终结束,但几乎没有人准确预知其时机,许多人甚至误解了其后果。我们需要在体系、国内和个人层面上对这一世界政治中最重要的事件予以充分解释。结构现实主义理论(新现实主义)专注于体系层次军事实力分布的两极稳定问题,其分析结果却分外糟糕;结构现实主义理论预测,冷战后各国会改变同盟关系,致力于中欧的均势斗争。与两次世界大战的后果不同,冷战后的中欧成为稳定之地。在预测冷战的结束上,《权力与相互依赖》并不好于其他著作,但是复合相互依赖的概念、对多边交流渠道和制度化机制(如北约、欧盟等)的关注,有助于观察家避免预测冷战的后果类似于19世纪和20世纪早期的政治。

冷战结束的时间主要归功于一个人和苏联国内政治。米哈伊尔·戈尔巴乔夫意图改革而不是取代共产主义。然而,他推行的改革不是自上而下的控制,而是迅速扩大为自下而上的革命。戈尔巴乔夫1985年上台之时,试图指导苏联人民克服既有的经济停滞。当指导不足以解决问题时,他倡导"结构调整"(perestroika)的思想,但官僚阶层对此百般阻挠。为改革官僚制度,他采用了公开性(glasnost)和民主化的战略。然而,一旦公开性使得民众说出他们的所思所想,许多民众说:"我们要上街罢工。"1991年12月,苏联不复存在了。

这些事件有的源于戈尔巴乔夫的失算。他认为原有的制度可以修葺,但事实上为了修复,他捅了一个大洞。千里之堤,溃于蚁蚁。一旦被禁锢的压力得以释放,它们会迅速地扩大裂口,撕毁整个体系。如果1985年苏共中央政治局委员们选择了戈尔巴乔夫的强硬派竞争对手之一,那么衰落的苏联有可能再坚持十年左右。它不会这么快就崩溃。在很大程度上,戈尔巴乔夫采取的拙劣修补战略是苏联解体的契机。

但是,苏联解体还有更深层的原因。其中一个是自由理念的软实力或吸引力。跨国传播和交流的增长有助于自由理念的传播,西方所取得的经济成就赋予自由理念以额外的吸引力。此外,苏联巨额的防务预算开始对苏联社会的其他方面产生影响。苏联人的健康每况愈下,死亡率有所增加(苏联是唯一发生这种情况的发达国家)。最后,军队也开始意识到国家过度扩张带来的巨大负担。

苏联解体最深层的原因是共产主义意识形态的衰落和苏联经济的失败。即使没有戈尔巴乔夫,这种情况也最终会发生。冷战初期,共

xxx 产主义和苏联拥有强大的软实力。许多共产党员领导着反对欧洲法西斯的斗争，许多民众相信共产主义代表着未来的潮流。但是，1956年揭批斯大林犯罪行为的"非斯大林化"、1956年对匈牙利改革的镇压、1968年对捷克斯洛伐克改革的镇压、1981年对波兰改革的镇压以及自由理念跨境传播的增强削弱了苏联的软实力。从理论上讲，共产主义有志于建立阶级公正的体制，但列宁的继承者通过残酷的国家安全体系维系国内权力，不惜采取毁灭性大清洗、劳改营、审查、鼓励通风报信等手段。采取这些镇压性手段的后果是人们对共产主义制度的忠诚消失殆尽。

由此导致的是，苏联的中央计划体制越来越没有能力对全球经济变革做出反应。斯大林创造了以重工业为核心的中央经济指令体制，从而自绝于全球经济。这是一个非常僵化的体制，有拇指却没有其他手指。正如约瑟夫·熊彼特（Joseph Schumpeter）指出的，资本主义是创造性摧毁，对技术变革的重大潮流做出灵活反应。20世纪末，第三次工业化浪潮的重大技术变革体现在，作为经济最珍贵的资源，信息的作用越来越大。苏联体制在掌控信息上显得极其无能。苏联政治体制最为不足的是，信息流动缓慢而缺乏灵活性。

20世纪末，经济全球化带来了全球经济的震荡，但采用市场机制的西方经济能够引导劳动力转移到服务业，重组其重工业，转向采用电脑技术。苏联却没有能力迎头赶上。例如，1985年戈尔巴乔夫上台秉政之际，苏联国内有5万台私人电脑，美国私人电脑达3000万台。4年之后，苏联拥有40万台私人电脑，而美国私人电脑达4000万台。据苏联一位经济学家统计，截至20世纪80年代末，仅有8%的苏联工业在全球拥有竞争力。当92%的工业在全球没有竞争力时，苏联是难以维系其超级大国地位的。苏联通过隔绝方式保护其工业的努力、选择性进口技术的做法与市场经济之间的多渠道甚不相配。《权力与相互依赖》对读者把握冷战结束的时机帮助不大，但复合相互依赖的理念有助于他们更好地理解冷战结束的部分原因，对机制和制度的关注有助于他们更好地理解冷战结束对中欧的影响。

权力、不对称相互依赖与"9·11"事件

"9·11"恐怖主义行为表明，在《权力与相互依赖》使用的术语中，涉及非正式暴力传播的相互依赖网络体现出真正的全球性形式。我们将这一发展称为"非正式暴力的全球化"。《权力与相互依赖》有助于我们以权力、相互依赖的视角认识全球化。相互依赖的概念可以解释为"相互的依赖"，权力的概念可以概括为"不对称相互依赖"。《权力与相互依赖》指出："仅仅依靠经济手段对抗严重的军事威胁有可能是无效的，在此意义上，与经济力量相比，军事力量处于支配地位。"美国对"9·11"事件的反应主要是军事性的而不是经济性的，这一反应重塑了美国的外交关系，本书读者不会对此感到惊讶。

"9·11"事件揭示出美国被非正式暴力伤害到什么程度，某些政府报告曾对此做出预期，但却从未将其纳入政府的计划之中。"9·11"事件及随后发生在欧洲和亚洲的恐怖活动，使得人们密切关注美国对外来恐怖主义存在的长期脆弱性。

如果美国面对的是一个拥有常规目标的领土国家，这一脆弱性或许并非忧虑之源。毕竟从技术的角度讲，美国对来自俄罗斯的核打击存在大得多的脆弱性。但从**不对称**的角度讲，美国并**不脆弱**。相反，美国拥有更强大的核能力或"相互确保摧毁"的能力，从而使得其脆弱性或多或少是**对称的**。俄罗斯拥有庞大的军队，但其武器装备并不优于美国。

对恐怖主义而言，三大不对称性——这些常常并非国家间关系的特征——有利于2001年9月非正式暴力的运用者。其一，存在**信息的**

不对称。似乎存在悖论的是，相比主要是通过手写信息和口耳相传来交流的个人网络而言，当代美国这样的"信息社会"存在信息劣势。但是，信息社会也是开放社会，潜在的恐怖主义分子对其攻击目标非常了解，而在"9·11"事件之前美国对其国内和其他西方社会恐怖主义分子网络的身份、住址所知甚少。其二，存在**关注的不对称**。更大的行为体面对多样事务和多个目标，常常降低了对更小行为体的关注。更小的行为体容易专心致志（正如我们在分析美加关系时指出的，这一情势对国家或非国家行为体都可能有利）。其结果往往是，美国情报系统拥有大量的关于基地组织的信息，但美国政府却无法有效地处理各系统所搜集的信息。其三，存在**信仰的不对称**。本·拉登的某些追随者显然相信，对平民发动自杀性袭击将在其死后获得奖赏。显然，这些袭击的自杀性质使得它们更难被预防，并放大了其潜在的破坏力。那些自愿执行自杀使命或随意攻击平民的人的信仰，显然与基地组织攻击的社会格格不入。

美国及其盟友在军事实力、经济资源、政治影响力和技术能力等方面均有巨大的优势。而且，相比发展中国家的被压迫者而言，由于传播媒体的基地主要在西方，发达国家的民众获得了更大的发言权。因此，信息、关注和信仰的不对称性并没有给予非正式暴力的运用者永恒的优势。传统而言，分析家认为拥有更强大军队的一方会赢得胜利；在信息时代，故事讲得更好的人能产生更大影响。不同宣传导致的结果至关重要。冷静分析2001年下半年美国与基地组织之间实力的非对称性，我们会得出这样的结论，即非对称性的许多方面有利于美国。正如我们指出的，"操纵相互依赖的战略有可能导致战略反击"。有意思的是，现代军事战略的主要潮流之一是聚焦非对称战争，包括影响心志的宣传。

然而，正如《权力与相互依赖》所强调指出的，对权力来源进行分解至为关键。"9·11"事件之前常规分析所犯的错误之一是，它们不能理解，在不对称相互依赖的模式之下，当今世界上最强大的国家对一小撮恐怖主义分子存在脆弱性。正如《权力与相互依赖》所警示的，常规思维太过重视国家和权力了。

权力不仅来自枪杆子，也来源于相互依赖的非对称性和不同宣传的相对吸引力，大多数观察家还未意识到这些因素对特定非国家行为体的意义。权力运行的相互依赖网络是多元的，无法相互取代。即使在许多方面实力强大的国家，也可能在另一些方面存在严重的脆弱性。我们从20世纪70年代的石油战争中得到过教训，恐怖主义使得我们重温这一教训。当国家和非国家行为体在网络空间展开竞争之际，我们会越来越多地面对这些难题。

复合相互依赖与2008年金融危机

在《权力与相互依赖》第二章，我们强调跨国行为体的作用使得国家决策者难以"操纵相互依赖"。而且，我们认为政府部门之间的跨国联系使得"国家利益"的内容变得模糊。金融监管人之间的持续联系有助于创立以国际清算银行（总部位于巴塞尔）为核心的银行业管理制度。共同的金融世界观创立了一个协调金融利益的体系，但不足以应对跨国金融行为体及其流动所导致的变革。

当我们审视2008年的金融危机之时，这些论述依旧有其说服力。银行所开发的各种金融衍生品、美国国际集团（AIG）等大公司的复杂保险安排导致了系统性危机，而银行所涉各方及政府本身都无法对此充分理解。而且，危机期间，同一政府的不同部门显然持有不同的观点：央行与财政部的看法并不一致；美国国会未能通过第一次银行紧急援助的法案；在应对危机中，美国管控部门在未来权力的分配上产生了激烈的冲突。大家可能敏锐地意识到，当1977年我们首次提出复合相互依赖时，我们从未想到情形会如此复杂！

本书第三章我们不再展开描述，而是力图解释，当权力基本结构发生变化并由此导致讨价还价时，国际机制是如何变迁的。我们的观点是，问题—结构的变迁——问题领域内权力资源的分布——大致上可以解释国际货币机制的重大变化，如1931年金本位制的崩溃、1971—1973年布雷顿森林体系的崩溃等。正如我们所指出的，"问题结构模式有助于我们理解1931年的货币机制崩溃，而且对解释1971年布雷顿森林体系的崩溃极为有益"。

这一观点表明，关于2008年金融危机的新闻报道只揭示出表面现象，我们应深入挖掘，关注问题结构大盘的变迁。一个明显的候选者是崛起为经济强国的中国，尤其是它持有超过2万亿美元的外汇储备，且其中大多是美国财政债券。某些观察家称之为全球均势的巨大变革，中国可通过威胁抛售美元迫使美国就范。但是这样做会导致美元贬值，中国外汇储备的价值暴跌，也会危及美国继续进口廉价的中国产品，进而导致中国国内的失业和不稳定。抛售美元可以迫使美国就范，但中国自己也会伤筋动骨。《权力与相互依赖》建议关注不对称相互依赖的制衡，而不仅仅是等式的一边。正如其他观察家所建议的，这一对称性犹如"金融恐怖均衡"，类似于当年的核恐怖均衡，美苏两国可以通过核战争摧毁对方，但它们并没有这样做。

我们关于国际机制变迁的问题结构模式和国际组织模式表明，各国试图改变框架来减少其脆弱性。美国向中国施加压力，要求其允许人民币升值，以减少美国的贸易赤字和美元不平衡。同时，中国的央行官员呼吁美国增加储蓄，降低其外部赤字，长远观之，国际货币基金组织发行的特别提款权成为储备货币并作为美元的补充。但是，中国出于国内政治原因，不愿意冒险允许人民币自由兑换。因此，人民币短期内不会立即挑战美元作为世界最大储备货币（超过60%）的地位。

我们的两个分析模式表明，中国在国际舞台上的影响力逐步上升，对其他新兴经济体的影响越来越大。因此，七国集团（其中欧洲国家占其四）为二十国集团所取代并不令人惊讶，因为二十国集团的参与者占世界产出的80%。在2009年9月匹兹堡二十国集团会议筹备期间，人们广泛探讨"重新平衡"金融流动的需要，以改变美国赤字、中国出超的旧模式。当然，这些改变需要两国国内消费、投资模式的深刻且付出政治勇气的变革。我们难以预期这样的变化很快出现，但值得关注的是，二十国集团已经同意欧洲减少在国际货币基金组织的投票权，中国及其他新兴经济体将逐步增加其投票权。

xxxiv

这些根本性的调整证实了《权力与相互依赖》早先分析的不足：国内政治在任何时候都是重要的，国内政治或是结构条件的基础，其变化也可能是国际层次分析者关注的焦点。进一步说，对2008年进行定性为时尚早：它像1931年一样是根本性变革，还是像1971—1973年那样仅仅是重大但局部性的变化？或像1998—1999年的亚洲金融危机那样，仅仅是受危机促动、不会影响基本结构的系列调整？

评估《权力与相互依赖》适用性的难点之一在于，它是高度限定的，所以难以证伪。例如，我们在1987年版的"跋"中强调了学习的重要性。我们有充足的理由相信，2008—2009年避免再一次出现大萧条，确实归功于政策制定者对当时凯恩斯教训的学习。2008年秋季和2009年冬季，中美等大国、欧亚诸国采取了财政刺激政策，并佐之以宽松的货币政策，这些政策有助于减缓衰退，截至当年年底，大多数国家停止了衰退。

结　论

自《权力与相互依赖》1977年面世以来，世界政治出现了三次重大事件。上述分析表明，世界如此接近于我们所假设的复合相互依赖理想模式，而当时人们视之为幻念，我们为此震撼不已。我们深感兴奋的是，我们对不对称性各种形式的分析表明，权力关系伴随着相互依赖，我们提出的机制变迁模式依旧有说服力。我们同样深刻感受到，世界变化多么大，我们的预见多么渺茫，未来的变革将会多么深远。

罗伯特·基欧汉、约瑟夫·奈

第一编

理解相互依赖

第一章
世界政治中的相互依赖

  我们生活在一个相互依赖的时代。这种说法意在表明，人们普遍认识到世界政治的性质正在发生变化。当然，这种模糊的说法也意味着，人们对变化的理解还是肤浅的。国家权力一向被分析家和政治家视为"试金石"，现在却变得越来越难以把握了，"与过去相比，权力的衡量标准变得更加微妙、更具欺骗性"①。亨利·基辛格的思想深深扎根于古典现实主义传统，但他也指出："国际问题的传统议程——大国均势、国家自身的安全——再也无法界定我们面临的威胁，也难以诠释未来的前景。我们正在进入新的时代。旧的国际格局正在崩溃，昔日的标语不再具有启示意义，过去的解决办法也不再奏效。在经济、传播和人类共有的期望等层面，世界早已变得相互依赖了。"②

  这些变化的深度如何？现代主义学派认为，远程通信和喷气式飞机正在创造一个"地球村"；社会和经济交往方兴未艾，正在创建一个"无国界的世界"③。广义言之，许多学者认为，自封建时代结束以

---

 ① Stanley Hoffmann, "Notes on the Elusiveness of Modern Power," *International Journal* 30 (Spring 1975): 184.

 ② "A New National Partnership"（国务卿亨利·基辛格 1975 年 1 月 24 日在洛杉矶的演讲）。见美国国务院公共事务局新闻办公室提供的新闻稿，第 1 页。

 ③ 可参见 Lester R. Brown, *World Without Borders: The Interdependence of Nations* (New York: Foreign Policy Association, Headline Series, 1972)。

来，领土国家行为体一直在世界政治中占据统治地位；但是，在我们这个新时代，随着多国公司、跨国社会运动和国际组织等非领土行为体（nonterritorial actors）的出现，领土国家的作用在减弱。恰如一位经济学家所言："作为经济单位的国家有可能消失。"①

传统主义者称这些断言为没有事实根据的"全球主义谎言"（globaloney）。他们指出，世界政治具有连续性的特征。军事相互依赖一直存在着，军事力量仍然是世界政治中的重要因素，核威慑、越南战争、中东战事和印巴战争、美国对加勒比海诸国的干涉都是例证；正如苏联所表明的那样，某些国家至少直到最近还可以控制远程通信和社会交往，因为它们视后二者为破坏性因素。那些贫弱的国家也能够将多国公司国有化，民族主义的盛行挑战着所谓民族国家趋于衰亡的观点。

现代主义者和传统主义者都未能就理解全球相互依赖的政治建立一个完整的理论框架。② 现代主义者正确地指出，世界政治正在发生深刻变化。他们认为，技术进步、社会和经济交往的增加将导致新世界的出现，而国家及其控制力量将不再重要。但是，以上假定并非建立在全面分析的基础之上。③ 传统主义者以军事相互依赖依旧存在为例，指出现代主义者的不足之处，但他们难以准确诠释当今经济、社会、生态等的多维相互依赖。

本书并不以探讨现代主义和传统主义的优缺点为主题，因为连续性与变革性并存于我们的时代，就二者之短长进行探讨难有结果。本

---

① Charles Kindleberger, *American Business Abroad* (New Haven: Yale University Press, 1969), p. 207.

② "全球相互依赖"（Global Interdependence）一词源自 Stanley Hoffmann, "Choices," *Foreign Policy* 12 (Fall 1973): 6。

③ 可参见 Robert Angell, *Peace on the March: Transnational Participation* (New York: Van Nostrand, 1969)。

书的任务是,扬二者之长、避二者之短,在此基础上建立一个就相互依赖进行政治分析的连贯的理论框架。我们将确立几个不同但又具有潜在互补意义的模式或知识工具,以便把握当代世界政治相互依赖的现实。同样重要的是,我们将尝试探究每一种模式最有可能就世界政治的现实提供准确预测和满意解释的条件。当代世界政治并非无缝之网,而是由各种关系编织而成的"织锦"。就此而言,任何一种模式都无法解释世界政治的所有方面。因此,要想全面理解世界政治,就必须认识到哪种方法或哪几种方法的结合可用于分析世界政治的某种情势。换言之,对实际情势进行细致分析是无可替代的。

当然,理论建构不可或缺,任何经验分析或现实分析无不以理论为基础。持实用主义观点的决策者可能认为,他们无须太多关注在世界性质问题上的理论分歧,如同无须关注一个针尖上能有多少天使跳舞的中世纪经院式争论一样。然而,学术著作必然在政治家的思想上打下印记,并对政策产生深远影响。那些"自认为不受学术影响的务实主义者"下意识地接受着"某些蹩脚学者数年前杜撰的思想观念",而且这些蹩脚文人在外交政策制定过程中越来越起着直接的作用。[①] 对世界政治失当的设想和错误的认识,直接导致了不当乃至灾难性的国家政策。

理论基础与理性化、系统表述与象征意义交错在一起,决策者本人也难以分清何谓现实、何谓言辞。从传统上讲,世界政治的经典理论认为,世界处于潜在的"战争状态",军事冲突的持续威胁支配着国家的行为。冷战期间尤其是第二次世界大战结束后的第一个十年里,欧美国际关系的研究者和实践家普遍接受了这种观点——其支持者称

[①] John Maynard Keynes, *The General Theory of Employment, Interest and Money* (London: MacMillian, 1957), p. 383.

之为"政治现实主义"。① 在 20 世纪 60 年代,许多秉持现实主义观念的敏锐观察家未能迅速认识到,新问题的出现和发展并不以传统的军事—安全考虑为中心。② 如果我们在 20 世纪 70 年代末和 80 年代仍然秉持这种观念,则必然导致更加不切实际的期望。然而,如果用同样简单化的观点——如军事力量已经过时或经济相互依赖有利无害——取而代之,则同样会导致严重的错误,尽管这两种错误有所差别。

在相互依赖尤其是经济相互依赖普遍存在的情形下,世界政治的特征是什么?③ 这是本书试图解答的两个主要问题之一。我们将在第二章概述世界政治的特征;在第五章和第七章通过对四个个案的分析进一步探讨该问题;在第八章探讨该问题对美国外交政策的影响。我们将在其他章节提出相互依赖的定义,划分相互依赖的种类,将相互依赖与世界政治分析的基本概念——权力联系起来,为我们的分析奠定基础。

相互依赖影响着世界政治和国家行为,而政府行为也影响着相互依赖模式。政府通过创制或接受某些活动的程序、原则或制度(institutions)来调节和控制跨国关系、国家间关系。我们称这些控制

---

① 关于政治现实主义的当代经典论述,参见汉斯·摩根索的系列著作,尤其是:*Politics Among Nations: The Struggle for Power and Peace* (New York: Knopf, 1948 and subsequent editions); "Another 'Great Debate': The National Interest of the United States," *American Political Review* 46 (December 1952): 961–988; *Scientific Man Versus Power Politics* (Chicago: University of Chicago Press, 1946). 关于"现实主义"的另一种同样重要的论述,参见 E. H. Carr, *The Twenty Years, Crisis 1919–1939*, 2nd ed. (London: Macmillan, 1946). 相比而言,卡尔更强调权力的经济渊源。

② 在《棘手的伙伴关系》一书中,亨利·基辛格探讨了联盟问题,但几乎没有涉及经济事务,尽管后者开始成为导致北约联盟产生分歧的重要因素。参见 Henry A. Kissinger, *The Troubled Partnership* (New York: McGraw-Hill for the Council of Foreign Relations, 1965).

③ 关于相互依赖趋势的某些证据及其衡量标准,参见 Richard Rosecrance and Arthur Stein, "Interdependence: Myth or Reality," *World Politics* 26, no. 1 (October 1973); Peter J. Katzenstein, "International Interdependence: Some Long-Term Trends and Recent Changes," *International Organization* 29, no. 4 (Fall 1975).

性安排为国际机制（international regimes）。本书探讨的第二个主要问题是，这些国际机制为何演变、如何演变。我们将在第三章对国际机制的发展及其最终消亡提出一系列解释。在第六章，我们应用这些解释分析国际海洋机制和国际货币机制的演变。在第七章，我们将之应用于分析美加关系、美澳关系的特征。

然而，相互依赖不仅是一个分析性概念，它还是政治家和宣传鼓动家经常采用的一个言论工具。对政治家而言，为吸引更多的人投身其麾下，具有广泛感召力的模糊语言是非常有用的。而对于分析家而言，这种模糊性却会导致混乱。因此，我们必须首先清除言辞障碍，而后再提出基本概念。否则，我们就难以加深对相互依赖和机制演变的认识。我们的任务是分析相互依赖的政治，而非仅仅褒扬相互依赖。

关于相互依赖的新探讨

冷战期间，"国家安全"是美国政治领导人假以获取政策支持的一个口号。国家安全的辞令被用以证明，以相当代价巩固"自由世界"的经济、军事和政治结构的战略设计是正确的。同时，国家安全的说法为国际合作和支持联合国提供了理论基础，还证明了联盟、对外援助和广泛的军事介入的正当性。

国际主义者（internationalists）赞成美国更多地卷入世界事务，国家安全成为他们喜爱的象征。白宫的核心外交政策协调机构被命名为国家安全委员会。杜鲁门政府以所谓的苏联对美国安全的威胁为理由，促使国会批准给予英国贷款及"马歇尔计划"的提案。肯尼迪政府也以安全为由，敦促国会通过了1962年的《贸易扩展法》。有的总统假国家安全之名来控制国会中的某些利益集团，特别是那些支持保护主义贸易政策的利益集团。那些抗议对他们的选区有不利经济影响或增加税收的国会议员得到保证——并向选民解释——"国家安全利益"需要他们做出牺牲。同时，利益集团也常常假借国家安全的名义达到自己的目的，例如，国内石油生产商及其政治盟友极力督促对石油进口实施配额制度。①

如此象征性地使用"国家安全"，主要是因为冷战以及美国人当时感受到的严重威胁。现实主义分析增加了其说服力，因为现实主义坚持认为，国家安全是最重要的国家目标，在国际政治中，安全威胁恒久存在。国家安全的象征主义以及支持这种观点的现实主义分析模式，不仅集中体现为对事件做出反应的某种方式，而且有助于形成如下观念，即某些变化特别是第三世界激进政权出现的变化似乎有损国家安全，而发达工业化国家经济关系出现的根本性变化对国家安全影响甚微。

随着冷战式安全威胁感的减弱，国外经济竞争与国内分配冲突增加了。种种相互矛盾的卷入均假借"国家安全"的名义，国家安全概念的模糊性越发明显。②尼克松总统认为，五大主要力量中心（美国、苏联、中国、欧洲、日本）构成全球均势，他试图沿用传统的现实主义理论应对美国战后盟国在经济上的挑战、苏联和中国的军事行动，却徒劳无功。

以军事问题为中心的国家安全概念越来越难以准确地反映现实情境，其象征性作用也在下降。这种下降不仅表现在国家安全概念的日益模糊上，还表现在美国对越南困境所做出的反应，用"缓和"

---

① 参见 Robert Engler, *The Politics of Oil: Private and Democratic Directions* (Chicago: University of Chicago Press, 1962)。

② 阿诺德·沃尔弗斯的《作为模糊象征的国家安全》仍然是最杰出的分析文章。参见 Arnold Wolfers, "National Security as an Ambiguous Symbol," in Arnold Wolfers, *Discord and Collaboration* (Baltimore: Johns Hopkins University Press, 1962)。丹尼尔·耶金对国家安全观念（替代传统的防御概念）的出现进行过研究，认为国家安全是冷战时期的"主导理念"。参见 Daniel Yergin, *The Shattered Peace: The Rise of the National Security State* (Boston: Hougton Mifflin, 1976)。

(detente)一词概括敌对性有所下降的美中、美苏关系,以及尼克松总统在"水门事件"中滥用国家安全进行自我辩解。在国际主义者的言辞中,国家安全不得不与相互依赖共享主要象征的地位。

政治领导人常常把相互依赖描述为一种自然需要或政策(和国内利益集团)必须调整的一种事实,而不是一种在某种程度上由政策本身所造成的情况。他们经常声称,相互依赖减少了利益冲突,合作可以解决所有世界问题。

"我们在从事一项共同的事业。世界经济的持续发展有一定的限度,没有哪个国家或国家集团可以通过超越该限度而获益。把进步建立在武力尝试的基础之上是徒劳无益的。"① 这些话清楚地表明,这位政治家*意图限制第三世界的需求、影响国内的政治态度,而非分析当前的现实。对那些期望维护美国世界领导地位的人而言,相互依赖成为新辞令的一部分,用以应对国内的经济民族主义和国外的强力挑战。尽管相互依赖的内涵与国家安全差别甚大,但二者都为美国在世界事务中的最高领导地位提供了合法性。

然而,相互依赖的辞令与国家安全的象征主义共处是非常困难的。极言之,前者认为利益冲突已经过时;而后者认为利益冲突是而且仍将是根本性的,存在激化的可能性。何种分析模式适用于世界政治的困惑(如前所述)与美国应采取何种政策的困惑交织在一起。因此,相互依赖和国家安全都不能为广泛相互依赖的问题提供可靠的指导方针。

相互依赖的鼓吹者常常声称,人类的生存遭受环境和战争威胁,因此国家、民族之间的利益冲突不复存在了。这一结论必须满足如下

---

① 国务卿亨利·基辛格 1974 年 4 月 15 日在第六届特别联大上的讲话。见美国国务院公共事务局新闻办公室提供的新闻稿,第 2 页。《国际组织》杂志刊载了该讲话,参见 *International Organization* 28, no. 3 (Summer 1974): 573–583.

* 即亨利·基辛格。——译者

三个基本条件：建立在人类赖以生存的生态系统基础之上的国际经济体系面临威胁；所有国家都难以避免这种灾难造成的严重破坏；并且这个问题只有一种解决办法（不存在如何解决和谁承受代价的冲突）。显然，这些条件几乎不可能同时存在。

而且，均势理论与国家安全的说法不适用于对经济或生态相互依赖问题的分析。传统意义上的安全难以成为政府面对的首要问题。军事力量在某些问题的解决上不起作用，因此常规意义上的实力（power）概念缺乏精确性。特别是，不同的实力资源用以应对不同的事务。最后，在相互依赖的政治中，国内利益、跨国利益和政府利益交织在一起。国内政策与外交政策密切相关。国家利益——传统主义者的指导原则——这一概念越来越难以有效使用了。国际政治的传统格言——各国依国家利益行事或各国谋求自身实力的最大化——变得模糊化了。

我们并不认为，当相互依赖普遍存在时，国际冲突就消失得无影无踪。相反，国际冲突会以新的形式出现，甚至会呈现上升态势。但是，理解世界政治冲突的传统方式无法充分解释相互依赖条件下的国际冲突。用错误的方式和言辞诠释这些问题，将导致漏洞百出的分析和蹩脚的政策。

作为一个分析概念的相互依赖

一般而言，依赖（dependence）指的是为外力所支配或受其巨大影响的一种状态。简而言之，相互依赖（interdependence）即彼此相依赖（mutual dependence）。世界政治中的相互依赖，指的是以国家之间或不同国家的行为体之间相互影响为特征的情形。

这些影响往往源自国际交往——跨越国界的货币、商品、人员和信息流动。自第二次世界大战以来，国际交往急剧增加："最近几十年的基本发展趋势表明,各种形式的跨国联系每十年翻一番。"[1] 然而,这种联系并不等同于相互依赖。人类交往对相互依赖的影响取决于与之相关的制约或成本。相比期望持续获得毛皮、首饰和香水等奢侈品进口的国家而言,一个完全依赖石油进口的国家更加依赖石油的持续供给(即使二者的货币价值等同)。当交往产生需要有关各方付出代价的相互影响时(这些影响并不必然是对等的),相互依赖便出现了。如果交往并没有带来显著的需要各方都付出代价的结果,那么它不过是相互联系而已。这种区别对我们理解相互依赖的政治至关重要。

付出代价的结果(costly effects)有可能是另一行为体直接或有意强加所致,如苏美战略性相互依赖所示,这种相互依赖来源于核毁灭的相互威胁。但是,有些高代价效应并非如此。例如,对联盟(其成员之间存在相互依赖)、国际经济体系(有可能会因为缺乏协调面临混乱局面,而不是因为任何行为体的恶意)、被持续增加的工业污染物所威胁的生态体系而言,采取集体行动预防灾难是必要的。

我们并没有将相互依赖局限于互利(mutual benefit)的情境。互利的相互依赖假定,该概念只适用于现代主义世界观盛行的情形:几乎不存在军事威胁,冲突是低烈度的。它不包含彼此依赖的情形,如过去苏美之间所形成的战略相互依赖。而且,这种定义难以说明工业化国家与欠发达国家之间的关系是否存在彼此依赖。其结论将取决于主观判断,即这种关系是否是"互利的"。

我们期望避免就一种关系是否具备相互依赖的特征进行毫无结果的争论;我们期望用相互依赖的概念统合(integrate)现代主义和传统方法,而不是进一步扩大二者的差距。因此,我们采取较为宽泛的定义。我们认为,由于相互依赖限制自主权,相互依赖关系总是与代价

---

[1] Alex Inkeles, "The Emerging Social Structure of the World," *World Politics* 27 (July 1975): 479.

相关；但是，我们无法事先认定某种关系的收益会大于其所付出的代价。这取决于行为体的评价以及该关系的本质。没有什么事物能够保证我们所说的相互依赖关系以互利为特征。

我们可以用两种方法来分析某种相互依赖关系的成本和收益。一种方法注重有关各方的共同获益或共同受损；另一种方法强调相对获益和分配问题。古典经济学家采用第一种方法，在相对优势的分析上独树一帜：没有受到扭曲的国际贸易将为相关各方提供纯利。不幸的是，只强调共同获益有可能掩盖另一个关键性的问题：这些收益如何分配？相互依赖的许多关键政治问题都围绕着政治学的老问题："谁得到什么？"

增加某种关系的共同获益将或多或少地避免分配冲突，这种假定尤其值得提防。政府和非政府组织都在努力增加它们从交易中获益的份额，即使它们都从中获益良多。例如，石油输出国政府和跨国石油公司在提高石油价格上有共同利益，但二者在相关的收益份额上存在冲突。

有人认为，相互依赖的增加将创造一个充满合作的、美好的新世界，以取代充满国际冲突的、恶劣的旧世界。我们必须谨慎看待这个问题。为人父母者皆知，烤制大馅饼并不能阻止孩子们就分多分少而争吵。乐观主义的方法忽视了经济乃至生态相互依赖在充满竞争的国际政治中的作用。

传统国际政治学与经济和生态相互依赖政治学的区别，同"零和"世界（一方所得即另一方之所失）与"非零和"游戏之间的区别迥然有异。军事相互依赖未必是零和的。军事盟友确实积极寻求相互依赖，以求增进共同安全。甚至势力均衡也未必就是零和的。如果一方寻求推翻现状，那么其所得自然是另一方之所失；但是，如果大多数乃至所有参与方都期望现状稳定，则保持势力均衡可以使各方共同获益。反之，即使参与各方可以通过合作获得巨额纯利，经济和生态相互依赖的政治也包含着竞争。因此，传统的军事安全政治与经济和生态相互依赖政治之间既有重要的连续性，也存在重大差别。

我们还需要注意的是，不要完全根据均衡的（evenly balanced）彼此依赖来定义相互依赖。最有可能影响行为体应对过程的是依赖的非对称性（asymmetries in dependence）。依赖性较小的行为体常常将相互依赖作为一种权力来源，在某问题上讨价还价甚至借之影响其他问题。纯粹对称的另一个极端是纯粹依赖（称其为相互依赖有假以掩饰之嫌）；但是这种情形非常少见。在现实生活中，多数情况介于二者之间，这也正是相互依赖政治谈判进程的核心之所在。

权力与相互依赖

对政治家和国际政治分析家而言，权力一直是一个令人困惑的概念，现在更变得无从捉摸了。传统观点认为，军事实力主导着其他类型的力量，拥有最强大军事实力的国家支配着世界事务。然而，权力赖以产生的资源现在已经变得越来越复杂。一位目光敏锐的观察家指出："自第二次世界大战结束以来，权力的组成要素、使用及其所能达到的目的发生了根本性的变化。"① 针对20世纪70年代初发生的事件，以现实主义经典著作享誉国际政治理论界的汉斯·摩根索指出，正如军事力量薄弱的国家拥有"对发达经济体运行至关重要的原材料的原料垄断或准垄断性控制权"② 所表明的，政治、军事和经济权力之间的功能关系发生了前所未有的断裂。

---

① Stanley Hoffmann, "Notes on the Elusiveness of Modern Power," *International Journal* 30 (Spring 1975): 183.

② Hans J. Morgenthau, "The New Diplomacy of Movement," *Encounter* 3, no. 2 (August 1974): 56. 该观点多么符合现实主义的传统！我们认为，这是一种错误的认识。

权力可以被视为一种某行为体促使其他行为体做其原本不会去做的事情（以前者可以接受的代价）的能力。权力也可以视为对结果进行控制的能力。在以上两种情形下，权力的衡量均非易事。[1] 我们可以审视赋予行为体潜在能力的初始权力资源，或者行为体对结果模式的实际影响。当我们说非对称相互依赖可以是权力的来源时，权力被视为对资源的控制或对结果的潜在影响。在某种关系中，依赖性较小的行为体常常拥有较强的权力资源，该行为体有能力促进变化或以变化相威胁，而一旦该关系发生变化，则相比而言，该行为体方付出的代价小于他方。但是这种优势并不能保证，因在非对称相互依赖中处于优势地位而获得的政治资源一定会导致在对结果的控制方面占据优势。以资源类型为衡量标准的权力与以对结果的影响为衡量标准的权力之间很少出现一一对应关系。一般而言，政治谈判是将潜力转化为影响的手段，但是许多潜力却在转化过程中遗失了。

理解权力在相互依赖中的作用，我们必须区分两个维度：敏感性（sensitivity）与脆弱性（vulnerability）。敏感性指的是某政策框架内做出反应的程度——一国变化导致另一国发生有代价变化的速度多快？所付出的代价多大？衡量敏感性并非只有跨国界交往规模一个尺度，交往变化所付出的代价对社会和政府的影响也是衡量尺度之一。敏感性相互依赖产生于政策框架内的互动。敏感性假定，政策框架保持不变，而一系列政策保持不变也许反映了在短期内形成新政策的困难，也许反映了对某些国内或国际规则的承诺。

敏感性相互依赖存在的一个例证是，1971 年、1973—1974 年、1975 年石油价格上涨对美国、日本和西欧的影响。由于新政策的匮乏——一项新政策的实施需要数年乃至数十年，这些经济体的敏感性

---

[1] 参见 Jeffrey Hart, "Dominance in International Politics," *International Organization* 30 (Spring 1976).

就体现在进口石油价格的上涨和进口石油占总需求量的份额上。美国在石油价格的上涨方面的敏感性小于日本，因为石油进口在其总需求量所占的份额较小。然而，价格暴涨和加油站前排起的长队表明，美国对外部变化确实很敏感。敏感性相互依赖的另一个例证是1971年8月15日以前的国际货币状况。由于国际货币基金组织（IMF）的规则对参与国的政策构成了一定的限制，欧洲各国政府对美国货币政策的变化很敏感，而美国对欧洲各国是否要求把美元兑换成黄金的决定也很敏感。

敏感性相互依赖既表现在经济方面，也表现在社会或政治方面。[①]例如，社会"传染效应"就是例证：1974年，风行美国的"裸跑"迅速传播到欧洲社会，尽管其在欧洲的规模非常之小；更为显著的例证是，20世纪60年代末，欧洲和美国都爆发了激进的学生运动，由于双方相互知晓对方的行动，学生运动得到强化。跨国传播的迅速增长加强了这种敏感性。在欧美居民准备就餐之时，电视把南亚的饥荒生动地展现给他们，这无疑会增加欧美社会对该事态的关注。饥荒问题导致的敏感性可以通过示威游行或其他政治行动表现出来，即便没有采取任何行动来缓解饥荒（因此也不会带来经济敏感性）。

然而，如果相互依赖只包含敏感性，那么就会掩盖彼此依赖关系中最为重要的政治侧面。[②]我们必须将政策框架的变化考虑在内。如果存在更多的选择，并且制定新的或完全不同的政策是可能的，针对外部变化进行调整的代价是什么？以石油进口为例，不仅石油进口占某国石油消费总量的比重颇为重要，进口其他能源的选择和寻求替代选

---

① 我们指的是经济实体或政治实体之间存在的敏感性，而不仅仅指经济学家常用的价格敏感性或利率敏感性。我们的概念建立在库珀的概念基础之上，但与后者又有所区别。参见Richard Cooper, *The Economics of Interdependence* (New York: McGraw-Hill, 1968)。

② Kenneth Waltz, "The Myth of Interdependence," in Charles Kindleberger (ed.), *The International Corporation* (Cambridge, Mass.: MIT Press, 1970).

择的代价也同样重要。石油进口占其总需求量35%的两国似乎对石油价格的上涨同样敏感，但如果其中一个国家可以付出适中的代价转向国内资源，而另一个国家没有这种替代选择，那么后者的脆弱性大于前者。相互依赖的脆弱程度取决于各行为体获得替代选择的相对能力及其付出的代价。

20世纪60年代末，在布雷顿森林货币机制中，美国和英国对国外投机商或中央银行将美元或英镑兑换为财产的决定非常敏感，但是，美国的脆弱性小于英国，因为它可以选择在可承受的代价内改变货币体系的规则（正如美国1971年8月的所作所为）。美国的潜能降低了自身的脆弱性，也使得自身的敏感性在政治上不那么严重。

就依赖的代价而言，敏感性指的是在改变政策以试图改变局面之前受外部强加代价影响的程度。脆弱性可以定义为行为体因外部事件（甚至是在政策改变之后）强加的代价而遭受损失的程度。由于政策往往难以迅速变更，外部变化的直接影响往往表现为敏感性相互依赖。脆弱性相互依赖的衡量标准只能是，在一段时间内，行为体为适应变化了的环境做出有效调整所付出的代价。

让我们以图为例，说明它们之间的区别。我们假设三个国家同时面临外部事件的影响，需要付出某些代价。例如，当石油生产国提高石油价格时，石油消费国面临的困境。

图1.1显示了三国面对外部变化强加的代价所具有的敏感性。起初，A国对变化的敏感性高于B国，远高于C国。随着时间的推移，C国的敏感性降低，尽管其政策没有发生任何变更。这种变化也许是C国价格的提升导致的，价格的提高引起石油消费的逐步减少，从而带动石油进口的回落。每一个国家在这段时间内总的敏感性由各自线下的区域来表示。①

---

① 我们有意简化了事例，且后来每一种情境下的代价不得不按照适当的折扣率降低。

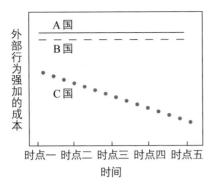
图 1.1 三国的敏感性
（假定政策不变）

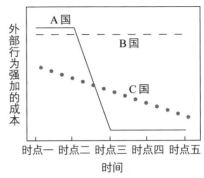
图 1.2 三国的脆弱性
（假定政策不变）

现在，让我们假设每一个国家都试图改变政策来降低外部行为所强加的代价。仍以石油进口为例，改变政策可能涉及决定使国内承受实行配给制度的高昂代价，或不惜成本开发本国能源。这些国家所承受的代价及其政治意愿或许就是脆弱性的衡量标准。像日本这样的国家，其脆弱性主要源自资源匮乏，付出巨大代价在所难免。而对美国这样的国家而言，自然资源的脆弱性远没有那么大。但是，由于政策变化受到国内社会政治因素的制约，脆弱性也可能来源于后者。例如，美国试图在1973年之后实行新的能源政策，但由于国内缺乏共识而进展缓慢。

图 1.2 显示了三国的脆弱性。我们可以说，A 国的脆弱性远小于其敏感性。A 国在第二个时段之初就改变了政策；在第三个时段，外部变化所施加的代价几乎降至零点。A 国脆弱性的降低表明，该国采取了行之有效的政策，在石油消费方面实际上或潜在地达到了自给自足。例如，该国政府开发出了一种新能源。而对于 B 国和 C 国而言，通过政策变化改变自己处境的能力不足，对外部事件施加的代价仍然存在脆弱性。

在外部事件施加代价之初，三个国家的敏感性相互依赖与其脆弱性相互依赖并不等同。衡量外部变化导致近期影响的标准难以精确地指出长期的敏感性（我们注意到 C 国的敏感性随着时间的推移自然下降）。但是，长期脆弱性的衡量更不精确，因为后者有赖于政治意愿、政府能力和资源能力。以上事例表明，尽管 A 国的敏感性大于 B 国，但其脆弱性远小于后者。

就理解相互依赖关系的政治结构而言，脆弱性尤其重要。从某种意义上讲，脆弱性着重表明哪些行为体是"其他条件不变"的界定者或者能够确定游戏规则。① 在分析所谓的 1973 年之后的权力转移的原料政治时，脆弱性显然比敏感性更为重要。原料进口比例高往往被视为脆弱性高的标志，而它只不过表明敏感性可能比较高罢了。确定脆弱性的关键问题在于，新改变的政策如何有效地提供充足的原料或原料替代，达到该目标的代价是什么。美国的铝矾土（铁铝氧石）进口约占其需求量的 85%，但这并不意味着美国在铝矾土进口上的行为存在脆弱性，除非我们确切地知道美国为获得替代原料付出的时间代价和金钱代价。

脆弱性既适用于社会政治关系，也适用于政治经济关系。各国社会对 20 世纪 60 年代末跨国激进运动的脆弱性，取决于它们调整国家政策应对变革、减少动乱损失的能力。当瑞典批评美国的越南政策时，美国有可能中断双方的文化交流，瑞典的脆弱性取决于它能否在新的情势下调整政策。瑞典能否与其他国家或地区进行学者交流，能否吸引其他国家或地区的观光游客呢？②

我们仍以南亚饥荒对美国的影响为例。如果美国政府没有制定和执行粮食援助政策而招致国内抗议，其脆弱性则取决于能否调整政

---

① 参见 Anthony Lanyi, "Political Aspects of Exchange-Rate Systems," in Richard Merritt (ed.), *Communications in International Politics* (Urbana: University of Illinois Press, 1972)。该书利用报偿矩阵这一博弈理论方法研究该问题。此后用类似方法进行学术研究的著述，参见 Richard N. Cooper, "Prolegomena to the Choice of an International Monetary System," *International Organization* 29, no. 1 (Winter 1975): 63–98。

② 参见 Barbara Haskell, "Recent Swedish-American Relations: Some Analytical Observations," translated as "Der Moraliserande Sverige", *Internationella Studier* 1 (Stockhom, 1976): 30–32。

策（如向印度运输更多的粮食）而无须在政治或经济上付出更多的代价。

这些区别如何能够帮助我们理解相互依赖与权力的关系呢？显然，这些区别表明，在向行为体提供权力资源方面，脆弱性相互依赖的重要性大于敏感性相互依赖。如果一个行为体可以通过改变国内或国际政策来降低其需要付出的代价，则敏感性模式难以精确衡量权力资源。

让我们以1972—1975年的美苏农产品贸易为例说明该问题。起初，美国经济对苏联的粮食购买极其敏感：美国的粮食价格大幅度提高。苏联对能否购买到美国库存的余粮也很敏感，因为苏联如果购买不到美国粮食，势必影响本国的政治经济。然而这种脆弱性是不对称的，非常有利于美国一方，因为美国将粮食卖给苏联的替代选择（如政府的粮食储备、较低的国内价格、向国外提供更多的粮食援助等）多于苏联从美国购买粮食的替代选择（如宰杀牲畜、减少肉类消费等）。因此，如果美国能够适中保持对政策的控制权——换言之，只要与扩大贸易有利害关系的利益集团无法操纵该政策，则农产品贸易就可以作为美国政府与苏联进行政治谈判的工具。

脆弱性相互依赖包含战略意义，而敏感性相互依赖恰恰缺少这一点。但这并不意味着敏感性在政治上是不重要的。敏感性的迅速上升往往导致对相互依赖的抱怨以及改变相互依赖现状的政治努力，那些实行多元政治制度的国家尤其如此。纺织工人、钢铁工人、制造业主、石油消费者、对缘起于国外的激进运动持怀疑态度的保守人士等都有可能要求政府采取措施保护他们的利益。而政策制定者和政策分析家在做出战略决定时，必须研究脆弱性相互依赖的基本模式。他们能做什么？代价是什么？其他行为体会做出怎样的回应？其代价如何？尽管敏感性相互依赖的模式可以解释困难之所在，但连贯的政策必须建立在对现有或潜在脆弱性的分析基础之上。如果忽视脆弱性基本模式，操纵非对称敏感性相互依赖的努力有可能徒劳无功。

然而，要操纵经济脆弱性或社会—政治脆弱性，必将承担相应的风险。操纵相互依赖的战略有可能导致战略反击。此外，我们需要牢记在心的是，仅仅依靠经济手段对抗严重的军事威胁有可能是无效的，在此意义上，与经济力量相比，军事力量处于支配地位。因此，在非军事领域内，即使有效地控制了非对称相互依赖，也难免有遭受军事反击的危险。1940—1941年，美国利用日本的脆弱性，对其实施经济禁运。日本对此进行军事反击，突袭珍珠港和菲律宾*。然而，军事行动往往代价高昂；在过去30年间，这些行动的代价急剧上升。

表1.1显示了我们所探讨的三种形式的非对称相互依赖。"支配等级"一栏表明，军事相互依赖提供的权力资源支配着非军事脆弱性所提供的权力资源，非军事脆弱性又支配着非对称敏感性提供的权力资源。而更占主导地位的权力形式的运用将带来更高昂的代价。因此，就代价而言，在一特定目标的实现上，谁也无法保证军事手段比经济手段更有效。我们可以预计，随着所涉及的利益越来越重要，行为体倾向于运用支配等级更高、代价更大的权力资源。

表1.1 非对称相互依赖及其运用

独立的来源	主导地位排名	代价排名	当代运用实例
军事（运用军事力量的代价）	1	1	在极端情况下运用之；或在代价较轻微时用以对付弱敌。
非军事脆弱性（寻求替代政策的代价）	2	2	在规范性限制较低、行为体国际规则无须恪守时（包括敌对方之间的非军事关系和合作伙伴或盟友之间发生极端冲突）运用之。
非军事敏感性（在现有政策前提下变革的代价）	3	3	短期的权力资源或在规范性限制高、国际规则有约束力的情况下运用之。如果代价较高，处于劣势的行为体将采用新政策，因此其运用是有限的。

---

* 当时菲律宾是美国的殖民地。——译者

当不同层面的权力资源分布出现不一致时，从一种权力资源转向另一种更为有效但代价更高的权力资源最有可能发生。在这种情况下，处于劣势的行为体可以使有争议的问题升级，借此改善自身的权力地位。例如，在转让协议的谈判过程中，相比驻在国政府（host government）而言，跨国石油公司似乎处于更为有利的谈判地位。协议可能允许该公司确定石油的产量和价格，这样政府岁入将取决于石油公司的决策。然而，这种情势有一种内在的不稳定性，因为驻在国政府在脆弱性方面处于强势地位。一旦某个国家决定愿意为单方面改变协议付出代价，它就可能占上风。如果石油公司无视自己在脆弱性方面的弱势（更不用说军事力量的水平了），试图利用其在敏感性方面的优势地位，其结局有可能是灾难性的。

由此，我们可以得出如下结论：对国际相互依赖进行政治分析，一个有用的起点是，将非对称相互依赖视为行为体的权力来源。这种框架可以用于分析跨国行为体（如多国公司）之间、政府之间或国家之间的关系。不同类型的相互依赖都产生潜在的政治影响，但它们所受到的限制各不相同。只有现存规则和规范被理所当然地遵守，或心怀不满的国家必须付出难以承受的代价才有可能迅速改变其政策时，敏感性相互依赖才有可能提供强大的政治影响力。如果某行为体因一系列规则而被迫处于劣势，该行为体有可能试图改变这些规则，如果由此付出的代价可以承受的话。如果一个行为体在基本非对称的脆弱性中处于不利地位，那么它从有利的非对称敏感性中获得的影响力非常有限。同样，如果一个国家因其经济脆弱性而被激怒，它有可能试图利用军事力量来改变不利的情势，1941年日本的所作所为概源于此；或者该国可能会明智地使用武力威胁，1975年美国面对石油禁运的可能前景时就采取了这种方式。但是，在当今诸多情况下，使用武力的代价太过高昂，而武力威胁又难以奏效，因此，军事战略就成为孤注一掷之举。

当然，权力与相互依赖的关系并非仅此而已。认识到操纵相互依赖关系可以成为一种权力工具是重要的，而认识到这一工具的局限性也同样重要。非对称相互依赖本身并不能解释讨价还价的后果，即便是在传统的国际关系中也是如此。如前所述，以资源或潜力来衡量与以对结果的影响来衡量的权力可能看起来有所不同。我们同时还要注意政治谈判过程中的"转化"。其中的一个重要原因是，弱国承担的义务或许大于强国，依赖性强的国家也许（或显得）更愿意承受损失。美国试图在政治和军事上征服越南就是一个明显的例证。

然而，同样的情形也发生在更具合作性的国家间关系中。例如，在美加关系中，使用武力或武力威胁几乎完全被排除在两国考虑之外。因此，尽管加拿大在军事实力上远逊于美国，但这并不构成影响谈判进程的重要因素。加拿大可以利用自己在石油和天然气出口等经济方面的优势地位，而无须害怕美国的军事报复或武力威胁。而且，当代国际相互依赖的其他条件也倾向于限制政治家操纵非对称性相互依赖的能力。特别是，小国的国内政治一致性也许强于大国。总体而言，强国的依赖性较小，但其内部也许更为分化，其政府内部协调的困难和利益冲突也将削弱其凝聚力。

我们将在第七章研究1920—1972年间的美加、美澳关系，并进一步探讨以上问题。上述分析充分表明，我们无意衡量非对称相互依赖的潜在权力，也无意准确预测行为体影响结果的成败。我们所提供的是，初步估算谈判之初参与各方所具有的优势。当根据非对称相互依赖模式做出的预测不正确时，我们必须深究其根源。我们常常在将权力资源转换为影响结果权力的谈判过程中发现原因之所在。

国际机制变迁

理解相互依赖的概念及其与权力概念的关系对回答本书的第一个

重要问题——在相互依赖广泛存在的情境下，世界政治的特征是什么？——至关重要。然而，正如我们在前面所指出的，相互依赖关系发生在调节行为体行为并控制其行为结果的规则、规范和程序的网络中，或受到该网络的影响。我们将对相互依赖关系产生影响的一系列控制性安排（governing arrangements）称为国际机制（international regimes）。本书研究的第二个重要问题是：国际机制如何、为何发生变迁？尽管该问题的重要性不像政治谈判进程那样显而易见，但对于理解权力与相互依赖而言，它具有同等重要的价值。

世界政治中的规则和程序从来不像井然有序的国内政治制度那样完整和得以实施，各种制度（institutions）也不像前者那样强有力或具有自主性。"世界政治的游戏规则包括某些国内规则、某些国际规则、某些个人规则——而且许多领域根本就不存在任何规则。"① 由于国际组织的软弱无能和实施国际法的困难，许多观察家误以为国际机制无足轻重，他们有时甚至无视国际机制的存在。总体而言，全球一体化还很薄弱；但具体的国际机制对涉及少数国家或涉及许多国家在某个具体问题上的相互依赖关系常常影响巨大。例如，第二次世界大战结束以来，在诸多领域内形成了一系列具体的规则和决策程序，以引导国家和跨国行为体的行为。这些领域包括援助欠发达国家、环境保护、渔业资源保护、国际粮食政策、国际气象协调、国际货币政策、多国公司管理和国际贸易等。② 在某些情况下，国际机制是正式而全面的；在其他情况下，国际机制则是非正式的、不全面的。国际机制的

---

① Susan Strange, "What is Economic Power and Who Has It?" *International Journal* 30 (Spring 1975): 219.

② 有关国际经济领域国际机制的探讨，参见 C. Fred Bergsten and Lawrence B. Krause (eds.), *World Politics and International Economics* (Washington D. C.: Brookings Institution, 1975)。该书首先以专辑形式发表于《国际组织》杂志 1975 年冬季号。有关科技领域国际机制的探讨，参见 John Gerard Ruggie and Earst B. Hass (eds.), *International Responses of Technology, International Organization* 29, no. 3 (Summer 1975)。

有效性因时而异、因问题领域而异。在某些问题领域或地区，某些国家集团建立了影响它们之间某方面关系的机制，如欧洲联盟或经济合作与发展组织（OECD，简称"经合组织"）。

国际机制可由国家之间的协议或条约组成，例如1944年布雷顿森林会议上对国际货币所做的安排；国际机制也可以产生于没有付诸实施的正式安排计划，例如第二次世界大战后计划建立国际贸易组织未果，关税及贸易总协定（GATT，简称"关贸总协定"）即脱胎于此计划。国际机制也可以是暗含的，如二战结束以来的美加关系。国际机制不仅在范围上有所不同，而且行为体遵循国际机制的程度也大相径庭。如果不存在一致同意的规范和程序，或者规则的例外情况比对规则的恪守更为重要，无机制的情况就出现了。①

要认识国际机制对相互依赖格局的影响，我们必须探究国际体系的结构与进程，以及二者之间是如何相互影响的。这正是本书第三章的主要内容。国际体系的结构（structure）指的是同类单位的能力分布状况。国际政治体系中最重要的单位是国家，有关能力被视为其权力来源。长期以来，国家间体系的权力分布往往是根据主要行为体的数量及其重要性（如单极、两极、多极、分散性的等）来分类的，就像经济学家将市场体系结构分为垄断、双头垄断、寡头垄断和竞争性的一样。②因此，结构与进程（process）不同，后者指的是一个权力结构内的分布和讨价还价的过程。以扑克游戏为喻，在过程层次上，分析家们关心的是玩家如何打出手中所拿到的牌；而在结构层次上，分析

---

① 在本书中，我们将探讨对国际机制基本规则的信守问题。我们也可以按照各参与国之间政治一体化的程度和类型对国际机制进行分类。关于国际机制一体化、制度化程度的衡量，参见 Joseph S. Nye, Jr., *Peace in Parts* (Boston: Little, Brown, 1971), chap. 2。

② Kenneth N. Waltz, "Theory of International Relations," in Nelson W. Polsby and Fred I. Greenstein (eds.), *Handbook of Political Science*, vol. 8, *International Politics* (Reading, Mass.: Addison Wesley, 1975): pp. 1–86. 又见 George Modelski, *World Power Concentrations: Typology, Data, Explanatory Framework* (Morristown, N. J.: General Learning Co., 1974)。

家们关心的是如何打牌（即打牌的规则）和开局时的筹码分配。

国际机制是国际体系的权力结构与该结构内的政治、经济谈判之间的中介因素（intermediate factors）。国际体系的结构（国家之间的权力资源分布）对国际机制的性质（与该体系相关的、或多或少不那么严格的一系列正式或非正式的规范、规则和程序）有着深刻的影响。反过来，国际机制影响并在一定程度上支配着体系内发生的政治谈判和日常决策。

国际机制的变迁往往是非常重要的。以国际贸易为例，1947年通过的关贸总协定确立了包含非歧视性贸易原则在内的国际机制。在此后的五十多年里，关贸总协定的安排已经发展为行之有效的国际机制。但是，从某种意义上讲，20世纪70年代，欠发达国家成功地改变了该国际机制。从更宽泛的意义上讲，70年代中期，欠发达国家发出了建立国际经济新秩序的呼声，其中包括在原料、制成品和外国直接投资等方面应建立什么样的国际机制上进行斗争。进入20世纪90年代，发达国家和欠发达国家同意建立新的世界贸易组织（WTO），这是关贸总协定的扩大和加强。

在本书第二部分探讨的货币和海洋两个问题领域中，某些机制变迁既快且剧，某些机制变迁则呈现渐进态势。国际货币政策曾历经剧变：如1914年暂停实行金本位制；1931年金汇兑本位制废止；1944年通过建立"布雷顿森林体系"的协议；1971年终止美元与黄金的可兑换制。管理世界海洋使用的规则变化较慢，但在1945年和1967年之后曾历经两次重大转折。然而，现有的国际关系理论尚不能充分解释这些变化。实际上，绝大多数理论未曾重点探讨这些问题。

在本书第三章，我们将深入研究的问题是：就支配各领域相互依赖的规范、规则和程序发生变迁或维持不变的方式提出解释。为解释机制变迁，我们提出了四种模式或理论假设，并具体分析这些模式的解释力及其缺陷。这些模式建立在对世界政治的基本条件提出不同假设的基础之上。由于世界政治因时而异、因地而异，我们没有理由相信，某一类条件无论何时何地都是适用的，某种解释模式放之四海而皆准。因此，在分析这些解释模式之前，我们应确定这些模式可以适用的条件。我们将在第二章中阐明这样的原则：在诸如当前这样瞬息万变的时代，有关世界政治条件的假设也迥然不同。

第二章
现实主义与复合相互依赖

关于世界政治的假设,深刻影响着一个人所看到的世界以及他如何建构解释国际事件的理论。可以说,第二次世界大战结束以来,政治现实主义占据着主导地位,但其假设作为分析相互依赖政治的基础却常常捉襟见肘。我们认为,关于世界政治的现实主义假设只是确定了一系列极端的条件或理想类型(ideal type),而人们可以设想出极其不同的情况。在本章中,我们将建构一种与现实主义截然不同的理想类型。我们称之为"复合相互依赖"(complex interdependence)。我们首先辨别现实主义与复合相互依赖之间的差别,而后阐明复合相互依赖比现实主义的解释更接近现实。如果情况果真如此,则关于国际机制变迁的传统解释就值得质疑,而寻求新的解释模式就变得非常迫切了。

政治现实主义者认为,国际政治是争夺权力的斗争,在这一点上与其他政治并无二致;但国际政治斗争由有组织的暴力主导,在这一点上有别于国内政治。战后影响力最大的一本国际政治教科书这样写道:"人类全部历史表明,参与国际政治的国家都在不断准备或积极介入以战争形式出现的有组织的暴力,或从中恢复过来。"[1] 以下三个假

---

[1] Hans J. Morgenthau, *Politics Among Nations: The Struggle for Power and Peace*, 4th ed. (New York: Knopf, 1967), p. 36.

设构成了现实主义的基本观点：其一，作为整体的国家是国际政治最重要的行为体，这是一个带有双重含义的假设，即国家是最重要的行为体，国家作为一个整体单位行事；其二，现实主义假定，武力是一种可用且有效的政策工具，尽管其他工具也可以采用，但使用武力或以武力相威胁却是行使权力最有效的工具；其三，部分与第二个假设相关，现实主义假设世界政治中的问题（issues）有等级之分，其中军事安全最为重要：作为高阶政治（high politics），军事安全主导着经济和社会事务等低阶政治（low politics）。

这些现实主义的假设构成了关于世界政治的一种理想类型。从这些假设中，我们可以推导出一个具有如下政治特征的世界：国家之间存在着现实的或潜在的冲突，国家随时都有可能动用武力；每一个国家都力图保卫自己的疆土和利益免受现实威胁或臆想的威胁；国家之间的政治一体化微不足道，而且只有符合最强大国家利益的时候才有可能存在下去；跨国行为体或者不存在，或者在政治上无足轻重；国家的生存，端视其能否明智地使用武力或武力威胁；国际政治体系的稳定，端视政治家能否成功地调整其利益追求，建立行之有效的势力均衡。

以上现实主义的三个假设都是可以辩驳的。同时反驳这些假设，我们可以设想出一个这样的世界：非国家行为体直接参与世界政治，各问题之间不存在明确的等级区分，而武力并非有效的政策工具。在这些条件下——我们称之为复合相互依赖的特征——我们可以看到与现实主义的假设截然不同的世界政治图景。

我们将在下文中探讨这些不同之处。当然，我们并不认为复合相互依赖完全真实地反映了世界的政治现实。恰恰相反的是，复合相互依赖与现实主义的观点一样，都是理想类型。大多数世界政治的实际情况往往介于这两个极端之间。在某些情况下，现实主义的假设准确或基本准确地解释了世界政治的现状；但在更多的情况下，复合相互依赖更好地解释了世界政治的现实。在决定哪种解释模式适用于某类状况或问题之前，我们必须清楚现实主义或复合相互依赖与该状况相符的程度。

复合相互依赖的特征

复合相互依赖具有如下三个基本特征：

其一，各社会之间的多渠道联系，它包括政府精英之间的非正式联系或对外部门的正式安排；非政府精英之间的非正式联系（包括面对面的交流或通过电讯联系）；跨国组织（如多国银行或多国公司）等。这些渠道可以概括为国家间联系、跨政府联系和跨国联系。国家间联系是现实主义所假定的正式渠道。如果我们放宽现实主义关于国家作为整体单位而行动的假设，则跨政府联系就出现在我们的视野之内；如果我们放宽现实主义关于国家是唯一行为体的假设，则跨国联系将出现在我们的视野之内。

其二，国家间关系的议程包括许多没有明确或固定等级之分的问题。问题之间没有等级之分意味着，军事安全并非始终是国家间关系的首要问题。许多问题由通常被视为国内政策的事务引起，而国内问题与对外问题的区别非常模糊。许多政府部门（并非仅仅外交部门）在不同层次上考虑这些问题。国家如果在这些问题上缺乏足够的政策协调，必然会为此付出沉重的代价。不同的问题导致不同的各政府内部联盟及跨政府联盟，并导致不同程度的冲突。政治并无明确的界限。

其三，当复合相互依赖普遍存在时，一国政府不在本地区内或在某些问题上对他国政府动用武力。然而，在本地区内或在某些问题上，军事力量在政府间关系中也许起着重要作用。例如，军事力量可能与联盟内经济纷争的解决无关；但与此同时，在联盟与敌对集团的政治和军事关系上，军事力量却起着非常重要的作用。第一种关系符合复合相互依赖的条件，而后者则不然。

传统的国际政治理论或明确或含蓄地否认以上三个假设的准确性。据此,传统主义者也试图否认根据复合相互依赖模式做出的批评具有相关性。我们却认为,我们所提出的三个基本条件非常符合某些全球经济和生态相互依赖的状况,也接近于勾勒出国家之间全部关系的特征。本章的目的之一就是证明以上观点的正确性。在随后几章里,我们将具体探讨在海洋政策、贸易政策、美加关系、美澳关系上的复合相互依赖。在本章中,我们将力图说服读者认真对待我们对传统主义假设做出的批判。

多种渠道

参观任何大机场,那里的繁忙景象,都可以生动地体现出发达工业化国家之间存在的多渠道联系。证实这种多渠道联系的文献更可谓汗牛充栋。① 各国官僚通过会议、电话和书信来往直接交流。同样,非官方的精英通过正式的商务往来、三边委员会(the Trilateral Commission)等组织或私人基金会赞助召开的会议经常碰面。

此外,多国公司和银行对国内关系和国家间关系都产生着影响。在不同的社会里,对私营企业的限制、政府与企业关系的密切程度千差万别,但是不受政府控制的、充满活力的大型公司积极地参与社会,并已经成为对外关系和国内关系的正式组成部分。

这些行为体的重要性,不仅源于它们追求自身利益的行为,也因为它们承担着传送带的功能,使各国政府对彼此的政策更为敏感。随着政府国内行为范围的扩展,公司、银行以及(在较小程度上)工会做出的决定具有跨越国界的影响力,各国国内政策对彼此的影响越来越大。跨国交往增强着这种效应。因此,相比过去而言,对外经济政

---

① 参见本书第一章第 6 页注释③、第 11 页注释所提及的资料。又见 Edward L. Morse, "Transnational Economic Process," in Robert O. Keohane and Joseph S. Nye, Jr. (eds.), *Transnational Relations and World Politics* (Cambridge, Mass.: Harvard University Press, 1972)。

策与国内经济活动的联系越来越广泛，国内政策与对外政策的界限越来越模糊，与对外政策相关的问题则越来越多。环境治理与技术控制问题同步发展，加强了这一趋势。

问题之间没有等级之分

外交议程——政府所关注的一系列与对外政策相关的问题——变得更为广泛、更加多元化。所有问题都附属于军事安全的时代不复存在。国务卿基辛格曾这样描述1975年的形势：

> 在应对传统议程方面取得的进展已经不能满足要求。一类前所未有的新问题凸显出来。能源、资源、环境、人口以及太空和海洋的利用等问题已经与构成传统外交议程的军事安全、意识形态和领土争端等问题并驾齐驱。①

基辛格列举的新问题还可以补充。这些问题说明，各国政府的政策——甚至那些被完全视为国内政策者——是如何相互影响的。经合组织、关贸总协定、国际货币基金组织、欧洲共同体（EC）等确立了广泛的协商安排，表明发达多元化国家之间内政外交的叠合是多么明显。美国联邦政府的九个主要部门（农业部、商务部、国防部、卫生部、教育福利部、内政部、司法部、劳工部、财政部）以及许多其他机构之间的组织安排，反映出它们承担着广泛的国际任务。由此产生的各种问题相互叠合的现象已经成为政府部门的梦魇之源。②

---

① Henry A. Kissinger, "A New National Relationship," *Department of State Bulletin*, February 17, 1975, p. 199.

② 参见美国政府外交政策执行组织委员会（墨菲委员会）的报告（Washington, D.C.: U. S. Government Printing Office, 1975）以及为此准备的研究报告。又见 Raymond Hopkins, "The International Role of 'Domestic' Bureaucracy," *International Organization* 30, no. 3 (Summer 1976)。

如果很多问题被列入议程，其中有些问题没有明确威胁整个国家的利益，但却对某些国内团体的利益构成威胁，则制定连贯而一致的外交政策的难度增加了。1975年，能源成为一个外交政策问题，而征收汽油税、汽车税等具体解决措施涉及国内立法，必然遭到汽车工人和汽车公司的反对。正如一位评论家指出的，"实际上，每当国会制定一项改变国民生活方式的政策时……总是首先经过数年努力一步步达成共识：问题是存在的，而且存在解决问题的最佳途径；此后才能付诸行动"①。当国际政治要求多元民主国家调整国内政策时，拖延、特殊保护、分歧和松散将是司空见惯的。

军事力量起着次要作用

政治学者素有强调军事力量在国际政治中作用的传统。如第一章所述，武力主导着其他实力方式：假设没有对其手段选择的限制（只有两次世界大战接近这种假设的情形），拥有武力优势的国家将雄霸天下。如果每个国家面临的安全困境（security dilemma）都极其严峻，则由经济和其他资源支撑着的军事力量将成为最重要的权力之源。生存是任何国家的首要目标，在最糟糕的情况下，武力是确保生存的绝对必要手段。军事力量始终是国家实力的核心组成部分。

然而，多元工业化国家之间所感知到的安全边缘有所扩展：总体而言，它们对遭受攻击的恐惧减少了，对相互攻击的恐惧实际上已不复存在。法国已经放弃了戴高乐总统倡导的全方位防御战略（实际上，该战略在当时也未真正得到重视）。加拿大在半个世纪之前就放弃了最后一个对美作战计划。英国和法国不再感到相互威胁。这些国家之间还存在相互影响的紧张关系，但在绝大多数情况下，武力已经不再是政策工具，或者说武力作为政策工具已经无足轻重。

---

① *New York Times*, May 22, 1975.

而且，某些目标（如经济福利或良好的生态环境）的重要性越来越突出，而动武常常不是实现这些目标的适当方式。当然，爆发剧烈冲突或革命性变革也并非不可能，在这种情况下，在某个经济问题上或发达工业化国家之间动用武力或武力威胁似乎也合情合理。如此，则现实主义的假设再次成为解决问题的可靠指南。但是，在绝大多数情况下，动用军事力量代价高昂，而且其成效如何难以预料。①

某些国家之间已经禁止直接使用武力，但军事力量仍可服务于政治目标。冷战期间，每一个超级大国都使用武力威胁来遏制对方攻击自己或自己的盟国；其威慑能力起着间接的保护作用，超级大国又利用这种保护与盟国在其他问题上讨价还价。对美国而言，这种讨价还价的工具尤其重要，因为其盟国对美国的潜在威胁忧心忡忡，而美国对盟国施加影响的手段明显少于苏联影响东欧伙伴的途径。因此，美国利用欧洲人（特别是德国人）对美国保护的渴望，将美国在欧洲驻军的数量与美欧贸易、货币谈判挂钩。就本质而言，威慑力量首先起到的是消极作用，即制约超级大国敌手的有效进攻力量；但各国也可以积极地运用该威慑力量，即获得政治影响力。

因此，即使相互关系近乎复合相互依赖的状态，各国之间的关系发展仍然受制于两个严重的限制条件：其一，剧烈的政治和社会变革可能导致武力重新成为直接的重要政策工具；其二，即使一国精英集团的利益是互补的，但如果该国用武力保护他国，则该国也可能对他国产生重大的政治影响。

在南北关系、第三世界国家之间的关系和东西关系中，武力常常起着重要的作用。军事力量帮助苏联在经济和政治上控制东欧，公开的或秘密的美国军事干预的威胁曾抑制了加勒比海诸国（尤其是1954

---

① 关于该问题有价值的探讨，参见 Klaus Knorr, *The Power of Nations: The Political Economy of International Relations* (New York: Basic Books, 1975).

年的危地马拉、1965年的多米尼加共和国）的革命性变革。1975年1月，基辛格国务卿含蓄地警告石油输出国组织（OPEC）国家，"如果出现真正扼杀工业化国家的情况，美国将会以武力还击"①。

与1945年前一个世纪的大部分时期相比，即使在发生冲突的情况下，诉诸武力的可能性也小得多。核武器的毁灭性使得攻击任何有核国家都极其危险。核武器基本用于威慑。对较弱国家的核威胁有可能奏效，但该威胁同样或更有可能巩固自己的敌对国之间的关系。利用常规力量控制全社会动员起来的民众，其作用也非常有限，这已经被美国在越南的失败和殖民统治在非洲的迅速崩溃所证实。进一步说，在某个问题上动用武力对付一个与自己有千丝万缕联系的独立国家，有可能导致在其他问题上的互惠关系破裂。换言之，动用武力的国家往往会在非安全目标上付出高昂代价。最后，西方发达国家的人民极力反对持久性的军事冲突。②

显然，对不同国家或处于不同环境下的同一个国家而言，上述制约因素的影响并不等同。核威胁的升级影响着每一个人，但国内舆论对美国、欧洲或日本的制约大于威权国家。如果使用武力是无效的，并将可能破坏其他关系，那么威权国家也不愿意通过武力手段实现经济目标。外国军队难以控制全社会动员起来的民众，武器技术不断更新，这两个因素实际上增加了某些国家或非国家集团把恐怖主义作为政治武器的能力，而且它们并不真正担心会遭到报复。

武力作用的变化产生了非均衡的影响，但这些变化的重要性并未因此而减弱，却使得问题越发复杂。武力在不同问题领域的可用性有所不同，这又增加了问题的复杂性。当某一问题难以引起兴趣或激情

---

① *Business Week*, January 13, 1975.

② Stanley Hoffmann, "The Acceptability of Military Force," and Laurence Martin, "The Utility of Military Force," in *Force in Modern Societies: Its Place in International Politics* (Adelphi Paper, International Institute for Strategic Studies, 1973). 又见 Knorr, *The Power of Nations*。

时，武力的使用被排除在考虑之外。在这种情况下，复合相互依赖将会是分析政治进程的一个有价值的概念。但是，如果该问题生死攸关——有人认为石油问题就是如此，则使用武力或武力威胁将变得具有决定性价值。现实主义的假设更适用于这种情况。

因此，确定现实主义及复合相互依赖在具体情况中的适用性非常重要。如果不首先加以确定，则进一步分析将出现令人困惑的结果。我们力图发展出一种有别于现实主义的世界政治解释模式，目的在于鼓励一种区分世界政治领域与层次的不同方法，而不是（像一些现代主义观察者所做的那样）用一种过于简单化的模式替代另一种简单化的方法。

复合相互依赖的政治进程

复合相互依赖的三个主要特征会导致不同的政治进程，而这些政治进程会将权力资源转化为控制结果的权力。如前所述，这个转化过程总会减少或增加某些东西。复合相互依赖条件下的转化与现实主义条件下的转化当然不同，我们对结果的预测需要做出相应的调整。

在现实主义的世界里，军事安全将是国家的首要目标。它甚至将影响到那些不直接涉及军事实力或领土防卫的问题，非军事问题从属于军事问题，而且研究非军事问题的目的也是利用其政治—军事层面的意义。例如，研究国际收支问题，不仅探究其纯财政意义，还要探究其对世界总力量的意义。1964年，麦乔治·邦迪（McGeorge Bundy）曾称，如果必须进行越南战争的话，则需要认真考虑美元的贬值问题，这与现实主义的预期如出一辙。[①] 1971年，美国前财政部长亨利·福勒（Henry Fowler）宣称，美国为了在西方防务中发挥领导作用，需要40亿—60亿美元的贸易顺差，这似乎也与现实主义的预期

[①] Henry Brandon, *The Retreat of American Power* (New York: Doubleday, 1974), p. 218.

不谋而合。①

在一个复合相互依赖的世界里，某些官员尤其是低级官员将强调国家应该追求目标的多样性。由于问题之间缺乏明确的等级之分，各个问题的目标追求应该不同，而且问题之间的联系也不甚密切。每一个官僚机构将追求自身目标的达成；如果一个问题影响多个机构，这些机构会在此问题上达成妥协，但它们难以保持政策的持久不变。而且，跨国行为体将把不同的目标引入各类问题中。

联系战略

在复合相互依赖的条件下，问题领域不同，追求的目标不同，权力分布与相应的政治进程也各异。传统模式将特定的国际体系作为分析重点，因此，人们在不同问题上推导出类似的政治进程。经济实力或军事实力强大的国家把自己在某些问题上的政策与其他国家在其他问题上的政策联系起来，从而获得主导各类组织和问题的地位。在传统模式中，最强大的国家利用其总体支配地位获取在弱势问题上的主导权，确保总体的经济和军事结构与任一问题领域的结果相符。因此，世界政治被视为无缝之网。

在复合相互依赖的条件下，这种相符情形出现的可能性变小了。由于军事力量的地位下降，军事强国意识到，越来越难以运用总体的支配地位控制自己所处弱势问题的结果。例如，贸易、航运、石油等的权力资源分布状况差别甚大，相应地，不同问题领域的结果模式和政治进程也大不相同。如果随时可以使用武力，而军事安全是外交政策的最高目标，这些问题上的权力结构差别就不重要了。它们与军事问题之间的联系，将确保总体实力最为强大的国家始终占据支配地

---

① 1971 年 9 月 16 日，美国国会众议院外交事务委员会对外经济政策小组委员会举行"新经济政策的国际影响"听证会。

位。然而，当军事力量基本上无须动员，军事强国会意识到这种联系不易奏效。它们仍旧会利用这些联系，但由于问题之间缺乏明确的等级之分，取得成功的可能性减少了。

主导国家也许会利用总体经济实力影响在其他问题上的结果，以此达到自己的目的。如果只有经济目标得失攸关，则它们可能取得成功；毕竟金钱是可替代的（fungible）。但是，经济目标具有政治意义，强国的经济联系受到国内、跨国和跨政府行为体的限制，因为后者反对拿它们的利益作为交易筹码。此外，不同问题涉及的国际行为体不同，为谈判提供场所的国际组织也往往各自为战。我们很难想象军事强国或经济强国会将货币政策的让步与海洋政策的相应让步联系在一起。另一方面，贫弱国家在将不相干的问题联系在一起时不会受到同样的限制，这部分是因为它们的国内利益相对简单。将不相干的问题联系起来常常是从富强国家获得让步或附带补偿的手段。强国往往因代价高昂而放弃使用联系战略（军事力量）。而贫弱国家——国际组织——运用联系工具则是现成的，而且代价低廉。

随着使用武力的效用下降，各种问题越来越具有同等的重要性，任一问题上的权力分布都变得更为重要。总体而言，联系战略的有效性降低了，但政治谈判的结果越来越因问题领域的不同而各异。

在复合相互依赖的条件下，问题领域的差异意味着，将不同领域的问题联系起来的战略越来越行不通，它将削弱而非增强国际等级制度。联系战略及其防范，将成为各国面临的关键性战略选择。是区别对待各种问题，还是通盘考虑这些问题？如果要采取联系战略，应将哪些问题联系起来？可以在哪个联系起来的问题上做出让步？如何避免徒劳无功的后果而推进问题之间的联系？例如，应寻求正式协议还是政治上不甚敏感的非正式谅解？事实上，在复合相互依赖条件之下，世界政治不再是无缝之网，联系战略犹如缝合网上漏洞的努力，我们期望这种努力能够决定整张网的状态。

在武力的作用可以忽略的情形之下，我们期望各国更多地依赖其他手段行使权力。如前所述，较少脆弱性的国家试图把某些问题上的非对称相互依赖作为权力之源；它们还试图利用国际组织、跨国行为体和跨国交流。各国将根据权力和对公民福利的影响来对待经济相互依赖，尽管对福利问题的考虑将限制它们获取权力最大化的努力。绝大多数的经济或生态相互依赖包含着共同获益或共同受损的可能性。在收益分配问题上过分激烈争斗将恶化每一个行为体的地位，对这种危险的认识以及关于潜在损益的共识将限制不对称相互依赖的运用。

议程设置

复合相互依赖的第二个假设是，在诸多问题之间并不存在明确的等级之分。我们因此而期望，议程形成和控制的政治将变得更加重要。传统分析使政治家集中处理政治—军事问题，而对议程形成的宽泛政治活动少有关注。政治家们假定，议程的设置取决于均势的实际或预期变化、国家所感知的安全威胁等因素。其他问题只有在影响安全和军事实力的情况下才会变得非常重要。在这些情况下，议程将严重受制于总体势力均衡的考量。

在今天，某些非军事问题不时在国家间关系中受到重视，而其他似乎同样重要的问题却被忽视了，或在技术层次上被悄悄处理了。在过去十年间，国际货币政治、贸易的商品条款问题、石油、粮食和多国公司都相当重要，但这一时期它们并没有都被列为国家间议程的重要问题。

国际政治的传统分析家很少关注议程的形成，即某些问题如何获得高官们的持续关注。传统分析主要侧重于军事和安全事务，这意味着一国外交政策之至关重要的问题是他国行动或威胁所强加的。与经济事务的低阶政治相对照,这些都属于高阶政治问题。然而,随着世界政治行为体多元化及问题复杂性的增加,武力的效用下降,国内政策与外交政策的界限变得模糊:随着复合相互依赖的条件接近于成熟,议程形成的政治也更为微妙和多样化。

在复合相互依赖的条件之下,我们可以预期的是,如第一章所述,经济增长和敏感性相互依赖的增加产生了许多国内和国际问题,而议程设置将受到这些问题的影响。心怀不满的国内团体将问题政治化,并把更多曾被视为国内的问题强行纳入国际议程。各问题领域中权力资源分布的变化将对议程产生影响。20世纪70年代初,石油生产国对跨国公司和石油消费国的影响力增加,极大地改变了政策议程。此外,一组问题的议程将因其与权力资源正在变化的另一组问题的联系而发生改变,例如,石油输出国组织提高石油价格以及在1973—1974年实行石油禁运之后,南北贸易关系较为广泛的议程也发生了变化。即使各国能力不变,跨国行为体重要性的增加也将影响议程。20世纪70年代初关于多国公司的宣传及其过去20年间的迅猛发展,使得多国公司的管理在联合国议程和国家议程中的地位上升。

正如我们看到的,政治化——关于某问题有可能上升至议程之首的争论——渊源甚多。实力上升的国家政府可能将某一问题与其他问题联系起来处理,从而导致该问题的政治化。如果国际机制变得无效或无法适应某些重要问题的需要,心怀不满的政府会要求变革,这将导致政治化程度的加强。当然,政治化也可以是自下而上的,如果对现状极为不满,国内团体可能会提出某个潜在的问题,或介入国家之间的高层谈判。1974年,美国国务卿默默地推行将苏美贸易协定与缓和进程挂钩的联系战略,而某些国内团体通过国会把苏美贸易协定与苏联的移民政策联系起来,国务卿推行的政策受到了干扰。

提出问题的技术特征与制度背景极大地影响着政治化模式。在美国，国会的关注是一种有效的政治化工具。我们一般认为，跨国经济组织和跨政府的官僚网络是寻求避免政治化的。以国内为基地的团体（如工会）和注重国内问题的官僚倾向于利用政治化（特别是国会的关注）对付跨国流动的竞争对手。在国际层次上，国家和行为体"在各种论坛展示自己的观点"（shop among forums），并力图使自己关注的问题在国际组织中提出来，通过议程的扩大或缩小追求自身优势的最大化。

跨国关系与跨政府关系

关于复合相互依赖的第三个假设即各社会联系渠道的多元化，进一步模糊了国内政治和国际政治的区分。与现实主义的假定相反，政治联盟伙伴并不必然局限于国界之内。我们认为，现实情势越接近于复合相互依赖的条件，跨国关系对政治谈判结果的影响越大。多国公司既是独立行为体，又是政府操纵的工具，其作用可能会越来越大。国内行为体的态度和政治立场很可能受到其与国外同行之间有组织的或没有组织的交流的影响。

由于交往多渠道的存在，政治家操纵相互依赖和保持联系战略一贯性的能力超出了国内政治的正常限度。政治家必须将相互依赖战略的总体影响、不同影响考虑在内，又要考虑到相互依赖战略可能对政治化和议程控制产生的意义。各国之间的交往——其中经济和社会交往多于安全方面的交往——对各团体的影响不同。跨国联系的加强给某些团体——如美国的纺织业和制鞋业工人——带来更多的机遇和代价。某些组织和团体可能会与其他国家的行为体或政府建立直接的交往，以增加它们从这些联系网络中获得的利益。因此，与其他行为体相比，某些行为体对联系网络变化的脆弱性和敏感性小得多，这也将影响政治行为的模式。

复合相互依赖的多渠道联系并不局限于非政府行为体。主管同类事务的政府官僚之间的联系不仅会改变他们的预期，也会导致在具体政策问题上建立跨政府联盟。为增加成功的机会，政府机构把其他政府的行为体视为盟友，试图将它们引入自己的决策进程中。美国等强大国家的政府机构曾利用这种联盟向土耳其、智利等弱国政府渗透。他国政府也利用这种联盟向美国官僚机构进行渗透。①我们将在本书第七章看到，美加关系经常体现出跨政府政治的特征，而这种特征往往有利于加拿大的利益。

跨政府政策网络的存在，导致对国际政治的一个标准前提——国家依自身利益行事——的不同解释。在复合相互依赖的条件下，这个传统说法规避了两个重要问题：哪一个自身？什么利益？一个政府机构可能假借国家利益之名追求自我利益；频繁的相互作用会改变政府官员对自身利益的认识。仔细研究美国的贸易政策政治，我们会发现，仅仅关注各种利益集团对决策施加的压力，会导致过分机械地看待这个持续不断的进程，而忽略了交往在逐渐改变对自身利益认识过程中的重要作用。②

国家利益的模糊性给政府高层政治领导提出了严重的问题。不同国家的政府官僚跨越国界直接交往（而无须通过外交部门），集中控制变得更加困难。一国政府在与外国政府打交道时难以保持团结一致；与外国人谈判时，不同政府部门对国家利益的诠释也难以一致。国家可能是多面性的，甚至是精神分裂式的（schizophrenic）。国家利益的界定，因时间、问题和政府部门的不同而迥异。与看上去在某问题领域有更多资源但却四分五裂的国家相比，能较好地保持一致性的国家

---

① 更为详细的探讨，参见 Robert O. Keohane and Joseph S. Nye, Jr., "Transgovernmental Relations and International Organizations," *World Politics* 27, no. 1 (October 1974): 39—62。

② Raymond Bauer, Ithiel de Sola Pool, and Lewis Dexter, *American Business and Foreign Policy* (New York: Atherton, 1963), chap. 35, esp. pp. 472—475.

（由于中央集权的政治传统，如法国）能够更好地处理不平衡的相互依赖关系。

国际组织的作用

最后，由于多渠道联系的存在，国际组织可能在世界政治中发挥迥然不同的重要作用。秉持汉斯·摩根索（Hans J. Morgenthau）传统的现实主义者描绘了一个这样的世界：各国依自身利益行事，并为"权力与和平"而斗争；安全问题是首要问题，战争威胁始终存在。我们可以假定，在这样的世界里，由于各国利益极难协调一致，国际制度的作用微不足道。国际组织显然处于世界政治的外围。然而，如果各种问题之间的联系并不完善，跨国、跨政府之间形成了各种联盟，在这样的世界里，国际制度在政治谈判中的潜在作用将大为增强。特别是，它们有助于制定国际议程，并成为促成联盟建立的催化剂和弱国提出政治倡议、推行联系战略的场所。

政府必须做好组织安排，应对来自国际组织的大量事务。国际组织可以确定重要问题，决定哪些问题可以放在一起处理，从而帮助政府决定事务的轻重缓急次序或机构间委员会及其他政府内部安排的性质。1972年的斯德哥尔摩环境会议加强了环境保护机构在各国政府中的地位。1974年的世界粮食会议促使美国政府的重要部门集中关注防止世界粮食短缺的问题。1975年9月召开的特别联大提出了建立世界经济新秩序的倡议，各国政府关于第三世界政策的争论由此产生。国际货币基金组织、关税及贸易总协定使各国政府将行动重点放在货币和贸易领域，而不是没有相应的国际组织的私人直接投资上。

国际组织将诸多官员聚集在一起，帮助促成世界政治中的潜在联盟。许多欠发达国家彼此之间都没有设立大使馆，在把它们的代表召集起来的过程中，国际组织显然起着重要作用。在召开或争取召开一系列国际会议的过程中（这些会议大多由联合国主办），欠发达国家团结起来的第三世界战略逐渐成形。[1]许多政府机构之间原本难以建立联系，但国际组织将潜在或隐含的联盟转变为明确的、以直接交往为特征的跨政府联盟。在某些情况下，国际秘书处与各国政府、各政府机构或与利益相近的非政府组织结成联盟，有意促进该进程的实现。[2]

国际组织往往是适合弱国的组织结构。联合国体系的一国一票制有利于弱小国家结盟。国际组织的秘书处也往往对第三世界的需求作出反应。而且，国际组织的实质性规范大多是过去多年间形成的，它们强调社会公平、经济公平和国家平等。过去的决议反映了第三世界的立场，有的获得了工业化国家有保留的赞成，这些决议赋予第三世界的其他要求以合法性。这些协议几乎没有约束力，但制度规范可以使得反对者显得极其自私并难以自圆其说。

国际组织也使得弱小国家可以推行联系战略。在讨论国际经济新秩序的过程中，第三世界国家坚持将石油价格和供应与那些过去它们无法实现其目标的问题联系起来。我们将在第四章至第六章看到，弱小国家在联合国发起的一系列海洋法会议上推行了联系战略。

综上所述，复合相互依赖条件下的政治模式不同于现实主义对世界的认识（表2.1概括了二者之间的区别）。我们由此认为，传统理论无法解释复合相互依赖条件下的国际机制变迁。但是，在接近现实主义条件的情境之下，传统理论则是适用的。我们将在下一章探究如何理解国际机制变迁的问题。

---

[1] Branislav Gosovic and John Gerard Ruggie, "On the Creation of a New International Economic Order: Issue Linkage and the Seventh Special Session of the UN General Assembly," *International Organization* 30, no. 2 (Spring 1976): 309−346.

[2] Robert W. Cox, "The Executive Head," *International Organization* 23, no. 2 (Spring 1969): 205−230.

表 2.1　现实主义和复合相互依赖条件下的政治进程

	现实主义条件下	复合相互依赖条件下
行为体的目标	军事安全将是首要的国家目标。	国家的目标因问题领域而异。跨政府政治的存在，导致目标难以确定。跨国行为体将追求自身的目标。
政府的政策工具	军事力量是最为有效的政策工具，尽管也采用经济手段及其他政策工具。	适用于具体问题领域的权力资源最为相关。相互依赖、国际组织和跨国行为体的管理将是主要的手段。
议程形成	势力均衡的潜在转变和安全威胁将确定高阶政治领域的议程，并将对其他议程产生重大影响。	议程受到如下因素的影响：各问题领域内权力资源分布的变化；国际机制地位的变化；跨国行为体重要性的变化；与其他问题的联系以及敏感性相互依赖增强而导致的政治化等。
问题的联系	联系将降低问题领域间后果的差别，增强国际等级区分。	由于武力的效用难以发挥，强国实行联系战略将愈加困难。弱国通过国际组织推行联系战略将削弱而非增强国际等级区分。
国际组织的作用	受制于国家权力和军事力量的重要性，国际组织的作用有限。	国际组织将设置议程，推动联盟的建立，并为弱国的政治活动提供场所。选择处理某问题的组织论坛并争取支持票的能力将是重要的政治资源。

第三章
解释国际机制的变迁

国际机制协助提供了国际经济进程赖以产生的政治框架。认识国际机制的发展和崩溃，是理解相互依赖政治的关键。国际机制因何发生变迁？

在本章中，我们将依据以下四个方面——经济进程、世界的总体权力结构、各问题领域内的权力结构、受国际组织影响的权力能力等——的变化，提出关于国际机制变迁的四种解释模式。前两个模式最为简单和相似，因此，我们首先以这二者为起点。其后，我们将增加复杂度，探究较为新颖的问题结构模式和国际组织模式。

经济进程解释模式

许多观察家指出，经济问题在国际政治中的地位和作用越来越重要。确实，为经济问题的支配权而进行的斗争，是人们越来越关注相互依赖的主要原因。然而，现代西方国际经济学并没有提出关于国际机制变迁的理论。新古典经济分析只是一种简单化的解释方法，尽管它就经济效率和福利的增加提出了政策建议，但总体上它并不是对现实的忠实描述。经济学家为了构建精确、完美的经济解释框架，往往有意避开对政治问题的探讨。当然，我们不能指责经济学家的传统经济理论没能提供机制变迁的模式,因为他们探讨的问题与政治学家迥然不同。政治学家一般注重权力,但是,"如果我们检视过去百年间的主流经济理论,我们就会发现一个奇怪的现象,即将权力因素排除在考虑之外是它们的一般性特征"[①]。

某些特定的活动以非政治行为为特征——如通过竞争性价格体系进行的交易等——但这并不意味着政治权力不重要。政治的影响可能是间接的:政治可能决定某些关系,而日常经济活动就产生于这些关系之中。地方政治和国家政治多元化研究的批评者指出,在确定哪些问题应由政治决定时,这张权力的"第二面孔"至关重要。[②]

例如,战后时期的主要经济特征是:普遍无差别待遇贸易的快速扩张;在固定汇率之下,大规模的资金迅速从一个中心转移到另一个中心;巨型多国公司的迅猛发展等。这些特征都是在一种有利于大规模国际资本主义的政治环境中产生的。而且,经济交易不仅受到有效需求不平衡分布——最富有的消费者在市场中的表决权最大——的影响,还受制于反映旧权力格局的规则和制度。

摆脱纯粹的竞争,往往需要将政治因素引入分析中。一旦公司对其环境有所控制,讨价还价、战略、影响和领导等问题随即出现。经济分析为解释机制变迁提供了重要的洞察力,但经验丰富的观察家(包括新古典经济学家)都认为,经济分析的解释力是不够的。我们必须将明确的政治假设纳入解释机制变迁的模式中。当然,我们也必须将经济进程变化纳入分析框架中。

---

① K. W. Rothchild (ed.), *Power in Economics* (London: Penguin Modern Economics Readings, 1971), p. 7. 引自 Susan Strange, "What Is Economic Power, and Who Has It?" *International Journal* 30, no. 2 (Spring 1975): 214。

② 参见 Peter Bachrach and Morton Baratz, "Decisions and Nondecisions: An Analytical Framework," *American Political Science Review* 57 (1963): 632–642。该文收入 Roderick Bell, David Edwards, and Harrision Wagner (eds.), *Political Power* (New York: Free Press, 1969)。

研究基于经济进程的机制变迁模式，可以技术和经济变革为开端。特别是过去 50 年间，工业化世界的经济增长之快亘古未有。世界贸易以超过 7% 的年增长率递增，在欧洲、北美几乎所有大国的国民生产总值（GNP）中占有的份额越来越大。外国直接投资（FDI）和海外生产的发展速度更快。[①] 交通和通信技术引人注目的发展以及距离成本的降低构成这些变革的背景。由于通信卫星投入使用，拨打一个 12000 英里的长途电话，其成本与一个更近距离的电话相同。（本书第九章重点关注因特网等 21 世纪的技术，提供了关于这一分析的最新信息。）超级油轮以及其他海运技术的创新降低了货运成本。同一时期，各国政府进行协调、签订协议、建立相应的组织机构，以适应迅速增加的交往活动的需要。

基于经济进程的机制变迁模式的第一个前提是，技术变革与经济相互依赖的增加将使现有的国际机制过时。现有的国际机制难以应对交往活动的大量增加，或以跨国公司为代表的新型组织形式。原有的制度、规则和程序面临无效或崩溃的威胁。

基于经济进程的机制变迁模式的第二个前提是，政府必须对提高生活水平的国内政治要求迅速做出反应。国家经济福利常常是最重要的政治目标，而国民生产总值的增长是关键性的政治指标。

基于经济进程的机制变迁模式的第三个前提是，资本、货物以及某些情况下人员的国际流动带来巨大的经济效益，并成为政府修改或重新创立国际机制以恢复其有效性的强大动力。各国政府在利益分配上激烈论争，并抱怨（脆弱性与敏感性并存的）经济相互依赖的增长包含着主权的丧失。但是，它们一般都会发现，更大的经济利益是国内的政治诉求，破坏国际经济关系或漠视国际经济关系陷入混乱所付

[①] 具体数据参见 Peter Katzenstein, "International Interdependence: Some Long-Term Trends and Recent Changes," *International Organization* 29, no. 4 (Autumn 1975): 1021–1034。

出的利益代价，往往超过所获得的自主性权益。尽管不情愿，各国政府还是允许经济相互依赖的增长；而且它们更不情愿但身不由己地回应一体化政策要求，从而被纳入建立新型国际机制的合作中。因此，机制变迁是一个逐渐接受跨国经济活动的新规模和新形式的过程。干扰或打破原有的机制将使经济发展付出高昂的代价，因此各国政府会抵制诱惑。

根据经济进程模式，我们可以得出这样的认识，即国际机制因经济和技术变革随时可能瓦解，但至少长远观之，国际机制不会彻底崩溃。它们很快就会得以重建，以适应经济和技术状况。

这种简单化的经济进程模式似乎对许多人的观点影响甚大，但难以与经验丰富的理论家的观点完全相合。20世纪70年代，有人设想2000年少数多国公司将控制世界生产的绝大部分，其所行使的权力之大超过各国政府；有人断言相互依赖的增强将使得进一步的世界一体化不可避免。这些都反映了相互依赖增强的趋势。这种模式的部分感召力在于，它抓住了技术变革在解释过去一个世纪的发展方面的重要性。

然而，政治现实往往与仅仅基于技术和经济趋势的预测大相径庭。显然，政府在做出政策决策时，继续为安全、自主权及其他价值观而牺牲经济效益。进一步说，这种简单化的经济增长模式对从一种均衡状况转向另一种均衡状况的困难轻描淡写，未能正视调整（adjustments）不可避免这类政治问题。从政治上讲，调整是至关重要的，实际上，政治学家将权力定义为"无须为适应变革而调整的能力"[①]。在决策中，调整至关重要，因为强大利益集团对代价变化及其分配的看法，在很大程度上决定了某些政策是否能够赢得支持。

[①] John W. Burton, *Systems, States, Diplomacy and Rules* (Cambridge, Eng.: Cambridge University Press, 1968), pp. 28–31.

迅速增长的经济相互依赖会在重要的政治团体中间造成恐惧和不安全感。工会和地方社区领袖或许担心，公司决定将生产转向海外或增加出口的举措会引起严重的失业问题乃至社会动荡。受到进口压力的工业要求政府提供保护。因此，随着经济相互依赖越来越广泛，保护主义将随之增强。保护主义总是不离我们的左右。但是，随着通信技术和大规模的公司组织使各市场之间的自然缓冲区减少，许多国内团体转而求助于政府建立政治缓冲区。即使一国并未受到脆弱性增加的威胁，利益团体的敏感性也促使它采取政策措施限制国际交往。

相互依赖的增加带来冲突，导致在国际机制上的争论，而且这些争论往往是突发性的。但是，简单化的经济增长模式难以有效地解释各种变化，因为其主要解释变量为长期趋势（技术变革降低了远距离国际活动的成本，从而使得国际活动增加并导致更高的敏感性）。为什么有时国际机制得以发展和维持，而有时任何国际机制无法得以建立？如果经济增长模式具有充足的解释力，我们可以期望国际经济相互依赖能够成功地"超越"（outgrow）旧机制的限制，而更适应相互依赖新形势的新机制将很快取而代之。敏感性的增强可能导致新问题、新麻烦，但解决问题的导向将引导决策者采取建立新机制的解决途径。

然而，这种解释显然是从各种利益中抽象而来的，因团体、部门和国家的不同而迥异。它还假定，国际政治—军事决策可以与经济决策剥离开来。1945 年通过的一系列国际制度决策创立了双轨或多轨机制，在日常的政治进程中经济和安全问题被完全分离。① 通常，它们在国内政治中才有一些等级式的联系，即把寻求共同安全作为限制经济冲突或与次国家集团目标之间的潜在冲突的手段。然而，这种分离性

---

① Richard Cooper, "Trade Policy Is Foreign Policy," *Foreign Policy* 9 (Winter 1972–1973).

和经济事务的非政治化并非世界政治的规范。实际上，它恰恰是一种反常现象，它的出现有赖于战后美国在经济和军事上的支配地位和盟主角色。在相当宽泛的意义上，相互依赖的范围及其影响取决于高层政治决策和协议，因此，国际政治的传统模式——集中探讨高层决策和总体权力结构——可能会提出一个充分的解释。

总体权力结构解释模式

霸权的衰落

国家之间存在某些相互依赖，这种现象早已有之。在修昔底德（Thucydides）所处的古希腊时代，雅典和斯巴达的军事安全就是相互依赖的。1947—1991年的美国和苏联之间也存在着类似的相互依赖关系。两国不仅对彼此的安全政策非常敏感，而且对彼此的安全决策存在脆弱性。确切地说，在某个问题领域——军事安全领域——存在着的高度相互依赖，与彼此的敌对相关联，并始终处于传统世界政治分析的核心。在这样的情境之下，安全问题处于支配地位，军事实力的分布（加上支撑军事实力的经济基础）决定着权力结构。战争是引起结构变化最为重要、最富有戏剧性的因素。例如，我们所处的时代依然带有第二次世界大战结局的烙印。

传统观点认为，强国制定规则，恰如修昔底德所指出的，"强国能其所事，弱国受其所难"①。传统学者认为，在双边关系中，强大的一方常常在两国间出现的问题上占据上风。在一个体系中，结构（即国家之间的权力分布）决定国际机制的性质。军事力量是最强大的权力资源。

---

① Thucydides, *The Peloponnesian War*, Book Ⅴ, chapter XⅦ (Melian Dialogues) (New York: Modern Library, 1982), p. 331.

基于总体权力结构的传统解释模式，其吸引力在于简明扼要和预测简洁。在军事实力的基础上判别相对权力似乎非常容易，而且预测任何给定的情境下的合理行动方向是可能的：

> 我们假设，政治家是根据以强权为利益来思考和行动的。历史事实证明了这个假设的正确。可以说，这一假定使我们能够追溯或预测一位过去的、现在的或将来的政治家在政治舞台上已经或即将采取的步骤。我们仿佛就站在他的背后，看着他撰拟公文，倾听他与其他政治家的谈话，察知或预见他的真正思想。①

更为极端的现实主义模式轻视国内政治，强调国家利益应以相对于他国的权力来衡量，否则其后果必定是灾难性的。而且，国家几乎没有任何选择的余地。如果国内政治干预外交，则灾难紧随其后。不那么激进的传统学者承认国内政治的作用，但理论的核心——以及表现理论解释力的部分——仍然落脚于国家之间的竞争。自主行为体间的竞争为世界政治提供了基本驱动力。

在机制变迁方面，传统学者并没有提出表达充分或获得一致赞同的理论。但是，传统理论强调国家权力和以权力能力来定义的国际结构，确实为依照现实主义的理论前提而发展机制变迁理论提供了基础。国家的权力发生变化（即结构变化），构成国际机制的规则随即发生变化，以上假设提供了建构理论的根本动力。该动力处于依据总体权力结构而构建的机制变迁模式的核心。

总体结构模式对于世界政治各问题领域的分析并无巨大差异。相反，它预测，各问题领域的结果有强烈的趋同倾向。同金钱一样，权

---

① Hans J. Morgenthau, *Politics Among Nations: The Struggle for Power and Peace*, 4th ed. (New York: Knopf, 1967), p. 5.

力也是可以转化的，大国也可以将权力资源转用于一切领域，以确保同等的边际收益。当某一问题领域的后果与其他问题领域有巨大差异时，这种转用将使该异常领域的后果与世界军事和经济权力的结构趋于一致。按照这种观点，1973年之后石油政治的权力与世界政治的总权力之间的不一致，就是动荡之源。可以想见，美国及其他工业化国家力图通过相互援助、鼓励开发新的能源供应，甚至动用武力威胁，减少这种不一致，维护自身利益。并不奇怪的是，石油输出国组织*的各成员国为了自身利益，试图通过如下途径消除紧张状况：通过购买武器加强自身的实力；与第三世界的国家结盟，共同促进国际经济新秩序的建立；与单个石油消费国打交道；制订宏大的长远发展计划等。按照传统理论的分析，由于双方总体实力相差悬殊，石油输出国成功的机会甚小。

关于哪一方获胜的预测或许难以证实，但现实主义的看法是重要的，即我们应该仔细审视导致问题领域之间权力分布不均衡的情况。紧张状况就出现在这些不一致点上。某问题领域权力结构的变化，是在整个系统扩展开来还是被压制在该问题领域内，将由重大的政治斗争来决定。

即使没有出现战争或公开地使用武力，强调总体权力结构的传统观点也可用于解释国际机制的变化。如果规则是由强国所制定，则政治—军事权力的变化就会对经济机制产生影响。总体结构模式引导我们关注霸权和领导地位。经济学家认为，稳定的经济机制需要领导，也就是说，为维护机制而在谈判中放弃短期获益的意愿；当认识到自己是机制所产生的长期收益的主要受益者时，某行为体最愿意提供这种领导。

---

* 1960年9月，为抵制国际石油垄断资本的控制、保卫石油资源、维护民族利益，亚洲、非洲、拉丁美洲的一些产油国建立了该专业性国际组织。其成员国有伊拉克、伊朗、沙特阿拉伯、科威特、委内瑞拉、卡塔尔、阿尔及利亚、厄瓜多尔、加蓬、印度尼西亚、利比亚、尼日利亚和阿拉伯联合酋长国等。——译者

现实主义者可能会补充道，这种维持机制的领导最有可能出现在霸权体系中，即某个国家足够强大，有能力维护管理国家间关系的核心原则，并有这样做的意愿。除承担维护机制的角色外，该国还有能力废除既有的规则，阻止实施本国所反对的规则，并在新规则的确立过程中起着主导作用。在霸权体系中，主导国家同时拥有积极和消极权力（positive and negative power）。

在现实主义假设的世界里，这种状况还意味着军事力量的支配地位，但不必然经常使用武力。在19世纪，大英帝国不时运用其占据优势的海军力量，迫使南美洲实行自由贸易或确保航海自由免受沿海国家的侵犯，但总体而言，这些行动并非必要。霸权国往往改变规则，而非采取符合现有规则的政策。例如，英国是航海自由的保护者，这种地位并未阻止它在战时干涉航运中立。但在和平时期，英国政府承担着维持机制的领导作用，严格执行航海自由原则，尽管这样做与试图获得更广泛的沿海管辖权的本国利益相冲突。

如果霸权国只是维护自身的优势地位，而无意征服他国，则他国也将从中受益。世人对"英国治下的和平"（Pax Britannica）常常赞誉有加。查尔斯·金德尔伯格认为，在19世纪，由一国领导的国际经济体系比其他体系稳定，而且伴随着更大的繁荣。① 19世纪形成了主要（尽管不是完全）以伦敦为中心的货币体系，而英帝国的金融实力则构成该体系的基础。自第二次世界大战至20世纪60年代，美国利用其经济优势地位，通过布雷顿森林体系管理着众多国家的货币关系。与之相对照，在两次世界大战期间，由于美国不愿意发挥强有力的领导作用，而英国没有能力领导，国际货币体系历经劫难。我们将在后面

---

① 参见 Charles Kindleberger, *The World in Depression 1929–1939* (Berkeley: University of California Press, 1974)。集体行动理论也得出了类似的结论，参见如下精辟的论述：Mancur Olson, Jr., *The Logic of Collective Action* (Cambridge, Mass.: Harvard University Press, 1965)。

对此详加分析。①

霸权国并非常常从经济上盘剥二流国家。在英镑本位制的黄金时代，法国、德国、俄国和美国的工业生产增长率超过英国50%到400%。②尽管美国主导着战后的国际货币体系，但欧洲和日本的工业增长率超过美国。即使强烈批评美国霸权的戴维·卡利奥也承认，"难以断言美元体系给成员国的经济带来了危害"③。

那么，为什么霸权体系及其相应的经济机制崩溃了？战争或总体均势的重大变化是其最突出的原因。但是，该体系也可能为其自身所促进的经济进程所削弱。颇具讽刺意义的是，霸权体系的收益以及该收益的分享范围也有可能导致体系本身的崩溃。随着经济实力的增强，二流国家的预期也将改变。它们不再接受单向依赖，因为这种依赖不管如何促进经济繁荣，都会给它们的政府自主权及其政治地位带来负面影响。对二流国家而言，自主权和政治地位曾是"可望而不可即的目标"，被深锁密室之中。一旦自主权和政治地位的获得成为可能，这些价值必将显现出来。至少对某些国家——如20世纪20年代和60年代的法国——和某些领导人而言，仅仅繁荣是不够的。④

如上所述，随着霸权国制定规则和执行规则权力的衰落，二流国家的政策将会发生改变。但是，霸权国的政策也可能变化。对许多国家而言，一种山雨欲来风满楼的氛围和特殊政策措施的激增既令人不

---

① Charles Kindleberger, *The World in Depression 1929—1939*.

② 具体数字参见 John P. McKay, *Pioneers for Profits: Foreign Entrepreneurship and Russian Industrialization, 1885—1913* (Chicago: University of Chicago Press, 1979), table 2, p. 5。

③ David P. Calleo, "American Foreign Policy and American European Studies: An Imperial Bias," in Wolfram Hanreider (ed.), *The United States and Western Europe* (Cambridge, Mass.: Winthrop, 1974), pp. 56—78.

④ 尤其参见 Charles Kindleberger, "The International Monetary Politics of a Near-Great Power: Two French Episodes, 1926—1936 and 1960—1970," *Economic Notes* (Siena) 1, nos. 2—3 (1972).

快又令人不安。持异议者开始质疑领导地位的代价。而且，霸权领导越来越不能保证经济、政治目标的实现，其他国家则变得越来越自信。二流国家重新强调其政治地位和自主权，进一步增加了复杂性。因为与经济价值不同的是，政治地位、自主权等价值具有零和（zero-sum）性质。二流国家地位的提高意味着主导国家地位的下降，弱国自主权的上升必然导致体系领导者积极影响力的相应下降。

因此，霸权国固有的体系取向——其利益与其所管理的体系的利益是一致的——受到国内外较强烈的民族主义观念的挑战。双边主义和闭关自守曾被视为是不可取的，并遭受拒绝，现在又有人呼吁实施这些政策。这些政策的支持者强调经济安全和避免风险的好处。当霸权国实力足够强大，可以确保风险最低时，这些观点无足轻重。但当霸权结构出现裂痕时，霸权国又小心行事，曾因追求效益而遭受漠视的谨慎又得到了强调。

当双方都达到这一点时，霸权平衡被打破，螺旋式的作用和反作用随即介入。随着体系的变化，各国预期也发生变化。一方考虑规避风险，一方强调更大的独立性，双方的差异导致政策取向更少国际性或更少体系性含义。由此产生的不确定性在所难免，一系列分化瓦解现象随即出现。

从传统观点看，这种经济进程侵蚀总体霸权的诠释具有一定的吸引力。它以总体权力结构为基础，增加几个假设，以此对没有重大战争或均势格局没有发生重大变化的情况下经济机制的变迁做出解释。将这种解释模式应用于战后时期，我们可以说，由于"美国力量的衰落"，伴随"帝制共和国"（the Imperial Republic）或"美利坚帝国"（the American Empire）而出现的国际经济机制正在走向崩溃。①

---

① "帝制共和国""美利坚帝国""美国力量的衰落"分别是雷蒙·阿隆（Raymond Aron）、阿莫利·德雷古（Amaury de Riencourt）和亨利·布兰登（Henry Brandon）著作的标题。

总体结构模式的局限性

严谨的霸权概念、经济进程导致霸权衰落的分析，都有助于解释机制变迁。但是，这种总体结构解释模式乍看起来有些模糊，应用起来更为含糊不清，它对机制变迁的描述往往流于肤浅。我们必须确定哪些资源在霸权确立中起作用，它可能适用的范围多大。

关于霸权衰落最简洁的表述方式或许是，国际经济机制直接反映了政治—军事能力的格局：高阶政治支配低阶政治。军事力量的变化可以为国际经济关系的变迁提供解释。这种简单模式解释了冷战期间经济秩序的大致特征，特别是其基本分野。尽管苏联和中国的购销活动能够影响世界市场，但这两个实行计划经济的国家是彼此独立的，更为精确的是，分别研究三个经济体系，以对应三个主要的（但并不等同的）政治—军事权力的来源。

然而，当我们从解释总体结构转向解释机制变迁时，这种简洁解释模式就失灵了。1950—1976年间，美国在世界经济中的地位及其在工业化地区内部、在与第三世界交往的决策过程中所拥有的支配地位明显下降。其间，美国仍然是世界上军事力量最为强大的国家；它对主要经济伙伴（日本、加拿大和欧洲）的军事领导保持稳定，如果没有增强的话。

因此，军事力量的分布影响着国际经济秩序，但它只能提供很小部分的解释。充分的总体结构分析模式还需要增加三个主要因素，以减少其过分简单化的倾向，更好地适应战后国际经济机制变迁的现实：(1) 对军事入侵威胁认识的变化；(2) 美国与其贸易和投资伙伴的相对经济实力的变化；(3) 包括欧洲和第三世界在内的国际等级格局的变化。

对所谓"共产主义军事威胁"的关注，促使美国为建立和维护战后自由经济机制牺牲短期的经济利益（即履行领导责任），从而促进了欧洲和日本的战后复兴。国际经济关系最重大的发展出现于1947年（"杜鲁门主义"）到1963年（《部分核禁试条约》）之间，而这是冷战最为紧张的时期。其间，国际货币基金组织、世界银行、关税及贸易总协定、经合组织开始发挥作用；货币实现了自由兑换，关税得以大幅度削减；欧洲共同市场得以建立。美国在安全领域的领导作用为美国所珍视；苏联是美国的重大威胁，这种认识促使美国决策者向欧洲人、日本人做出各种经济让步。美国人曾巧妙地将联盟的军事领导权转化为经济领导权，而无须诉诸公开的、令人极度不满的联系政策（linkages）。但是，20世纪70年代早期威胁感的急剧下降削弱了这种能力。一旦美国的盟国认识到外部威胁减少，它们就不再甘心充当小伙伴。同时，美国接受经济歧视待遇和不利于己的货币汇率的意愿也下降了。

欧洲、日本相对于美国经济实力的增强，也促进了以上观念的变化。战后初期，欧洲基本上苟安无为，尽管欧洲在某些问题上可以进行讨价还价和反抗，但在总体经济结构内仍然遵从美国的领导。其后，巨大的经济复兴给欧洲带来了信心——至少在经济问题上如此，经济复兴与信心增长至少可以为如下变化提供初步解释：狄龙回合的关税削减，货币自由兑换以及随后对美元依赖的减少，共同市场的建立。欧洲采取这些步骤的动机是，希望增强欧洲的政治和经济实力，以便能够更好地依靠自身实力对抗苏联（以及后来的美国）。

这种情境为军事优势与经济优势的联系和平等交换创造了条件；对经济优势遭受侵蚀的美国而言，这种机会更具有吸引力。值得一提的是，经济秩序的败坏并不是由20世纪60年代美国军事力量的削弱造成的，而是因为美国不再那么关注经济秩序破裂对核心安全关系的威胁。

霸权衰落理论与事实相符的第三个因素，不关涉美国与其他国家的关系，而是欧洲与第三世界关系的变化。① 1960 年之前，非洲绝大部分地区和其他现在已经独立的国家仍然处于殖民统治之下。1960 年迄今，大约 50 个国家获得了独立，这些国家越来越自信地提出自己的主张。1956 年英法联军入侵苏伊士运河以失败而告终，20 世纪 60 年代末大部分英军从苏伊士运河以东撤退，此后欧洲显然无法在控制欧陆之外的事件中发挥主导作用。欧洲殖民霸权的衰落（而非美国军事力量的衰落）进一步导致了世界政治的复杂性，并对美国及其他工业化国家施加压力，促使国际经济机制发生变化。

简言之，霸权衰落理论能够部分地解释战后国际经济机制的变迁，但它并非一种简明扼要的总体结构解释模式，与其给人留下的第一印象大不相同。而且，它并没有为预测提供良好的基础。霸权衰落模式所描绘的前景是霸权衰落不可避免；然而，即使它所需要的一切条件都具备了，在某种程度上霸权衰落模式仍然是一种幻念（illusion）。确切地讲，其原因在于，它对国内政治、利益和问题做出的预期不够充分。对霸权国而言，维持体系领导权、支付相应成本的利益将继续存在，特别是在以该国为基地的多国公司、金融界精英和负责维持与盟国友好关系的政府官僚之中。对二流国家的政府而言，达成坚定的共识是非常困难的。对其中几方而言，依赖是一种安慰；对其他方而言，依赖是一种必要。这样，维持国际经济机制的跨国联盟有可能会出现。机制的维持或许不需要军事霸权，但可能需要依赖几个国家的特殊利益集团的支持。外交政策或许对特殊利益做出回应——这有时或许有利于机制维持。

霸权衰落理论对各问题领域不加以区分，这也削弱了它的说服力。在某个问题领域拥有主导决策权并不必然意味着对其他问题领域可以施加有效的控制。20 世纪 70 年代，美国在石油问题上的支配地

---

① 感谢鲍勃·帕尔伯格（Bob Paarlberg）向我们指出了这一点。

位衰落之快,远远超过它在国际货币政策和制成品贸易领域的衰落速度。当使用武力或武力威胁不再奏效时,即使某个大国曾经拥有总体霸权地位,它也难以运用并非属于某问题领域的特定资源来影响该领域的政策。1973—1974年的石油危机尤其充分展现了这种困难性:美国的军事和经济实力比中东产油国强大得多,但它无法说服它们降低石油价格。

最后,霸权衰落理论忽视了由各国的多渠道联系——以多国公司和其他跨国行为体、政府官僚机构之间的非正式联系为表现形式——所导致的复杂性。某些国内政治运动反对开放的、国际主义的政策,这主要是多国公司的国外投资的真实影响或人们所认为的影响所导致的。跨国公司的海外活动可能增强了人们对美国霸权的印象,因为跨国公司的活动引人注目,而且它们还充当美国大众文化传播者的角色。尽管如此,我们仍然无法确认跨国公司真正促进了美国的海外霸权。① 因此,跨国公司给权力的衡量增加了新的不确定性,且有可能导致真实权力与其表象之间出现脱节。

问题结构解释模式

总体结构模式的精妙之处在于,把结构简单地解释为国家间总体权力能力的分布,在此基础上构建自己的分析模式。总体结构模式以权力分布为基础,对行为模式做出具有重要意义的预测。② 然而,我

---

① 参见 Robert Gilpin, *U. S. Power and the Multinationals* (New York: Basic Books, 1975)。又见 C. Fred Bergsten, "Coming Investment Wars?" and Joseph S. Nye, Jr., "Multinational Corporations in World Politics," in *Foreign Affairs* 53, no. 1 (October 1974)。

② 参见 Kenneth N. Waltz, "Theory of International Relations," in Fred I. Greenstein and Nelson W. Polsby (eds.), *Handbooks of Political Science*, vol. 8, *International Politics* (Reading, Mass.: Addison-Wesley, 1975)。

们还必须假设，问题领域之间存在等级关系，军事安全位居诸问题之首，而且可以使用武力。否则，我们就会在不同的问题领域发现迥然有别的政治模式和机制。总体结构模式假定，权力像水一样寻求同一平面：某些国家支配着某一问题领域，其他国家支配着别的问题领域，但在关键时刻，强国可以采用武力或武力威胁，即通过联系战略消除这些差异。如果某问题领域与军事安全相关，则总体权力最强大的国家将有能力对此加以控制。

这些假设是可以反驳的。例如，1973年之后，石油问题上的权力分布显然不同于其他问题领域，在我们撰写本书时，这种差异仍然存在。我们可以求助于问题结构模式来解释该情境。在问题结构模式中，武力可以使用，但将付出高昂的代价；对各国政府而言，军事安全并非居于问题领域等级制之首。根据这些假设，问题结构模式认为，各个问题领域难以照常、有效地联系起来。在此情况下，权力资源也不可能轻易转化。与总体结构模式不同，权力不再是可以转换的；军事力量在经济领域中不再发挥效力，与某一问题领域相关的经济力量可能与其他问题领域无关。

对当代世界政治的观察表明，这种模式似乎是有道理的。显然，不同的问题领域有不同的政治结构，这些结构或多或少独立于军事、经济能力的总体分布状况。这些政治结构在国内政治、政治化模式和活跃的利益集团等方面迥然有别。例如，在国际货币领域，少数银行家控制着庞大的金融机构，影响巨大；相比而言，贸易领域的影响力非常分散。① 在海洋政治中，由于沿海渔民、远洋渔民、科学家、石油公司、金属矿产公司、海军都牵涉在内，影响力的分布模式更为复杂。沙特阿拉伯、伊朗和科威特在石油问题上一言九鼎，但在与海

---

① 这种情况多年未变。参见 G. Griffith Johnson, *The Treasury and Foreign Policy* (Cambridge, Mass.: Harvard University Press, 1939), pp. 206–207。

洋、世界粮食问题、有关制成品贸易的关贸总协定规则等国际机制问题上，这些国家就无足轻重了。同样，在石油问题上，澳大利亚这样的粮食大国和瑞典这样的主要贸易国难以发挥主要作用。

尽管问题结构模式在某些重要方面不同于传统的总体权力结构解释模式，但二者关于机制变迁的论点有相似之处：（某一问题领域的）强国制定规则。问题结构模式的基本假设是，尽管各国试图将各问题领域联系起来，但这种联系战略往往难竟其功。问题结构模式的前提是，当应用于其他问题领域时，某问题领域的权力资源将失去某些或全部效力。因此，与总体结构模式不同的是，问题结构模式没有预言跨问题领域的权力趋同。总体而言，政治分析不得不以问题领域为基本单位。我们假定，在每一问题领域中，各国都将追求相对连贯的自我利益；在任一问题体系中，强国将支配弱国，并决定游戏规则。

问题结构模式能够对特殊情形做出明晰的预测。但是，作为一种理论，其解释力弱于总体结构模式，因为分析者需要更多的信息：他或她不仅要了解军事力量或军事—经济力量的总体结构，还要知道该力量在问题领域的分布状况。问题结构模式的解释力较弱，但其区别力却强，由于问题结构模式对问题领域做出区分，它对分析当代世界政治尤其是国际经济关系至关重要。问题结构模式融合了复合相互依赖两种假设之长，它只是牺牲了部分预测能力，但从某些方面讲，其预测却更接近于现实。

与总体权力结构模式一样，问题结构模式在解释某具体问题体系（如海洋问题或货币问题）的经济机制变迁的政治时，将某机制内的活动与旨在影响某新机制发展的行为区分开来。就前者而言，主要大国认为该问题领域的国际机制是合法的，尽管小有分歧。各国的政策选择受制于该机制。政治发生于机制所奠定的基本规则内，一般而言，倾向于争取小优势、进行有利于自身利益的调整或寻求规则的例外。在20世纪50年代和60年代的大多数时间里，关贸总协定内的政治行为与上述分析吻合。参与者接受了关贸总协定的规则，但为了自己的特殊利益而力求免受规则的制约。[①] 在欧洲经济共同体（EEC）内，"区域实施政治"（politics of regional implementation）也体现了类似的特征：规则的合法性并未受到挑战，但成员国试图曲解或延缓执行相关规则。[②] 各国政府试图利用在敏感性方面的不对称，但并不过多地操纵脆弱性——因为机制本身限制了政策变化。

在规则制定过程中（一个问题领域内政治活动的第二个层面），不仅规则所隐含的一系列影响受到了挑战，而且规则本身也受到了挑战。主要参与者质疑机制的性质，是否创立机制、以何种形式创立机制成为政治斗争的焦点。由此，脆弱性相互依赖的概念特别适用于该类情况。

对问题结构解释模式而言，这个区分非常重要，因为对政治活动产生影响的权力资源常常不同于问题的两个方面。规则被视为理所当然者，敏感性相互依赖的不对称可能因此而产生。例如，只要对外国投资的国有化要求给予及时、充分补偿的传统国际法仍然有效，则外国投资者（及其母国政府）的决定对经济落后、政府软弱的小东道国产生的敏感性，大于该国政府的决定对投资者产生的敏感性。

如果规则受到质疑，或者国际机制为单方面所改变，引导敏感性相互依赖的原则不再赋予原先受益者以任何权益。在这种情况下，政治开始反映相对于脆弱性（而非敏感性）的不同权力资源，或可视为问题领域的基本权力结构。例如，就外国投资问题来说，随着禁止征用规则的逐渐失效，政府获得了权力。如果某个国家拥有了影响规则

---

① 参见 Gardner Patterson, *Discrimination in International Trade: The Policy Issues* (Princeton: Princeton University Press, 1966); Kenneth W. Dam, *The Law and Politics of the GATT* (Chicago: University of Chicago Press, 1970)。

② 参见 Donald J. Puchala, "Domestic Politics and Regional Harmonization in the European Couunities," *World Politics* 27, no. 4 (July 1975): 496-520。

制定的权力资源,它不仅可以采取其他选择,还能够挑战某问题领域内现有影响力的运用。借助问题结构模式,我们可以预测,当某一问题领域基本结构的权力分布与权力实际运用的分布出现差异时,机制变迁的压力就出现了。

权力的两个层面都非常重要,但对问题结构模式而言,基本的权力结构更带有根本性。这是因为,机制的崩溃与创立意味着,引导各种敏感性相互依赖的规则将发生变化。在相当程度上,机制变迁的原因在于,现有机制的影响和收益与心怀不满的国家对新规则结果的预期之间存在差距。问题结构模式预测到,如果一个国家在现行规则之下的影响力与其改变规则的基本权力资源之间存在不一致,急剧的(而非渐进的)机制变迁就会发生。例如,1971年,美国对货币储备下降的敏感性(在固定汇率规则之下)与其基本规则制定权(建立在美国国内生产总值赋予美元重大影响力的基础之上)的不一致,导致国际货币机制迅速崩溃。

问题结构解释模式的局限性

当使用武力代价高昂或不存在重大安全问题的时候,总体权力结构模式的解释力受到限制,而问题结构模式的解释力往往更强。一旦不同问题之间成功地建立了联系,问题结构模式的解释力就会下降,因为特定问题领域的政治后果不能简单地用该领域的政治资源来解释。而且,在某些情况下,采用联系战略的是贫弱国家,而非总体权力强大的国家。例如,在国际海洋法的谈判过程中,大多数联系是"自下而上的",因为贫弱国家发现会议外交对自己有利。这种自下而上的联系是一个异例,总体结构模式和问题结构模式难以提供圆满的解释。

总体权力结构模式和问题结构模式共同存在的另一个问题是,它们只注重国家的权力能力,而忽视了国内行为体和跨国行为体。我们在前文中的分析表明，这种倾向限制了总体权力结构模式对战后机制变迁的解释力。问题结构模式也克服不了该局限性。尽管基本权力结构发生了变化，有些机制——如主要工业国之间的贸易——仍然得以维持；有时，尽管权力结构维持不变，但相应机制却已经变化了——在下文研究海洋政策时，我们将看到这种情形。

从更宽泛的角度讲，要理解管理国际相互依赖的、处于变化中的国际机制，既需要了解结构，也需要了解进程。除非与政治进程的解释相配合，单单国际结构的解释往往是不充分的。根据第二章的区分方法，资源（不论是纯粹现实主义的军事资源还是问题结构模式中的经济资源）的权力结构与控制结果并以结果模式来衡量的权力之间存在不一致。能力转化为结果，有赖于政治进程。政治谈判的技巧影响该转化。在谈判过程中，具有强烈倾向和一致立场的国家比受制于国内行为体和跨国行为体的国家处于更为有利的地位。然而，如图 3.1 所示，即使立场一致的国家也有可能发现，某机制特有的制度和程序削弱了它们的谈判地位。

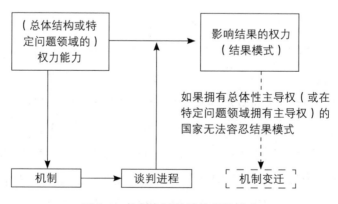

图 3.1　机制变迁的结构解释模式

按照最简单（也是最无趣的）的结构解释，总体性能力或问题领域内的能力发生变化（如由战争所导致），将直接导致机制的变迁。按照较为复杂的结构解释模式,机制产生谈判进程,谈判进程导致结果模式,如图 3.1 所示。如果结果模式与总体权力结构(或在问题结构模式中,一个问题领域的基本权力结构)不一致,而最为强大的国家对此忍无可忍,减少这种不一致性的机制变迁就会出现。结构模式认为,机制和谈判进程没有自主性。该假设正确与否,有赖于我们在上一章所探讨的世界政治状况。

概言之,我们对结构解释模式的批评,并不意味着我们拒绝接受它们。恰恰相反,其简单性使之成为分析机制变迁的最佳起点。我们对经济机制变迁结构模式的详尽分析——包括传统模式,其支持者往往称之为放之四海而皆准,但却忽略了将其与经济机制变迁联系起来——表明,我们相信在某些确切说明的情况下,这些模式是具有某些解释力的。我们无意指出国际结构理论的不正确,我们的目的是要说明,即使国际结构理论经过了仔细的修正,它也只能提供部分解释。

国际组织解释模式

思考世界政治结构的一种方式是,以世界政治主要行为体之间的(总体或问题领域内的)能力分布为出发点。这就是总体结构和问题结构模式的结构概念。当然,我们也可以确定另一种结构。我们可以设想,各国政府之间的联系不仅存在于外交部门的正式关系中,也存在于多层次——从政府首脑层级下递——的政府间纽带和跨政府纽带之中。指导特定情境或某些情况下正式制度行为的规范加强了政府之间的联系纽带。我们将以上多层次的联系、规范和制度称为**国际组织**(international organization)。从这个意义上讲,国际组织是另一种形式的世界政治结构。

在我们的国际组织解释模式中,这些网络、规范和制度是解释机制变迁的重要独立性因素。我们甚至可以找到没有特定正式制度的国际组织，如我们在第七章所看到的，我们可以说美加关系国际组织化，尽管正式的国际制度在两国关系中仅仅起到次要作用。国际组织可以指宽泛意义的网络、规范和制度，包括与特定国际机制相关联的规范，它是一个比国际机制更为宽泛的概念范畴，因为它同时包含着各种类型的精英网络和（相关的）正式制度。因此，布雷顿森林国际货币机制规定了国家之间的金融往来；但同期货币问题领域的国际组织还包括国际货币基金组织等正式组织、各国财政部和中央银行之间的联系网络等。货币问题领域的国际组织存在于更为宽泛的国际组织体系中，既包括联合国等正式组织，也包括各国政府，尤其是经合组织所属的发达工业化国家政府之间的非正式联系。

国际组织模式假定，网络、规范和制度一旦建立起来，就难以根除甚或做出重大调整。如果与既有网络或制度中的既定行为模式发生冲突，即使（总体上或在某问题领域内）具有超强能力的国家政府也难以实现其意愿。在这些情况下，总体权力结构或问题结构模式的预测是不正确的：机制不再与国家能力的基本形式相一致，其原因是国际组织在其中起到了重要作用。

综上所述，国际组织模式有助于解释有关机制变迁的基本结构模式失灵的原因。国际机制依照能力分布的状况建立、组织起来，随后相关的网络、规范和制度却影响着行为体运用这些能力的能力。随着时间的推移，各国的基本能力越来越难以作为国际机制特点的衡量指标。影响后果的权力将由依赖组织的能力（organizationally dependent capabilities）——如投票权、组建联盟的能力、对精英网络的控制——所提供，换言之，我们所定义的国际组织的网络、规范和制度提供了影响后果的权力。例如，一般认为，国际体系中最强大的国家（如美国）占据支配地位，但我们却不能据此正确推断出联合国大会的表决结果。相反，我们不得不研究各国政府施加影响以及从一国一票制中获益的能力，因为大会的正式决议就是据此做出的。

因此，总体结构模式或问题结构模式可能遇到一些难题，而国际组织模式可以帮助解决之。有些国际机制的变迁速度落后于基本权力能力的变化；我们无法仅仅从各国政府能力分布的状况来预测这些机制或其他机制的变化。国际组织模式为国际机制变迁的动力提供解释，并在某些情况下解释了机制变迁的惯性。如前所述，我们所称的国际组织提供了国际机制运行的背景。国际组织——或不属于某问题领域，与该问题领域的机制不甚相关；或属于某问题领域——可能对国际机制产生影响。例如，联合国的网络、规范和制度影响了国际贸易机制，特别是 1964 年联合国贸易和发展会议（UNCTAD）之后，其影响更为明显。同样，各国政府对建立国际经济新秩序的联大决议的影响力，受到联合国体系内各种活动的影响。所谓的国际经济新秩序将通过联合国建立起来，并会影响国际贸易机制。更重要的是，它将影响以国际货币基金组织为中心的国际贸易机制，甚或最终促使控制直接投资的机制建立起来。我们的基本观点可以清楚地表达如下：我们所称的国际组织影响决定，而这些决定将导致国际机制的变迁。

图 3.2 清楚表明了国际组织解释模式。现有的规范、网络、基本能力等影响着依赖组织的能力，而依赖组织的能力影响后果，如果我们仅仅考虑图中的实线，则该体系可以相当稳定地自我延续下去，但并不完全为基本能力模式所决定。图中的虚线表示机制变迁的主要根源：其他网络、规范和制度或许介入特定的组织形态，从而影响国际机制的性质。我们在以后章节中会看到，联合国的规则、规范和程序就这样影响着海洋问题领域机制的变迁：决定产生的组织背景极大地影响着海洋空间和资源的利用规则。

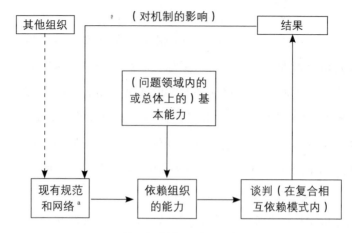

图 3.2　关于机制变迁的国际组织模式

[a] 起初，各国的基本能力影响着机制的组织化，但这种影响并非持续不变。

尽管国际组织模式包含着基本结构模式所忽略或轻视的重要因素，但它本身仍然具有重大的局限性。它比基本结构模式更为复杂，故而需要更多的信息。它并没有预测国际机制如何因国际结构等单一变量而改变。实际上，它强调与国际组织相关的政治进程，意味着行为体战略以及实施该战略的聪明才智可以对国际机制的演变产生实质性影响。而且，它不像基本结构模式那样具有宿命论意味，它给选择、决定和多层次谈判留下了巨大的回旋空间。

相比基本结构模式而言，国际组织模式所赖以建立的因素更为短暂，更有可能发生逆转。如果强国政府决定摧毁现有机制，而且它具有这样做的决心和意愿，这些机制以及与之相关联的组织将不复存在。国际组织模式假定，如果各国之间存在着多层次的、协调良好的精英网络，则摧毁机制的代价高昂。然而，如果某机制的负面作用非常之大，有的国家就会下决心摧毁它，破坏精英网络也在所不惜。在这种情况下，基本结构模式的解释力就大于国际组织模式。

我们认为，如第二章所述，在现实主义条件下，权力的基本分布格局将居于主导地位（特别是在可以使用武力的情况下），国际组织模式对国际机制变迁的解释无足轻重。而在复合相互依赖的条件下，我们可以预期，国际组织的规范、程序以及与之相关的政治进程将影响机制变迁的形式。

请记住，国际组织模式可能只适用于复合相互依赖的情境，即便如此，一旦各国政府决心运用其基本权力改变机制，则国际组织模式的预测将会流于无效。这一点可以与我们在第一章所探讨的权力资源的敏感性、脆弱性相互依赖联系起来。国际组织模式建立在如下假设的基础之上：国际机制将是稳定的，即不会出现破坏机制的政策变化。行为体为了自身利益而利用彼此的敏感性相互依赖；它们或许会对政策进行微调，以改善自身的脆弱性地位。但是，它们对脆弱性相互依赖的操纵是有限度的，如果政策变化过大，机制本身就会遭受挑战乃至被摧毁。

国际组织模式的有效性取决于以下假设，即行为体不会因试图利用彼此的脆弱性相互依赖而摧毁机制。相反，如果这种情况发生了，则总体的或问题领域内的基本权力资源将再次成为最重要的因素；相比国际组织模式而言，结构模式将成为更好的机制变迁指南。如同作为权力资源的脆弱性相互依赖优于敏感性相互依赖，总体结构模式和问题结构模式也优于国际组织模式。如果冲突超出了一定限度，则国际组织模式和敏感性相互依赖将不甚相关。

关于机制变迁的综合解释

没有一种模式能够完美无瑕地解释世界政治。各类情况迥异，可谓千变万化。因此，你可能会说，一切都是相互关联的，并不加区别地将我们讨论过的所有因素都叠加在一起。如果这样做，新的问题就会随即出现：哪些因素最为重要？这些因素是如何结合起来的？你也必须放弃找寻更简单解释方式的期盼，即便这些解释是恰当的。所有的问题都将在相同的复杂程度上加以处理。

单一复式综合（a single complex synthesis）存在缺陷，因此，我们最好寻求简单的解释模式，在必要时增加复杂程度。就经济问题的分析而言，我们可以从经济进程模式入手，该模式完全忽略了国际政治结构，以技术变革和经济相互依赖增强为基础来预测机制的变迁。如果该模式果真可以解释行为，我们就可以忽略确定有关权力结构的所有复杂情况。

当然，我们认为这种方式极少成功。因此，我们的下一个分析步骤是，以尽可能简单的方式增加政治因素，看看总体结构模式本身或总体结构模式与经济进程模式相结合，能否对机制变迁提出解释。我们认为，运用总体结构模式的结果是出现不同问题间的趋同。我们可以预测，在军事安全、高阶政治领域里，力量强大的行为体发现自己在重要经济领域地位处于弱势时，将会在经济领域创造联系。

即使我们在本章和前章的观点正确，这种研究方法也常常是不充分的。下一步应该转向问题结构模式。该模式假定，各问题领域的权力资源非常不同，而且联系甚少。在各问题领域内，与脆弱性相关联的权力资源主导着机制内与敏感性相关联的资源。如果该机制所产生的结果与我们根据基本权力资源所预期的结果恰恰相反，那么我们可以预计，在脆弱性层面处于强势的国家将迫使机制发生变化。

当这种精致的改进也无法解释机制变化时，我们将转向国际组织模式，解释规范、网络和制度使得某些行为体在如下方面受益更多：议程制定；确定使政府内某些官僚机构在特定问题领域中特别活跃的前提或方式。我们还需要提出这样的问题：国际机制如何获得惯性力量，使机制在创制条件消失的情况下仍然能够存在？

在后面的章节中，我们将说明每一种模式有助于解释在某些时期内四个问题领域（海洋、货币、美加关系、美澳关系）中至少一个领域内的制度变迁或稳定。在某些案例中，我们需要结合两个或三个解释模式，以达到对问题的圆满解释。在数个案例中，我们需要逐一应用这些模式。某个模式可能适用于某一个时段，但在其他时段其解释力不足。因此，提出一种混合模式或许是一种明智的做法；但是，在不同的条件下，不同的模式组合可能会对国际机制变迁及其政治后果提出最佳解释。

然而，组合各种模式的能力取决于对这些模式之间不同的明确认识。表3.1概括了在三个关键性问题上各模式的假定。对结构模式而言，基本权力可以转化为国际机制变迁，而无须付出高的交易成本。因此，总体上或在各问题领域内拥有重大权力能力的国家将决定国际机制的性质。对国际组织模式而言，情况并非如此，而且，破坏机制及其相关政策网络的代价极其高昂，即使其结果与基本的权力能力不相匹配，国际机制也倾向于继续存在。经济进程模式则认为，打破相互依赖的经济代价非常高，在经济敏感性极高的情况下，各国没有打破现有国际机制的意愿。

表 3.1　关于国际机制变迁的四种解释模式的一些关键假设

	总体结构模式	问题结构模式	国际组织模式	经济敏感性模式
基本权力资源能否以低成本转化为国际机制变化？	能	能	否	—
打破政策网络的代价是否高昂？	否	否	是	—
打破经济相互依赖的经济代价是否高昂？	（否）[a]	（否）	—	是

[a] 括号表示隐含的答案。

现在，我们准备进行个案研究。在开始之前，我们就两个问题做出说明，以防出现误解。其一，个案研究并非所有世界政治的代表，我们出于理论上的考虑来选取个案，并在第二编、第三编予以解释。

其二，不要期望我们的四个解释模式放之四海而皆准。我们预测，情形越接近于复合相互依赖，则问题结构模式和国际组织模式越适用，而总体结构模式越不准确。当现实主义的条件适合时，就可能出现相反的结果。而经济进程模式的预测要想准确，就必须增加详细的政治说明。

如果世界政治中的总体权力结构决定机制变迁的模式，我们就无须引进这样一系列复杂的解释模式了。世界政治就像个大湖：常常波涛起伏，但拥有均一的水平面。某一水域流量的变化很快就波及整个大湖。然而，我们认为，世界政治并非同质，而是存在巨大的不同。所以，我们对世界政治分析的恰当意象不是一个大湖，而是一条被许多堤坝、水闸分割的河流，同时这些堤坝、水闸又将不同的水平面和"湖泊"连接起来。我们建立自己分析模式的目的是，更好地理解世界政治中各种堤坝、水闸的高度和强度，对其建筑师、工程师、守闸人员及其收费情况有更多的了解。

第二编
海洋和货币领域的机制变迁

第四章

关于海洋政治和货币政治的历史回顾

19世纪"英国治下的和平"有时被视为国际秩序的黄金时代。主要由英帝国创立和实施的国际机制管理着国际经济相互依赖。尽管存在着自由放任的神话，英国仍在必要时不惜动用武力，以维护自由贸易和航海自由等规范。当然，其他大国基本接受了这些机制。尽管欧洲存在着多边的均势格局，但英国拥有强大的海军实力，假此控制着世界的边缘地区。借用英国一份重要的备忘录的话，英国监管的机制"与主导者的基本核心利益一致，或尽可能与其他国家的利益一致。与面临占支配地位的保护主义强权相比，这些国家并不那么担心奉行自由贸易准则的英国海军霸权"①。

"英国治下的和平"的两个关键性领域是货币事务、海域和海洋资源。我们将在后面三章中对这两个领域进行详尽的分析和比较。我们选择这两个领域的原因在于，自19世纪迄今，它们一直是重要的问题领域，可以此检验在变化的政治和经济条件下我们提出的机制变迁模式是否适用。我们首先描述第一次世界大战迄今海洋和货币问题的国

---

① Eyre Crowe, "Memorandum on the Present State of British Relations, with France and Germany (January 1907)," 重印于 G. P. Gooch and Harold Termperly (eds.), *British Documents on the Origins of the Wars, 1898–1914* (London: His Majesty's Stationery Office, 1928), p. 403。

际机制变迁，而后对此加以解释。我们并不奢望，某一解释模式或各解释模式的组合适用于整个历史时段。由于传播和交通模式、航海、捕鱼业、采矿活动、国际货币市场和银行系统都发生了如此巨大的变化，我们完全可以想象政治行为的变化同样惊人。我们在研究之初相信，与早期情况相比，20世纪60年代和70年代的情况更接近于复合相互依赖的条件；长远观之，世界政治的传统模式越来越难以解释现实。我们将在第五章看到，从某种程度上讲，情况确实如此——但要附加重要的限定条件。

除总体结构模式外，我们提出的其他模式都预测，政治模式的巨大不同不仅存在于各问题领域之间，从长远看也存在于各问题领域内部。我们选择国际货币问题和国际海洋问题作为分析对象，不仅因为它们固有的重要性，还在于它们之间的不同给我们这样的启示，即双方各自机制变迁的模式也存在相当差异。以上两个问题领域在某种程度上都符合复合相互依赖的条件，但又存在巨大的差别。就这两个问题领域而言，各社会之间存在着多渠道的交往，跨国行为体的作用非常显著。但相比货币领域而言，武力在海洋问题上发挥着更为巨大的直接作用。毕竟，海军仍然在大海上游弋，不时为国家的管辖权要求提供支持。但是，除武力的作用外，海洋问题更为多样化；从功能上讲，相互之间的联系也不像国际货币问题那样密切。当然，政治行为体可能看得到海洋问题之间的关系，并为此结成集团。例如，在沿海国和远洋国的捕鱼权与海底深水资源的开采规则之间几乎不存在直接的功能性联系；然而，在会议外交中，它们之间的联系越来越密切，并构成海洋政策问题。最后，各问题因关涉物的地理固定性（geographical fixedness）而不同。货币是最具替代性的物品；银行、商业和政府建立功能良好的网络，可以确保货币迅速跨界流动。海洋政策问题主要涉及对资源的法定管辖问题，并与特定的地理范围密切相关。

我们将在第五章探究复合相互依赖条件在以上两个问题领域的适用性。在本章中，我们将描述1920—1975年在海洋和货币领域发生的重大事件，并着重论述两个领域中国际机制性质的演变。

在分析各问题领域的政治进程之前，我们必须首先定义"问题"（issue），这个任务比乍看起来要困难得多。政策问题并不等同于客观问题，后者包括海洋生物是否为污染所毁灭，国际货币体系能否为国际贸易和投资的新发展提供资金等。"问题"是决策者关心的，并认为与公共政策相关的难题（problem）。因此，从某些方面讲，政策问题是主观性的。而难题则是被对政策有影响力的人士视为与政策相关的问题。

由于问题具有主观含义，问题领域也必然如此。当在一系列问题上表现活跃的各国政府认为这些问题是密切相互依赖的，并共同应对这些问题时，我们称这一系列问题为一个问题领域（an issue area）。①我们这样做旨在说明行为体的信念和行为，而不是问题本身的客观现实。我们早先就指出，相比海洋问题而言，国际货币问题的功能联系要密切得多，这种说法与行为体的如下认识密切相关：应一并探讨与海洋有关的各种问题。但是，既然一并考虑海洋问题，则我们所称的海洋问题领域就出现了。

精确地定义问题领域的界限是困难的；而且，长远观之，这些界限又因问题及其组合方式的变化而变化，从而更增加了问题的复杂性。我们就从对问题领域界限的认识开始，探讨国际货币问题领域和海洋政策问题领域。

---

① 这一定义并不意味着政治分析家可以忽略客观现实。我们假定，对现实存在认识错误的政治行为体无法实现自己的目标，除非它们调整自己的认识。长远观之，认识与现实之间将会出现某种一致。不过，认识建立在主观认知而非客观现实的基础之上，即任何人都无法明确地理解客观现实并据此采取行动。在一个特定的情境下，我们从认知入手预测结果或对未来的认识，拥有所认识现实的进一步信息将是非常有益的。

国际货币问题领域

从事国际货币事务的人士常常假定，其分析对象的界限人尽皆知，因此他们通常并不界定相关的问题领域。他们认为，说正在讨论国际金融事务，就已经界定了所要探讨的问题。正如人们所预料的那样，不关注问题的界定反映了在该领域存在着巨大的共识，以及就其界限存在非常一致的看法。理查德·库珀认为，国际货币机制的主要内容包括："（1）汇率的作用；（2）（各种）储备资产的性质；（3）对国际资本流动的控制程度。"[①]权威人士对此几乎没有异议。[②]但是，在国际货币机制内部，也许会出现其他问题，特别是流动性问题、调节问题和信任问题等。[③]

强调何种国际货币机制应该存在，不同于集中探讨国际货币机制内各种关系的问题。将这种区别铭记在心是非常重要的。关于汇率波动范围或黄金作为货币资产的作用等问题的探讨显然属于前一类问

---

① Richard N. Cooper, "Prolegomena to the Choice of an International Monetary System," *International Organization* 29, no. 1 (Winter 1975): 66.

② 例如，在20世纪60年代，当布雷顿森林机制（在某些限定条件下）仍在发挥作用时，美元和黄金是主要的储备资产；汇率是固定的，除非出现法定贬值，汇率的上下浮动不超过平价的1%；国际资本的流动在绝大多数情况下是无限制的（尽管几次例外值得关注）。自20世纪60年代末以来，通过政府间协议确立的特别提款权（SDRs，指特定国家持有的其他国家的可兑换货币——既可以兑换黄金，也可以兑换他国货币）成为与黄金和外汇并列的储备资产。主要货币之间的汇率通常是不固定的，随时都会波动；但总体而言，国际资本仍然是无限制流动。

③ 一般而言，国际货币机制产生的问题可划分为如下几类：流动性（liquidity）指的是在国际货币体系中流通的国际货币（如黄金、外汇和现在的特别提款权）的价值。如果流动性太小，国际金融流动就会受到过多限制；如果流动性太大，通货膨胀就会汹涌而来。调节（adjustment）指的是国家可以改变本国与世界其他国家的经济关系，以确保国际收支的大致平衡。调节措施可以是内部性的（如国内"银根紧缩"计划），也可以是外部性的（如汇率的变化）。信任（confidence）指的是流动金融资源的持有者对各货币的态度：如果对某货币的现有价值信任程度低，则持有者个人往往会抛售该货币，从而造成贬值的压力。关于20世纪60年代国际货币关系的全面探讨，参见 Richard N. Cooper, *The Economics of Interdependence* (New York: McGraw-Hill, for the Council on Foreign Relations, 1968)。

题；而 20 世纪 20 年代末英镑－法郎的汇率是否适当、20 世纪 60 年代初是否存在足够的流动性等则属于后一类问题。这种划分不甚确切，但我们强调的是机制变迁问题，而不是某一既有机制政治进程的细节。

我们将国际货币问题领域定义为：被决策者视为与在汇率、储备资产和国际资本流动管理方面存在何种国际安排的决策相关的一系列问题，以及被视为与某特定机制内部或非机制领域的调节、流动性和信任相关的问题。

1920—1972 年间，国际货币政策主题清晰性、一致程度多大？美国财政部主要负责美国的国际金融政策，所以我们调查了 1920 年以来（包括 1972 年）美国财政部四年一度的《年度报告》。常规的范畴如货币、贸易、国外贷款、援助、私人投资以及与税收相关的条款几乎占满了财政部报告关于国际问题的篇幅。进一步说，七个关键性项目占了年度报告全部标题的 3/4。如表 4.1 所示的，在这半个世纪，对黄金（特别是黄金流动）的关注始终是显著的。由于这些关注与对外汇必要的关注密切相关，它们也都与我们现在所称的收支平衡问题相关，该表没有充分说明年度报告所体现出来的连续性。显然，金融资产（外汇和黄金）的流动问题、收支平衡状态与这些在半个世纪中都被视为重要问题的流动相关联。一般来说，处于国际货币问题核心的政策问题具有明显的连续性。

表 4.1　1920—1972 年美国政府实行的国际货币政策

	1920	23	25	28	30	33	35	38	40	43	45	48	50	53	55	58	60	63	65	68	70	72
黄金 [a]			◆	◆	◆			◆				◆	◆	◆	◆	◆	◆	◆	◆	◆	◆	◆
收支平衡 [a]												◆	◆	◆	◆	◆	◆	◆	◆	◆	◆	◆
外汇（汇率）						◆											◆	◆	◆	◆	◆	◆
稳定：美财政部								◆	◆													

（续表）

	1920	23	25	28	30	33	35	38	40	43	45	48	50	53	55	58	60	63	65	68	70	72
国际货币合作								◆	◆	◆												
国际货币基金组织												◆	◆	◆	◆	◆	◆	◆	◆	◆	◆	◆
经合组织（货币问题与第三工作组）														◆	◆	◆	◆					

ª 1953—1965年间，黄金与收支平衡出现在同一个标题"收支平衡与黄金流动"或"黄金流动与收支平衡"之下。

注：本表标明了至少三次出现在美国财政部年度报告——每十年的第一年、第四年、第六年、第九年（从1920年起）——主标题或次标题上的关键词语。就调查的年度而言，财政部年度报告中被认为涉及国际货币政策的超过3/4的标题中包含这些词语。没有这些词语的标题可以容易地分类，与词语1—3（美国单边行动和普遍性发展）、词语4（双边协议）、词语5—7（多边行动）密切相关。

不仅决策者认为国际货币领域存在着密切的关联；事实上，许多功能性联系也是存在的。任何两个大国之间货币问题的敏感性有所不同，1920—1976年间，除外汇控制非常严格的时期特别是二战期间外，货币问题的敏感性一直非常突出。国际货币问题领域并没有把国际政治体系中的所有国家包括在内；1975年，它不包括苏联、中国以及其他试图置身于国际金融流动影响之外的国家。然而，由于各种各样的国际货币活动在功能上互有关联，这一问题领域并不仅仅存在于观察者眼中。决策者的认识可以深刻影响货币体制，但他们不能创造它；而且，除非出现重大的政治动乱，决策者认识的变化也不会导致货币体制崩溃。①

---

① 关于外汇市场发展的详尽分析，很好地说明了国际货币体系各事件之间的密切联系，参见纽约摩根担保信托公司发行的各期《世界金融市场》(*World Financial Market*, Morgan Guaranty Trust Company of New York)。

1914 年之前的国际金本位制

探讨 1920 年以来的国际货币机制，有必要将其与第一次世界大战之前的金本位制做一比较。当时的银行家和政府官员认为，一战前的金本位制是自动实现自我平衡的体系。20 世纪 20 年代及其后的官员头脑中充满了对战前货币体系的想象，许多官员视之为理想体系，世界应该回归到原有的体系上。如果认识不到这一点，我们就无法理解其后事态的发展。

在第一次世界大战即将结束之际，英国政府成立坎利夫委员会（Cunliffe Committee），就金本位制如何运行提出了经典解释。该委员会认为，黄金外流导致其储备与负债额的比率下降，从而导致信贷受限、物价下跌、经济活动和就业减少，英格兰银行可以通过提高贴现率的方式加强黄金流动所起的作用。它指出：

> 这种自动机制在发挥作用，这种机制不断地对国内购买力规模进行调节，使之与商品的国际价格基本相宜。国内商品的价格也自动调节，以防止进口过多；建立受到控制的银行信贷，可以使银行业务摆脱国家的干预。如果没有一套如此严密的货币体系，做到这一点几乎是不可能的。①

在官方人士看来，这种自我平衡体制是极佳的设置。这种认识几乎没有关注到，根据变化进行调节——特别是通过失业方式——的重负是由工人阶层特别是最边缘人员来承担的。

对这种金本位制的解释，稍近的分析提出了相当多的质疑。阿

---

① Committee on Currency and Foreign Exchange, *After the War, First Interim Report* (Cd. 9182) (London: HMSO, 1918), pp. 3-4. 转引自 Leland B. Yeager, *International Monetary Relations*, 2nd ed. (New York: Harper & Row, 1976), p. 304。

瑟·布卢姆菲尔德通过分析指出，各国中央银行比坎利夫委员会所说的要活跃得多，而且它们采取了多种手段：

> 无疑，自由兑换是最重要的目标；当金本位制受到威胁时，中央银行无一例外地采取断然措施。但这并不意味着它们没有意识到或漠视央行行动对国内商业行为和信任程度的影响，或忽视对中央银行获益及其他次要目标的考虑，或仅仅依赖储备率浮动对决策的影响。……各国中央银行远非千篇一律地根据简单或特定的规则、黄金和其他外在储备的流动等做出机械式反应，它们经常被要求以各种各样的方式运作，而且确确实实进行指导和调节。显然，在主要工业化国家看来，1914年前的金本位制是一个被管理的而非半自动型的体系。①

坎利夫委员会强调英格兰银行政策的国内影响，到1931年，关于战前金本位制的主导意见越来越强调英国的贴现率对国际资本流动的影响。恰如该年的《麦克米伦报告》（Macmillan Report）所指出的：

> 金本位制的自动运行……或多或少地受限于英格兰银行的业务范围，恰恰由于当时的伦敦是世界上最强大的金融中心，其运行结果才令人满意……其银行利率几乎可以马上根据其储备地位进行调节。其他国家基本上根据英国的变化调节自己。②

---

① Arthur I. Bloomfield, *Monetary Policy Under the International Gold Standard* (New York: Federal Reserve Bank of New York, 1959), p. 60.

② Committee on Finance and Industry, *Report* (The Macmillan Report) (London: HMSO, 1931), p. 125. 转引自 Yeager, *International Monetary Relations*, p. 304。

伦敦并非唯一的主要金融中心——柏林和巴黎也是非常重要的，但伦敦显然是最重要的金融中心。英国利率的提高或流向边缘地区新贷款的减少，会严重影响英国及其依附国家的短期和长期的资本流动乃至收支平衡。即使几国中央银行都根据英国利率的提高相应调高利率，这些影响仍然不可避免。其原因是，银根紧缩刺激了流动资产的变动，这意味着以次要中心的利益为代价，增强主要货币国家的收支平衡。① 英国将其根据变化做出调节的负担转嫁给严重依赖对英贸易的阿根廷等边缘国家，因而控制是非对称性的。次要的主要货币中心柏林和巴黎也采取了类似的措施：等级体制的存在，允许它们从更小的金融中心攫取资金，就像英国从它们那里攫取资金一样。因此，该体系是极其稳定的，尽管该体系并非完全由英国主导、由英镑支配。早期的研究者曾这样认为：

> 可以想象，当伦敦的银根紧缩时，英格兰银行对英镑－马克兑换的外在控制可能对德国的储备施加广泛的限制。对周边小国而言，德意志帝国银行也拥有按照德国利益调节利率的类似优势。这种优势是金融结构赋予的。随着利率的普遍提高，资金从次要的金融中心流向更大的金融中心，造成短期金融影响的这种等级制度将短期金融调节的负担转嫁给边缘国家，有助于最大限

---

① 尤请参见 Peter H. Lindert, *Key Currencies and Gold, 1900—1913*, Princeton Studies in International Finance no. 24 (Princeton: Princeton University Finance Section, 1969)。上述句子诠释了作者的结论。早期论述请参见 Alec G. Ford, *The Gold Standard, 1880—1914: Britain and Argentina* (Oxford: Clarendon Press, 1962); Arthur Bloomfield, *Short-term Capital Movements Under the Pre-1914 Gold Standard* (Princeton: Princeton University Press, 1963)。有些近期著述强调在战前国际金融体系中英国规则对印度的重要性，可参见 Marcello de Cecco, *Money and Empire: The International Gold Standard 1890—1914* (Totowa, N. J.: Rowan and Littlefield, 1975)。

度地减少货币冲突。与此形成鲜明对照的是，后来，欧洲大陆国家的收支平衡出现入超，纽约和伦敦两个金融中心对它们的资金都没有决定性的吸引力，两者为争取同样的流动资金而展开竞争。①

英格兰银行和英国财政部只被要求储备少量的黄金，这充分说明了英国惊人的控制能力。1913年，英格兰银行只储备了相当于1.65亿美元的黄金，或者说少于当时35个主要国家官方黄金储备总量的4%，英镑信誉之卓著可见一斑。英国储备的黄金少于美国储备量的15%，少于俄国或法国的25%，也低于德国、意大利、奥匈帝国和阿根廷的官方黄金储备量。②只需要储备如此少量的不生利息的黄金，是强大而非衰弱的标志：

> 像出色的银行家一样，伦敦可以节省其黄金储备，这源自英国其他的国际流动资产的质量及其制度结构；由于银行利率和伦敦市场贴现率的实力，在最后关头，黄金将乖乖地从其他货币中心流向伦敦。③

这一体系的稳定有赖于等级结构和金融家对英镑和其他货币平价兑换为黄金的信任。新金矿的发现、货币黄金股票转化为官方储备、外汇储备的增加都提高了货币的流动性。1900—1913年，全球官方黄金储备几乎翻了一番，而全球官方外汇储备增加了四倍多；到1913年，外汇储备占全球总储备的16%到19%。④

---

① Lindert, *Key Currencies*, p. 78.
② Ibid., table 1, pp. 10—11.
③ Ford, *The Gold Standard*, p. 25.
④ Lindert, *Key Currencies*, pp. 14—15, 21—27.

政治等级制加强了金融等级制。在军事上，英国并未构成对德国和法国的压倒性优势，但是它拥有远为广袤而富饶的海外领地。这一优势反映在其他国家拥有英国、法国和德国等三个核心国家的外汇储备上。1913 年，在欧洲国家的三国货币外汇储备中，英镑只占 18%；而在非欧洲国家的外汇储备中，英镑超过 85%。①

边缘国家普遍接受中心国家中央银行行为对本国货币供应的重大影响。即使对建立健全银行体系的工业化小国而言，短期资金的流动"无疑更会迎合英格兰银行及其他大国央行的贴现率变化，而非本国的贴现率变化"②。阿根廷严重依赖英国，允许黄金流动决定其货币价格；它缺乏有效的中央银行来控制该进程。因此，阿根廷"无法消除英国利率变化对其经济的负面影响"。确实，边缘国家的政府并不完全了解事情的进程或其所处的不利地位。边缘国家缺少收支平衡统计，对核心国家操纵该体系的程度一无所知，依旧处于"自然状态"。以上因素掩藏了不平等及其原因，这或许有助于维持体系的稳定。此外，边缘国家的当地寡头集团从该体系中获益。③

尽管许多人认为国际金本位制可以追溯到非常遥远而朦胧的过去，但实际上其寿命短于半个世纪。有的权威学者认为，金本位制开始于 19 世纪 70 年代，当时法国、荷兰、斯堪的纳维亚诸国和美国停止使用银币，决定本国货币与黄金挂钩；其他学者则认为，金本位制始于 1880 年甚至 1900 年，其标志是奥匈帝国、俄国和日本在 19 世纪

---

① 根据以下文献计算：Lindert, *Key Currencies*, table 2, pp. 18-19。
② 尤请参见 Arthur I. Bloomfield, *Monetary Policy*, "Concluding Remarks," pp. 60-62。林德（Lindert）引用了英国财政大臣卡拉汉（Callahan）1965 年说的一段话："50 年以前不存在收支平衡问题，因为那时没有收支平衡统计。"参见 Lindert, *Key Currencies*, p. 36。
③ 福特指出，大地主是阿根廷的政治统治集团，他们操纵该体系，强使比索贬值而从中获利（因为他们的收入是以黄金定值的）。参见 Ford, *The Gold Standard*, p. 91。

90年代加入该体系。①

国际金本位制的运行并不像想象的那么顺利。各国中央银行对自己行为的国际影响并不特别敏感。它们并没有因共同利益而合作管理国际金本位制（尽管英格兰银行和法兰西银行确实有些合作）。然而，在该时期结束之际，由于短期资本的增长和日趋活跃，这种合作的必要性越来越明显。1907年之后，"为最大限度地减少支付体系带来的过分冲击，某些方面确实越来越赞成某种形式的系统性国际货币合作。缺少这种合作是1914年之前国际货币安排的一个显著特征"②。

因此，战前的金本位制并非一成不变。越来越多的外汇被用于储备，资本越来越趋于分散化；合作的需求越来越明显。此时，还发生了更具根本性的政治变革。如1926年英国大罢工所展示的，随着工人阶层获得政治权力，他们能够与造成失业和工资降低的调节政策做斗争。随着边缘国家获得更多的自治权，它们的政策也不再那么被动。美国在世界经济中的地位越来越突出。即使没有第一次世界大战的影响，它最终也会与伦敦争夺资金，等级制度也会被打破。③

随着第一次世界大战的爆发，国际金本位制在其运作良好的阶段烟消云散。我们以上列举的诸多趋势因战争而得到加强，它们却并非国际金本位制的产物。我们可以假定，即使没有第一次世界大战，国际金本位制最终也会崩溃或发生转型；但是，因此而出现的条件、它所采取的形式及其影响却可能不为人知。

实际上，战前的金本位制是短命的，它受到控制（尽管倾向于国

---

① 参见 Yeager, *International Monetary Relations*, pp. 296–297。又见 Bloomfield, *Monetary Policy*; Lindert, *Key Currencies*。

② Bloomfield, *Short-term Capital Movements*, p. 91.

③ William A. Brown, *The International Gold Standard Reinterpreted*, 2 vols. (New York: National Bureau of Economic Resources, 1950). 在该书第 781 页，作者强调了 1919 年之后货币体系的这一特征。

家控制而非国际控制），极易变更。它建立在政治统治基础之上——英国的富有阶层统治着贫穷阶层，英国、法国和德国统治着边缘国家。因此，现实的金本位制与关于永恒、自治、稳定和公平体系——而且只有政客的胡作非为才能摧毁它——的神话背道而驰。然而，在金本位制后期，从许多方面讲，该神话对各国行为的影响力远比现实本身强大。旧机制的规则不再得到遵从——确实，这些规则从未像人们想象的那样得到完全遵从——但它们仍然是英国等核心国家的政治家、银行家所遵循的行为准则。

1920—1976 年的国际货币机制

你可能还记得，我们根据控制主要行为体行为、正式的或事实的规则和规范来区分机制。当规则和规范发生重大变化时，划分机制阶段并不困难；但变迁有时是渐进性的，机制阶段的划分不免包含主观武断因素。20 世纪 20 年代和 30 年代的情况恰恰如此。20 年代，一系列国家先后加入平价体系，它们并没有达成一般性协议；30 年代早期，各国先后退出了该体系。在这些情况下，我们将根据核心货币国——1931 年前的英国、1931 年后的美国——的行为划分机制阶段。按照这一惯例，我们将 1920—1976 年的 56 年划分为七个阶段。如表 4.2 所示，我们在每一个阶段都分析了是否存在国际机制，并指出了每个阶段之初导致新机制产生或旧机制崩溃的行动。

我们将在下文中简要叙述每一个阶段所特有的规则和规范、它们获得支持的程度，以及我们选择机制起点和终点的理由。我们所选择的时间段并非不言自明，甚至在某种程度上与历史进程相左。尽管这种回顾没有全面描述这 56 年间货币问题领域的政治、经济进程，更少对机制变迁的解释，但可以为不熟悉国际货币史的读者提供货币领域发展的概貌，有利于下文对政治进程和机制变迁的分析。

表4.2　1920—1976年货币政策问题领域的国际机制

阶段	起止年限	机制状况	开端行动
第一阶段	1920—1925	无机制：浮动汇率，货币贬值。	文中将概括评述该阶段的开始。
第二阶段	1925—1931	（事实上的）国际机制：以英镑－美元为核心的金兑换体系。	英国在1925年4月恢复金本位制。
第三阶段	1931—1945	无机制：浮动汇率，货币贬值，外汇管制（1939年之后尤其重要）。	英国在1931年9月退出金本位制。
第四阶段	1946—1958	复兴机制：建立国际一致同意的体系，但允许个别修改，外汇管制，欧洲货币不可兑换。	1944年布雷顿森林协定生效。
第五阶段	1959—1971	国际机制：固定但可调节的平价，美元自由兑换为黄金。	1958年12月欧洲货币实现了自由兑换。
第六阶段	1971—1975	无机制：没有一套固定的规则，但其间14个月内出现了多国货币的固定汇率，在该阶段后期各中央银行加强了协调。	1971年8月，美国宣布美元与黄金脱钩，美元不可自由兑换为黄金。
第七阶段	1976年—	国际机制：建立在浮动汇率和特别提款权基础之上，中央银行和各国政府对汇率政策进行协调。	1976年1月，临时委员会同意修改国际货币基金组织的协议条款。

在第一次世界大战期间，大不列颠的黄金出口实际上中止了。尽管没有国家在此期间正式宣布放弃国际金本位制，它实际上已经名存实亡。英镑与美元的比价稳定在1英镑兑换4.77美元的水平上，低于

平价约 2%。① 英国政府鼓励其公民出售所持有的外国债券，为赢得战争胜利而提供外汇。至 1919 年，战争显然严重削弱了英国经济，在国际资本自由流动的情况下，英镑与美元的比率至少暂时不会回复到 1914 年 1 英镑兑换 4.86 美元的水平。因此，1919 年 3 月，美元与黄金脱钩；1920 年初到 1924 年间，"汇率的波动几乎摆脱了政府干预"②。1920 年初，1 英镑兑换 3.18 美元，跌至新低谷。1921 年之前，英镑的汇率一直低于 4.00 美元，直到 1924 年底才接近战前的平价，平价体系恢复有望。

欧洲大陆的货币比率也在波动之中，相比英镑而言，它们更易变动，其实力也更薄弱。法国法郎在 1920 年 4 月至 1922 年 4 月从 1 法郎兑换 6.25 美分上升到 9.23 美分，此后法郎持续下跌，到 1926 年 7 月跌至 2.05 美分的新低点，在该年底实际稳定在 3.92 美分——相当于战前平价的 1/5。③ 受通货膨胀的影响，德国马克的汇率从 1 马克兑换 2 美分一路狂泻，到 1923 年几乎一文不值。④ 许多观察家将这些结果视为浮动汇率内在危险的征兆。由拉格纳·纳克斯（Ragnar Nurkse）主持的一项国际联盟研究报告在 1944 年发表。该报告认为，在此期间，短期资本流动最初起着平衡作用，有望回复到战前平价，但随着欧洲大陆汇率的持续下跌，扰乱平衡的投机行为随即出现：利率提高或汇价下跌，而不是增加资金，这增加了货币投机的机会，每次贬值都立即带来投机或至少投机的可能性。⑤ 按照这种观点，投机者的心理

---

① Yeager, *International Monetary Relations*, p. 311.

② Ibid., p. 319.

③ Ibid., pp. 324-329. 又见 Stephen V. O. Clarke, *The Reconstruction of the International Monetary System: The Attempts of 1922 and 1933*, Princeton Studies in International Finance no. 23 (Princeton: Princeton University International Finance Section, 1973).

④ "1923 年秋天，马克的汇率稳定在 1 兆马克等于 23.8 美分。"参见 Clarke, *The Reconstruction*, p. 5.

⑤ 耶格尔持有不同的观点，他指责政府的无能导致了法郎的下跌，认为英国的经验解释了英镑稳定的理由。参见 Yeager, *International Monetary Relations*, pp. 321, 328.

成为政府决策需要考虑的一个因素。①

许多相关国家政府对1920—1925年的情形并不满意。1922年召开的热那亚会议认为，坎利夫委员会对战前金本位制的分析被视为对现实的精确描述，世界应在可行的情况下尽早回复到该理想状态，当然，需要做出某些修改以减少这种变化的贬值效应。参加热那亚会议的大国同意建立金本位制，其中货币可以固定平价兑换，但鼓励绝大多数国家将国际黄金中心的流动债权作为国际储备的一部分。②设计金本位制的目的是节约黄金；尽管它被视为重大创新，实际上它不过是赋予1914年之前广泛流行的实际做法以合法性并加以推广罢了。③本来应该"免受政治压力的影响"的各国中央银行准备密切合作，维持货币平价，并防止"黄金购买能力的过分波动"④。

然而，与1944年的布雷顿森林会议不同，1922年的热那亚会议并不标志着货币领域的国际机制变迁。显然，特别是纽约联邦储备银行的本杰明·斯特朗（Benjam Strong）认为，马克的稳定必须以货币秩序的重建为前提条件。然而，1922年下半年，德国停止履行赔款义务；1923年初，法国和比利时军队占领了德国鲁尔区，马克随即崩溃。1923年下半年德国的形势才趋于稳定，1924年德国从道威斯计划获得贷款，直到这个时候，货币稳定才得以恢复。⑤

热那亚会议的重要意义在于，其建议预示着各国中央银行家试图实行的体制出现了：1925年4月英国回归到金本位制，回复到战前1英镑兑换4.86美元的平价。专家们同意，回归金本位制是一个改变国

---

① Yeager, *International Monetary Relations*, pp. 328—329.
② Clarke, *Reconstructions*, pp. 13—14.
③ 参见 Lindert, *Key Currencies*。
④ Clarke, *Reconstructions*, p. 14.
⑤ Ibid., pp. 17—18.

际货币机制性质的决定性事件①,尽管绝大多数专家同意它是一个灾难性错误。就像研究这一决定的历史学家指出的,回归金本位制的决定是"不幸的,尽管各国口口声声强调长远利益,但这一决定表明急功近利和墨守成规的假定胜过了长远考虑和周密分析"②。人们并没有认真考虑回归到金本位制,但也未恢复战前平价的选择,尽管回想起来,显然英镑的汇价超出其本身价值的10%左右。然而,"黄金平价不是4.86美元被视为不可想象"③。

英国财政大臣温斯顿·丘吉尔对这个决定深感不安,他在做出决定前的一份备忘录中提出了几个尖锐的问题,但是

> 他的处境非常艰难,从理智上讲,他别无选择,只能随波逐流。在政治上,他不得不依赖官方集团、伦敦财界、商界和国民的支持,而当时的英国人对他们所选定政策的支持举国一致。……因此,丘吉尔实际上没有其他选择,只能接受大家都认可的1英镑兑换4.86美元的平价,尽管它是短视行为。④

1925年英国回归金本位制受到国际和国内压力的影响。英国被视为该体系的拱顶石(keystone),其回归金本位制的决定是恢复国际货币稳定的决定性步骤。瑞典等小国强烈要求英国回归金本位制;更重要的是,美国要求英国尽快采取决定性行动。作为主要的国际债权国

---

① W. A. 布朗将1919—1925年划分为恢复期,1925—1931年为试验期。耶格尔将1925年的国际货币体系称为"战后体系"。克拉克称之为"欧洲货币稳定的成就,这是1925年春英镑回归金本位制所带来的"。参见 Brown, *International Gold Standard*, p. 180; Yeager, *International Monetary Relations*, p. 330; Clarke, *Reconstructions*, p. 18。

② D. E. Moggridge, *The Return to Gold, 1925* (Cambridge, Eng.: Cambridge University Press, 1969), p. 88.

③ Ibid., p. 80.

④ Ibid., p. 87.

和在战后时代一直留在金本位制内的国家，美国具有相当的影响力，尽管它不愿意做出官方承诺。①

英国回归金本位制、此前德国的稳定以及次年法国采取的行动标志着一个国际货币机制的开始。该机制一直持续到1931年。该货币机制是通过一系列单边行动建立的，而不是通过国际会议或汇率在技术基础上的系统调节确立的。它是一个真正的国际机制，有明确的规则，各国中央银行之间联系密切，有许多合作，特别是美英中央银行之间的合作更是可圈可点。但是，该机制在政治和经济上都是脆弱的，这是英国战后地位衰落的反映。

从1931年英国放弃金本位制到1944年签署的布雷顿森林协定在1946年生效，其间没有一套全面的、商定的关于国际货币安排的规则和规范。美国原本应该承担起国际领导角色，但在该阶段的前五年却没有这样做。美国官员坚持认为，对美战债与要求前同盟国的战争赔款之间没有联系，"因此持续不断的战债冲突恶化了采取合作方式促进世界经济复兴的努力"②。美国在1933年4月坚决退出金本位制，没有与英国协商，甚至没有知会为拜会罗斯福总统正在航海途中的英国首相拉姆齐·麦克唐纳（Ramsey MacDonald）。③ 1933年夏天，罗斯福实际上迫使伦敦经济会议未能达成重大协议而休会。令其会议代表惊愕的是，罗斯福在一份公函中反对与会者提出的确保汇率稳定的计

---

① 我们将在下一章看到，该阶段美国政策的连续性并不高。美国财政部不愿意太过介入欧洲货币事务，其主要负担和施加影响的任务，都由纽约联邦储备银行行长本杰明·斯特朗及其继任者乔治·哈里森（George Harrison）承担。关于英国决定的国际压力的探讨，参见 Charles Kindleberger, *The World in Depression, 1929—1939* (Berkeley: University of California Press, 1973), p. 47。

② Clarke, *Reconstructions*, p. 24.

③ Charles Kindleberger, *The World in Depression*, pp. 202—207; Herbert Feis, *1933: Characters in Crisis* (Boston: Little, Brown, 1966), p. 126.

划,称之为"完全人为的权宜之计,只会影响几个国家的汇率……对所谓国际银行家的旧迷信正在为规划国家货币、以图赋予这些货币持续购买权的努力所取代"①。

尽管法国、比利时、荷兰和瑞士结成"金集团"试图固守平价,但它造成的国内经济和政治后果非常严重。1935年,比利时宣布货币贬值,荷兰和瑞士步其后尘,法国最终在1936年宣布货币贬值,1937年,法郎币值浮动几近一年。②各国货币贬值非常严重。直至1936年,形势仍然处于无机制状态,几乎没有任何国际合作。此前,各国中央银行曾密切合作过,尽管各方合作并非完全和谐,也没有取得多大成就,但是,由于经济萧条,各国中央银行信誉扫地,美国更是如此。政治家对正统观念不再抱有幻想,几乎完全在黑暗中开始寻求万灵药或至少是国内的应急解决方案。

就整个阶段的判断而言,这种描述应该留有余地。因为1936年(法国、英国和美国之间达成的)三国货币协定至少是确立新规则的象征性步骤,尽管它没有提供什么具体的合作措施。三国的财政部——而非像20世纪20年代一样由中央银行出面——同意控制汇兑24小时。此外,尽管各方没有达成稳定货币价值的协议,但"法国获得保证,美国和英国不再一味实行竞争性汇价贬值"③。

当然,三国协定至多不过是布雷顿森林会议在1944年及其后达成的国际合作的微弱先声。甚至在协定达成之后,游资仍然对汇率造成了严重破坏,尤其是1938年上半年大量投机性资金流出美国,下半年又流入美国。其间,经济民族主义阻碍着货币合作,其表现形式为贸

---

① 引用罗斯福的声明,参见 Charles Kindleberger, *The World in Depression*, p. 219。

② Charles Kindleberger, *The World in Depression*, pp. 247–257; Yeager, *International Monetary Relations*, pp. 335–336.

③ Charles Kindleberger, *The World in Depression*, p. 256.

68　易壁垒、德国外汇管制以及各种形式的双边清偿协议。各国试图操纵汇率以对自己有利；汇率的自由波动实际上是极个别的现象。在全世界经济崩溃和政治分裂的时代，如果国际货币关系不处于混乱状态，岂不令人惊叹?!①

　　第二次世界大战的爆发确实导致货币事务安排的转折，特别是它带来了"更为严格的固定汇率制、强化管制，政府间协议进一步代替了一般性的商业实践"②。这些安排并没有构成获得一致同意规则和程序的国际机制。在1944年的布雷顿森林会议上，与会各方达成了正式协议，但该协议直到十多年之后才得以全面实施。战后的欧洲经济困境，特别是1947年英镑尝试自由兑换失败后的困境意味着，欧洲复兴计划成为世人关注的焦点。当马歇尔计划开始复兴欧洲时，国际货币基金组织"安坐局外，抱守财源"③。直到1958年末，当欧洲实现货币自由兑换时，复兴机制退出历史舞台，1944年在布雷顿森林会议上达成的机制才得以全面实施。

　　始于1941的漫长而且有时是艰巨的谈判导致了1944年4月《英美共同声明》的签署，它成为布雷顿森林谈判和《国际货币基金组织协定》的基础。1943—1944年间，英美两国又与其他盟国进行了磋商。法国和加拿大提出了自己的计划草案，在布雷顿森林会议上，英美两国不得不与苏联（最终未加入国际货币基金组织和世界银行）以及其他几个小国展开较量。尽管参加布雷顿森林会议的国家多达44个（相比而言，33个国家参加了1922年的热那亚会议，66个国家参加了1933年的伦敦会议），《布雷顿森林协定》实际上是英美两国拟

---

　　① 耶格尔反对纳克斯的观点令人信服。他指出，20世纪30年代的失败并未为浮动汇率不可行的观点提供强有力的证据。参见 Yeager, *International Monetary Relations*, pp. 335–336。

　　② Yeager, *International Monetary Relations*, p. 377.

　　③ Alfred E. Eckes, Jr., *Search for Solvency: Bretton Woods and the International Monetary System, 1914–1971* (Austin: University of Texas Press, 1975), p. 228.

定的。①

相比 20 世纪 20 年代而言，在布雷顿森林会议上，各国并没有将国际货币问题领域交由中央银行和私营银行家处理；而美国财政部长亨利·摩根索（Henry Morgenthau）的目标是，创立国际金融机构，使之成为政府的工具而不是服务于私营金融利益。令美国银行界烦恼的是，摩根索认为这是一个"由政府还是由实业界和联邦储备银行组成乡村俱乐部管理这些事务的问题"②。就美国政府内部而言，在 1942 年刚刚开始探讨这些问题和 1947 年放弃英镑直接兑换的计划时，财政部与国务院不时发生冲突，但起主导作用的还是财政部。③

布雷顿森林会议设计的机制核心是如下条款，即国际货币基金组织的参与国可以确定和维持本国货币的法定平价，只有在扭转本国收支平衡的"根本性失衡"（fundamental disequilibrium）的情况下，经与国际货币基金组织磋商后才能改变之。必须确保货币的自由兑换。英国试图寻求个别国家更大的行动自由，但美国拒绝了该建议。国际货币基金组织将帮助各国维持货币平价，其方式是安排借贷给它们所需要的货币，其数额的最高限度是根据各国认捐国际货币基金份额的复杂方案确定的。但是，由于美国的反对，协议规定，当各成员国借款超出其认捐数额时，不得自动获得国际货币基金的资源。国际货币基金组织有权决定成员国的要求是否正当，并可实施其他限制条件。

---

① 关于参加热那亚会议的国家数量，参见 Dean E. Traynor, *International Monetary and Financial Conference in the Interwar Period* (Washington, D. C.: Catholic University of America Press, 1949), p.73。参加伦敦会议的国家数量，参见 Feis, *1933*, p. 245。关于布雷顿森林会议及其预备性探讨，参见 J. Keith Horsefield, *The International Monetary Fund, 1945–1965* (Washington, D. C.: IMF, 1969), pp. 3–120。

② Eckes, *Search for Solvency*, p. 110.

③ Ibid., pp. 60–63.

国际货币基金组织被赋予相当大的名义权力，但是它自身受制于认捐数额最多的成员国，因为按照规定，国际货币基金组织的投票权大致与认捐数额成正比。1946年，美国在国际货币基金组织拥有超过33%的表决权，英国拥有16%的表决权。这些比例日后有所下降，但自国际货币基金组织诞生之日起，美国对该组织的重要决定稳操否决权。①

该机制安排考虑到了过渡阶段的客观情况，允诺在过渡时期暂不履行机制的全面义务。在国际货币基金组织正式运行的三年之内，各国可以对金融交易实行限制；此后，国际货币基金组织将按年度公布这些限制措施。五年之后，各国必须与国际货币基金组织协商是否保留限制。②尽管过渡阶段没有最终时间限制，人们普遍期望不要太久："至1947年初，杜鲁门政府改变了方针，其决策者认为其他国家的过渡相对平稳而快捷，从双边主义到自由兑换不应超过五年。"③

实际上，从第二次世界大战结束之日算起，该过渡时期长达13年之久，即使从国际货币基金组织正式运行开始算起，其间也延续了12年。1947年，英国试图恢复英镑的自由兑换，但黄粱美梦延续不过一个月，即以损失价值10亿美元的黄金而告终。此后，英国重新实行外汇管制，马歇尔计划付诸实施，欧洲货币纷纷贬值，美国接受了歧视美元的措施。其间，国际货币基金组织的作用甚为微小。

1947年出现的复兴机制与布雷顿森林会议设计的货币安排几无相像之处。美国认为苏联是对西欧的关键威胁并甚为忧虑，因此其领导人——受到国务院的推动和财政部有些不情愿的支持——增加了对欧

---

① 关于国际货币基金组织投票安排的广泛而深入的探讨，参见 Joseph Gold, *Voting and Decisions in the International Monetary Fund, 1945-1965* (Washington, D. C.: IMF, 1972)。

② Horsefield, *The International Monetary Fund, 1945-1965*, p. 108.

③ Eckes, *Search for Solvency*, p. 212.

洲金融困境的同情和资助。① 与这一支持相伴随的，是一系列令人印象深刻的制度创新：在各种双边清偿协议的基础上，建立了欧洲支付同盟（EPU）和欧洲经济合作组织（OEEC）。对军事威胁的共同认识导致了北大西洋公约组织（NATO）的诞生与发展，美国对欧洲慷慨解囊，欧洲也愿意唯美国马首是瞻。在政治共识的框架内，各国政府在保留控制权的情况下允许跨国经济关系的巨大发展。

该复兴机制以 20 世纪 50 年代的货币自由兑换运动为成功的标志，并以主要欧洲国家在 1958 年 12 月正式接受了自由兑换告终。② 因此，1959 年初标志着新的国际机制即成熟的布雷顿森林机制的开始。该机制一直延续到 1971 年 8 月 15 日美国暂停美元与黄金的自由兑换。从经济层面讲，欧洲的经济复兴、美国向美元匮乏的世界提供美元的金融政策导致巨额收支逆差，以上两个因素使这一转变成为可能。在 20 世纪 50 年代末和 60 年代，世界出口的年增长率达到可观的 7%；美国的海外制造业直接投资剧增。从政治层面讲，这一转变不仅源于美国的霸权，也受到各国中央银行之间、财政部之间联系网络发展的促动。国际清算银行是欧洲支付同盟的技术代理，各国中央银行官员"与财政部官员一起参加了欧洲支付同盟的理事会，该同盟本身是设在巴黎的欧洲经济合作组织的分支机构之一。这些机构给欧洲高级金融官员提供了正常的工作联系渠道"③。

然而，布雷顿森林机制在全面实施之际，经历了严峻的考验。

---

① 精彩的描述，参见 Richard N. Gardner, *Sterling-Dollar Diplomacy: The Origins and the Prospects of Our International Economic Order* (Oxford: Clarendon Press, 1956; revsied ed., New York: McGraw-Hill, 1969). 另一种观点可参见 Joyce Kolko and Gabriel Kolko, *The Limits of Power: The World and the United States Foreign Policy, 1945—1954* (New York: Harper and Row, 1972), esp. chap. 3 (pp. 59—90)。

② 权威性的描述，参见 Horsefield, *The International Monetary Fund, 1945—1965,* chap. 18 (pp. 474—494)。

③ Fred Hirsch, *Money International* (London: Penguin Press, 1967), p. 241.

1960年秋天，伦敦的黄金价格上升，这表明投机商对美国政府继续支持1美元兑换1/35盎司黄金没有信心。它导致的第一个结果是，英美达成维持1美元兑换1/35盎司黄金价格的非正式协定："英格兰银行获得保证，当伦敦面临投机要求时，可以随时从纽约获得黄金补偿。"① 随后，建立了国际黄金总库，各中央银行同意协调其黄金交易。1961年，各中央银行达成了一系列货币互换协议，同意在出现针对特定货币的投机时相互提供支持。如果布雷顿森林协定的精神和条文得到遵循，那么1960—1961年的投机危机将因国际货币基金组织资源的扩张而受抑；但是该扩张受到可能成为主要信贷者的欧陆诸国抵制。因此，1962年，（由主要发达工业化国家组成的）十国集团签署《借贷总协定》，其中规定，如果它们事先同意集体采取行动，各签约国将在必要时向国际货币基金组织提供所需要的资源，以"预防或应对国际货币体系的削弱"②。除国际货币基金组织外，其他各组织内部也建立了正式或非正式协议的多边网络。各国中央银行之间保持着重要的联系，各国财政部和经济部门之间通过十国集团和经合组织第三工作组保持着密切的来往。③ 为增强世界的流动性，1967年，国际货币基金组织的成员同意创立特别提款权，并将其作为一种储备资产。到1971年，国际货币基金组织的份额比十年之前翻了一番。④

因此，布雷顿森林机制经过了一个持续的政治、制度和金融适应过程。机制管理者所体现出来的制度想象力和灵活性与成员国试图维持货币价值的刚性形成鲜明的对比。政治创新有助于维持实质上是20年前设计的货币体系。

---

① Fred Hirsch, *Money International* (London: Penguin Press, 1967), p. 202.

② Ibid., p. 262.

③ 参见Robert W. Russell, "Transgovernmental Interaction in the International Monetary System, 1960–1972," *International Organization* 27, no. 4 (Autumn 1973): 431–464。

④ Eckes, *Search for Solvency*, p. 255.

然而，机制受到的压力依旧在增长，特别是1967年英国最终决定英镑贬值之后。随着短期资本流动的急遽增长，钉住汇率制（pegged-rate system）越来越难维持了。欧洲美元（Eurodollar）①市场的扩大对美国和欧洲国家都构成了限制。欧洲美元市场与美国之间每周的单向货币流量约达50亿美元，美国金融机构可以"在有限的时间内悄然摆脱联邦储备体系的制约"②。

各国之间经济交往的敏感性增加了，最为突出的是短期资本的流动：

> （随着）无知壁垒(the barriers of ignorance)的减少和国际交往成本的降低，资本的潜在投机活动剧增。……粗略统计显示其发展状况如下：按照最大日投机数额来比较，在1947年8月的"大挤兑"时期，针对英镑的最大日投机量不足1亿美元；1969年5月，德国的最大日投机量超过15亿美元；1971年5月，在不到一个小时的时间里，流入德国的投机资金超过10亿美元。而且，随着无知壁垒的进一步消除，为什么每日的投机量是15亿美元，而没有升至150亿甚或500亿美元就无须解释了。③

另一个重大困难是基本调节问题，特别包括德国马克和日元的估

---

① "欧洲美元指的是在美国之外银行（包括美国银行在国外开设的分支机构）的以美元计价的存款。一半以上的欧洲美元在美国本土之外（在世界银行体系内）创立。这一过程不受联邦储备体系或任何中央银行的控制。"参见A. James Meigs, *Money Matters* (New York: Harper & Row, 1972), p. 212.

② Lawrence Krause, "Private International Finance," in Robert O. Keohane and Joseph S. Nye, Jr. (eds.), *Transnational Relations and World Politics* (Cambridge, Mass.: Harvard University Press, 1972), p. 184.

③ Richard Cooper, "Economic Interdependence and Foreign Policy in the Seventies," *World Politics* 24, no. 2 (January 1972): 166–167.

价过高，该问题并没有在体系内得到妥善的处理。德国和日本抵制重新估价，美元是该体系的主要货币之源，如果不获得日本政府和主要欧洲国家政府对改变规则的同意，美国就不能擅自使美元贬值。其结果是，自1959年至1971年4月，与其他主要货币相比，美元实际升值4.7%。①

1971年8月美国采取措施，正式终止了美国对维持国外官方机构所要求的美元固定平价的承诺。但是，这种承诺"实际上在一段时间内并没有怎么得到实施"②。由于美国存在收支逆差，外国官方持有的美元价值大大超过了美国的黄金库存，显然，美国无法满足所有美元持有者兑换黄金的巨大要求。③因此，从某种程度上讲，1971年8月尼克松和康纳利（Connally）联合推行的措施不过是使过去十年间逐渐出现的局面正式化罢了。20世纪60年代初以来，美国就精心设计了提高美元名义价格的方案，它还向盟国（特别是德国）施加压力，劝服它们帮助力保美元，并明确表示，美国遵守布雷顿森林承诺的意愿主要取决于欧洲和日本是否与美国进行政策合作。

布雷顿森林机制的逐步消亡提醒我们，国际机制常常不是在一个特定日期骤然产生或终止的。纯粹主义者也许断定"布雷顿森林机制早就死亡了"，美国在1963年开征利息平衡税抑制了资本外流，或许该机制随之消亡了。但我们认为，1971年8月15日是国际货币机制终结的界标，其标志意义如同1914年和1931年那样一目了然。布雷顿森林机制在法定货币兑换义务的条件下运行，延续时间不到13年。

---

① Eckes, *Search for Solvency*, p. 257.

② Marina V. N. Whitman, "The Current and Future Role of the Dollar: How Much Symmetry?" *Brookings Papers on Economic Activity* 3 (1974): 539.

③ 苏珊·斯特兰奇指出，1971年4月，外国官方持有的美元达185亿美元，而美国的黄金库存按照法定价值计算只有100亿美元。参见 Susan Strange, "The Dollar Crisis," *International Affairs* 48, no. 2 (April 1972).

该阶段的大多数时间内，它得到精心设计但本质特殊的非正式制度安排网络的支持；在最后几年间，其地位显然是不稳定的。但是，按照历史标准，作为一个国际货币机制，其长寿给人留下了深刻印象。

1971年8月15日之后的4年间，美国的行动导致世界经济步入动荡年代。《史密森协议》(the Smithsonian Agreement) 从未恢复美元和黄金的自由兑换，也从未有效地阻止预示着布雷顿森林机制崩溃的一系列外汇危机。1972年2月和3月，美元遭受重重压力，同年6月，英镑贬值；1973年2月，美元贬值10%，超过1971年12月约8%的贬值率。这次贬值未能恢复市场的稳定，导致市场关闭。当市场在3月重新开放时，主要货币实际上相互浮动。此后数月间，主要货币的价格波动剧烈。①

1973年3月之后，"学习时期"(learning period) 仍在延续，各国财政部官员和银行家开始对浮动汇率感到心安理得，甚至开始支持浮动汇率。防止对人为汇率的投机是一项无法完成的任务，在财政部和中央银行供职的政府官员无须再面对它了；银行家看到自己经营的外汇利润扶摇直上。②久而久之，中央银行开始干预市场，各国中央银行之间开始相互协调干预行动。1973年下半年，石油输出国组织大幅度提高石油价格，震惊了整个世界经济。其后，人们常常评论道，恰恰由于实行浮动汇率，世界货币体系才避免了一次大规模的汇率危机。

富有洞察力的观察家认识到了货币体系改革的方向。在一个充满不确定性和巨额易流动资本的世界上，回归固定汇率是不可能的。1972年8月，弗雷德·赫希（Fred Hirsch）评论道："关于汇率的运行

---

① 关于主要事件的大事年表，参见 *IMF Survey*, March 1, 1976。
② 乔纳森·阿伦森的博士论文（斯坦福大学）探究了银行在国际货币体系中的作用。关于20世纪70年代银行和政府地位的某些变化，参见 Jonathan Aronson, "Multiple Actors in the Transformation of the International Monetary System"（提交1976年2月国际研究学会年度会议的论文）。

问题并非固定和非固定汇率之间的宏大争论,而是受到控制的弹性货币体系应采取什么形式的问题。"① 1975 年,玛丽娜·惠特曼在一篇评述浮动汇率经验的文章中明确指出:"在各国利率甚高、差别甚大的情况下,除实行浮动汇率外,我们别无选择。"② 另一方面,1971—1975 年间货币价值巨大的周期性波动和 1973 年之后中央银行的介入清楚地表明,极端自由市场的观点——政府应完全避免干预,让市场实现自我平衡——是站不住脚的。从政治上讲,期望政治家克己自律,不再试图获得企业界和劳工的支持,不再紧盯连选连任,这是不现实的;而从经济上讲,绝对管制似乎不再是合理良策。"只要持续稳定存在小小的投机"就意味着货币价值的巨大波动。③

在经济不稳定和几家大银行的破产广为人知的时候,设计国际货币新机制的努力开始了。1971—1972 年间、1973—1975 年间,各国中央银行之间以及最终各国财政部之间的政策协调有所加强。从某种意义上讲,一种新机制在 1973—1975 年间非正式地出现了。但是,直到 1976 年,关于该机制的正式协议才得以签署。

从 1972 年 9 月到 1974 年 6 月,正式的改革进程聚焦于国际货币基金组织理事会建立的"国际货币体系改革及有关问题委员会"(以"二十国委员会"著称)。美国要求在国际货币基金组织的框架内建立该委员会,以抵消十国集团中欧洲国家的权力。该委员会起草了《史密森协议》。然而,该委员会的最初目标很快变得过时了。建立该委员会的目的是恢复"稳定但可调控的汇率",但到 1973—1974 年,这一目标显然在可预见的将来无法实现。不过,该委员会仍在两个重要方面推进了改革。尽管其基本目标仍然是致力于恢复稳定但可调控的

---

① *The Economist* (London), August 5, 1972, p. 61.

② Marina V. N. Whitman, "The Payments Adjustment Process and the Exchange Rate Regime: What Have We Learned?" *American Economic Review*, May 1975, p. 144.

③ Ibid., p. 138.

汇率，所有主要国家都一致认为，在充满不确定性的一段时间里，浮动汇率将占据主导。因此，一系列有利于汇率浮动的具体指导方针得以采用。其次，该委员会同意，特别提款权按照当时已废止的官方黄金价格定价，因此采取了降低黄金在国际货币体系中作用的步骤。该委员会对欠发达国家的要求做出回应，建议发达国家表现出更大的意愿，向严重遭受石油和相关物品价格飙升损害的贫穷国家提供资源。最后，该委员会建议，赋予国际货币基金组织对国家金融行为的更大影响力。

自1974年9月开始，货币制度改革以"国际货币体系改革理事会临时委员会"为中心进行，尽管美国和法国仍是主要的政治行为体。1974年12月，法国事实上同意，在改革后的体系中，各国货币不与黄金挂钩，不设立黄金官价；美国同意，黄金由现实状况（即根据市场价格）来定价，出现收支赤字的国家政府可以购得黄金。1975年11月，法国同意，在各国中央银行密切合作和财政部官员监督的背景下，接受浮动汇率。这一协定成为1975年12月十国集团采取共同立场的基础，也为临时委员会在1976年就改革事项达成协议奠定了基础。①

1976年1月，各国就《国际货币基金组织协定》条款的正式修改达成完全一致意见。这一事实表明，该日期可视为一个国际货币新机制的开端。美国财政部主管货币事务的副部长宣称，"我们又有了一个货币体系"；法国财政部长对该协定表示欢迎，称之为"三年争论的终结"；本届会议主席称之为"货币漫漫改革之路的结束，其成就归功于期望改革成功的政治意愿"②。美国财政部长威廉·西蒙（William Simon）说，他不再期望世界货币体系出现任何进一步的"重大创举"了。③

---

① 参见以下文献对这些事件的描述：*The New York Times*, June 14, 1974; *The Economist*, June 8, 1974 and November 22, 1975; *The IMF Survey*, January 19, 1976。

② *The New York Times*, January 9, 1976.

③ *The New York Times*, January 10, 1976.

选择某一天作为新机制形成的精确日期或许有些武断，因为新机制确实是逐步付诸实施的，但直到1976年初，该协议的各个组成部分才得以成形。该协议在许多关键点上仍然是模糊的，从某方面讲，只是构成了磋商的承诺；但是，它确实勾勒出国际货币新机制的基本轮廓。

为建立一个国际货币机制，临时委员会采取了如下重大行动①：

1. 在强调成员国政府"与国际货币基金组织和其他成员国合作、确保有序的汇率安排、促进稳定汇率体系"责任的一系列条件下，赋予浮动汇率以合法性。允许各国建立本国货币的平价，但这不再是一个要求，尽管拥有国际货币基金组织85%的多数表决权的成员国投票可以重新设置之。（它实际上赋予美国否决权。）

2. 采取各种措施确保特别提款权成为货币体系的主要储备资产，"意在确保黄金在国际货币体系中的作用逐步降低"。

3. 国际货币基金组织承担"对成员国的汇率政策实行严格监督的责任"，其指导方针可随后制定。

该委员会还同意，为贫穷国家建立一项信托基金，其资金来源于国际货币基金组织出售黄金的收益，并依靠各国的自愿捐款扩大规模；委员会同意放宽信贷条件，使面临收支平衡困难的发展中国家更易获得援助。欠发达国家的内部会议将进一步放宽贷款条件作为同意国际货币体系改革的先决条件之一。这种联系战略是达成协议前所需要解决的最后一个事项。②

这些条款的实施将带来新的国际货币机制。从历史上看，只有固定汇率与货币安排的普遍国际协议有关。与此相对照，1976年1月

---

① *IMF Survey*, January 19, 1976.

② 参见 *The New York Times*, January 9, 1976; *The Economist*, January 10, 1976。

的协议提供了广泛的国际政策协调,可在浮动汇率基础上管理货币体系。在该协议签署数周之后,我们撰文预测其成功并非不可能。由于私人手中拥有巨额的流动资产,主要工业化国家汇率的通货膨胀存在巨大差异,预测一个和谐稳定的货币新时代将是愚蠢的。进一步说,近五年来的破坏性事件严重削弱了国际货币基金组织,在一个汇率得到部分控制的浮动体系中,国际货币基金组织能否保持高效运转尚待观察。①其效率尚有赖于因试图进一步确定和实施该协议而产生的非正式政策协调模式。②

海洋问题领域

近 3/4 的地球表面是海洋。长久以来,人们因两个目的而使用海域:捕鱼和航运。海洋是一种"全球公共物品"(global commons),不受单个国家的管辖,有时像中世纪为全体村民所公用的农村公共牧场。③就像中世纪农村因经济变迁而最终圈占公共牧场一样,20 世纪 70 年代,技术和经济变迁促进了海洋的利用,大部分海洋随即被各国"圈占"。在 70 年代联合国海洋法会议谈判期间,允许各国拥有 200 海里海洋专属经济区的观念得到了广泛的支持。根据这一计划,近 1/3 的世界海洋被置于国家管辖之下。"设立 200 海里经济区主要与石油和

---

① 关于对国际货币基金组织持续有效的怀疑,可参见最近的批判性评论:*The Economist*, January 17, 1976, p. 81。另一位作者最近指出,国际货币基金组织 1977 年的资金可能只占世界贸易的 4% 左右,而 1948 年曾达到 15%。因此,"成员国获得的国际货币基金组织资金受限于本国的认购限额,现在也只占该国赤字的极少部分"。参见 Tom de Vries, "Jamaica, or the Non-Reform of the International Monetary System," *Foreign Affairs* 54, no. 3 (April 1976): 599。

② 从 2000 年的前景看,即使我们对 1976 年后机制的谨慎期望也还是太过乐观了。国际货币基金组织并非实施"严格监督",金融危机(1987 年和 1998 年)的主要行为体是美国联邦储备局。在两次危机中,美国的单边行动比多边政策协调或机制规则更为重要。

③ 其他全球公共物品如南极和大气层。

鱼类相关。它包括世界渔场的 4/5 和几乎所有可开采的浅海石油。"①

直到最近几十年，海域和海洋资源似乎仍然广阔无垠，被普遍视为公共物品，一个国家的使用并不减少其他国家的获得。当然，在捕鱼权和航行权方面存在着具体的争端，但这些可视为例外情况。然而，到 1970 年，技术发展促进了人类开发海域和海洋资源的能力，资源匮乏的问题随即出现，促使各国努力扩大自己所管辖的地域、防止他国染指自己管辖区的资源。例如，在渔业资源方面，拥有捕鱼船队的国家数量有所增加，声呐*寻鱼设备和可以在海上进行渔业加工的加工船等新技术提高了生产效率。结果是，全球年捕捞量从 20 世纪 40 年代末期的 2000 万吨增长到 70 年代初的 7000 万吨，一些重要鱼种严重枯竭。航运的经济和技术变迁也同样巨大。全球商业船队从 1947 年的 7800 万吨增长到 1974 年的 31100 万吨。1946 年，全球最大油轮的载重量为 1.8 万吨。在其后的 20 年里，其载重量达 32.6 万吨，甚至更大的油轮也在计划建造中。各国越来越关注本国沿岸的撞船事件造成的生态影响，要求对自由航行进行限制。

战后技术和经济变迁促进了海洋的传统利用，并开发了新的利用方式。特别是，技术进步导致了海域与海洋资源问题的第三个领域——洋底的出现。在大陆架之下钻探石油的成本随着水深而迅速增加。战后，浅海石油钻探技术发展迅速，海洋石油占世界石油的比例从战前的几乎为零增长到 20 世纪 70 年代的近 20%。② 大多数水下石油钻探只有几百英尺深。更具吸引力的是锰矿开采技术的发展——锰结核是一种如土豆大小的矿产，埋藏在水深 12000—18000 英尺的海底。这种矿藏的存在早为人知，但只有在 20 世纪 60 年代以后，随着技术

---

① "Scramble for the Sea", *The Economist*, March 3, 1976.

* 声呐（sonar）系 "sound navigation and ranging" 的缩合词，一种利用声波或超声波的水下探测系统。——译者

② 1975 年，浅海石油的产值达 400 亿美元，等于所有海洋运输的产值，是海洋渔业产值（100 亿美元）的 4 倍。参见 *Business Weekly*, March 22, 1976。

的发展，大量的锰、镍、铜和钴矿石结核才得以开采。①

海洋问题领域的界定

1967年，马耳他驻联合国代表阿尔维德·帕尔多（Arvid Pardo）发表演讲，生动地讲述了深层海底埋藏的巨大财富和建立新机制的必要。此后，对海洋政治的关注骤然增加，这并不令人惊异。确实，海洋政治有时被视为独特的新领域。1972年，美国总统发表的《20世纪70年代外交政策报告》将海洋列为"外交的新领域"。一位前美国政府官员认为，"到1971年，短短五年之间，科学、经济、社会、法律、军事和政治问题统统同质化了，任何可能的国际论坛都对此加以热烈的讨论"②。1974年，联合国海洋法会议在加拉加斯开幕，来自137个国家的2000多名代表探讨100多项议程。图4.1表明了战后时期美国《国务院公报》对海洋问题关注的增加。

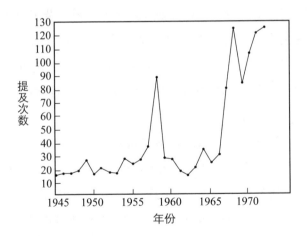

图4.1 七大海域和海洋资源问题的年提及次数

资料来源：统计数据来自1945—1972年的美国《国务院公报》。

---

① 参见 Evan Luard, "Who Gets What on the Seabed?" *Foreign Policy* 9 (Winter 1972–1973)。

② Edward Wenk, Jr., *The Politics of Oceans* (Seattle: University of Washington Press, 1972), p. 250.

尽管技术进步带来了海洋的新利用，随即对习惯法构成了挑战，但实际上战后的诸多挑战在 20 世纪早有先例。人们对第二次世界大战期间的如下时兴现象耳熟能详：保护鲸鱼免于灭绝的会议；应对海上石油污染的努力；至少 24 次宣布对毗邻海域的管辖；美国反对拉丁美洲的扩展领海行动；美国国会施加压力，要求扩展对捕鱼区域和大陆架资源的管辖。1930 年，在海牙召开的一个国际会议未能就修改海洋法达成协议。战后，1958 年和 1960 年在日内瓦召开的国际会议通过了四项关于海洋的重要法律公约，但是未能就沿海国管辖权的确切界限达成协议。

我们所关注的海洋政策问题是：和平时期海域和海洋资源的利用与管理。和平时期的海洋领域包含两个重要的方面：(1) 国家对沿海地区管辖的性质和范围；(2) 国家管辖之外的海域和海洋资源的归属、使用和管理。这种划分将海洋政策体系的核心问题与其他相关但更为宽泛的问题——如商业海运政策、海洋劳工政策和海军军备等——区别开来。它并没有完全排除武力即海军的作用。"'和平时期'（peacetime）这一术语仅仅指的是不存在导致高度紧张的普遍敌对。"[①] 我们在第五章中可以看到，海军在和平时期海洋政策的政治谈判中起着重要作用。

和平时期海洋问题领域既包括"物质关系"（如捕鱼、航运），也包括政治关系（如行为体试图影响彼此的海域与海洋资源政策）。地理因素为海洋问题提供了相当明确的边界。恰如一位美国国会议员指出的，"石油、鱼类、舰船、律师、科学家、工程师和海军上将确实是奇妙的组合，而海水是共同的媒介"。[②]

[①] Edward N. Luttwak, *The Political Use of Sea Power* (Baltimore: Johns Hopkins University Press, 1974), p. 8.

[②] 国会议员鲍勃·威尔逊的讲演。参见 Bob Wilson, *Congressional Record*, February 9, 1972.

传统而言,海域和海洋资源问题领域由不甚相关的问题——渔业、海运、浅海钻探及军事用途等——组成。如前所述,我们可以根据次要问题或关系的功能联系(因内在技术原因造成的)或永恒联系(通过政治团体或政府官员的行动和认识)区分问题领域。尽管有的海洋问题在功能上相互联系(航行和钻探之间、污物倾倒与捕鱼之间因海域的使用而发生冲突),但政治的和法律的认识提供了更多的重要联系。这些联系既缘起于法律结构,又产生于谈判技巧。某种利用海域的法律规范,常常构成其他利用的相似规范。"管辖权蔓延"(creeping jurisdiction)的可能性强烈地影响着美国对海洋政策问题的认识。1969年,一位国防部助理部长在国会演讲时指出:"国防部最为关注的是,最终确定的海底法律机制对传统的航海自由没有影响。适用于某一领域的法律机制外溢到其他领域,这种情况屡见不鲜。"[1] 会议外交既增强了法律联系又增强了谈判联系。美国国家科学协会的一份报告指出:

> 在谈判进程中,完全不同的海洋活动领域越来越不可分割。由于存在密切的法律和政治关系,即使当某些大相径庭的活动之间的实际相互作用微乎其微时,人们也倾向于将这些问题一并考虑。[2]

传统的航海自由机制

普遍认为,19世纪中期以来管理海域与资源的传统机制可以不确切地称为航海自由。公海被视为不可据为已有的无主财产(res nullius),沿海国家的管辖要求受到严格限制。海洋的自由利用不时引

---

[1] 引自 Lawrence Juda, *Ocean Space Rights* (New York: Praeger, 1975), p. 99。

[2] National Academy of Sciences, *International Marine Science Affairs* (Washington, D. C.: National Academy of Sciences, 1972), p. 82.

发冲突，因此确立了一些海洋利用的国际优先原则和普遍标准，以调节各国之间的利用冲突。传统而言，航海是一个优先利用问题。① 就像1958年日内瓦会议通过的一项公约所指出的，"公海向所有国家开放，任何国家无权宣称一部分公海属于自己的主权管辖范围"。一位参加1958年日内瓦会议的丹麦律师指出，这项"基本原则……符合所有国家的利益，在日内瓦会议上从未引起争议"②。

航海自由原则常常与雨果·格劳秀斯（Hugo Grotius）的著作联系在一起。他在1609年出版的专著中论述了这个问题，反对葡萄牙独霸海洋的企图，捍卫荷兰的航运利益。而在实践中，该原则经常遭到背弃。但到19世纪，航海自由机制与头号海上强国英国的利益和权力紧密联系在一起了。1815年，英国海军比世界其他国家海军的总和还要强大。③ 海上诸强国——特别是英国——推行习惯法。海上强国

> 对扩展自己的领水范围没有兴趣，其行动方式事实上赋予它们在浩瀚海洋上至高无上的地位，……它们反对其他国家在部分公海确立排他性管辖权。和平时期，它们的船只仅受制于船籍国法律；但在战时，它们的舰队在受管辖公海施展权力，受到中立区延伸的限制。因此，捍卫航海自由原则成为攸关国家利益的问题。④

世纪之交，要求3海里以上领海管辖权的国家（斯堪的纳维亚国家、伊比利亚半岛国家、墨西哥、乌拉圭）拥有的世界海岸线微乎其

---

① Louis Henkin, "Changing Law for the Changing Seas," in Edmund Gullion (ed.), *The Use of the Seas* (Englewood Cliffs, N. J.: Prentice-Hill, 1968), p. 75.

② Max Sorensen, "Law of the Sea," *International Conciliation* 520 (November 1958): 198, 201.

③ Sayre Swarztrauber, *The Three Mile Limit of Territorial Seas* (Annapolis, Md: Naval Institute Press, 1972), p. 108.

④ Pitman B. Potter, *The Freedom of the Seas in History, Law and Politics* (New York: Longmans, Green, 1924), p. 249.

微，其航运也不到世界航运总量的 10%。① 1902 年，美国打败了西班牙，墨西哥不情愿地从 9 海里回缩到 3 海里领海权。1905 年，英国抗议并迫使乌拉圭释放了在其有争议水域捕鱼的船只；1909 年，英国向葡萄牙施加外交压力，迫使其接受 3 海里的捕鱼管辖权。1915 年，德国迫使瑞典接受 3 海里的领海宽度。②

战时航行是传统航海自由机制中没有得到完全遵守的一个问题。即使交战国的海军封锁在国际法律规范之下获得接受，也难以就中立国船只的干预达成协议。主要大国在建立战时海域利用的规则方面做了诸多努力（1856 年的巴黎会议、1907 年的海牙会议和 1909 年的伦敦会议），但是，列强之间缺乏必要的相近利益，无法确保战时的限制生效。

然而，我们有必要指出的是，战时的航运干扰对坚持战时或和平时期该机制其他用途影响甚微。伍德罗·威尔逊在其一战期间提出的"十四点计划"中将航海自由奉为圭臬，而美英关于航海自由的重大争议主要体现在战时例外方面，而非航海自由的合法性问题。航海自由是管理海域和海洋资源之正式机制的基础。③ 在很大程度上讲，这一局面反映了英国在海洋问题上的霸权地位。作为航海自由原则的主要保护者和执行者，英国可以在战时干预中立航行、在和平时期继续奉行这些原则，从而赋予自身事实上的例外权。和平时期，英国统治着海洋；战时，它打破规章。

在和平时期，英国谨慎地遵守规章，允许其他国家接近其海岸捕鱼、航行。1876—1883 年间，英国"出于种种目的在国际上接受 3 海

---

① 据说，3 海里是根据 18 世纪的大炮射程确定的。
② Swarztrauber, *The Three Mile Limit of Territorial Seas*, p. 111.
③ 参见 Edward M. House, *The Freedom of the Sea* (London: National Council for the Prevention of War, 出版日期缺); Labor Party, *Freedom of the Seas: Old and New* (London 出版日期缺).

里领海宽度"的立法。① 一位美国评论家据此认为：

> 从现实上讲，相比长期以来英国引以为豪的强大船队和在其统治期间很少遇到的真正威胁或质疑而言，英国运用其权威的稳健和睿智更为可靠。②

与前一章我们所探讨的金本位制之下的货币政治极其相似，1914年之前和和平时期海洋机制存在等级之分，并十分稳固。它在外依赖英国的主导；在英国政治内部，则在某种程度上依赖某些利益集团——这里指的是海军和航运利益集团——的强势地位。

1920—1975年的机制阶段

1920—1975年间，航海自由原则从几乎获得所有相关国家勤力支持（直至1945年）的机制地位上跌落，降为强有力的准机制，尽管航海自由原则得到大多数国家的支持，但也面临强大的挑战（1946—1966）；1967年之后，航海自由原则跌落为软弱的准机制，该机制面临重大挑战，以致航海自由原则的地位遭受公开的质疑。在货币政治中，汇率危机经常造成机制明确的转折点；与此不同的是，航海自由原则逐步遭受侵蚀，这使得机制阶段的划分更为主观武断。但是，两个转折点——杜鲁门宣言（Truman Declaration）和帕尔多演讲（Pardo's speech）——足以确保我们划分三个机制阶段，其基本情况请参见表4.3。

---

① Swarztrauber, *The Three Mile Limit of Territorial Seas*, p. 71.

② Roland G. Usher and Benjamin Russell, *Anglo-American Relations* (Boston: World Peace Foundation, 1919), p. 43.

表 4.3　1920—1975 年海洋政策问题领域的国际机制

阶段	年限	机制形态	阶段开始的行动
第一阶段	1920—1945 年	航海自由机制	第一次世界大战之后英国重新确立其领导地位。
第二阶段	1946—1966 年	强有力的准机制	1945 年的杜鲁门宣言和拉丁美洲扩大管辖权的要求。
第三阶段	1967—1975 年	软弱的准机制	1967 年帕尔多在联合国的演讲。

1920—1945 年间，建立在航海自由基础之上的总体机制结构并未引起争议。第一次世界大战结束以后，由于德国和俄国海军被摧毁和解散，英国在世界航运总吨位中的比重从 1914 年大战前夕的 32% 跃升为 1921 年的 47%。与此同时，美国在参战之际只占世界航运总吨位的 11%，1921 年上升到第二位，占总吨位的 24%（相形之下，1914 年位居第二的德国占世界总吨位的 14%）。① 而且，英国将美国的造船计划视为挑战。1922 年关于海军限制的条约减缓了早期的海军军备竞赛。在一项条约中，英国不情愿地对美国做出让步，允许美国在"禁酒时期"（Prohibition，1920—1933）将公海上的治安管辖权扩展到离岸"汽船一小时的航程内"，以打击走私。②

除获得缉私特权外，美国基本接受了严格限制领海宽度的航海自由机制。实际上，苏联是唯一游离该机制之外的大国，由于苏联那时的海洋力量非常有限，它对该机制的影响微乎其微。③ 1930 年，国际联盟在海牙召开会议，编纂国际法，重申了航海自由原则。尽管有人认为，召开一个小国也拥有发言权和投票权的国际会议，有助于 3 海

---

① 数字计算自：World Peace Foundation, "The Staggering Burden of Armaments," *A League of Nations* 4 (April 1921): 242.

② 就是否同意美国的要求，英国政府内部意见不一。参见 *The Times* (London), July 7, 1923。

③ 参见 William E. Butler, *The Laws of Soviet Territorial Waters* (New York: Praeger, 1967)。该例外是沙皇时期政策的延续。

里领海宽度问题的提出，促使 20 世纪 30 年代出现了多达 24 次的扩大领海权范围的努力，但是却没有质疑总体机制（而只是针对 3 海里领海权的具体规则）。①

尽管 1930 年的海牙会议未能就领海的宽度达成一致，但仍有占世界航运总吨位 80% 的 20 个国家支持 3 海里领海宽度。② 支持者包括除苏联（12 海里）和意大利（6 海里）之外的所有大国。12 个国家支持 6 海里的领海宽度。20 世纪 30 年代厄瓜多尔、墨西哥和伊朗扩大领海宽度的努力没有得到主要海洋大国的认可。如我们已经看到的，即使 20 世纪 30 年代美日之间就反走私区域和捕鱼安排方面出现争端时，争议各方也明确接受了总体机制的合法性。

具有讽刺意味的是，第二次世界大战结束之际，恰逢美国成为最重要的海军霸权之时，美国人在不经意间播下了战后逐步摧毁该机制的种子。从航海自由机制演化为强准机制的转折点是 1945 年的杜鲁门宣言。由于捕鱼和沿海石油钻探技术有了重大发展，杜鲁门总统在美国海岸之外单方面建立了渔业资源保护区，并宣称对"从属于美国的"水深 200 米的邻接大陆架拥有管辖权。美国小心翼翼地用有限度而模棱两可的字眼表达了自己的要求，希望避免损害整个机制。拉丁美洲国家以大国的言行为依据，宣布它们扩大管辖权的要求，从而搅浑了杜鲁门宣言的微妙之处。南美洲西海岸没有多少大陆架，但厄瓜多尔、秘鲁、智利等国认为水深标准对它们不公平，宣称管辖权应以水面距离为衡量标准。美国试图将大陆架和渔业管辖权的扩大与其他问题区别对待，却促使拉丁美洲国家提出更大的管辖要求，随即导致了捕获美国渔船和其他棘手的外交纠纷。③

---

① Swarztrauber, *The Three Mile Limit of Territorial Seas*, p. 148.
② C. John Colombos, *The International Law of the Sea* (New York: Mckay, 1967), p. 103.
③ 参见 Bobbie Smetherman and Robert Smetherman, *Territorial Seas and Inter-American Relations* (New York: Preager, 1974).

在第二个阶段，总体机制未发生根本性变化，但特定问题领域的挑战侵蚀了机制。结果，主要海洋大国特别是美国和英国带头行动，在1958年和1960年日内瓦召开的两次联合国海洋法会议上提议改革、修改和保护受到削弱的机制。参加日内瓦会议的国家是1930年海牙会议的两倍多。在第一个阶段，英国和荷兰分别控制了世界海岸线的50000英里和18000英里，但是随着非殖民化进程的发展，其统治江河日下，在第二个阶段，越来越多的国家卷入各种海洋问题之中。①

在维持准机制方面，日内瓦会议只取得了部分成功。在日内瓦召开的四次重要会议上，各国发现不能或不宜直接攻击航海自由原则，但是

> 在日内瓦会议上，扩大领海宽度的要求间接地攻击了公海自由，要求将传统上归属于公海的大量区域（包括重要的海洋航道）置于沿海国家主权之下。②

1960年，加拿大和美国提出6海里领海宽度加上6海里渔业管辖区的妥协方案，包括承认国家在历史上的捕鱼区域拥有继续捕捞权。这一妥协方案获得必要的2/3多数票，一次表决通过。回首往昔，1960年成为第二阶段法律协议成果最为丰硕的一年。总体而言，尚没有国家对12海里之外的公海提出排他性主权和管理权——这是苏联所偏好的宽度，而1960年只有其他12个国家提出类似要求。③尽管贫富国家之间的南北对立主导着第三阶段的国际海洋机制——这一点在1960

---

① World Peace Foundation, "The Staggering Burden of Armaments," p. 244.
② Sorensen, "Law of the Sea," p. 201.
③ E. D. Brown, "The 1973 Conference on the Law of the Sea: The Consequences of Failure to Agree," in Lewis Alexander (ed.), *The Law of the Sea: A New Geneva Conference* (Kingston, R. I.: Law of the Sea Institute, 1972).

年已现端倪，但东西方之间的冷战对立是第二阶段主导性的政治关注点。

相比而言，1967年出现了软弱的准机制，航海自由原则本身也遭受挑战。1967年帕尔多大使的演讲有助于开创一个会议外交活跃的新时期。更为重要的是，它生动地描述了海底巨大财富的前景，并聚焦于海洋资源及其分布问题。自此，海洋不再被视为所有国家都可以通过有效管理获益的公共高速公路（public highway），而是一国所得必为他国所失。

一些不受早期日内瓦公约限制的新国家也参与了角逐。1976年，参加纽约海洋法会议的国家达到149个，只有51个国家赞同1958年的《日内瓦公海公约》（42个国家赞同领海协定，34个国家赞同渔业协定，50个国家赞同大陆架协定）。深海资源、浅海钻探和油轮建造技术发展等问题引发了"洋中和洋底"的新问题。欠发达国家担心，在自由竞争机制下，这一全球物品为技术先进国家所独享，因而倾向于强调扩大国家的管辖范围或建立强有力的国际管理机构。联合国大会宣布海底为"人类的共同遗产"。中国认为，两个超级大国赞同航海自由不过是超级大国推行"海洋霸权和扩张主义、掠夺其他国家海洋资源"的借口。[①] 冷战期间，加拿大、澳大利亚等国家在海洋问题上曾与海上列强结成紧密联盟，现在转而支持更为重视沿海国家权益的观点。即使美国和英国的石油公司、沿海渔民等重要利益集团也逐渐支持管辖权的扩大。1960年，只有1/4的沿海国家要求12海里及12海里以上的领海权，到1970年，提出这一要求的国家超过了半数。仅在1968—1972年间，要求12海里领海权的国家从31个增加到52个，

---

① 引自 Elizabeth Young and Brian Johnson, *The Law of the Sea* (London: Fabian Society, 1973), p. 3。

要求 200 海里领海权的国家从 5 个增加到 10 个。①

在第三阶段，与管辖权扩大同等重要的，恰是对航海自由原则的挑战。1967 年的情形不仅仅存在"机制作弊"，还有选择其他机制的压力。"无主财产"原则遭到挑战。过去十年间演化出来的最具有影响力的观念是"海域权利要求"，1970 年的《蒙得维的亚宣言》毫不费力地表达了这一观念，它宣称，"如果确属保护本国实际或潜在浅海财富的必要，任何国家都有权对靠近其海岸的海域和海底提出要求"②。与主导的国际发展主义哲学一致，潜在的国家财富等新目标——而不是传统、防务或普遍世界福祉——被确立为海域和海洋资源利用的权利基础。

1976 年，当得知美国通过扩大美国渔业管辖区的法案后，厄瓜多尔外交部长何塞·阿亚拉（Jose Ayala）说："厄瓜多尔非常满意地看到，国际共识越来越清楚地显示，根据利用和保护海洋财富等目的确定对沿海管辖权的范围是每一个国家的主权权利。"③ 尽管主要海洋大国并不接受这种观点，但到 20 世纪 70 年代中期，美国和英国（与冰岛一起卷入第三次渔业争端，史称"鳕鱼战争"）越来越清楚地认识到，且不管一拖再拖的联合国海洋法会议最终达成正式协议的前景如何，至少传统航海自由机制的一个重要领域——狭窄的沿海管辖区域——将不复存在。不管是通过会议外交还是单边决策，第三阶段会议外交的结果必然是，海岸管辖权的范围扩至 200 海里，即圈占世界海洋的 1/3。

---

① Edward L. Miles, "The Dynamics of Global Ocean Politics," in Douglas Johnston (ed.), *Marine Policy and the Coastal Community* (London: Croom Helm, 1976).

② J. E. S. Fawcett, "The Law of the Sea: Issues at Caracas," *The World Today* 30 (June 1974): 239.

③ 引自 *The New York Times*, January 30, 1976。

海洋政治的议程变化

在货币问题领域,货币问题和美国的政策议程存在相当的连续性(参见表4.1)。与此不同的是,战后的海洋问题领域更为复杂。这种复杂性给机制变迁带来压力。如我们所看到的,传统观点认为,海洋如此浩瀚,国家占用海洋资源对相互间关系影响甚微。技术进步对这种传统假定提出了挑战,不同利用的冲突、许多国家共用的冲突增加了。这些冲突反过来导致政策空间的缩小或海洋使用者孤立状态的不复存在。政策空间的缩小不仅反映了一些海洋利用方式的竞争性(海洋航道与钻井平台;污染与捕鱼),也在很大程度上为会议外交的政治所反映和诠释。

与海洋政策相关的问题数量与联系的增加,不仅反映在海洋政策议程中,也反映在三个阶段中美国确定议程的方式上(参见表4.4)。[①]自1920年至1945年,正是美国而不是其他国家首先采取行动,将海洋政策问题纳入美国外交政策议程。在第一次世界大战后的两个主要问题(走私和沿海捕鱼)上,美国政府对跨国行为做出了反应。此外,国际联盟国际法委员会寻求"成熟到可以立法程度的"问题,以此确立了1930年的海牙会议议程,而美国参加了该会议。

第二阶段初期,美国政府率先行动,对浅海钻探的预期前景和沿海渔民的压力做出反应,引发了要求关注的问题。随后,拉丁美洲和其他国家扩大管辖权的行动提上海洋政策的议程。较为正式的是,国际法委员会筹备1958年的日内瓦会议,尽管美国帮助确定会议议程,但它无力使各项议程相互独立开来,也无法加快会议的进程。

---

① 在海洋领域并不存在表4.1财政部年度报告之类的对应文件。

表 4.4　海洋问题在美国外交政策中的地位

海洋政策问题	1920—1945	1945—1965	1966—1974
反走私管辖	重要		
沿海捕鱼	重要	重要	重要
远洋渔业		重要	重要
大陆架资源		重要	重要
总体机制结构	重要	重要	重要
海底资源			重要
污染	次要	次要	重要
科学研究		次要	次要
航运限制	次要	次要	重要

资料来源：《美国外交政策》（华盛顿特区：美国政府出版署，各年）；国际关系委员会和皇家国际事务研究所（伦敦）资料剪报。

在第三阶段，美国的海洋政策议程变得更为复杂，反映了诸多渊源。然而，许多议程来自欠发达国家和沿海国家控制跨国行为的努力，以及联合国大会潜在经济活动的惹人注目。其他国家控制跨国捕鱼的努力，私人浅海钻探的收益，控制污染（特别是石油运输的污染）的努力，管理跨国科学研究并从中受益的努力等诸多行为，导致了海洋问题的政治化。联合国会议外交活动还引发了其他问题，如关于海底资源和海底军控的争论。在美国《国务院公报》中，引起关注增加最多的问题是矿产、污染、石油和总体机制结构。关于总体机制结构的关注增加了8倍多（这种增加既体现在例行言辞中，也体现在重要声明中）。① 海洋政治不再只是海军相互依赖主导下的航运和渔业问题。现代海洋决策者只能怀旧地看待英国海军的霸权时代，这个鱼类和船只的时代已经一去不返了。

---

① 重要声明包括白宫和国务院讲话、声明、公告、命令和官方文件等。它不包括新闻发布会、决议案、条约资料等。

结 论

我们在本章回顾了1920年以来国际货币和海洋机制的变迁，但并没有对这种变化提出自己的解释。货币领域是一个定义清楚、界限分明的体系：一个棘手的领域，联系具有高度功能性。海域和海洋资源是一个松散的问题领域，功能性联系甚少，但随着时间的推移，各种联系越来越交织在一起。我们将1920—1975年的国际货币问题机制划分为三个国际机制（不包括1976年1月正式建立的机制）和三个阶段：其中原有机制已经被打破，但尚无新机制填补空缺。关于和平时期海域和海洋资源的利用，我们划分为三个主要机制时期，其间航海自由的强机制衰落，直至其基本原则遭受威胁。且不管联合国海洋法会议的正式后果如何，该原则的一个方面——严格限制沿海国的管辖权——已经发生了深刻变化。

第五章
海洋和货币的复合相互依赖

在过去半个世纪里,海洋和货币政治发生了实质性的变化。在本章中,我们将探究每一个问题领域的政治进程与复合相互依赖的理想模式相契合的程度,以及这种接近程度是否随着时间的推移而有所变化。在本章的前半部分,我们将探讨海洋和货币政治与复合相互依赖三个条件的相符程度:(1)军事力量的次要作用;(2)多个问题之间没有等级之分;(3)各社会之间存在多种联系渠道。在本章的后半部分,我们将探讨第二章所概括出的关于复合相互依赖政治的预设与海洋政治和货币政治行为模式的相符程度。

复合相互依赖的条件

武力的作用

在纯粹复合相互依赖的条件下,武力的作用将无足轻重。如果世界政治的任何主要问题领域完全满足这个条件,那将是非常令人惊奇的。但我们仍有必要探讨:相比现实主义的极端(武力是主导手段)而言,现实是否更接近于复合相互依赖的极端(不存在武力)?如果复合相互依赖反映了现实的重要方面,则现实主义的表述和现实主义的预测将需要实质性修改。我们还要探究以上两个问题领域的世界政治是否处于变化之中。在上个世纪,武力的作用下降了吗?

相比货币领域而言,在海域和海洋资源问题领域,武力起着远为直接的作用。在海洋领域,各国素有公开使用海军武力的传统,该领域武力运用的变化更容易识别。

我们所定义的海洋问题领域,以和平时期海域和海洋资源的使用与管理为中心。它并不包括主要国家在公海之上或公海之下的战略政治层面,除非它们影响和平时期海洋空间的利用。显然,对苏美之间核平衡、远距离投送常规兵力而言,海洋是关键的竞技场。隐匿于浩瀚大洋之下的核潜艇,对第二次打击能力至关重要。据称,"自 1945 年以来,从加勒比海经的里雅斯特到朝鲜的全球区域范围内,针对 70 多次的不同情势,美国海军主动施加各种强度的压力"①。1946 年"密苏里号"战列舰访问土耳其、1962 年封锁古巴、1970 年约旦危机时第六舰队的调动,就是战后美国成功运用海军力量实现安全目标的三个明显例证。20 世纪 70 年代,苏联扩大其水面海军的规模,显然试图提高其军事干预能力或在广袤的世界各地展示其海军力量,以达到其政治目的。②

以上重要的海军军事行动,显然干扰了刚刚开始构建的海域和海洋资源机制。1958 年的日内瓦会议实际上回避了对海上核试验问题的讨论;1971 年的和平利用海底条约和海洋法会议采取回避态度,避免对用于反潜艇战中的水下监听设备做出限制。与此同时,对穿越海峡的水面和水下海军航行的潜在限制是重要的谈判内容,美国和苏联都认为这些问题不可谈判。尽管海军利益在决定超级大国地位方面仍然处于显要地位,但在 20 世纪 70 年代,至少美国海军的重要性下降了。

---

① Edward Luttwak, *The Political Uses of Seapower* (Baltimore: Johns Hopkins University Press, 1974), p. 38.

② 参见 Michael McGwire, K. Booth and J. McDonnell (eds.), *Soviet Naval Policy: Objectives and Constraints* (New York: Preager, 1975)。

1970年5月，美国声明的立场带有明显的公海自由倾向，打上了鲜明的海军印记。但是，随着国内经济利益的要求增加，这一印记变得模糊不清了。

在这两个问题领域，大国和小国使用武力的长期趋势是不同的。20世纪之初，大国——特别是英国和美国——间或使用武力威慑试图破坏公海自由机制的小国，其成效非常显著。两次世界大战期间，当美国运用武力打击走私时，主要海军大国之间的冲突增加了。英国对美国反走私行动导致的管辖扩大做出了妥协。有时，大国也动用海军力量对付小国：在西班牙内战期间，英国曾动用海军确保粮食运输畅通无阻地通过西班牙的封锁。① 但从未来趋势上讲，海军弱国在与英美争端中动用武力意义更为重大。苏联对在其沿海捕鱼的英国拖网渔船动武。加拿大截获了四艘美国拖网渔船，而美国击沉了一艘加拿大船只，导致20世纪30年代美加之间的棘手争端。1935年，厄瓜多尔对一艘美国船只科以罚款；美国并未进行武力报复，因为美国视厄瓜多尔外交部为对抗厄瓜多尔国防部的跨政府盟友。②

第二次世界大战以来，在与小国发生的海洋资源冲突中，大国一般不使用武力。尽管在少许情况下，大国动用武力或武力威胁维护自己的军事航行权，但这些努力并不总是成功的。1946年，英国海军为维护阿尔巴尼亚科孚海峡（the Corfu Strait）的国际海域地位付出了高昂的代价。1958年，美国派遣海军穿越龙目海峡（the Straits of Lombok），以示反对印度尼西亚将其作为领水的要求。③ 美国和苏联拒

---

① James Cable, *Gunboat Diplomacy: Political Applications of Limited Naval Force* (New York: Preager, 1971).

② *Foreign Relations of the United States*, 1935, vol. 1 (Washington D. C.: Government Printing Office 1953), p. 918; *Foreign Relations of the United States*, 1936, vol. 5 (Washington D. C.: Government Printing Office 1954).

③ Robert Osgood, "U. S. Security Interests in Ocean Law," *Ocean Development and International Law* 2 (Spring 1974): 29.

绝承认印度尼西亚和马来西亚对马六甲海峡（the Straits of Malacca）的管辖权。1957—1967 年，英美海军采取行动，力图打破埃及对以色列航行，特别是蒂朗海峡（the Straits of Tiran）航行权的限制，但它们的努力未获成功。一位观察家在 1967 年写道："有目的的武力威胁（埃及外交部长称之为炮舰外交）难以持续，结果对英美两国也是弊大于利。"①

1968 年，朝鲜扣留美国的"普韦布洛号"（Pueblo）电子侦察船，美国未动用武力报复；但 1975 年柬埔寨扣留其"马亚圭斯号"（Mayaguez）货船时，美国动用武力进行了报复。"马亚圭斯号"事件的特定情况表明了动用武力维护航海权的可能性和局限性。大国为拒绝承认小国的领海扩大要求而动武，其政治代价是相当低的。美国与新成立的柬埔寨政府没有建立外交关系，国内舆论大多对最近遭受的惨败怀恨在心，倾向于支持而不是抨击美国采取迅速有力的报复措施。确实，在"马亚圭斯号"事件的处理过程中，动用武力并不仅仅是为了保护美国商船在公海上的利益，更重要的是展示美国在越战失利后维护本国利益的决心。如果情况果真如此，则海域与海洋资源只不过是不相干的问题。

与此相对照，小国反而常常动用武力，进一步扩大排他性的海岸专属捕鱼权，或因经济、环境目的而要求进一步扩大对毗邻海域的管辖权。大国的"炮舰外交"在很大程度上由小国的炮舰外交所替代。厄瓜多尔和秘鲁扣留美国的金枪鱼船，冰岛骚扰英国的拖网渔船——而不是英国皇家海军在海上示威——成为在海域和海洋资源上动武的象征。英国确实发现，在与冰岛"鳕鱼战争"的争端中，轻度动用武力的代价高昂且成效甚微。② 除以上提到的个案外，在战后渔业争端

---

① Cable, *Gunboat Diplomacy*, p. 226.
② Jeffery Hart, "The Anglo-Icelandic Cod War of 1972−1973," 1976（未发表文稿）.

中，巴西对法国，阿根廷对苏联，以及韩国、中国、苏联对日本使用武力都取得了成功。1969 年，苏联在加纳海岸展示海军力量，其部分意图是要求加纳释放扣押四月之久的苏联拖网渔船。① 总体而言，苏联动用武力保护其海洋利益的历史记录表明，"为了长期外交政策目标的实现，苏联一贯容忍对其财产的扣押、驱逐乃至人员伤亡"②。

尽管政治进程常常比统计数字复杂得多，直至 1970 年，在战后 80 次动用海军力量的个案中（公认该统计并不完全），有 14 次与和平利用海域和海洋资源相关。在这 14 个个案中，小国动武的成功率略高于大国。③ 这些数字有可能产生误导，因为在有争议的威慑中，没有冲突发生可能就是对动武有效的肯定。但是，小国管辖权的扩大和该扩大引发的事件都表明了海军大国威慑力的下降，而此前该威慑力保护着和平时期的海洋机制。

武力在和平时期海洋问题上作用的变化以及大小国家的相反趋势，与我们在第二章的一般性探讨一致。出现这种情形的一个原因是军事技术的发展。20 世纪 70 年代，约 40 个沿海国家拥有地对地反舰导弹，冲突升级的危险不仅阻止了核武器的使用，而且也提高了远洋舰队采取军事行动的潜在代价。反对使用武力的普遍规范是导致变迁的第二个原因。正如英国在"鳕鱼战争"中所发现的，在渔业争端中，做出强有力反应的大国常常被视为不可理喻的恶棍。最后也许最重要的是，大国动武的企图常常阻碍其海洋问题领域内外广泛目标的实现。正是这一效应阻止美国在与厄瓜多尔和秘鲁的捕鱼争端中动武，也同样影响了苏联的行为。

因此，在海洋问题领域上，武力的作用发生了变化。武力不再位

---

① McGwire, Booth, McDonnell, *Soviet Naval Policy*, p. 528.
② Ibid., p. 529.
③ Cable, *Gunboat Diplomacy*, pp. 175ff.

居核心，也不再有利于强国的主导地位。海军大国促动的航海自由机制衰落不仅赋予小国动用武力的更大余地，而且允许它们提出资源开发等额外问题，而这些是旧机制所不允许的。与海底矿产开发、石油钻探和海洋环境保护——这些问题都不能通过武力解决——相关的技术进步促进了这些问题的发展。

就使用武力得出结论甚为复杂。从战略上讲，海洋依旧重要，动武间接但深刻地影响了海域和海洋资源问题的谈判。军事力量仍将继续直接影响这些问题，尽管此间发生了重大变化，由大国动用武力增强机制（因而维持威慑）转变为小国动用武力扩大管辖权，以此削弱既有的航海自由机制。然而，近年来，部分因为技术进步，部分因为既有机制的衰落，许多问题随之出现，而武力对这些问题的解决不再有用。

这些模式的复杂性意味着，任何关于海洋问题上武力作用的普遍性判断必须予以严格界定。但我们可以得出如下结论，即海洋问题领域的实际情境处于复合相互依赖和现实主义之间：在特定问题上，武力有时发挥重要作用，但它不再是决定结局的至关重要因素。此外，与1945年之前相比，更少的海洋问题需要武力发挥作用，武力在许多冲突中是不可使用的。因此，与过去特别是第二次世界大战之前相比，1967年以来的海洋问题领域更接近于复合相互依赖的条件。

相比海域和海洋资源而言，国际货币领域中更少动用武力或武力威胁。从这方面讲，相比海域和海洋资源政治，货币政治常常更接近于复合相互依赖。例如，没有任何迹象表明，政府在和平时期曾威胁直接动武来改变汇率、诱使其他独立国家持有某种特定货币或确保支持其所青睐的货币机制。也就是说，攻击性地使用武力——对不遵循特定国际货币政治的国家直接发出进攻威胁——不能说没有，但非常少见。

与此同时，货币政治并不完全孤立于武力政治。货币时常被用作实现政治和安全目标的工具。雅各布·瓦伊纳得出如下结论，1914年之前，"外交对战前国际金融具有决定性影响"，这种概括确实是正确的。① 20世纪30年代德国对东南欧的经济支配增强了其政治和军事实力。② 1947年，美国停止要求英镑自由兑换、向英国经济提供更多援助的决定主要出于安全考虑。③ 相反，在1956年英国入侵苏伊士运河时，美国拒绝支持受到沉重压力的英镑，除非英国改变其对苏伊士运河的政策。④

这些联系不时走向岔路。为实现国际货币目标，军事手段也得以间接使用。当英国保有其帝国时，各殖民地是英镑力量强大的一个源泉，因为伦敦实际上决定着它们的货币政策。根据苏珊·斯特兰奇的观点，1957年，由于新独立的马来亚支持英镑，所以英国直接向马来亚提供军事保护。⑤ 1966年及其后，美国将其在欧洲持续的军事作用与德国对美国国际货币政策的政策联系起来。⑥

这些事例说明，国际货币问题并非与军事安全政治完全分离。但是，使用或威胁使用武力（或威胁撤出军事保护）则绝无仅有。更为经常的是，在国际货币问题的谈判中使用的政策工具来自该问题领域本身或贸易政策等与之密切相关的问题领域。20世纪20年代，当法兰西银行向英镑施加压力时，英国财政部暗示，它有可能要求法国偿还欠英国的所有战债。法兰西银行行长莫罗·诺曼（Moreau Norman）

---

① Jacob Viner, "International Finance and the Balance of Power Diplomacy," in Jacob Viner, *International Economics* (Glencoe, Ill.: Free Press, 1951), p. 85.

② 权威性的研究，参见 Albert O. Hirschman, *National Power and the Structure of Foreign Trade* (Berkeley: University of California Press, reissued, 1969)。

③ 参见 Richard N. Gardner, *Sterling-Dollar Diplomacy: The Origins and Prospects of Our International Economic Order* (Oxford: Clarendon Press, 1956; revised ed., New York: McGraw-Hill, 1969)。

④ Hugh Thomas, *Suez* (New York: Harper and Row, 1966), p. 145.

⑤ Susan Strange, *Sterling and British Policy: A Political Study of an International Currency in Decline* (Oxford: Oxford University Press, 1971), p. 97.

⑥ Stephen Cohen, *International Monetary Reform, 1964—1969: The Political Dimension* (New York: Preager, 1970).

在日记中写道:"法兰西银行无疑支配着英格兰银行,但是英国财政部支配着法国财政部,所以当我们向英格兰银行施加压力时,丘吉尔先生威胁雷蒙·普恩加莱先生(Raymond Poincare)。"①

20 世纪 30 年代,货币和贸易手段密切联系在一起;在伦敦经济会议上,只有消除货币的不稳定性,贸易问题才有可能解决。②第二次世界大战之后,这种联系依旧存在,美国试图同时确保非歧视的贸易体系和货币兑换的固定汇价。1971 年,尼克松总统与财政部长康纳利采用货币和贸易手段强迫美元贬值;但他们并没有明确地威胁使用武力或撤出对美国盟国提供的军事保护。在我们所探讨的 56 年间,在国际货币事务的处理上,运用经济手段——在货币问题领域或相关领域——多于武力手段。因此,就武力的作用而言,国际货币问题领域更接近于复合相互依赖,而非其理想模式;但长期以来并未发生重大变化。

各问题之间没有等级之分

海洋问题领域并不存在问题之间固定不变的等级之分。两次世界大战期间,沿海利益集团处于强势地位,并促使 1945 年杜鲁门宣言的出台。冷战期间,安全方面的关注固然重要,但许多组织或团体认为一些新问题更为重要,目标的等级结构受到挑战。例如,海军对自由行动的期望,并不总是优先于开发海洋资源的经济利益或对污染的生态关注。海军、大石油公司和马鲛俱乐部(the Sierra Club)常常陷入

---

① Andrew Boyle, *Montagu Norman* (London: Cassell, 1967), p. 229. 又见 Stephen V. O. Clarke, *Central Bank Cooperation, 1924–1931* (New York: Federal Reserve Bank of New York, 1967), p. 119。

② Herbert Feis, *1933: Characters in Crisis* (Boston: Little, Brown, 1966), p. 213. 当然,如第四章所述,该会议并未消除货币的不稳定性。

争论；美国政府再也不能维持各种问题间一贯的等级划分了。①

从 1920 年到 1970 年，50 年间国际会议的议程表明，海域和海洋资源问题越来越复杂。1930 年召开的海牙会议有六项议程；1958 年召开的日内瓦会议成果颇丰，在国际法委员会拟订的 73 项条款的基础之上，达成了四项重要的国际公约。1974 年召开的加拉加斯会议有 25 个重要议题、近百个次要议题，此外还有更多的引起争议的议题。

从美国外交政策的角度看，海洋问题数目的增加也非常明显。如表 4.4 所表明的，1920—1945 年，对美国而言，该问题领域由两个主要问题（沿海捕鱼和贯彻反走私措施的航行干涉）和六个次要问题组成。1946—1966 年，走私不再是主要议题，但大陆架资源、远洋捕鱼和领海宽度等问题出现了，使得主要问题上升为五个。1967—1972 年，如表 5.1 所示，对石油、海底资源、污染和总体机制问题的关注急遽增长。

表 5.1　七大海洋问题年均被提及的次数

	1946—1966	1967—1972	两阶段间增长的百分比
机制	1.7	14.5	852
捕鱼	10.4	26.3	252
航行	8.3	15.5	186
污染	1.5	13.8	920
科学	4.2	13.3	317
石油	0.6	4.5	750
矿产	0.9	10.3	1144
总计	27.6	98.2	363

资料来源：统计数字来自 1946—1972 年美国《国务院公报》。

---

① 参见 Ann Hollick, "Seabeds Make Strange Politics," *Foreign Policy* 9 (Winter 1972/73); H. Gary Knight, "Special Domestic Interests and United States Oceans Policy," in Robert G. Wirsing (ed.), *International Relations and the Future of Oceans Space* (Columbia: University of South Carolina Press, 1974)。

20世纪70年代，这些问题之间的关联越来越密切。由于越来越多的机构介入，政策空间受到压缩，1968年，海洋法机构间特别工作组由3个部门组成：国防部、内务部和国务院。到1975年，参与机构达13个。① 问题及问题间联系增加，其原因有二：技术进步和国际机制变迁。图5.1表明了机制变迁的作用。它以第二次世界大战结束以来美国《国务院公报》提到海洋的次数为基础，表明在关于机制变迁的国际谈判期间不同问题同时被提及的次数。

如第四章所表明的，国际货币体系同样也存在复杂的技术问题。然而，该问题领域内诸问题间联系密切且前后一致。例如，1972年美国财政部年度报告提出，如下五个问题需要全球参与作出决定：

1. 维护稳定汇率和货币自由兑换的办法；
2. 黄金、储备货币和特别提款权在体系中的适当作用；
3. 适当的货币流量；
4. 汇率波动的可允许幅度；
5. 管理流动资本的其他措施。②

除特别提款权外，所有上述问题都是20世纪20年代至40年代的重要国际货币问题。然而，20世纪70年代，贫穷国家提议，将国际货币体系应用于调动资源，如将提款权与援助挂钩，出售国际货币基金组织库存的黄金以援助存在收支平衡困难的欠发达国家，以及放宽从国际货币基金组织借款的规则限制。美国及其他工业化大国认为，在国际机制的创设过程中，这些问题处于次要地位，20世纪70年代，它们在这些问题上花费的时间却越来越多。1976年，制定一些适应欠发达国家要求的

---

① 关于该进程的精彩描述，参见 Ann Hollick, "United States Ocean Policy, 1948–1971"（霍普金斯大学1971年博士论文）。

② *Annual Report of the Secretary of the Treasury on the State of Finances, 1972* (Washington, D. C.: U. S. Government Printing Office, 1972).

条款，成为国际货币基金组织临时委员会面临争议最大的问题之一。

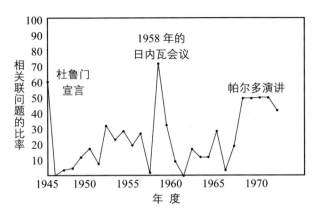

图 5.1　六大海洋问题（包括与其他海洋问题的联系）被提及的比率

资料来源：统计数字来自 1946—1972 年美国《国务院公报》。

在一个长时期内，不同类型问题的相对重要性也发生了某些变化。表 5.2 表明了这些变化，其中美国财政部报告重点关注如下三组问题：（1）国际货币集体的金融流动、其他国家的行动和美国的单边行动（在这里，美国既是该体系的观察者，又是体系的行为体；但着重强调的并非美国与其他行为体的合作）；（2）美国与他国的双边协议和安排；（3）多边协议、机构和安排。

表 5.2 体现了诸多引人注目的趋势。对多边事务的关注变化最为巨大，20 世纪 20 年代和 30 年代，对多边事务关注的百分比为零，40 年代和 50 年代剧增到 25%，60 年代增至 35%，1970—1972 年增至一半以上。双边协议曾在 20 世纪 30—50 年代受到相当的关注，但其作用有所下降。总体而言，对机制问题、如何完善和建构机制的强调在增加，与早期完全强调金融流动和美国的相关行动形成鲜明对比。①

---

① 关于美国财政部年度报告的分析，也可以根据它们是否与美国直接关注的收支平衡、美元价值和其他问题相关来分类，或根据它们是否与国际货币机制问题、改革该机制的方案相关来分类。1940 年之前，并没有系统地提到体系改革问题，但在 1943—1955 年年度报告（转下页）

表 5.2　美国财政部对三类问题的关注（按页数计）

问题类型 [a]	20世纪20年代	20世纪30年代	20世纪40年代	20世纪50年代	20世纪60年代	20世纪70年代
流动	2.65（100）[b]	0.17（46）	2.45（52）	2.50（57）	5.78（59）	7.10（46）
双边	0.0	0.2（54）	1.05（23）	0.60（14）	0.55（6）	0.20（1）
多边	0.0	0.0	1.10（24）	1.25（29）	3.43（35）	8.30（53）

[a] 参见正文关于三种类型的定义。
[b] 括号中的数字指的是占该十年间总数的百分比。

总体而言，外交政策议程受国际货币问题增加或问题间等级消失的影响少于受本身特性变化的影响。当这些问题与其他经济问题争议较少时，军事安全往往左右外交政策，问题之间出现明确的等级之分。总之，在20世纪40年代和50年代，各问题按照以上顺序排列，但也存在例外。20世纪20年代，国际货币政策成为英法两国重大政治决策的主题，两国之间出现激烈争端。20世纪30年代，这一问题在美国政治中的地位也凸显出来。恰如赫伯特·菲斯指出的，1933年，国际货币政策成为"我们外交关系的风暴中心"[①]。尽管1944年的布雷顿森林会议对此进行了非常重要的探讨，但国际货币事务在20世纪40年代因为第二次世界大战以及后来因为冷战（在短暂的安全担忧有所缓和之后）黯然失色。

20世纪70年代，对货币问题的政治关注骤然上升。从美国外交政策议程及其他资本主义大国议程的观点看，这种重视促使"新问题"

（接上页）关于国际货币事务的部分中，体系改革至少占到25%的篇幅（按页数计算）。此后，该问题从报告内容中消失，直至1965年重新出现，并一路飙升，到1972年（本研究的最后一年）成为国际货币关系占篇幅最大的问题。

[①] Feis, *1933*, p. 294.

明显增加。在货币领域，这些问题并非新鲜事物，但在经历一段蛰伏期后，这些问题分外显眼。在做出重大决策和面临危机的关键时刻，如 1925 年、1933 年和 1971 年，国际货币政策往往成为高阶政治。但当危机平息和新机制或国家新政策设计出台时，这些问题的显要程度将会降低。因此，问题间的等级区分模式随着危机的来去而变迁。①

联系的多渠道

20 世纪 20 年代以来，在海洋和货币两个领域里，政府间各种层次的相互作用剧增。在 20 世纪 20 年代，这两个领域的大多数关系都是双边性的。大国的官员互不熟悉，来往也甚少。只有少数几个国家参与这两个问题领域的事务，它们的相关官僚结构也非常简单。其后 50 年间，多边联系——常常通过国际组织进行——增多了；与这些领域相关的官僚机构比过去庞大得多了，而且海洋领域官僚机构的数量大增。跨政府联系渠道增长之快令人惊讶。

海洋问题领域国际组织的数量增长近四倍，从第一阶段的 5 个国际组织增长到第三阶段之初的 19 个。如果将常设会议、机构间协调机关和次要的渔业委员会包括在内，则 1975 年有近 30 个国际组织。② 在货币领域，国际组织的增加不那么显著，但官员之间联系网络的增长却更为引人注目。到 20 世纪 60 年代末 70 年代初，有 4 个重要的政府间组织在货币领域发挥作用，它们分别是：1930 年成立的国际清算银行（BIS）、1944 年成立的国际货币基金组织、1961 年在原有的欧洲经

---

① 在危急时刻，各国政府的主要政治人物（包括政府首脑）常常介入货币事务。关于《纽约时报》1913 年以来对国际货币事务相对关注的分析显示，迄今（根据《纽约时报索引》所占篇幅的比例统计），对这些问题关注程度最高的时期是 21 世纪 60 年代末 70 年代初。我们可以从同一时期的美国财政部年度报告、美国《国务院公报》看到类似的结果。相关数据可向本书作者索取。

② J. David Singer and Michael Wallace, "Intergovernmental Organization in the Global System, 1815−1965: A Quantitative Description," *International Organization* 24 (Spring 1970): 239−287.

济合作组织基础之上成立的经济合作与发展组织和欧洲经济共同体的货币委员会。这些国际组织的货币政策都不像十国集团那么正式，后者是由参加《借款总协定》（the General Agreements to Borrow）的主要经合组织国家组建的。① 由于国际货币基金组织和经合组织不时建立各种委员会和工作组，而且各种组织的成员——国家或个人——相互重叠，精英网络结构实际上复杂得多，跨国交往的机会比组织本身所列举的要大得多。货币改革的谈判有时具有"金融杂技"的特征，考虑到各种安排的复杂性和参与者的多重角色，我们就不会为此感到惊奇了。②

两个问题领域的非政府交往渠道也有所增加。1945 年之前，在海洋问题上的主要非政府利益集团是渔民（具有民族主义的传统倾向）和航运公司组织，它们定期组织跨国会议或其他卡特尔式的安排。1945 年以来，多国石油公司、矿业公司以及致力于科学、生态和世界秩序的跨国团体加入船主和渔民的行列中，利用海洋并向各国政府提出政治要求。在海洋领域中，跨国活动迅速增长和扩大，1945 年以来尤为突出。

随着跨国经济活动的增加，跨国政治活动和政治交往也扩大了。20 世纪 20 年代和 30 年代，走私者产生了意想不到的政治影响，沿海渔民有意影响政策，但两者都没有建立跨国组织。国际法研究所（Institute of International Law）和国际法协会（International Law Association）公开支持 3 海里的领海宽度。国际海事委员会（International Maritime Committee）曾组织讨论，帮助解决那些争论不大的、与航行和船运相关的法律问题。

在第二阶段，跨国政治行动越来越广泛。石油公司聘用其国际法协会的律师，以此影响国际法协会起草 1958 年日内瓦会议公约的工

---

① 参见如下文献的探讨：Fred Hirsch, *Money International* (London: Penguin Press, 1967), Sec. 4, pp. 219–282。

② 罗伯特·鲁赛尔（Robert W. Russell）使用过该术语，它还出现在探讨国际货币事务的新闻报道中。

作。科学家们组织起跨国的海洋研究科学委员会（Scientific Committee on Oceans Research），向他们的政府施加压力，成功地建立了政府间海洋学委员会（Intergovernmental Oceanographic Commission），以协调大型的海洋学研究。各世界秩序团体开展跨国活动，推动建立更强有力的国际机制。

1967年以来，跨国组织的政治活动有增无减。石油公司和矿业公司为使它们所青睐的政策获得支持而在各国游说。国际法协会的立场与这两个产业非常接近。矿业公司开始建立合资企业，以获得更多大国的政治支持，并分散它们的经济风险。①科学家进行了较为谨慎的游说活动，以促进世界秩序为目标的团体组织了许多非官方会议和研讨会，广泛传播它们的观点。②

与之相比，我们在货币问题领域未发现跨国行为体和跨国联系获得如此稳定的增长。20世纪20年代，货币问题领域的跨国行为体已经非常重要。当时，美国银行家在国际舞台上扮演着重要角色，1920—1931年，汇率浮动使外国在美国发行的股票超过110亿美元。③美国政府官员对美国政府正式介入欧洲的重建不感兴趣，因此银行家同样也是重要的政治行为体。J. P. 摩根公司（J. P. Morgan and Company）是20世纪20年代货币事务上的重要行为体。正如一位作者所说的，"美国政府所留下的真空为摩根公司所填补"④。

1929—1931年的经济崩溃之后，摩根等银行家的重要性一落千丈，此后25年间，跨国关系显然仍从属于政府政策。直到20世纪50年代末

---

① 根据采访整理出的观点。

② 参见Edward L Miles, "Transnationalism in Space: Inner and Outer," in Robert Keohane and Joseph S. Nye, Jr. (eds.), *Transnational Relations and World Politics* (Cambridge, Mass.: Harvard University Press, 1972); Warren Wooster, "Interaction Between Intergovernmental and Scientific Organizations in Marine Affairs," *International Organization* 27 (Winter, 1973): 252–275。

③ J. B. Condliffe, *The Commerce of Nations* (New York: Norton, 1950), p. 447.

④ Clarke, *Central Bank Cooperation*, p. 47.

和 60 年代，美国银行大举重返欧洲，跨国公司获得了惊人的增长，跨国行为体在国际货币体系中才重新获得显赫地位。1974 年欧洲美元市场增至近 2200 亿美元，1972 年美国前 20 家跨国银行的储蓄增至 579 亿美元（占总行和分行总量的 30%），这两点说明了以上现象的重要性。进一步说，短短十年间，国际货币领域发生了惊人的变化：十年前，欧洲美元市场微不足道；1965 年，上述 20 家银行的存款只有 6% 来自海外。①

像海洋问题领域一样，货币领域的明显趋势是，大型的、结构复杂的组织在跨国活动中的作用越来越重要。银行和多国公司的重要性更为显著。20 世纪 60 年代，美国银行在海外的扩张尤为迅速。当然，各银行之间也存在巨大的差异，有在全世界开设数百家分支机构的第一花旗银行（Citibank），也有通过往来关系边缘性地参与国际货币体系的小银行。相比个人投机者而言，最大的银行对货币体系运行的影响最巨，利害关系也最大。最后，专业经济学家组成了跨国网络，时常在国际货币体系中发挥重要作用。在 20 世纪 60 年代和 70 年代初期，经济学家似乎已向银行家和决策者证明了浮动利率是合理的，该目标部分通过在欧洲旅游胜地召开会议达成，部分是由于美国财政部长乔治·舒尔茨（George Schultz）等重要决策者本人就是经济学家。②

货币、海洋与复合相互依赖

表 5.3 概括描述了国际货币和海洋问题接近复合相互依赖的程度，以及 20 世纪 20 年代至 70 年代发生的重大变化。20 世纪 70 年代，相比现实主义而言，两个问题领域都更接近于复合相互依赖，尽管两者并不完全符合复合相互依赖的理想模式。特别是，武力在两个问题领

---

① Alice C. Barrass, "Afloat on a Sea of Controls," *The Banker* 123 (June 1973): 613-620.

② 参见 Robert W. Russell, "The Organization of the International Monetary System: Contributions of Transnational Elite Networks to Rules and Reforms"（提交 1973 年 9 月在美国路易斯安那州新奥尔良市召开的美国政治学会 1973 年年会的论文）。

域中都发挥着某些作用,海洋政治更是如此;海洋问题领域的扩展以及按照等级顺序排列这些问题的难度与国际货币政治不同。自 1920 年以来,海洋问题领域在三个方面的变化都大于货币领域,尤其是在多重问题和多种联系渠道上。

表 5.3　20 世纪 20—70 年代货币和海洋问题领域复合相互依赖的变化

复合相互依赖的维度	20 世纪 70 年代的情势与复合相互依赖模式的相符程度?	长期的模式变化是否趋向于复合相互依赖的模式?
海洋领域		
武力的作用无关紧要	接近于复合相互依赖的程度弱,武力仍然发挥重要作用。	是,但有限定条件:20 世纪 70 年代,弱国使用武力更多,但在许多问题上,武力并不奏效,对大国而言更是如此。
问题间没有等级之分	非常接近于复合相互依赖,难以维持问题之间的等级区分。	是。
联系的多渠道	非常接近于复合相互依赖。	是。
货币领域		
武力的作用无关紧要	相当接近,但与武力尚有某些联系。	否。武力常常发挥次要作用,没有明显的趋势。
问题间没有等级之分	接近于复合相互依赖的程度弱。在该问题领域,各问题之间的联系相当密切,在功能上互有关联;当货币问题非常显要时(如 1970—1975 年间),总体的外交政策议程的特征是问题间等级区分不强(军事安全不再自动处于支配地位)。	否。货币领域各问题之间一直保持密切联系。一旦货币问题成为"高阶政治",外交政策的总体等级制就会被削弱——1933 年和 1971 年的事件可以佐证。
联系的多渠道	非常接近于复合相互依赖。	是,但该模式不是线性的。20 世纪 30 年代初交往渠道减少,但到 20 世纪 60 年代达到空前的高水平。

货币和海洋问题领域的政治进程

"复合相互依赖"描述了与世界政治学者传统的"战争状态"（state of war）形成强烈对比的一系列条件。因此，复合相互依赖条件下决策者面临的机遇和限制不同于传统的现实主义世界。当他国使用武力的危险迫在眉睫时，如现实主义所假设的，国家的存亡有赖于其对外来事件迅速做出反应的能力。国内政治变幻无常，睿智的政治家将努力摆脱其羁绊。他们常常遵循历经检验的均势或权力政治准则，这些准则完全关注外来事件，并忽视国内限制。在其他战略情势之下，机动性和突发性非常重要，行为体的具体行为有些难以预测。但是，每个国家都将全力关注自身的安全困境和对权力的渴望，因此，对军事力量的考虑在政策选择中占有重要地位。

在复合相互依赖条件下，一方面，武力的作用忽略不计，这些限制也有所放宽。各国不再必须根据军事力量的平衡和军事结盟的性质调整重大外交政策。另一方面，在多种多样、不存在等级区分的问题上出现了各国交往的多渠道，增加了各国施加影响的机会。冲突点和合作点都有所增加。外交政策的整体形势更为复杂。结果，国家的谈判选择变得多样化了。它们可以选择重视哪些问题，忽视哪些问题，在哪些问题上要求对方让步，在哪些问题上自己妥协。限制的减少和机遇的增多，使得可行政策的范围更为宽泛。

假定国家是自治的实体，政治家在制定政策时总是深思熟虑，我们可能得出如下结论，即复合相互依赖增加了决策者的选择空间。旧有的限制已被侵蚀，新的机遇已经出现。但对决策者而言，不幸的是，复合相互依赖的其他方面也导致了新限制——它们不像"战争状态"的限制那样不可预测，但常常具有同等约束力。各社会之间出现的交往多渠道，不仅为政府提供了影响杠杆，也为非政府行为体提供了影响政府的途径。多国公司等跨国组织是其中最重要的行为体。交往的多渠道也意味着跨政府关系的增加，并会对政府政策的连贯性产生负面影响。各社会之间相互依赖的加强，与政府对社会和经济加强监督结合起来，有可能首先导致间接的政策相互依赖（政府无意中影响了他者），而后导致直接的政策相互依赖。新问题有可能出现，但并非经过决策者的深思熟虑，而是因国内压力或应对被强大集团视为具有负面影响的跨国互动。

我们在第二章中指出，现实主义与复合相互依赖的理想模式在如下政治进程的五个方面有不同的预期：（1）行为体的目标；（2）国家政策的工具；（3）议程形成；（4）问题之间的联系；（5）国际组织的作用。我们在本章前半部分得出如下结论：相比现实主义的假定而言，海洋和国际货币问题领域与复合相互依赖的假定更为一致，但这两个问题领域并不完全符合相互依赖的条件。现在，我们将探究第二章所说的政治进程预期与我们所认识的货币、海洋领域现实情况之间的相合性。复合相互依赖的预期比现实主义的预期更精确吗？

行为体的目标

在复合相互依赖的条件下，我们预期，国家的目标因问题领域而异，跨国行为体的目标因问题领域而异，跨政府政治将构成各国追求始终如一之目标的障碍。

从表面上看，这个三重命题的第一部分必须近乎真实。毕竟，产生于海洋领域的问题与货币领域的问题并不相同。现实主义和复合相互依赖预期的关键性区别在于，在这两个领域中，军事安全目标是否优先于其他目标。冷战期间，这一目标支配着海洋政治；但在20世纪70年代，经济目标和其他目标经常与军事安全目标叠合，中小国家如此，世界最强大的海军大国美国亦复如是。海军越来越难以将其目标列入国家利益。尽管美国能够将海峡自由通行列为优先事项，但它无法维持它在尼克松总统 1970 年 5 月的政策声明中帮助确立的海洋政策的总体优先地位。例如，1969 年，海军的坚定立场——"从国家安全的观点和与航海自由的观念一致两方面看，……最狭义的大陆架定义是最好的"——遭到其他利益集团的成功挑战。①

在货币政治中，安全目标时常处于重要地位，但并不具有决定意义。1965 年或 1968 年，美国也没有以为战争提供资金为由让美元贬值。它试图实现两个目标——越南战争的胜利和维持美元币值的稳定，但徒劳无功。安全考虑影响了 1971 年美元贬值幅度的谈判，但推动尼克松、康纳利采取联合行动的动机，似乎主要出于经济考虑。有些评论家确实担心，美国在经济上的横行霸道会削弱西方联盟。例如，《纽约时报》社论抱怨美国农业部、商业部和财政部对待盟国的做法。②

第二个命题——跨国行为体在两个问题领域中追求不同的目标——虽语不惊人，却显然十分正确。不同的国际组织和不同的精英网络都关涉其中。

复合相互依赖推导出的关于行为体目标的第三个命题最为重要：跨国政治使得各国难以追求明确而具体的目标。尽管我们难以获得关于跨政府政治的系统信息（跨政府政治多秘密进行所致），有关迹象表明，当复合相互依赖的条件出现时，跨政府政治也就产生了。在货币领域，它出现于联系渠道臻于极盛之际（20 世纪 20 年代和 60 年代）；自 20 世纪 50 年代末以来，海洋领域就出现了跨政府政治。

海洋政治的某些跨政府关系间接出现于政府下属机构之间。英国和美国海军定期互通情报。③ 奥斯古德指出，印度尼西亚和美国之所以

---

① 助理海军部长罗伯特·弗罗施（Robert Frosch）的讲话。引自 Lawrence Juda, *Ocean Space Rights* (New York: Praeger, 1975), p. 99。

② "Export Drive," *New York Times*, June 7, 1971. "典型的案例是，康纳利部长最近建议，美国应将第六舰队撤离地中海，以报复共同市场的互惠贸易安排。"

③ 根据采访整理。

能避免海峡冲突，是与两国海军的密切关系分不开的。① 巴西、美国海军的密切关系同样有助于防止 20 世纪 70 年代早期两国关于捕虾纠纷的升级。② 如上所述，美国早期曾因与厄瓜多尔政府内部在领海宽度上的分歧采取相应行动。在 20 世纪 20 年代与英国的反走私争端中，美国政府和英国内部都意见不一，"温和派"之间或许建立了某些跨政府协调。③

在海洋问题领域，大型会议外交确实为跨政府联系创造了许多——或许是最多的——机会。随着海洋问题政治地位的日渐突出，多元工业化国家的许多团体和机构对本国政府施加压力，要求增加代表团的代表性，使它们的利益得到反映。在加拉加斯海洋法会议上，美国代表团有 110 名代表（其中 20 人来自国务院）——不折不扣是会议中的会议。国务卿努力削减代表团规模，但参加 1975 年日内瓦会议的代表仍超过了 80 人。美国政府成功谈判的能力受制于跨政府联系："有的美国代表竟然为外国政府说话，而有些代表的立场与本国官方政策背道而驰。未经授权泄露美国的退却立场屡见不鲜。"④ 更为微妙的是，渔业、海军、石油、矿业等类似功能的利益集团组成各种各样的代表"俱乐部"，并成为非正式会议外交的一个组成部分，它们建立起固定的交流渠道，与早已分崩离析的国家政策相抵触，并制造了紧张局势。许多贫弱国家立场较为简单，所以受这些跨政府交往的影响反而小一些。在大型会议外交中，跨政府交往有助于贫弱国家向强大国家渗透，而不是相反。

如人们所料，20 世纪 20 年代，国际货币问题领域的跨政府关系最

---

① Osgood, "U. S. Security Interests," p. 14.

② 根据采访整理。

③ *The Times* (London), July 7, 1923; *Morning Post* (London), November 3, 1923.

④ Ann L. Hollick, "National Ocean Institutions," *Ocean Development and International Law* 3, no. 2 (1975): 163.

为显著，此后 20 世纪 60 年代和 70 年代又重新兴起。在 20 世纪 20 年代，最重要的跨政府关系发生在英格兰银行行长蒙塔古·诺曼（Montagu Norman）和纽约联邦储备银行行长本杰明·斯特朗之间。① 两人对金本位制都深信不疑，并主张各国中央银行应在中央政府的监督之下进行独立的合作，共同制定国际货币政策。这些共同信念为他们之间的合作提供了坚实的基础，也导致他们不时与本国财政部门发生冲突。总体而言，两位央行行长支持紧缩的货币政策，却担心国内政治压力阻止该政策的通过。不过，他们之间的合作可以缓解这种压力。例如，1924 年 12 月，斯特朗致电诺曼，通知他纽约联邦储备银行有可能将贴现率提高 0.5 个百分点，询问诺曼是否愿意先行一步。诺曼回答说，他愿意唯纽约马首是瞻（纽约提高 0.5 个百分点，他将提高 1 个百分点），"这样看起来是你们迫使我们这样做的"②。1930 年，在国际清算银行的建立过程中，诺曼试图"制定某些条款，使银行置身于各国政府的长鞭之外"③。

20 世纪 30 年代，各国政府采取了严加控制的政策，而且军事力量的问题突出了，各中央银行行长关于跨政府联系的设想及中央银行越来越无效的情况生动地体现在亚尔马·沙赫特（Hjalmar Schacht）的回忆录中：

> 德国的情况越趋于极端，我越期望利用自己在巴塞尔的关系来维护和平。因此，（1938 年）夏天，我问我的英国同事蒙塔古·诺曼，是否可能使英国的政策与我维护和平的努力相协调。

---

① 参见 Clarke, *Central Bank Cooperation*; Boyle, *Montagu Norman*; and Lester V. Chandler, Benjamin Strong, *Central Banker* (Washington, D. C.: Brooking Institution, 1958). 当时英格兰银行是私有银行，但它显然承担着一种政府职能，并成为英国决策网络的组成部分。因此，斯特朗与诺曼之间的联系被视为"政府间"联系。

② Clarke, *Central Bank Cooperation*, p. 88.

③ Boyle, *Montagu Norman*, p. 247.

迄今，英国的政策似乎允许希特勒在外交事务中为所欲为。四周之后，当我再次见到诺曼时，他告诉我：

"我和内维尔·张伯伦讨论了您的建议。"

"他是怎么回答的？"

"他的答案是，'谁是沙赫特？我得与希特勒谈谈'。"

这个答案使我不胜惊讶。①

20世纪30年代，跨政府行为似乎陡然减少了。危机迫使各国政府转向关注国际货币政策，而经济萧条使得银行家包括中央银行行长信誉扫地。由政治上负责的官员指导和推行国家政策成为主流。财政部的重要性增强了，而中央银行的地位则削弱了。②

国际货币官员之间的联系网络在20世纪30年代后期稍有变动，在华盛顿和布雷顿森林会议上制订战后重建的计划时，这一联系网络又开始重建。③ 随着布雷顿森林体系的逐步实施，财政官员之间的联系纽带也加强了。各国中央银行的副行长经常在国际清算银行会晤；在十国集团、经合组织和欧洲经济共同体货币委员会的主持下，他们经常与各国财政部相应的副部长会面。该级别官员之间、各国财政部长之间建立了密切的私人友谊；相应地，同僚关系和集体精神似乎有所发展。④

---

① Boyle, *Montagu Norman*, p. 304. 人们也许不完全相信沙赫特的自述，但这个故事太精彩了，即使有人对此半信半疑，我们也不应弃之不提。

② G. Griffith Johnson, Jr., *The Treasury and Monetary Policy, 1933–1938* (Cambridge, Mass.: Harvard University Press, 1939).

③ 可参见 Sir Roy Harrod, *The Life of John Maynard Keynes* (New York: Harcount Brace, 1951); J. Keith Horsefield, *The International Monetary Fund* (Washington, D. C.: IMF, 1969)。

④ Robert W. Russell, "Transgovernmental Interaction in the International Monetary System, 1960–1972," *International Organization* 27, no. 4 (Autumn 1973): 431–464. 又见 Hirsch, *Money International*, Particularly chap. 11, "Central Bankers International". 吉斯卡尔·德斯坦（Giscard d'Estaing）与赫尔穆特·施密特（Helmut Schmidt）在分别担任法国财政部长和德意志联邦共和国财政部长时结下的个人友谊人所共知。

20世纪60年代后期,随着货币问题的政治化,跨政府联盟越发难以维系。恰如鲁赛尔指出的,"随着各国政府直接而广泛地介入汇率谈判,中央银行合作和中央银行行长的跨政府联盟失去了政治上的重要性,开始退居幕后"①。

约翰·康纳利担任美国财政部长期间,财政部官员的跨政府合作达到历史最低点。康纳利向美国国会委员会描述1971年史密森谈判的文字,从某些方面表明了他的做法与同僚的规范何等遥远:

> 在罗马会议期间,我建议考虑美元贬值10%的可能性,我并没有说非这样不可,只是提议考虑一下这样做的可能性。此后,全场哑然达40分钟之久。坐满人的房间鸦雀无声。所有人都一声不吭。
>
> 最后,一位部长开口说,这是完全不能接受的,我们不同意,5%是我们接受的最大限度了。……此后,我们从他的提议开始讨论,最终达成了贬值8.57%的《史密森协议》。②

但是,康纳利在任时间不长,康纳利主义(Connallyism)持续未久。康纳利的继任者乔治·舒尔茨与其他国家财政部长的关系更为密切。财政部长间的跨政府政策协调得以延续,中央银行行长间的联系网络得以保持。1971年秋天,英国财政部长说:"不管我们这些财政部长有多大分歧,我们都是难兄难弟,远离国内那些大手大脚的同事再惬意不过了。"③尽管这是玩笑话,却也包含了某些真谛。理查德·库

---

① Robert W. Russell, "Transgovernmental Interaction in the International Monetary System, 1960-1972," *International Organization* 27, no. 4 (Autumn 1973):463.

② *To Provide for a Modification of the Par Value of the Dollar*, March 1, 2, 3 and 6, 1972, pp. 11, 19–20(美国第92届国会众议院银行和货币委员会第二次会议第13120次听证会).

③ Anthony Barber at the IMF, Annual Meeting of the Board of Governors (Washington, D. C.: IMF, 1971), p. 7. 转引自 John Odell, "The United States in the International Monetary System"(威斯康星大学1976年博士论文).

珀认为，随后组织关于国际货币体系改革讨论的"二十国委员会"，部分是为了促成财政部长的跨政府联盟并使之合法化，以对抗国内扩张主义者的压力。①

上述讨论表明，我们关于复合相互依赖的预期——跨政府政治将使得各国难以追求明确的目标——需要限定条件。在某些情况下——当国内利益集团存在严重分歧，各问题大相径庭，高层政治领导人并不关注这些问题时——跨政府联盟将导致国家目标难以界定。我们看到，20世纪20年代的国际货币领域、20世纪60年代末和70年代的海洋领域都出现了这样的效应。但是，当国内利益集团保持相当一致，而高层政治领导人非常关注这些问题时，政府也许追求连贯一致的政策目标，即使在复合相互依赖的条件下亦然。复合相互依赖使得国家保持目标的连贯性愈加困难，但并没有排除这种连贯性的可能。跨政府政策协调似乎与复合相互依赖一脉相承；只有在某些条件下，跨政府联盟——不同的政府部门与其他国家的相应政府部门结盟，相互之间的政策目标存在冲突——才能实现。②

国家政策的工具

我们预期，在现实主义条件下，直接或间接使用军事力量是国家政策最为有效的工具。在复合相互依赖的条件下，操纵问题领域的经济相互依赖、控制国际组织和跨国行为体，对国家目标的实现更为重要。

如上所述，在海洋问题领域中，尽管武力仍是一种潜在的国家政策工具，但其使用越来越少见，特别是大国越来越少使用武力。美国与几个南美洲国家的渔业争端说明了这一点。在捕鱼争端中，小国常

---

① Richard N. Cooper, "Prolegomena to the Choice of an International Monetary System," *International Organization* 29, no. 1 (Winter 1975): 89.

② 更系统的情况描述，参见 Robert O. Keohane and Joseph S. Nye, Jr., "Transgovernmental Relations and International Organizations," *World Politics* 27, no. 1 (October 1974): 39—62。

常动用武力，但其动武对象一般是跨国行为体（渔业公司）而非国家。美国也试图操纵跨国行为体。例如，1954年通过的《渔民保护法案》（the Fisherman's Protective Act）及其后修正案的制定，就是为了避免动用海军力量同时又能够保护美国的金枪鱼捕捞船队。当美国渔民的船只被扣留时，美国政府向渔民提供罚款补偿，以此减少渔民购买秘鲁或厄瓜多尔捕鱼许可证的动机，因为后者意味着接受南美洲国家扩大领海管辖权的要求。

在操纵跨国行为体方面，小国往往技高一筹。它们将扣留船只和罚款程序发展为一种博弈，厄瓜多尔和秘鲁还利用美国渔业公司（厄瓜多尔金枪鱼工业的一半资产为美国所拥有）和石油公司作为抵押品或盟友。例如，"为了自身利益，美国石油公司极力游说华盛顿，要求缓解渔业争端中的紧张气氛"①。当美国试图实施经济制裁如削减援助时，南美洲国家往往使事态升级——如驱逐外交官，利用美洲国家组织（Organization of American States）发动外交攻势，谴责美国的"经济侵略"。由于美国竭力避免争端升级，南美洲国家决心更大，它们在政治谈判中也更能成功地操纵经济相互依赖。

从宽泛的角度讲，面对一个国际机制的衰落，大国试图利用国际组织进行谈判，提供另外的选择，而不是以武力为后盾采取单边措施。在会议外交的背景下，美国推动非正式代表团体的形成，努力"教育"欠发达国家的代表，告诉他们这些特定功能性利益集团的真实性质。如上所述，相比美国而言，小国却更能成功地利用跨政府交往渠道。我们将在以下的研究中认识到，在政治谈判中，贫弱国家普遍将国际组织作为制定议程和建立问题间联系的工具。尽管大国利用武力的残存可能性仍然影响着海洋问题的谈判，但武力威胁已不再是最有

---

① Bobbie Smetherman and Robert Smetherman, *Territorial Seas and Inter-American Relations* (New York: Preager, 1974), p. 49.

效的国家政策工具。

如上所述,在货币问题上,武力有时与其他问题联系在一起,以此影响国家政策。20 世纪 60 年代,美国特别将武力的保护作用与货币政策相联系,意图影响欧洲的政策。但总体而言,其他政策工具更为有效。20 世纪 60 年代,美国颁布旨在影响美国多国公司行为的指导方针,试图借此反击对其收支平衡的压力。同时,法国则在布雷顿森林机制的规则之下,操纵敏感性相互依赖,将其手中多余的美元兑换为黄金,以此影响美国的政策。1971 年,美国操纵构成脆弱性相互依赖的非对称性,停止美元与黄金的自由兑换。1971 年之后,美国拒绝或不愿意支持外汇市场上的美元,此举常常被视为迫使其他国家接受美国属意的国际货币改革的部分战略。我们将在下文看到,海洋问题领域的国际组织不像货币领域那么重要,但各国也竭力提高本国的谈判地位,其方式是改变国际组织中的成员组成或加权表决程序,或引导问题进入(或撤出)特定的组织性论坛。简言之,武力与其他问题联系在一起,影响着货币政治,但像海洋问题领域一样,武力并非最重要的政策工具。

议程形成

我们预期,在现实主义的条件下,某一问题领域的议程由安全威胁和均势变化所决定。但在复合相互依赖的条件下,议程主要受到各问题领域资源分布以及各种进程的影响。这些进程包括:国际机制的演变,应对经济和技术环境变化的能力;跨国行为体重要性的变化;与其他问题间的联系;以及国内政治导致问题的政治化。这些预期如何适用于货币和海洋问题领域呢?

对国际货币问题而言,其议程主要为创立或维持国际机制的问题所决定。《纽约时报》发表社论指出:

只有在国际货币体系运行不良时——货币汇率急剧升降,投机者或企业大规模转移资金,货币不稳定造成国家经济急剧繁荣或衰退——它才成为重大的公共利益问题。根据这一标准,我们可以说,国际货币改革的基本目标是,使世界货币体系尽可能不引起公众的关注。①

在机制尚未建立起来时,大众往往集中关注如何重建规则或规范的有序格局,1920—1925 年间、1936—1946 年间、1971—1976 年间的情况就是如此。1930—1931 年间和 1965—1971 年间,随着核心货币(前一个阶段是英镑,后一个阶段是美元)地位的削弱,既有的固定利率机制越来越不胜任。随着机制缺陷越发明显,货币问题被提上各国的议事日程;在机制崩溃之后,这些问题的紧迫性仍然持续了一段时间。20 世纪 60 年代,多国公司和银行重要性的加强促进了资金流动,也在一定意义上促成了议程变化。

简言之,在连贯而功能联系密切的问题领域里,机制运行不良导致议程变化。战后货币领域的进程与贸易领域的情况形成对比——后者的议程设置,至少在美国是两个因素的结合,即美国总统要求立法机关降低关税和其他贸易壁垒的自由化倡议,以及受贸易负面影响的社会集团采取保护主义行动。② 它与海洋问题领域的议程设置形成鲜明对照。海洋议程深受经济发展和技术进步的影响,而后者对国内利益

---

① *New York Times*, January 16, 1976.

② 关于两个问题领域鲜明对比的早期论述,参见 Johnson, *The Treasury and the Monetary Policy*, pp. 206–207. 又见 E. E. Schattschneider, *Politics, Pressure, and the Tariff* (New York: Prentice-Hall, 1935); Raymond A. Bauer, Ithiel de Sola Pool and Lewis Anthony Dexter, *American Business and Public Policy: The Politics of Foreign Trade* (Chicago: Aldine-Atherton, 1963)。当分析《纽约时报》等信息资料关于长期以来贸易问题的关注模式时,我们发现,贸易问题受到高度关注之际,即国内利益集团或政府机关试图通过新的贸易立法之时。因此,这种关注模式非常不平衡,取决于该问题是否提交国会。与此形成对照的是,只有国际危机出现时,人们才关注货币事务。

集团既造成了威胁也提供了机遇。受竞争对手技术进步影响的沿海渔民举行抗议行动，要求得到保护；金枪鱼渔民进行游说，要求采取报复性措施；石油公司、深海矿业公司、海洋科学家、生态保护主义者等其他团体则使其要求广为人知。他国政府扩大管辖权的单边要求部分地决定了海洋问题的国际议程，而1945年的杜鲁门宣言是对国内渔业和石油利益集团的回应。[①]但是，海洋议程越来越受到国际会议的影响，特别是穷国政府要求重新安排机制，更充分地考虑它们的利益。

在海洋问题领域，技术进步带来了国内外关于分布问题的政治宣传，极大地促进了议程形成。在国际货币领域，政治重要性的增加似乎主要是国际机制危机导致的。在美国，很少利益集团为之所动，政策仍然主要控制在政府内的财政部和国务院、政府外的金融界手中。但对于海洋问题而言，五花八门的国内和国际利益集团似乎对促进议程变化的影响更大。

在以上两个问题领域，我们的一般性预期——安全威胁不再是议程变化的主要渊源——都得到了证实。但在复合相互依赖中，各种模式都是可能的。问题领域不同，议程变化的方式也不完全一致。在下一章关于国际机制变迁的分析中，这些不同更为显著。至此，我们至少清晰地认识到，即使非常接近于复合相互依赖的条件，各问题领域间议程变化的模式也差异甚大。

问题之间的联系

我们预期，在现实主义条件下，各问题之间的联系主要是强国利用其在世界政治某一领域的权力（特别是其军事力量）在另一领域胁迫他

[①] "Formation of United States Policy on the Resources of the Continental Shelf and on Coastal Fisheries," *Foreign Relations of the United States*, vol. 2 (Washington, D. C.: U. S. Government Printing Office, 1945), pp. 1481–1520.

国；但在复合相互依赖的条件下，强国往往难以建立问题之间的联系，因为武力不再有效。但是，弱国常常通过国际组织建立各种联系。

这一进程强烈反映在20世纪60年代和70年代的海洋政治上。在1958年和1960年召开的日内瓦会议上，功能上相关或无关的问题之间都建立了一些联系。1967年之后，问题之间的联系更为密切，这部分是问题之间功能性相互依赖的增加所致。人们原本认为，构成旧机制基础的资源是不受限制的；与此相对照，实际的或潜在的竞争性利用意识出现了。特别是参加国际会议的第三世界多数国家将这些问题与确保满意的总体谈判联系起来，这种倾向强化了问题之间的联系。

1967年以来，一个重要的新问题——海底资源促进了这种联系。除主要或中等海洋利用者外，越来越多的国家受到海底巨大宝藏前景的诱惑，更加关注海洋问题。这些国家拥有广泛而非具体的兴趣，问题之间的联系因之得以加强。1968年，联合国大会建立海底委员会，其创始成员国有35个，1971年其成员国增至91个。欠发达国家认识到自己在海底问题上的技术劣势，"坚持引进与领海宽度、海峡通过权和捕鱼实践等相关的其他海洋法律机制，这不仅增加了问题的复杂程度，也引发了更多的争议"[①]。起初，美苏两国都试图将海底问题与其他问题分隔开来，但徒劳无功。随后，美国将在专属经济区的让步与军舰的自由通行权联系起来，但总体而言，在1967年之后召开的历次海洋问题会议上，问题之间的联系确实成为弱国的政策工具。

货币领域的联系进程颇为不同。首先，功能性联系更为重要。1920—1970年间，在许多情况下，美国财政部报告强调国际货币政策与贸易政策的明显联系。[②] 国际货币政策是宏观经济政策的必要组成部

---

① Edward Wenk. Jr., *The Politics of the Oceans* (Seattle: University of Washington Press, 1972), p. 284.

② 可参见1940年的年度报告（第119—128页）、1955年的年度报告（第49—52页）及1972年的年度报告（第58—59页）。

分，因此必然与其他经济领域相关联。

其次，强国和弱国共同将问题之间的联系引入国际货币领域。在创建布雷顿森林体系的过程中，美国利用对外援助影响货币体系和贸易体系；英国承诺在1947年恢复英镑的自由兑换是1946年美国提供贷款的一个条件。①在"双轨"制（the "two-track" system）——西方盟国将金融问题和军事问题分别处理——崩溃之后②，美国再次成为要求问题联系最为经常的国家。斯时，尼克松和康纳利将贸易、货币事务相互联系；20世纪70年代早期，美国试图在一系列密切相关的问题上达成普遍性协议。支持者可以援引功能性术语为此辩护，但其倾向却准确无误地表达如下："不是因为我们的选择或出于与他国做交易的策略目的，而是现实将大西洋关系中的政治、军事和经济问题联系在一起。"③

20世纪70年代，欠发达国家确实试图将在新的国际货币机制上达成协议与大国的让步联系起来。该目标并未实现，但它们确实获得了大国的让步。例如，1976年1月的牙买加协议关于出售国际货币基金组织库存黄金的规定以及信贷条件的放宽，确实有利于第三世界国家。但是它们对国际货币基金组织的影响显然小于对海洋法会议的影响。在货币问题领域，它们的投票权少得多，而且用来讨价还价的资源也少得多。在海洋问题领域，它们常常宣布扩大领海管辖，或对其新宣布控制区域的进入者进行骚扰，借此制造事端；但在货币问题领域，它们只有违约这种代价高昂的武器。

我们关于复合相互依赖的预期在海洋领域得到了证实：弱国建立的联系成为政治进程的重要组成部分，但是，在国际货币领域，大国

---

① Gardner, *Sterling-Dollar Diplomacy* (1956), p. 204.
② Richard N. Cooper, "Trade Policy Is Foreign Policy," *Foreign Policy* 9 (Winter 1972/73): 18–36.
③ 1973年4月23日亨利·基辛格的演讲。

继续拥有绝大多数政治资源，这些联系就不那么重要了。

国际组织的作用

如上所述，在过去几十年间，海洋问题领域的国际组织有所增加，这些国际组织之间出现了跨政府政策协调和建立联盟（coalition-building）的现象。这种行为已经司空见惯。在政府间海事协商组织（IMCO）中，各国运输部门官员试图拓宽该组织的管辖权，将所有污染问题（而不仅仅是石油污染）包括在内，尽管这一行动与某些政府外交部门的立场相抵触。① 我们还注意到，如在复合相互依赖条件下的预期那样，国际组织是重要的议程设置者。

更为重要的是，海洋问题领域的决策政治与国际组织密切相关。该领域国际组织的程序强调主权和国家平等。19 世纪，内陆国家参与海洋决策是不可想象的。但在 1930 年国际联盟主持召开的海牙会议上，捷克斯洛伐克与其他国家一样拥有同等的发言权和投票权。该立法会议使得异常国家的重要性引人注目，并削弱了大国惯有的支配地位。②

即便如此，20 世纪 30 年代的世界交往模式仍被加尔通称为封建模式，强弱国家之间存在纵向联系，而弱国之间的横向联系甚少。③ 在 20 世纪 30 年代，厄瓜多尔、土耳其、伊朗等国扩大领海管辖的努力招致大国的抵制，在外交上陷入孤立。其后，同属国际组织成员的地位使它们由潜在的外交伙伴转化为积极作为的外交联盟。

最近几十年来，国际组织使海洋问题政治化，使得积极参与这些

---

① 根据采访整理。

② Sayre A. Swarztrauber, *The Three Mile Limit of Territorial Seas* (Annapolis, Md.: Naval Institute Press, 1972), p. 132.

③ J. Galtung, "A Structural Theory of Imperialism," *Journal of Peace Research*, no. 2 (1971): 81−118.

问题解决的国家数量大规模增加。欠发达国家政府尽管除拥有海岸线外，缺乏与海洋相关的重要能力，但在这些问题上的影响越来越大。显然，主要海洋大国在联合国海洋法会议上处于守势。1967年的联合国大会提出了海洋资源的问题，促使该领域建立了一系列潜在联盟，而该领域奉行多数表决制原则。一般性组织机构——联合国大会的规则和实践，影响着关于建立海洋新机制的规则和实践的讨论。国际组织的规则有利于欠发达国家，这一事实赋予这些国家额外的影响力。在此，我们关于复合相互依赖理想模式的预期得到证实。

货币问题领域的情况与此有些不同。在国际清算银行、国际货币基金组织、经合组织等国际组织内出现了跨政府网络。但是，国家间政策议程主要由国际机制的条件所塑造。20世纪70年代，欠发达国家曾经成功地将自己属意的问题提交讨论，但它们的成功有限。最重要的是，与海洋问题领域不同，国际组织并没有导致第三世界参与程度及其影响力的爆炸性增长。

货币问题一直被国际货币基金组织及工业资本主义国家的小型而精选的"俱乐部"把持着。这些问题并不由联合国的一般性论坛所决定。① 与海洋领域不同，20世纪60年代，国际货币领域已经建立了一系列国际组织，其中绝大多数第三世界国家处于不平等地位，其表决权约等于该国在国际货币基金组织认捐的份额。② 进一步说，各国中央银行官员和财政部官员——包括第三世界国家的银行家和财政部官员——结成的精英网络已经就位了。诚然，1971年欧美没有达成协议的结果是，第三世界国家在国际货币新机制的探讨中发挥了更大的作

---

① 参见 John Gerard Ruggie and Branislavs Gosovic, "On the Creation of a New International Economic Order: Issue Linkage and the Seventh Special Session of the UN General Assembly," *International Organization* 30, no. 2 (Spring 1976): 309—346。

② 参见 Joseph Gold, *Voting and Decisions in the International Monetary Fund* (Washington, D. C.: IMF, 1972)。

用，但这并没有使它们成为主要行为体。金融资源仍是发挥影响力的关键。1973年的石油价格飙升使主要石油输出国一夜暴富，它们在国际货币基金组织的份额随即增加，但这种增加只是反映了它们显赫的新金融地位，并未改变国际组织的规范或程序。

我们再次发现，海洋和货币问题领域的政治进程存在巨大差别。国际组织在两个问题领域中都发挥重要作用。但在国际货币领域中，国际组织主要是拥有金融资源的国家进行政策协调的工具。与其说它们反映了各国对最终结果的重大影响，倒不如说它们反映了各国权力资源的大小。与此相对照，在海洋领域，国际组织加强了弱小国家的影响力，而损害了海洋大国的利益。

表5.4 海洋和货币领域复合相互依赖的政治进程（1970—1975）

	复合相互依赖条件下的预期	在海洋领域得到证实？	在货币领域得到证实？
行为体目标	国家的目标因问题领域而异；跨政府政治使得目标难以界定；跨国行为体将追求自己的目标。	是。	在某种程度上得到证实；但在某些情况下，政策连贯性大于复合相互依赖理想模式的预期。
国家政策的工具	操纵经济相互依赖；国际组织和跨国行为体成为主要的政策工具。	是，尽管有时使用武力。	是，尽管20世纪60年代它与武力的保护作用有关联。
议程形成	议程受以下因素的影响：各问题领域内的资源分布变化，国际机制的地位，跨国行为体重要性的变化，与其他问题之间的联系，国内政治导致的政治化，以及国际组织的政治。	是，国际组织和国内政治尤其重要。	是，国际机制的地位尤其重要。

（续表）

	复合相互依赖条件下的预期	在海洋领域得到证实？	在货币领域得到证实？
问题之间的联系	强国难以建立问题之间的联系，但出现了各种各样的联系。这些联系主要是弱国通过国际组织建立的，它们削弱了而非增强了问题之间的等级结构。	是，两方面的预期都得到证实。	否，问题之间建立了联系，但这些联系既是强国建立的，也是弱国建立的。
国际组织的作用	国际组织是重要的议程设置者、形成联盟的重要舞台和弱国采取政治行动的重要场所。为某问题选择组织性论坛和动员投票的能力成为一项重要的政治资源。	是，三方面都得到证实。	不那么重要；是形成联盟的重要舞台和重要的协调工具，不是重要的议程设置者，也不是弱国采取政治行动的重要场所。

结　论

表5.4概括了20世纪70年代早期海洋和货币领域如何证实了第二章关于复合相互依赖政治进程的预期。相比现实主义而言，以上两个问题领域的政治进程更接近于复合相互依赖条件的预期；但就与预期的相符程度而言，海洋问题领域远远高于货币问题领域。特别是，欠发达国家在海洋领域更有影响力，它们更能有效地利用国际组织。

从更长期的角度看，海洋问题领域支持如下命题：当一个问题领域的情况接近于复合相互依赖的条件时，政治进程将相应发生变化。大国动武减少，小国的机动性相应加强。各国之间出现了多样化的问题和多种交往渠道。在海洋问题上，政治化程度、问题之间讨价还价的联系、小国的机遇、国际组织的介入都有所增加。随着社会相互依赖和间接相互依赖意识的加强——特别是当有的国家单方面发表管辖权或控制权的声明时，直接的政策相互依赖有所加强。政治进程越来越复杂，更多的政府机构介入其中，跨政府关系或政府间关系获得更多的发展机遇。

与之相比，在国际货币领域，我们发现各问题和参与问题处理的各政府机构存在相当大的连续性。最近15年来，跨国行为体变得非常重要；但截至目前，跨国行为体的作用在20世纪20年代初期达到鼎盛。货币问题领域最重要的变化不是接近复合相互依赖的条件（在多数情况下程度较高），而是政府行为。政府在国际货币问题上非常活跃——尤其是在20世纪20年代异常消极的美国政府。做出政治回应的机构如财政部获得了影响力，这是以牺牲联邦储备局和纽约联邦储备银行的利益为代价的，因为后者不是总统直接领导的机构。20世纪60年代末70年代初，各种问题的国内政治化程度之高实属空前，至少就作为国际论坛而言，国际组织比战前重要得多。在决策关头，美国政府内部的分歧一再凸显。讨价还价的联系出现于尖锐冲突之际，并有增加的趋势，这并非问题数量的增加所致，而是因为各国政府——特别是美国政府——将操纵联系的相互依赖作为重要的政策工具。

我们尚未解释海洋和货币问题领域的国际机制变迁。这是下一章的任务。此际，回顾20世纪70年代两个领域存在的差别以及过去半个世纪两个问题领域的演变足矣。在接近复合相互依赖的条件下，国际政治与现实主义条件下的预期非常不同。当然，我们不能一概而论。

第六章
海洋和货币领域的决策政治

我们在第三章提出了国际机制为什么和如何变迁的问题，并提供了四个解释模式。我们建议从最简单、最精练的解释开始分析国际机制变迁，在必要时增加复杂性。正如我们在第三章看到的，关于机制变迁最简单的解释模式强调经济发展进程，我们就以此为分析起点。

经济进程与机制变迁

机制变迁的经济进程模式建立在对经济和技术进步的福利导向做出回应的基础之上。其间，国际经济联系和跨国经济关系常常超出国际机制的范畴：世界政治的上层建筑无法应对生产和交换基本关系方面的变化。从某些方面讲，国际机制不得不改进或走向崩溃。该模式意味着，政府不愿放弃自己在经济相互依赖中的福利收益，它们在压力之下接受机制或迅速创立新机制。经济进程模式忽略了权力的国际分布问题。因此，该模式解释的是国际机制的衰败（因技术进步和相互依赖的发展所致）以及国际机制的重建或改造（以回应不改造或创立机制则丧失福利收益的臆想威胁）。

表6.1表示了自1920年以来国际机制得以创立或重建的五个时期，以及国际机制崩溃或受到严重削弱的四个时期。经济进程模式预期，

表 6.1　机制变迁的经济进程模式

时期	问题领域	关于变迁的描述	经济进程模式能否解释之？
机制创立或重建			
1920 年之前	海洋	英国建立航海自由机制。	提供了部分解释。经济进程模式解释了英国从航海自由机制获得的收益。
1925	货币	英国回归金本位制。	提供了部分解释。恢复和平时期的经济使之成为可能。但英国的错误认识及决策进程对该解释至关重要。
1944—1948	货币	创立了布雷顿森林机制，但协议规定暂时搁置之。	提供了部分解释。相互依赖处于低潮。关于相互依赖未来收益的认识确实发挥了作用。
1958	货币	布雷顿森林机制全面实施。	提供了部分解释。经济复苏使布雷顿森林机制的实施成为可能。但美国的政治—军事作用依然十分重要。
1976	货币	金斯敦协议。	提供了部分解释。贸易和资本流动的收益是达成该协议的动因，但大国之间密切的政治关系也发挥了重要作用。
机制衰败或崩溃			
1931	货币	英国脱离金本位制。	提供了部分解释。鉴于其脆弱的政治结构和先前的政治决策，经济变迁至关重要。
1945	海洋	杜鲁门宣言发表后，领海管辖权扩大。	提供了部分解释。技术变迁促进了对海底适度额外管辖权的诉求。时机成熟与否未得到解释。
1967	海洋	帕尔多演讲；联合国介入其中。	提供了部分解释。对技术进步带来收益的认识起了重要作用。时机成熟与否仍未得到解释。
1971	货币	布雷顿森林机制崩溃。	提供了部分解释。技术和经济变迁导致资金流动量增大，速度加快，欧洲和日本的基本经济转型非常重要，美国采取主动的事实并未得到解释。

国际机制的崩溃归因于技术和经济变革，国际机制的创立或重建则是为了确保相互依赖的福利收益。如表 6.1 所示，经济进程模式解释了每一个机制变迁的某些方面。在国际货币和海洋等两个问题领域，技术进步都非常迅速，而经济进程的变迁也非常重要。尽管在如何形成合作方面并非总能达成协议，但合作管理相互依赖的收益显而易见。

但正如我们在第二章看到的，经济进程模式并未就任何机制变迁提供充分的解释。在所有机制变迁中，国际政治因素至少与经济进程一样重要。也许该模式最能说明的是，1925 年，当和平条件具备之时，英国重新回归金本位制；1931 年，英国迫于银行破产和世界范围的经济萧条压力，脱离了金本位制。即便如此，政治因素还是在其中发挥了重要作用。1925 年，英国领导人认识到，政治因素的作用来自英国传统的霸权地位及其经济观念两个方面，二者共同促使英国做出了上述决定。同样，我们也无法对 1931 年发生的事件做出充分解释，如果不考虑西方大国之间缺乏一致性的政治框架以及法国的所作所为，尤其是法国此前几年抵制英镑的行为。①

经济进程模式预言的某些转折点并未出现。按照该模式，我们可以预期，经过 1931 年的灾难，1933 年的伦敦经济会议应当取得成功，因为竞争性操纵汇率和建立贸易壁垒的代价尽人皆知。但是该会议以惨败告终——正如总体结构模式的支持者所指出的，这是缺乏霸权或有效的领导所导致的。确实，到 1936 年签署《三国货币协定》时，美国、英国和法国的合作明显加强了，但该协定的条款却非常有限。从某种程度上讲，只有在第二次世界大战为主要资本主义国家之间内聚力的加强创造了政治和（某种程度上的）经济条件之后，国际货币新

---

① 精彩的分析，请参见 Charles P. Kindleberger, *The World in Depression, 1929–1939* (Berkeley: University of California Press, 1973)。

机制的创立才取得了实质进展。

在解释货币和海洋问题领域的机制变迁方面，经济进程模式指出了必要但非充分的变迁条件。任何圆满的解释必须将权力分布因素包含在内。解释权力最简单的模式即总体结构模式——传统的高阶政治。下面，我们将予以具体探讨。

总体结构与机制变迁

总体结构模式赖以建立的前提是，强国制定规则。根据该解释模式，国际机制必须与体系中最强大国家的利益一致。总体权力关系发生变化，国际机制随之变化。当不考虑代价限制时，军事力量将居于支配地位，因此战争往往导致机制变迁。然而，在第三章中，我们曾提出霸权衰落模式，就没有战争的情况下国际机制如何崩溃提出解释。当国际体系中的总体权力趋于分散时，国际机制将土崩瓦解。当权力更为集中时，有利于强国利益的新机制将应运而生。

最简单的总体结构模式是利用军事实力分布来解释国际机制的性质。我们的研究表明，除少许例外，军事实力分布不能提供一个圆满解释。例如，第一次世界大战之前，相比英国在国际上的总体政治—军事地位而言，英国对海洋的强大控制远为显著。两次世界大战之间，英国的总体军事地位受到第一次世界大战的严重削弱，但英国在航海自由机制的维持上继续保持领导地位，军事实力分布之说无法提供圆满解释。第二次世界大战之后，美国对海洋的支配地位远超出它对苏联拥有的军事和政治优势之幅度。军事实力分布结构并非总是与海洋机制相左，但在任一个案中，规则制定权威与军事力量的总体水平之间存在着相当程度的不一致。

在货币问题领域，军事体系结构和决定规则的能力之间也存在类似的不完全对应关系。20世纪30年代中期之前，美国的影响力弱于仅仅从其军事能力得出的预测，英国的影响力则强于按照同一标准的预测。第二次世界大战之后，最突出的异例当属苏联。在国际货币领域，苏联的影响几近于零，因为其经济体制不允许它积极参与国际货币基金组织和关贸总协定规则之下的国际经济事务。主要资本主义国家把持着对国际货币事务的影响力。

如我们在第三章指出的，军事实力分布的变化只能对20世纪60年代布雷顿森林机制的衰落和寿终正寝提供部分解释。对军事威胁、美国及其伙伴的相对经济实力、欧洲和第三世界等级制模式等认识的变化，在这个过程中都发挥了作用。增加这些变量之后，总体结构模式的解释力大有提高。较为复杂的总体结构模式能更好地解释航海自由机制的早期衰落以及战后布雷顿森林货币机制的创建和运行。

海洋机制的衰落

第一次世界大战之后，英国遭受严重削弱，不得不在打击公海走私者方面向美国让步。1945年美国的总体实力意味着，杜鲁门宣言提出的扩大管辖权是无可争议的。杜鲁门宣言的措辞方式表明，美国希望避免航海自由机制的进一步削弱，但其后其他国家的诸多要求远远超过了杜鲁门宣言。尽管美国的海军实力举世无双，而向美国发难的多是拉美国家——所谓美国霸权的后院，但美国仍无法遏止该机制的消亡。

总体结构模式可以就以上大部分情形提供解释。从1945年到20世纪60年代，由于美国与苏联在全球展开斗争，美国的总体军事实力并不像其海军实力那样具有明显优势，以上两方面极大地削弱了美国对海洋的支配地位。以下两个因素非常重要：受其全球军事地位影响的苏联政策和美国试图谋求联盟领导地位。

直到20世纪60年代，苏联仍然对海洋机制的某些重要方面持修正主义态度。俄国是一个大陆国家，并在20世纪初惨败于日本之手*，因此它一直要求扩大管辖权，以保护其海岸。从1917年到20世纪60年代，它确实把海洋法视为"将其他国家从苏联沿海赶走的一套规则"①。第二次世界大战之后，苏联不仅宣布并捍卫12海里的领海权，而且"关闭"了重要的邻接海域。②苏联海军并不强大，但核大国地位使苏联足以威慑对其沿海权利的任何重大挑战。在国际法委员会和1958年的联合国海洋法会议上，苏联都鼓励其他国家加入反对3海里领海宽度之列。直到20世纪60年代，苏美立场才开始趋于一致。

其次，军事体系的两极权力结构使得美国成为全球反共产主义联盟的领导者。在紧张的两极时代，对苏联安全威胁的认识特别强烈。美国将安全关注和联盟维持放在高于一切的地位之上。例如，1954年，秘鲁成功动用武力对付"奥纳西斯号"捕鲸船队（美国只是提出外交抗议）之后，美国的政策是避免一场会破坏联盟关系的对抗。美国的替代措施是，在联合国大会要求"对公海问题逐一讨论"，以"终止它认为属于过分要求的领海权扩大"。在描述这一议程时，国务院官员承认，与裁军、和平利用核能等问题相比，海洋问题并非关键之所在。③ 1956年，在美洲国家法学家委员会承认每个国家有权确定本国领海宽度的表决时，美国发现自己孤立无援，它便诉诸双边外交，到各个拉美国家的首都游说谈判。它强调，领海权扩大将对西方防务构成威胁，但其结果只是有些国家在随后一届美洲国家会议上说了一些模棱两可的套话。④ 国务卿杜勒斯以私人身份访问秘鲁，双方就一项渔

---

* 这里指的是1904—1905年的日俄战争。——译者

① Robert Friedheim and Mary John, "The Soviet Position at the Third U. N. Law of the Sea Conference," in Michael MacGwire, K. Booth and J. McDonnell (eds.), *Soviet Naval Policy: Objectives and Constraints* (New York: Preager, 1975), p. 343.

② William E. Butler, *The Law of Soviet Territorial Waters* (New York: Preager, 1967).

③ *New York Times*, October 7, 1954; *Christian Science Monitor*, November 30, 1954.

④ *New York Times*, March 15, 1956; *Christian Science Monitor*, April 2, 1956.

业协定达成了原则性协议,但迫在眉睫的苏伊士运河危机随即转移了他的注意力。①

与此同时,美国通过了《渔民保护法案》,根据该法案,美国财政部将对那些无照捕鱼而受罚的金枪鱼渔民予以经济补偿,同时美国坚持自己的法律立场,不承认其他国家扩大了管辖范围。美国认为,控制处于冲突中的跨国体制的国内一端,不破坏该体制或进行国外干预,以此维持自己的法律立场更为合算。且不管其法律效果如何,美国这样做的国际政治效应却是削弱了美国遏制海域扩张的可信性。在海洋问题领域内,当联盟领导者与其弱小盟国发生对抗时,超级大国退避三舍。正如《石油论坛》(The Oil Forum)向其读者解释的,战前可以采取军事报复,但政府担心当地的冲突会酿成"可怕的核战争","因此我们需要与南美洲国家保持友好关系"。② 作为核超级大国,美国顾及两极军事体系的联盟领导地位,施展潜在海军霸权的余地小于当年的英帝国。在19世纪的多极军事体系中,英国无须担心盟国反对或核威胁。

国际货币机制

在预测国际货币领域的机制变迁时,较为复杂的总体结构模式优劣兼有。它无法解释英国为什么在20世纪20年代重新成为国际金融关系的核心,英格兰银行成为国际货币体系的公认领导者。实际上,第一次世界大战之后,美国拥有最强大的总体军事实力和经济实力,

---

① *New York Times*, July 29, 1956. David C. Loring, "The Fisheries Dispute," in Daniel Sharp (ed.), *U. S. Foreign Policy and Peru* (Austin: University of Texas Press, 1972), p. 73. 洛林认为,美国金枪鱼船协会和秘鲁的私下谈判维持了和平,到20世纪60年代早期,由于围网技术的发展,金枪鱼渔民不再需要诱饵,停止购买沿海捕鱼执照。

② T. Orchard Lisle, "Offshore Rights: Freedom of the Seas," *The Oil Forum* (August 1955): 288.

总体结构模式必然预测出现以美国为中心的战后机制。① 总体权力结构的变化并未导致像1931年那样货币机制的突然崩塌，尽管由于英国的软弱，该机制更容易遭受世界萧条的冲击。总体结构模式无法预测1925—1931年国际货币机制的状况；但是，一旦国际货币机制出现了，该模式可以准确地预测该机制的短寿。②

总体结构模式在解释战后初期国际货币领域的机制变迁时最为成功。美国的军事和经济支配在建立布雷顿森林复兴机制（1944—1948）和全面实施布雷顿森林机制（1958年及其后）中发挥了重要作用。在导致1971年机制变迁的事件上，在1971—1976年谈判中，美国的军事和经济支配也发挥了重要的——尽管不是压倒一切的——作用。

两极体系的发展、对苏联威胁的认识，可以解释美国为什么愿意因欧洲复兴而暂不实施某些规则。1947年前后，美国的对欧政策、后来的对日政策向更为慷慨甚至家长制的方向转变，这是美国对苏联认识的变化所促成的。早在1946年春，对苏联的恐惧是美国国会更加支持向英国提供贷款的关键性因素。次年4月，国务院为组织实施对英国的慷慨援助政策忙得不可开交，而对政治、军事发展趋势反应不甚敏感的财政部如过去一样，态度强硬，像银行家一样斤斤计

---

① 1918—1920年，美国银行家试图使纽约取代伦敦，成为主要的国际金融中心，但在是通过直接与英格兰银行竞争还是逐渐使英国金融体系"美国化"并控制其金融机构来达到该目的上，他们之间存在分歧。银行家之间的分歧、缺少政府强有力的支持有助于解释为什么20世纪20年代美国没有取得支配地位。参见 Joan Hoff Wilson, *American Business and Foreign Policy, 1920—1933* (Lexington: University of Kentucky Press, 1971), pp. 14—17. 又见 Carl P. Parrini, *Heir to Empire: United States Economic Diplomacy, 1916—1923* (Pittsburgh: University of Pittsburgh Press, 1969)。

② 我们不能期望结构模式预测因对现实的错误认识而采取的行动，如1925年英国回归金本位制。英国领导人高估了本国的资源，低估了此后十年世界经济承受的压力。正如总体结构理论所预期的，英国在没有足够政治资源的情况下试图充当领导的努力最终失败了，我们可以从中看到该理论在解释长期变化方面的重要性。

较。① 巨额美援投向欧洲，在某种程度上也投向日本。这在认识到苏联威胁之前是不可想象的，尽管我们可以理智地从经济上加以论证。英国试图在1947年恢复英镑自由兑换遭受惨败之后，美国不仅容忍欧洲对美元采取歧视措施，还向欧洲支付同盟提供3.5亿美元流动资金，帮助设立以歧视美元为基础的计划，以增加欧洲诸国间的贸易。② 几乎整个20世纪50年代，美国对自己的收支赤字持宽容态度。1950年，财政部对净黄金外流表示欢迎，视之为其他国家境遇改善的标志。1955年，美国的流动性赤字被认为有助于其他国家缓解外汇限制。③

因此，20世纪40年代末50年代初，对苏联的恐惧和军事两极化增进了美国国会和财政部在国际经济问题上向欧洲（其后向日本）让步的意愿。它反过来赋予美国外交官便利措施，可以促进布雷顿森林机制的开放、多边的贸易和支付等问题的逐步解决。军事体系的发展加强了美国的政治领导地位，也促进了盟国的经济。它们有助于美国在货币体系一展身手，而不是被动接受两次世界大战期间更为消极的或民族主义的政策。

---

① Richard N. Gardner, *Sterling-Dollar Diplomacy: The Origins and the Prospects of Our International Economic Order* (Oxford: Clarendon Press, 1956), pp. 299–355; 319–325. 乔西·科尔科和加布里埃尔·科尔科试图论证，美国的根本动机是经济利益，在我们看来，他们的分析只获得了有限的成功。他们的分析确实证明了美国远见卓识的资本家有充足的理由支持这一政策，许多资本家也是这样思考问题的。参见 Joyce Kolko and Gabriel Kolko, *The Limits of Power: The World and the United States Foreign Policy, 1945–1954* (New York: Harper & Row, 1972), 尤其是第三章。

② Leland B. Yeager, *International Monetary Relations*, 2nd ed. (New York: Harper & Row, 1976), p. 413.

③ U. S. Department of Treasury *Annual Report, 1950* (Washington, D. C.: U. S. Government Printing Office, 1950), pp. 49–50; and *Annual Report, 1955* (Washington, D. C.: U. S. Government Printing Office, 1955), pp. 49–50.

欧洲和日本经济实力的增强无疑促成了1971年布雷顿森林机制的崩溃。但是，人们经常宣扬的美国经济衰落并非一触即发：1957—1972年间，美国占世界贸易的份额只是从16.8%下降到14.4%（参见表6.3）。这种渐变并不能圆满解释布雷顿森林机制的崩溃。进一步说，霸权衰落模式也不能解释为什么是美国而不是其挑战国一手促成了该机制在1971年8月15日的寿终正寝。毕竟，在肯尼迪和约翰逊担任总统期间，美国试图维持该机制，并为此投入了大量的金融智谋和政治—军事力量。因此，总体结构模式对我们理解1971年的机制变迁提供了重要的背景，却无法提供完整的解释。

总体结构模式也无法解释为什么1976年达成浮动汇率机制和联合干预的协议，此时美国并没有恢复其经济和军事支配地位，也没有其他大国脱颖而出。我们本应预料到，如果美国不够强大，无法维持布雷顿森林机制（由于其主导地位的削弱），它也将无法强行建立新机制；没有主导性国家的存在，也无法就改革机制达成协议。因此，在1971—1974年间，人们普遍预测，在相当长时期内，有效的规则将荡然无存，甚至有可能爆发贸易战、货币战，或重商主义大行其道。①

表6.2表明，总体结构模式对9个个案机制变迁的解释差强人意。我们发现，它可以充分而出色地解释其中3个个案。如表6.2所示，总体结构模式最大的价值在于，它可以解释1945—1946年国际社会对海洋机制的修正、第二次世界大战后15年内海洋机制的变化。

---

① 1971—1976年的诸多事件距离现在太近了，任何关于这些事件的解释都只能是推测性的。相比我们而言，消息灵通的观察家对牙买加协议持更为怀疑的观点。可参见Tom de Vries, "Jamaica, or the Non-Reform of the International Monetary System," *Foreign Affairs* 54, no. 3 (April 1976), pp. 577–605. 尽管现在还无法就新机制的价值和持久性做出明确的判断，但未来事态的发展将为总体结构模式提供有意义的考验。如果牙买加协议崩溃，汇率的竞争性操纵或严重的不稳定随处可见，总体结构模式的预期将得到验证。那时，我们就可以推论说，这是没有足够的核心权力确保机制正常运转所导致的。反之，如果牙买加协议获得成功，协调相当有效，则总体结构模式不适用于分析该个案。[注（2000年3月）：总体而言，以上怀疑是正确的。]

表 6.2　机制变迁的总体权力结构解释模式

时期	问题领域	关于变迁的描述	总体权力结构模式能否解释之？
机制创立或重建			
1920 年之前	海洋	英国建立航海自由机制。	只能提供部分解释。海军大国（不是总体军事大国）的地位使得英国可以制定规则。
1925	货币	英国回归金本位制。	否。总体军事和经济权力变化预测将出现以美国为中心的机制。
1944—1948	货币	创立了布雷顿森林机制，但协议规定暂时搁置之。	可以解释。美国的经济和军事支配地位在布雷顿森林会议及其后都有所反映。
1958	货币	布雷顿森林机制全面实施。	提供了部分解释。在相当大的程度上，美国的支配地位解释了美国制定的布雷顿森林机制。但是，欧洲经济复兴也是完成该任务的必要条件。
1976	货币	金斯敦协议。	否。总体权力结构的变化趋向进一步分散化。总体权力结构模式预测，由于霸权衰落和单一领导的不可能存在，无法达成协议。（参见第170页注释。）
机制衰败或崩溃			
1931	货币	英国脱离金本位制。	否。经济变迁促成了该事件。世界的总体权力关系并未发生深刻变化，尽管英国地位的削弱有助于解释机制的脆弱性。
1945—1946	海洋	伴随杜鲁门宣言发表后的领海管辖权扩大。	可以解释。1945 年，美国的地位至高无上，随后的两极化限制了美国利用其海军霸权对付南美洲国家的可能。
1967	海洋	帕尔多演讲；联合国介入其中。	否。此时，贫穷和沿海国家的总体权力资源并没有增加。
1971	货币	布雷顿森林机制崩溃。	否。总体军事实力并未发生根本性变化。总体经济权力的变化只能提供部分解释。

问题结构模式与机制变迁

根据问题结构模式，强国制定规则；但起作用的是问题领域内的实力。机制变迁反映了问题领域内权力分布的变化。在探讨问题领域的权力时，我们有必要回顾一下第二章关于世界政治中两种层次行为的讨论。在第一个层次上，国际机制被所有大国视为合法，尽管也许会有一些小的分歧，政治活动按照其基本规则行事。在这些情况下，影响后果的有效权力取决于基本的经济能力以及机制性质。例如，在一个有效的非歧视贸易机制内，强行推行歧视性贸易限制而不招致有效报复（即相对的非脆弱性）的能力，并非体系规则谈判中的有效权力资源。

第二个层次的政治行为是规则制定；该层次的行为挑战机制本身。在这种情况下，主要参与者质疑游戏规则。机制不再是一个常数，而是一个变量：有些行为体视之为有利，有些行为体视之为有弊。这一区别对理解问题结构模式至为关键，因为在该层次上，不同类型的权力资源——不同的权力结构——具有重要意义。如果政策问题不再是如何在一个国际机制的限制内制定规则，而是如何设计机制，则更为宽泛的权力资源范围（以及相对脆弱性）将变得相关。我们仍以贸易机制为例，如果非歧视贸易不再存在，设置贸易壁垒而不招致有效报复的能力就成为重要的权力资源。

问题结构模式非常依赖这种区别。当一个问题领域基本的权力分布与一个机制内的有效权力分布不一致时，该机制有可能发生变迁。该问题领域的强国如果发现国际机制的规则于己不利，必将试图削弱或摧毁该体系。基本权力结构与机制内影响力的不相称提供了机制变迁的动力。

国际货币问题领域

问题结构模式有助于我们理解1931年的货币机制崩溃，而且对解释1971年布雷顿森林体制的崩溃极为有益。我们已经看到，两次世界大战期间以英国为依托建立的货币机制软弱不堪，不仅是因为20世纪20年代世界金融形势的动荡，也与总体权力结构无法有效支持该机制有关。法国从中搅扰，而美国不准备采取强有力的行动予以辅助。但是，在该问题领域内，基本权力结构和规则效应之间存在不一致。这种不一致表现在两个方面。政治上，法国对英国在国际货币领域的显赫地位心存怨恨。英国的这一地位以英镑回归到战前黄金平价为标志，并因此而得以加强；相比而言，法国法郎却多次贬值。但是，法郎定价甚低——实际上估价过低——却保证了法国继续向英镑施加压力。因此，法国出于政治原因对该机制旁敲侧击。与此同时，英国维持英镑的战前黄金平价已经勉为其难，所以一旦1931年银行业崩溃，英国的政策也难以为继。英国发现，在旧规则之下，她自己一筹莫展（因为她不能改变英镑的黄金价值，也无法提供足够的黄金和外汇满足货币兑换的要求）。但是，英国仍是主要金融大国。因此，当她脱离金本位制并允许英镑浮动（或采取干预措施控制浮动）时，她的地位立即得到加强。1931年，总体权力结构和机制限制之间存在的不一致，恰是导致英国放弃金本位制的关键因素。

我们也可以用问题结构模式分析20世纪60年代布雷顿森林机制的演变。在该机制之下，一国货币相对于平价而言的坚挺或疲软以及本国外汇储备规模，是一个国家政治上强大或软弱的重要原因。20世纪60年代，美国试图在机制规则内避免对美元的挤兑和美元贬值，因而其地位越来越弱。德国、日本等债权国的外汇储备增加，处于强势地位。美国试图说服它们不使用外汇储备所代表的权力。随着德国和日本外汇储备的增加，尽管根据布雷顿森林体系的假定条件（即美元名义上与黄金自由兑换），这些国家更为强大了，但是这些假设条件却受到越来越严重的威胁。美元贬值，则德国、日本必深受其害，因为它们不得不降低手中所持美元的价值。正如1969年亨利·奥布里指出的，"显然，债权国对美国的影响有赖于美国是否愿意继续按照旧观念和旧规则玩游戏。如果美国毅然决定改变它们，则局面将会完全改观"①。

1971年，美国打破旧机制的规则，摆脱该机制对美国行使经济权力影响国际货币政治的限制。此时，它能够运用自己的基本经济力量——其强大的经济、对外贸易占国内生产总值的低比率及其绝对经济规模——以及军事、政治影响，改变货币博弈的规则。美国暂停了美元与黄金的自由兑换，不再为兑换的要求所掣肘。美国发现，自己1971年之后的谈判地位比过去强大得多。

布雷顿森林机制崩溃前15年间基本权力结构的变化与机制约束下的各国影响力变化存在差异，我们从这些年间世界贸易百分比和主要国家的金融储备可见一斑。任何这样的数字都必须谨慎地作为权力指数来对待，因为它们至多是粗略的近似值。但是，在布雷顿森林机制中，储备水平至为关键，因为一国货币必须根据既定的比价用黄金或外汇赎回。对任何国家而言，允许本国货币币值变动都是难以做出的抉择，（在得不到普遍的赞同或机制发生变迁的情况下）美国尤其不可能。1971年之后，贸易战或其他形式竞争的阴影使基本权力标准——如一个国家在国际贸易中的比例——成为更重要的权力资源。

表6.3提供了相关的数据。相比在世界贸易中的百分比（表明其在基本权力结构中的地位），美国的储备地位（表明在既有机制内的权力）突然大幅度跌落。从国民生产总值的数据看，我们更能看到美国

---

① Henry Aubrey, "Behind the Veil of International Money," *Princeton Essays in International Finance*, no. 71 (January 1969): 9.

实力的继续存在。在20世纪70年代早期，美国生产的产品占世界的25%—30%，而苏联占13%—15%，日本占7%—8%。① 与其他主要贸易伙伴相比，美国贸易占其国内生产总值的比重相当之低，这一事实进一步加强了美国的基本地位。因此，美国对国际货币贸易体系崩溃的脆弱性也小于其贸易伙伴。

表6.3 1957—1972年货币权力资源

国家	基本权力结构（占世界贸易的百分比）			决定机制的结构（本国储备占世界储备的百分比）		
	1957	1967	1972	1957	1967	1972
美国	16.8	15.3	14.4	40.1	20.0	8.3
英国	10.1	8.2	6.9	4.2	3.6	3.6
法国	5.4	6.1	7.1	1.1	9.4	6.3
德国	7.7	9.9	11.5	9.1	11.0	15.0
日本	3.4	5.6	6.9	0.9	2.7	11.6
11个主要贸易国总计[a]	62.8	67.6	70.0	69.1	70.9	63.5

[a] 以上五个国家以及比利时、荷兰、瑞典、意大利、加拿大和瑞士（即十国集团加上瑞士）。

资料来源：*International Financial Statistics* (Washington, D.C.: International Monetary Fund).

这些数据证实了我们的断言，即机制内基本权力与其影响力的不一致是该机制的变迁之源。仅仅用美国经济的衰落理论无法解释1957—1972年国际货币机制的剧变，因为美国占世界贸易的份额只是

---

① 关于国民生产总值的两类预测，参见 Ray S. Cline, *World Power Assessment* (Washington, D.C.: Georgetown University, 1975), p. 145; Kenneth N. Waltz, "America's European Policy Viewed in Global Perspective," in Wolfram Hanrender (ed.), *The United States and Western Europe* (Cambridge, Mass: Winthrop Publishers, 1974), p. 13。

从16.8%下降到14.4%,更不用说美国占世界产品总值的四分之一以上了。如果美国的地位真的如此衰弱不堪,美国就没有能力迫使国际货币体系在1971年发生如此巨大的变更;美国关于未来体系的看法——最终导致了1976年修改《国际货币基金组织协定》条款的协议——也不会有如此关键性作用。1971年之前,美国在国际货币机制中处于弱势地位。在此背景之下,美国的基本实力(strength)而非美国(问题领域内或总体实力)的衰落解释了机制变迁的根源。

但是,问题结构模式并非完美无瑕。20世纪60年代,根据总体结构调整机制的进程相当迟缓,问题结构模式可以解释如何消除不一致,但无法解释最初的发展。此外,我们也无法从结构上解释1971年事件之后发生的诸多变故。在1971年12月召开的史密森会议上,各国试图调整汇率,但继续维持布雷顿森林机制的固定汇率。由于跨国货币经营者对美元丧失了信任,会议终究徒劳无功。大规模的金融流动首先冲击英镑(1972年6月),然后冲击美元(1973年2月和3月),迫使各国向事实上的浮动汇率靠拢。最终,在1976年1月召开的牙买加金斯敦会议上,各国就《国际货币基金组织协定》的新条款达成一致,赋予浮动汇率模式以合法性,它"体现了布雷顿森林会议以来国际货币体系发生的影响最为深远的变化"①。

问题领域权力结构的变化无法解释这些协议的达成,因为在协议谈判期间,主要工业化国家之间的权力结构变化不大。从某方面讲,经济进程模式可以解释1976年协定。20世纪70年代,跨国组织开始控制大规模的流动资金,这些资金的流动性如此之大,导致钉住汇率(pegged exchange rates)的维持极其困难,有时甚至根本不可能。向美国参议院财政委员会提交的一份报告指出,1971年,多国公司拥有的

---

① *IMF Survey*, January 19, 1976.

潜在流动资产达 2.58 亿美元之巨。① 理查德·库珀认为，"（布雷顿森林机制所确定的）汇率的大规模变动与今天司空见惯的资金高速流动性并不适应"②。由于不同国家经济变革的模式不同，永恒的汇率无法保持，他的结论是，实行某种形式的浮动汇率是必要的。因此，经济现状严重制约政治选择。

经济进程模式也可以解释1971—1976年间各国官员就新机制达成一致的某些动机。对所有国家而言，国际贸易和资本流动都非常重要，在经历了1973年和1974年的动荡之后，显然需要管理贸易和资本流动的某些安排。但是，这些动因在1933年和1936年就存在了，只是未能达成协议罢了。因此，有必要超越问题结构模式和经济进程模式（无论它们多么有用），探究布雷顿森林机制存续期间各国官员之间建立的政治网络。鉴于此，国际组织模式有助于我们理解近来的国际货币政治。

海洋政治

问题结构模式适用于分析早期海洋政治。当航海自由机制建立之际，总体军事体系的多国均势业已存在，而海军霸权是单极的。19世纪早期，英国海军超过其他国家海军之和。1914年，英国的主力舰（192艘）几乎相当于排在第二至第四位的德国（89艘）、美国（67艘）、法国（52艘）之和。而且，英国是海洋的主要利用者。1886年，英国占世界商船总吨位（100吨以上的船只）的一半；1914年，英国商业船队仍占世界总吨位的40%（是位居第二位的德国4倍

---

① U. S. Congress, Senate, Committee on Finance, *Implications of Multinational Firms for World Trade and Investment and for U. S. Trade and Labor* (Washington, D. C.: U. S. Government Printing Office, 1973), p. 539. （美国关税委员会向美国第93届国会财经委员会第一次会议提交的报告。）

② Richard N. Cooper, "The 'System' in Disarray," *Saturday Review/World*, January 26, 1974; 重印于库珀1974年2月22日向美国第93届国会第二次会议联席经济委员会关于《1974年总统经济报告》听证会的证词。参见 *The 1974 Economic Report of the President*, p. 621。

之多)。① 英国既有建立航海自由机制的利益，也有推行这一机制的结构权力。这并不意味着在事件的正常处理中使用武力，但在特定的必要情况下，为维护机制计，并不排除动用武力。一位学者这样描述第一次世界大战前的海洋体系：

> 海上强国……大声宣布，和平时期航海自由，战争是唯一突出的问题。这话太过分了。在和平时期，海军主导着关于未来战争的法律起草、航海法和领海法的起草。……在起草海洋法时，弱小的海洋国家很少受到关注。②

第一次世界大战及与之相关的美国海军建设的庞大计划（1916—1921）所带来的后果之一是，战前的单极海军结构转变为两极及随后的三极结构。在1922年召开的华盛顿海军会议上，三极结构正式体现在英美日三国主力舰的5∶5∶3的比例上（参见表6.4）。英国没有能力继续迫使美国遵循该机制。而且，美国也没有兴趣像英国那样遵守机制。在哈定（Harding）政府停止商船建造计划后，美国的商业船队降至英国的一半。尽管美国的捕鱼量位居世界第二，但美国主要在沿海捕捞，而不像英国和日本在深水作业。尽管在两次世界大战期间，美国（和英国）常常坚持要求次要国家遵循该机制，但美国自己却并不怎么遵守它。在20世纪20年代和30年代，美国扩大了缉私管辖权；20世纪30年代，它向日本施加强大的外交压力，阻止日本在远离其沿海的公海捕鱼；1939年欧洲战争爆发之后，它宣布300海里的中立区。1943年，罗斯福政府开始计划扩大对大陆架和渔业资源保护

---

① Sayre Swarztrauber, *The Three Mile Limit of the Territorial Seas* (Annapolis, Md.: Naval Institute Press, 1972), p. 108.

② Pitman B. Potter, *The Freedom of the Seas in History, Law and Politics* (New York: Longmans, Green, 1924), pp. 184, 193.

区的管辖权。由于杜鲁门宣言被广泛作为先例,这一扩大被视为第一阶段机制走向第二阶段准机制的转折点。

表 6.4　与海洋相关能力的分布

能　力	1914 年之前	1920—1939	1946—1965	1966—1975
总体军事实力(以军费开支或军队数量来衡量)	多极	多极	两极	两极
问题领域内的军事实力(以海军大国的海军力量比率来衡量)	英国单极 2:1	英美日三极 5:5:3	美国单极 3:1	美苏两极 1.5:1
和平应用:商业运输	单极	多极	多极	分散化
和平应用:捕鱼	多极	多极	多极	分散化

自第二次世界大战结束至 20 世纪 50 年代,海军实力结构再次单极化,美国成为海洋霸主。美国的水面主力舰是位居第二的英国和位居第三的苏联之和的两倍。① 即使 1972 年苏联海军实力大增之际,美国的水面主力舰和大型核潜艇仍是苏联的 1.5 倍。② 当 1974 年美国海军将军们警告美国海军将"丧失控海权"时,参议员斯滕尼斯(Stennis)回答说,美国水面主力舰仍为苏联的两倍以上,美国的军舰航程更远,火力配备更强。③ 概言之,第二次世界大战结束之际,美国的海军

---

① Swarztrauber, *The Three Mile Limit of the Territorial Seas*, p. 171; also, Wilhelm Hadeler, "The Ships of the Soviet Navy," in M. G. Saunders (ed.), *The Soviet Navy* (New York: Preager, 1958), pp. 140–142.

② Norman Polmar, *Soviet Naval Power* (New York: National Strategy Information Center, 1972), p. 92.

③ 朱姆沃尔特(Zumwalt)海军上将的讲话,参见 *New York Times*, July 3, 1974; 斯滕尼斯参议员的讲话,参见 *New York Times*, September 20, 1974。斯滕尼斯进一步指出,苏联海军有两个严重制约条件——缺乏载机航空母舰和两栖作战部队——而且在地中海之外作战的能力不强。但是,苏联的潜水艇多于美国。

力量强于其他国家之和。从这方面讲,其地位堪与 1914 年的英国相媲美。即使在第三阶段之初,美国的水面海军力量仍首屈一指,其航空母舰和巡洋舰的数量(92 艘)仍是其他国家之和的两倍。其护卫舰、驱逐舰和护航舰的数量(613 艘)是英苏两国之和的两倍。① 在战后大部分时间里,美国的海军实力几乎总是令人联想到前一个时期在决策权力方面存在的霸权结构。

20 世纪 20 年代和 30 年代,海洋问题领域的基本权力结构与既有机制一致。尽管美国在缉私措施上破例,但航海自由原则得到了英国、美国和日本的支持。第二次世界大战造就的基本权力结构变化是美国成为海军主导国,伴随着——尽管不是决定了——航海自由机制变为准机制。其标志是,1945 年,美国宣称扩大对捕鱼区和邻接大陆架的管辖。正如我们将在下文剖析的那样,美国的政策反映了决策者对本国地位和利益认识的滞后;但是,美国有能力提出如此广泛的权利要求,无疑受到本国海军支配地位和总体权力资源的推动。

但是,基本权力结构的变化无法解释 1967 年之后的机制变迁。新独立国家和弱国带头挑战 1945—1967 年的准机制。美国仍然拥有支配海洋的能力,而苏联能力剧增,但二者都发现自己在海域和海洋资源管理的谈判中处于守势。问题结构模式无法解释 1967 年以来航海自由旧规则的迅速消亡。

因此,就海洋问题领域而言,相比 1967 年之前的时期,总体权力结构或问题结构模式无法圆满地解释过去十年的国际机制变迁。与战前或战后初期不同,强国制定海域规则的权威受到挑战。尽管基本权力结构(海军实力)依旧集中,但它未能促成战后强大机制的创设。相反,国际机制变得更虚弱了。

---

① Swarztrauber, *The Three Mile Limit of the Territorial Seas*, p. 172. 美国只是在潜水艇和巡逻舰总量等领域不占优势。

就表 6.2 中的 9 个个案而言，问题结构模式有助于更好地解释 1920 年之前海洋机制的建立及其在 20 世纪 40 年代的初步衰落；也可以解释 1931—1971 年间货币机制的大部分变迁，而总体权力结构模式无法提供圆满的解释。但是，两种结构模式都不能圆满解释海洋机制的最近变化，我们提出的货币机制变迁的几个问题仍未得到解答。

国际组织与机制变迁

基本结构模式无法圆满解释所有的机制变迁个案，尤其是最近十年的机制变迁，我们对此做何解释？两种结构模式尤其无法解释海洋问题领域的机制变迁。一个海军主导国无法在某个据称其总体霸权力量最强大的地理区域（拉丁美洲）内阻止对其金枪鱼渔民使用武力，我们对此做何解释？冷战期间，总体权力结构的两极化可以提供部分解释，但无法解释 1967 年之后的事态发展。在"鳕鱼战争"中，小小的冰岛占据优势，英国处于下风，我们如何解释？1967 年之后，苏美两个海军强国在海域和海洋资源管理的谈判中处于守势，我们如何解释？

如果权力如同国内经济体系中的货币，这些不一致就极少出现。即使矛盾真正出现，它们也不会长久存在。拥有强大总体军事资源的行为体将重新分配权力，以实现跨问题领域产出的同等边际效用。同样，在问题领域中拥有基本结构权力的行为体试图使机制更符合基本权力结构。这些努力往往采取问题间联系的政治方式，即将自己占强势的问题领域与处于弱势的问题领域联系起来，争取提高自身地位。这样，结构与机制之间——问题领域内和总体军事结构与各种问题领域之间——出现趋同。

我们从货币问题领域的个案中发现，20 世纪 40 年代和 50 年代出现总体趋同，1931 年和 1971 年出现问题领域内的趋同。但在货币政治和最近的海洋政治中，存在着结构与机制的不一致。这些不一致表明，复合相互依赖情势下的权力资源既非完全同质化，也不是可以替代的。在一个问题领域的能力并不能容易地转化为在另一个领域的影响力——或在现有机制和决策程序下转化为本领域的影响力。因此，我们在理论分析方面最重要的任务是，认识基本结构种种假定——以权力的可替代性为基础预测结构—机制的高度趋同——的例外情况和局限性。或者，我们继续采用第三章的比喻，权力像水一样寻求同一平面，但分析者面临的挑战是认识世界政治中维持不同水平面和水域的堤坝强度和高度。

本书第三章提出的国际组织模式有助于解释（总体或问题领域内的）基本权力结构与机制变迁之间的不一致。它假定，存在复合相互依赖所特有的政治进程，问题领域内及其周围的规则和规范独立发挥作用。某一时期按照基本权力结构建立起来的机制会逐渐形成自身的生命。只要机制维持不变，规范和政治进程将使基本权力结构固定下来。例如，布雷顿森林机制的规则将20世纪60年代美国在货币领域的基本权力固定下来，允许欧洲国家通过收支平衡向美国施加更大的压力，如戴高乐将美元兑换为黄金的行动。

按照国际组织模式，依赖机制的能力预测结果，也就是说，某国际机制所特有的规范和进程赋予能力合法性并使之成为可能。必须清楚的是，机制进程模式中的权力关系并不完全以敏感性相互依赖为基础，常常被军事强国或在问题领域内拥有强大敏感性相互依赖权力的国家所推翻。毕竟，国家受到国际机制或国际组织相当大的制约。在现实主义条件下，总体结构模式或问题结构模式应该可以解释机制变迁，国际组织模式只是有助于解释机制的持久性（persistence）和机制变迁的滞后。

国际组织模式的一个重大贡献是解释机制的持久性，我们也可以从中推导出机制变迁的预测。在这种模式中，世界政治的规范和组织进程可以对机制的崩溃或衰落提出解释。世界政治其他问题领域出现的新规范可以改变某个机制，它随后传递到特定问题领域，或通过为（在其他问题领域或特定组织内发挥作用的）既有规范接受的方式进入某问题领域。同样地，如果某政治谈判进程削弱了拥有创立机制基本权力国家的地位，则国际机制因此而改变。或者说，以国际组织为中心的政治互动网络的发展，将推动在国际机制新原则上达成协议。

如上所述，如果将问题结构加入总体权力结构的传统理论中，它们（与经济进程模式相结合）可以很好地解释表 6.2 中国际机制崩溃或消亡的四种情况中的三种。但是，基本结构模式不足以解释 1967 年以来海洋机制的衰落。

海洋政治

1967 年以来航海自由机制被侵蚀，主要是联合国的规范和政治进程所致。正如我们在第五章指出的，在海洋问题领域，国际组织的进程与规范强调主权和国家平等。1930 年和 1958 年的情况确实如此，但 1930 年武力发挥了更大的作用，1958 年日内瓦会议上的联盟模式反映了世界总体的两极分化局势。到 20 世纪 60 年代中期，两大海军强国美国和苏联的敌对性有所缓解，两国都关注沿海国家扩大领海权的可能性。它们探讨了召开小范围会议商议该问题的可能性。1967 年马耳他大使在联合国大会发表演讲，预言技术进步将打开海底宝库之门。这场演讲不仅加速了大国讨论该问题的进程，而且重塑了海洋问题：更多探讨海洋资源的分配，而不是像管理高速公路那样管理海域。自海底委员会（Seabed Committee）成立以来，弱国将其他问题与海洋问题联系起来，联合国大会呼吁召开海洋法会议，海洋问题不仅由海军实力或海洋能力所决定，也取决于平等主义的组织程序和贫富国家的折冲。

一位海洋谈判的观察家指出，由此造成的结果是：

主要海上强国不再控制进程。现在，控制议程的主要是缺乏与海洋相关的能力但试图通过海洋中介补偿世界收入分配不平等的国家联盟。而且，这个联盟是被以下两个集团动员起来的（有些反对者甚至会说"捕获"）：(1) 要求 200 海里领海权的国家；(2) 从意识形态角度寻求资源及收入重新分配的国家。①

国际组织和会议外交的影响模式往往与人们从基本结构出发得出的预测大相径庭。而且，论坛议题越宽泛、越具有一般性，差别也可能越大。国际海洋学委员会和政府间海事协商组织都有 70 个成员和特定的功能性管辖领域，二者的影响作用结构与海洋法会议大不相同，因为海洋法会议的成员是前二者的两倍，而且其议程几乎没有任何限制。联合国大会关于海洋法谈判的结果是，建立了一个与联合国贸易与发展会议类似的、依赖组织的能力结构。欠发达国家就是在联合国贸发会议上第一次实现结盟，并获得了"七十七国集团"的称号。关于 1969 年联合国贸发会议的研究表明，联合国贸发会议的影响与仅以总体权力为一般衡量指标的结构权力之间的相关性系数为 0.43，与以特定问题权力为衡量指标的结构权力之间的相关性系数为 0.41。②爱德华·迈尔斯在联合国海底委员会发现了类似的机制依赖（regime-dependent）影响模式；拉丁美洲和非洲团体影响力最大，团体凝聚力远比国家能力和全球地位重要得多。③

---

① Edward L. Miles in Douglas Johnston (ed.), *Marine Policy and Coastal Community* (London: Croom Helm, 1976).

② Joseph S. Nye, Jr., "UNCTAD: Populist Pressure Group," in Robert Cox and Harold Jacobson (eds.), *The Anatomy of Influence* (New Haven: Yale University Press, 1973), p. 361. 其衡量方法是肯德尔（Kendall）的 τ-β 相关性系数（其变动范围从 −1.0 到 +1.0）。

③ Edward L. Miles, "The Structure and Effects of the Decision Process in the Seabed Committee and the Law of Conference"（未刊稿）.

国际组织不仅创立了国家之间独立的依赖组织的影响结构，还削弱了海军霸权国的谈判地位。国际会议上的潜在联盟并不完全局限于国家。有时，与处于竞争地位的国内其他部门相比，某些国内政府部门的利益与其他国家相关部门更为接近。联合国主持召开的国际会议为某些可能发挥积极作用的潜在跨政府联盟提供了实际接触机会及合法性。海洋法谈判的功能性俱乐部具有这种作用。如前所述，美国在谈判中的退让立场常常被事先泄露。一个特别重要的事例是，在联合国海底委员会日内瓦会议上，美国内务部和石油公司的官员游说欠发达国家，支持沿海国家扩大大陆架管辖权的要求（与当时美国的官方政策相抵触）。① 除在国际会议上游说各国政府外，跨国石油公司和矿产公司有时还在几个国家设立合资企业，借此影响这些国家政府认识和界定某些尚未做出明文规定领域的利益。在第五章中，我们提供了影响政治谈判的跨国和跨政府网络的事例。所有这些个案表明，海军霸权国的某些"国内"利益集团在选择政治战略或联盟伙伴时，并不受制于国家疆界。

我们应该记得，国际组织模式并没有完全忽略基本的权力结构。在有关海洋问题的谈判中，武力结构潜藏幕后。毕竟美国经常拒绝批准会议结果，并且可以派出军舰保护深海采矿等活动。这种可能性进入依赖组织的影响结构，政治家在会议外交中对此加以权衡。但是，武力必须与会议外交所特有的其他影响力资源竞争。1967年之后，决策政治在海洋问题领域发挥作用，海军力量只能通过国际组织的折射发挥作用。且不管联合国海洋法会议能否产生绝大多数国家都批准的条约，1976年航海自由机制已经为政治进程所彻底改变，而国际组织模式可以提供最好的解释。②

---

① 根据采访整理。

② 注（2000年3月）：1982年，在联合国主持下的《海洋法公约》签署，现已付诸实施。尽管美国不是该公约的签约国，但它遵循该公约关于沿海国家管辖的条款。

为什么占支配地位的海洋大国允许这些变化发生？答案主要在于复合相互依赖条件的发展。问题和渠道的多元化使美国难以界定和追求在航海自由上的"国家利益"。同时，大国使用武力代价更大的事实，对海洋问题领域的决策政治有显著的影响。在货币问题领域内，经济力量是基本的权力结构；与之不同的是，海洋问题领域的传统结构主要建立在海军实力的基础之上。最近几十年来，与金融力量不同的是，大国对小国动武的代价太过高昂。动武甚至公开威胁动武一旦出现，马上招致强烈的反对，也常常同国内重要的价值观相抵触。

这并非一种全新的变化。早在20世纪，

> 在人道主义考虑、中立国抗议和报复威胁、英国航运利益集团在日俄战争期间抱怨自己的（中立）权利得不到明确的保证等压力以及其他影响因素之下，英国才开始不情愿地放弃自己的极端要求。此后，限制交战权的努力才取得了某些进展。①

公众态度和利益集团的变化削弱了武力的作用，但1945年核武器的出现意义更为重大，对超级大国而言更是如此。如第五章所述，大国不再频繁使用炮舰外交；而有意思的是，小国在战后（战前极少）开始成功地运用炮舰外交。大国动用海军力量的代价更高，它们更愿意容忍以依赖组织的能力结构为特征的决策政治，而不是诉诸基本权力结构。

国际货币领域

货币政治与海洋政治大不相同：问题结构模式很好地解释了货币机制的崩溃，1976年出现的新规则主要是由国际经济和金融大国所决

---

① Potter, *The Freedom of the Seas*, p. 230.

定的。在某种程度上讲，变迁是伴随着国际货币基金组织的加权表决制出现的；甚至在没有投票表决时，投票权分布也影响着结果。剥夺国际货币基金组织的有效权力，特别是 1962 年成立与《借款总协定》相关联的十国集团的决定（其成员国都是工业化国家），更是促进了机制变迁。经合组织的第三工作组和设在巴塞尔的国际清算银行都具有影响力；而且"这两个组织与十国集团的目标几乎相同"[①]。正是十国集团谈判达成了暂时终止 1971 年危机的《史密森协议》。

尽管 1976 年协议主要是通过国际货币基金组织理事会下属的委员会正式达成的，但主要工业化国家主导了该进程。1975 年 11 月，在六个主要工业化国家朗布依埃首脑会议上，法国和美国经过会谈之后，宣布达成了关键性的突破。[②] 随后，这些协议得到十国集团和国际货币基金组织临时委员会的认可。[③] 在 1976 年的牙买加会议上，欠发达国家在从国际货币基金组织借款和获得该基金出售黄金收益方面获得了一些让步。但是，它们并未主导机制变迁的进程；实际上，它们仍处于进程的边缘。

联合国海洋法会议与此形成鲜明的对照。金融资源是集中的，大国政策可以通过金融调节的方式逐步实施，而无须诉诸武力；如果国际货币基金组织太过难为，主要工业化国家可以在该组织之外建立自己的国际货币体系。在任何情况下，十国集团国家拥有国际货币基金组织 56% 以上的份额（即使 1976 年的新安排付诸实施亦如此）——并且拥有略少于该份额比例的表决权——因此在该组织内可以维持相

[①] Fred Hirsch, *Money International* (London: Pengiun, 1967), pp. 262–263; 另参见 Robert W. Russell, "Transgovernmental Interaction in the International Monetary System, 1960–1972," *International Organization* 27, no. 4 (Autumn 1973): table 1, 436。

[②] *The Economist* (London), November 15 and 22, 1975.

[③] *IMF Survey*, January 5 and 19, 1976.

当程度的控制。①联合国一国一票的普遍规范并不适用。

因此，国际组织模式并不能圆满解释布雷顿森林机制的崩溃；1976年1月建立的新机制确切地反映了工业化大国的基本主导。但就此得出结论，认为基本结构模式对货币领域的解释不完全充分，则忽略了该问题领域一个极其重要的特征。理查德·库珀说，"关于国际货币机制选择的争论"不仅与目标和收益分配的区别相关，也与"对其他国家在给定机制内的行为信任度不确定"相关。②尽管存在高层冲突，但在布雷顿森林时代，各国在工作层次上建立起某种程度的信任。财政部长、中央银行行长及其属员之间建立起广泛而深入的关系网络。跨政府政策协调普遍存在，跨政府联系密切。1973年以来，作为管理和调节浮动汇率体系的一种手段，中央银行之间的非正式协调越发密切，大国财政部长的联系也越发经常。实际上，关于机制变迁的1976年协议（包括改变国际货币基金组织的条款）有赖于如下信念，即主要工业化国家密切政策协调的进一步发展可以缓解浮动汇率的影响。这一信念建立在相互信任和密切联系的基础之上。这些信任和联系始于布雷顿森林机制，是在过去几年发展起来的，1971年尼克松－康纳利行动干扰但并没有完全破坏它们。1971年的后果完全不同于1931年。临时委员会建议：

> 修改后的协议条款应包含如下内容：国际货币基金组织成员应与基金组织及其他成员国合作，确保与储备资产相关的政策符合进一步完善国际清偿能力的有效监督和促使特别提款权成为国际货币体系的主要储备资产的目标。③

---

① 份额根据以下文献的预计数据计算：*IMF Survey*, January 19, 1976。

② Richard N. Cooper, "Prolegomena to the Choice of an International Monetary System," *International Organization* 29, no. 1 (Winter 1975): 69.

③《临时委员会备忘录》，引自 *IMF Survey*, January 19, 1976, p. 19。

尽管难以找到准确证明这些政策协调网络重要性的文件，但机制参与者认为，这些网络非常重要。忽视旧机制下创建的精英网络所具有的影响力，将会导致曲解现实的危险。

综上所述，国际组织模式不像基本结构模式那样界定准确。在所有问题领域都发挥作用的规范和进程，难以在事先加以详细说明。国际组织模式的预期更加不确定，它排除了某些趋向，但在发展方向上留下了开放的替代路径。它显然是一种辅助性模式，当单独使用更简单或更具确定意义的结构或经济进程模式有可能歪曲事实时，可以采用国际组织模式。但恰如我们看到的，特别是在海洋问题领域或货币政治的某些特定方面，国际组织模式的真知灼见对我们理解机制变迁政治甚为关键。

系统解释的局限：国内政治和领导

系统解释具有局限性。例如，它们无法解释为什么强国有时不使用其资源指导或控制国际机制，20世纪20年代美国的国际金融政策就是明显的个案。霸权衰落理论只能提供部分解释。我们需要了解对世界变化认识的滞后。只有将大国的国内政治和跨国关系的国内影响考虑在内，我们才能解释这种滞后的原因。这一局限影响了我们所有的系统解释模式，特别是对强调国家基本权能的两种结构模式影响尤大。国际组织模式至少使我们注意到复合相互依赖所特有的政治进程，而在该进程中，国内政治和国际政治的界限被模糊了。

领导滞后理论（theory of leadership lag）有助于解释其中的一个个案——第一次世界大战之后货币领域的反常事例，也有助于我们理解海洋机制的衰落是如何开始的。查尔斯·金德尔伯格认为，在一个问题领域基本权力结构的转型时期，新兴大国在认识到获得利益和领导的必要性之前，会发展领导能力。此外，二流大国常常将自己视为理所当然的领导者，有可能推行削弱该体系的政策。因此，在两次世界大战期间，美国未行使国际金融的领导权，却把这一任务留给衰弱的英国，而法国"按照自身国家利益追逐权力，没有充分认识到自己的立场（地位）对世界经济或政治稳定的影响"①。

第二次世界大战后，美国在国际货币问题上取得了世界领导权。1947年之后，冷战及政治—军事两极化的影响强化了美国的领导，我们已经在上文中予以分析。以国家安全为首的问题间等级体制建立起来。在国际金融问题上行使领导权，成为美国在欧洲和日本建立军事和经济上强大同盟的总体战略组成部分。在第二次世界大战结束后20年左右的时间里，为了使更宏大的计划取得成功，建立一个稳定的国际货币体系成为关键步骤；同时，短期新重商主义的介入被排除在外。到1971年，模棱两可的现象出现了。国务院和财政部官员向国会宣布，国际货币政策应从属于国家安全政策，而尼克松总统以创造就业为由，公开为其强迫美元贬值的行动辩护。直到这个时候，美国官员仍然相信，有必要发挥领导作用、保持美元强势，这是一种强大的动因，能够推动美国运用其基本权力资源维持以美元为中心的国际货币机制。

金德尔伯格提出的领导滞后理论适用于两次世界大战之间的国际货币体系，确实对我们理解机制变迁有所裨益。它也有助于解释第二次世界大战结束之际美国在海洋问题领域的行为。在第二次世界大战之前的时期里，英国是维持机制结构的领导国。美国不仅有点像搭便车者（free rider），而且当禁酒主义者、司法部或西海岸鲑鱼渔民等国内强大利益集团向国会和总统施加压力、呼吁满足它们的要求时，美国还要求自己采取例外措施。1945年杜鲁门宣言的出台，就是渔民游说者和浅海石油钻探工业利益集团在国内进行政治活动的结果。在这

---

① Kindleberger, *World in Depression*, pp. 302—303.

个问题上，内政部起着领导作用。根据已经公布的文件，海军并没有发挥重大作用，国务院只充当了次要角色。[①] 从某方面讲，杜鲁门宣言是20世纪30年代的"遗迹"（leftover）。1945年，美国已经成为事实上的领导者，但它对领导权的认识仍然停留在搭便车者的层次。直到1946年之后，拉丁美洲效法者的所作所为震动了美国，使它对维持机制的系统利益有了新的认识。

当美国认识到在货币和海洋问题领域行使领导权的必要时，其领导尝试却因利益多元化而变得复杂。第二次世界大战之后，随着海洋问题领域复杂性的增长，利益多元化急剧增加。战前，捕鱼和航海是利用海洋的主要方式；1945年之后，浅海钻探、深海采矿、生态保护等一系列新问题出现了，美国政府面对着一大批关注海洋政策的"国内"集团和公司。而且，其中的一个新问题即浅海钻探加强了沿海利益集团而非深海利益集团的力量，最有价值的捕鱼业是沿海捕鱼而非远洋捕鱼。当英国拥有领导地位时，其安全和经济利益恰巧一致；与此形成对照的是，美国的航海自由机制领导权却遭受着国内的交叉压力。

在货币领域，美国的两项政策有损国内利益：允许欧洲和日本对美元实行歧视政策，即歧视美国商品；即使在欧洲和日本重新获得竞争地位时，也继续维持美元的汇价稳定。这些政策尤其伤害了进口竞争性企业及其员工的利益。20世纪60年代末70年代初，美国的贸易出现逆差，失业率上升，抗议此起彼伏，尽管它们首先抱怨的是贸易政策，而不是货币政策。劳联－产联（the AFL-CIO）成为贸易保护主义者：要求对纺织品和钢铁产品规定配额的压力显著增强。

[①] "Formulation of United States Policy on the Resources of the Continental Shelf and on Coastal Fisaheries," *Foreign Relations of the United States*, vol. 2 (Washington, D. C.: U. S. Governement Printing Office, 1945), pp. 1481–1530.

面对这些压力,也许最突出的是以全局观念制定美国海洋和货币领域政策的限定条件,而不是如何成为政策例外,这是由美国的领导地位所决定的。总体而言,1947—1972年间,海军、远洋渔民和船主都能够根据对海洋的传统认识界定海洋政策中的"国家利益"。到1971年,纽约金融界的态度——体现在纽约联邦储备银行和一系列出身华尔街的高级政府官员的观点中——反映了美国的国际货币政策。但是,1971年,建议尼克松采取强硬措施的不是银行家,而是"彼得·彼得森先生(Mr. Peter Petersen),贝尔和豪厄尔公司——一家在与日本的竞争中被迫退出摄影业而成为综合性企业集团的中西部公司的前总裁"①。当时的财政部长并非来自华尔街金融界,而是崛起于得克萨斯政界。

在海洋和货币政策中,组织或经济利益支撑着体系领导权,这对关注全球动向的政治领导人颇有吸引力。远洋渔民、船主和海军不能自己决定海洋政策;银行家也不能绝对控制货币政策;但如果反对者团体不是非常强大,如果它们的偏好与美国在世界事务中作用的政治观念一致,它们就会从中受益。国内集团的特殊利益与政治领导的国家利益认识相互促进,但就其一致性而言,国际货币事务强于海洋政策。

由于美国的国内行为体影响其国际领导地位,我们需要关注它们的政治战略问题。不同的团体有不同的利益,原则上讲,这些利益通过决策过程组织成等级结构,并披上了维护"国家利益"的外衣。但是,正如我们前面所讲的,国际组织和国际会议的政治为事实上的或积极的联盟或国内团体提供了机遇,而这些团体的利益不同于该等级结构。诸多国内团体相互竞争,争取国际论坛上的问题分配权;将某些问题联系或孤立起来。在这一过程中,它们将这些问题政治化,引

---

① 关于这些问题的探讨,参见 Fred Hirsch, "The Politics of World Money," *The Economist*, August 5, 1972, p. 62。

起更多利益集团和官僚机构的关注。结果是，大国的国家战略并非仅仅由对国际体系领导权的认识所塑造，也受到国内利益集团的巨大影响。大国的关键性国内行为体掌握了政策进程并将根据自身利益制定政策，从而背离了政治—军事利益或综合性的经济利益——现实主义理论认为这是国家应遵循的原则①，导致国际结构与国际机制趋同的预言沦为空谈。

在海洋问题领域里，第二次世界大战之前，国内行为体特别是那些禁酒主义者和渔民的战略性影响巨大，但 1946 年至 20 世纪 60 年代末，海军发挥着更大的影响力，美国的政策也以体系领导权为导向。②安·霍利克指出，1967 年以来，国际组织和国际会议的决策政治，导致问题从国际政治化转向国内政治化，引发并涉及更多的国内利益，并最终加强了美国沿海利益集团的地位。③ 1970 年 5 月公布的美国政策所代表的国家利益，主要反映了海军着重强调安全与航海自由的观点。在沿海问题上拥有利益的国内行为体与资源导向型的弱国相互影响，促进了问题之间的广泛联系，这些国家的谈判地位得以提高，美国的立场随即也发生相当大的转变。从某种程度上讲，我们可以想象海洋法谈判是由各国立场组成的，沿海和海洋两大潜在联盟拦腰切断了这些立场。由于政府部门或非政府行为体追求曲解国家政策界限的战略，久而久之，这些潜在联盟的存在必将影响国家的立场。

在国际货币政策问题领域内，国内团体的政治战略相当低调。财政部和国务院争夺货币政策的主导权；在该领域拥有直接利益的非

---

① 从某些方面讲，这是关于国际政治"系统因素"和"国内因素"区别的旧问题。一般性探讨，参见 K. J. Holsti, *International Politics: A Framework for Analysis*, 2nd ed. (Englewood Cliffs, N. J.: Prentice-Hill, 1972), pp. 253–400。

② 1948 年，渔业利益集团要求在国务院内设立一个官僚联盟。直到 20 世纪 70 年代，渔业和野生动物特别助理的职位一般由与远洋捕鱼联系密切的人士担任。

③ Ann Hollick, "United States Ocean Policy: 1848–1971"（约翰斯·霍普金斯大学 1971 年博士论文）。

政府组织——如银行和多国公司等——表达了它们的政策观点。更多的公开争论出现在贸易问题和多国公司的行动方面。相比贸易问题而言，货币问题技术性更强，其影响似乎比纺织品进口或迁移工厂（runaway plant）*等问题更难了解和评估。工会或进口竞争企业的代表可以很容易地看到进口配额或广泛协调—援助项目给自己带来的收益，而不是从美元贬值获得的收益。分析家常常观察到，从考虑长期普遍利益的经济角度来看，政治行为体应探讨汇率问题，但实际上探讨的是对贸易和投资的限制。

经济学家常常用货币幻象（money illusion）指称人们对货币工资和货币物价——而非真实工资或物价——的关注。类似地，特别是在布雷顿森林体系稳定的固定汇率机制之下，出现了一种政治货币幻象；政治团体极少关注货币政策的福利影响，而更多地关注较易于理解的贸易政策的福利后果。在经历20世纪70年代的诸多事件之后，在浮动汇率之下，政治货币幻象是否削弱是关乎未来的重要问题。到目前为止，货币变化的不确定影响，促使那些（常常急功近利的）政治行为体把注意力集中在以解决眼前问题为目标的特定贸易政策和投资措施上，特别是对那些介入其中却不了解技术细节的人来说。国会及影响国会的团体常常强调贸易和投资政策甚于货币政策。

我们将"政治化"（politicization）定义为，越来越多的争议和鼓动使一个问题在政策议程和受到关注的政府层面成为优先考虑对象。简言之，政治化导致两个方向的高层关注：自下至上（国内民众政治、立法政治或官僚政治），由外及里（其他国家政府或国际组织的行为）。某问题的政治化方式影响着政府从国际系统角度而非国内角度考虑问题的能力。战后货币和海洋问题为此提供了鲜明的对比。

---

* 迁移工厂指的是为逃避（工会势力或高税收）控制或为获得优惠利益而迁移的工厂。——译者

总体而言，20 世纪 70 年代，国际货币政策和海洋政策变得高度政治化了。但在货币领域，政治化主要是由国际体系危机造成的，其中维持国际机制的条件越来越脱离经济和政治现实。这种政治化并非国内团体的战略所引发的。与此相对照，在海洋政策领域，政治化起初由各国政府——特别是反对旧机制限制的欠发达国家政府——的战略所造就。因此，在该问题领域内，各国提出了建立一系列新规则的竞争性建议案。这些战略激发了政治化的其他根源，促使国内行为体对自身利益的变化、外国政府行为带来的新问题和机遇做出反应。国内外压力结合起来，对美国政府的体系领导方式施加了更多的限制。

关于国际领导权的探讨变得复杂了。我们看到，领导权不仅受到高级官员认识的影响，也受制于国内集团、跨国团体和跨国组织。海洋领域的认识变化甚慢，反映 20 世纪 30 年代国内政治状况的杜鲁门宣言促进了原有海洋机制的衰落进程，该机制背离了美国的国际体系利益。政治家和政府官员开始将美国视为体系领导者，在航海自由机制中获益的集团和组织的地位得到加强，但在 20 世纪 70 年代，国内政治化和跨国联盟的发展使这些政策遭受攻击，它们的主导地位被削弱。1967 年之后，关于海洋问题的国际谈判在为联合提供机遇的同时，这些团体的活动也使美国政府难以采取一致的立场；因此，分析家更难以在结构模式基础之上预测美国的行为。

结　论

我们曾在第三章指出，分析应从尽可能简单的解释入手，只在符合现实的必要情况下增加复杂性。充分的解释常常需要多种模式的结合。最简单、最熟悉的莫过于经济进程模式与总体结构模式相结合。这种结合也确实构成许多传统分析的基础。如表 6.5 所示，这种结合可以圆满解释三个个案（1945—1946 年的海洋机制、1944—1948 年的货币机制、1958 年的货币机制），也可以很好地解释 1920 年之前海洋机制的建立。但是这种模式无法充分解释五个机制变迁个案（包括最近的三个个案）。1925 年英国回归金本位制的决定需要将国内政治和领导滞后纳入考虑之中。1931 年的英镑处于政治弱势的背景之下，其崩溃受到经济进程的影响，但也受到该问题领域特定关系格局的影响，尤其是，对法国法郎与英镑比价的低估造成了该后果。各国的基本权力与现存国际机制的规定之间存在不一致，英国可以通过允许英镑浮动改变之。同样地，问题领域内的权力结构对解释 1971 年的事件具有重要意义。在这里，机制规则再次与基本权力结构出现差异。在以上两个个案中，我们的问题结构模式最有解释力。

表 6.5　机制变迁的经济进程模式和总体结构模式

时期	问题领域	两种模式结合能否解释之？
机制创立或重建		
1920 年之前	海洋	可以解释。经济因素解释了行为动因。总体结构解释了英国的行为能力，其中的某些修正是承认英国特别强大的海军地位与其总体军事地位的不相符。
1925	货币	否。战后美国的军事和经济权力预测出现以美国为中心的机制。对以前霸权形势和领导滞后的认识对解释该机制变迁至关重要。
1944—1946	货币	可以解释。特别是总体结构模式的解释力更好。美国在经济和军事上占据支配地位。
1958	货币	可以解释。在美国总体权力维持不变的情境之下，欧洲经济得以复兴。
1976	货币	否。经济进程模式表明了达成协议的动因，但总体结构模式对结局的预测是错误的。需要分析政治网络。

（续表）

时期	问题领域	两种模式结合能否解释之？
机制衰败或崩溃		
1931	货币	只能提供部分解释。充分解释该事件，需要考虑问题领域内的权力关系，即法郎与英镑汇率的贬值部分地造成了该结果。
1945—1946	海洋	可以解释。经济进程模式表明了新问题和美国的动机；总体结构模式解释了美国为什么有权力采取行动，以及它为什么没有制止南美洲国家的扩权。
1967	海洋	只能提供部分解释。对技术进步引起预期收益的认识是重要的。总体结构模式无法解释之。国际组织的政治进程是重要的。
1971	货币	只能提供部分解释。技术进步和总体经济能力的进步起到促进作用。但我们必须探究问题领域权力结构的变化、基本资源与机制规则之间的不一致。

总体结构模式与经济进程模式的结合也无法解释 1967 年之后海洋机制的变化。在这里，国际组织的政治进程最为重要。最后，总体结构模式不能充分解释 1976 年国际货币机制的重建，因为 1971—1976 年间，总体军事实力和总体经济实力都没有更集中。认识大国的总体能力及其政策倾向不足以预测机制后果。在 1971—1972 年存在这些因素的基础之上，我们预测固定汇率体系将恢复，并在有利于美国利益的原则下调整汇率。这是 1971 年 12 月《史密森协议》达成后的直接结果，但它与国际金融流动迅速增长的规模、国际银行业的变化相矛盾。资金快速转移的幽灵使得主要中央银行认为它们不可管束，促动英国在 1972 年 6 月决定英镑浮动；1973 年 3 月美国最终决定美元浮动。经济进程模式正确地指出政府官员达成协议的动机，美国在问题结构中的实力与最终结果极为吻合。但是，不分析在布雷顿森林机制之下形成的大国间政治网络，我们就无法解释为什么这些动机对

1971—1976 年的影响大于 1931—1936 年。

表 6.6 表明,在接近现实主义条件或复合相互依赖条件下,总体结构模式与经济进程模式相结合解释机制变迁的成效。我们可以看到,在基本情势接近现实主义理想模式时,这些传统模式有强大的解释力,但在接近复合相互依赖条件时解释力大减。①

表 6.6 总体结构和经济进程模式的解释力

解释力	问题领域内的情势	
	接近于现实主义	接近于复合相互依赖
高	1920 年之前的海洋领域 1945—1946 年的海洋领域 1944—1948 年的货币领域 1958 年的货币领域	
低		1925 年的货币领域 1931 年的货币领域 1967 年的海洋领域 1971 年的货币领域 1976 年的货币领域

表 6.6 表明,我们提到的三个重要命题无法在海洋和货币问题领域的基础上得到充分证实,但我们关于海洋和货币领域的研究支持这三个命题:

1. 就过去半个世纪世界政治的发展趋势而言,复合相互依赖的理想模式似乎更具有相关性。相比现实主义而言,最近的三个个案都更接近于复合相互依赖。

2. 就世界政治理论的相关性而言,显然以总体结构模式和经济进

---

① 1958 年布雷顿森林规则完全实施也许是一个反常的事例,因为当时并未直接动用武力,而问题领域内存在多渠道联系。表 6.6 假定,武力的作用与美国在西方联盟中的霸权相联系——就像我们在第五章所探讨的,代表着更接近于现实主义的状况。

程模式为基础的传统理论可以更好地解释现实主义（而非复合相互依赖）条件下的机制变迁。传统模式对最近个案的解释力非常微弱，因为这些个案更接近于复合相互依赖的条件。

3. 以上两个论点意味着，在分析海洋和货币政治时，世界政治的传统理论变得越来越不适用，为理解现实、制定适宜的政策，常常需要应用以问题结构模式和国际组织模式为基础的新理论。

且不管这些命题在后续研究中得到多么充分的证实或者得到多么广泛的证实，我们应该记得以前的警告，即走向复合相互依赖的趋势并非不可逆转。我们在货币领域中发现的同期模式（cyclical pattern）证明了这一点，而且，大国军事安全面临的紧急威胁无疑将影响许多问题领域的情况，并会增加总体结构模式的适用性。

接近于复合相互依赖的条件并不意味着，不同问题领域的政治是相同的。相反，我们发现，尽管国际组织模式的诸多方面有助于解释国际货币领域的最新变化，问题结构模式的解释最为圆满。海洋问题领域与此不同。如前所述，货币领域的基本权能分布和决定机制的权能分布是相当集中的。与此同时，在复合相互依赖条件下，海洋领域的基本权力资源（海军部队）受到限制，国际组织的程序更为重要。

我们还发现，两个问题领域的政治化模式相当不同。海洋领域的诸多政治化倾向于从美国国内政治"自下而上"，因此限制了占支配地位的政府行为体实施政策的自由。与此同时，货币领域的政治化进程一般由外及里，允许实施更具有系统倾向性的政策。由于该政治化模式的存在，相比海洋领域而言，货币领域更能得到总统的持续关注，因此更容易维持连贯的政府政策。

最后，对一个稳定的国际货币体系的管理更接近于公共物品（public good），即所有国家从中获益，且并不减少其他国家的收益。如果各国都认为可以从公共物品中获益，它们将更愿意接受领导。在较早时代，海洋主要被用作公用高速公路，海域和海洋资源的管理经常被视为公共物品，第四章引用的英国备忘录证明了这一点。1967年之后，随着技术进步和石油、矿产资源的引人注目，海洋政治更关注分配问题和如何圈占或防止他国圈占全球公共物品。在这些情况下，许多国家不再把大国在维持航海自由机制中的领导权视为公共物品，大国维持航海自由机制的代价更高。

通过对比货币和海洋问题领域机制变迁的政治，我们得出的结论不是一种简单的模式可为另一种模式所代替，而是国际政治分析应该更有识别力。一位著名经济学家曾经说过，经济学家就像牙医，需要一个装满各种工具的工具包，并具有在恰当时刻辨别使用哪种工具的能力。① 政治分析也是如此。我们的结论是，传统工具不必弃之不顾，但需要加以磨砺，并辅之以新工具。

---

① 1975年12月，在哈佛大学国际事务中心的会议上，查尔斯·金德尔伯格援引凯恩斯的话。

第三编
机制与两个双边关系

第七章
美国与加拿大和澳大利亚的关系

　　复合相互依赖的概念——被定义为不使用武力、问题之间不存在等级结构、各社会之间存在多种联系渠道——是一种理论抽象,而非对现实的描述。当现实情形接近于这些理想条件时,我们期望发现如第二章所概述的复合相互依赖政治。我们已经在海洋和货币领域发现了复合相互依赖政治的诸多特征。然而,以上两个问题领域并不能完全满足复合相互依赖的条件。我们在上一章的分析中发现,当更接近复合相互依赖的条件时,总体结构模式的解释力最小,而问题结构模式和国际组织模式的解释力变得越来越大。

　　本章的研究方法不同于第二编。首先,我们对国家间关系进行比较分析而非探讨全球经济问题,从不同的方向切入探究相互依赖的现实;其次,经过深思熟虑,我们选择了看起来最接近于复合相互依赖三个理想条件的个案——加美关系。我们并不认为加美关系是足以归纳出世界政治特征的典型个案。选择分析过去半个世纪加美关系的原因是,我们可以借此探究复合相互依赖政治进程的实际情况;探究这些政治进程如何变化;在军事力量不发挥任何作用的情况下,这些政治进程如何影响高水平政治冲突的后果。如果在这样"最有可能的个案"中不存在显著的效应,即使存在水平不同的限制,就更为广泛的世界政治分析而言,我们对复合相互依赖政治进程的期望有可能并非卓有成效。①

我们向前推进一步，进行一系列深入研究，探究加美个案对复合相互依赖的归纳可以扩展到多大的范围。比如说，政治友谊、文化距离、经济发展水平的差距有什么影响？但是，这样的雄心超出了本书的实际范围。鉴于此，我们选择澳大利亚与美国的关系作为另一个案。当我们考察国际差别的影响（以比较不同理论的预测能力）时，该个案至少可以确保我们抓住某些不变的因素。我们之所以选择澳大利亚，是因为澳大利亚的政治、文化与加拿大相似。当我们观察两国军事安全带来的影响和地理距离带来的代价等方面的差异时，这些相似之处确保了领土范围、一般经济特征和国内政治制度等因素的影响保持不变（当现实世界被视为一个实验室时，情形尤其如此）。②

换言之，我们选择了两个接近复合相互依赖的程度有异而其他方面尽可能相似的个案。从复合相互依赖的程度看，澳大利亚个案远不如加拿大。在两个个案中，解决政治冲突都无须诉诸武力。然而，在澳美关系中，军事安全显然主导着相关议程，军事力量的保护作用至为关键，地理距离构成对交往多渠道的限制。恰如一位观察家所言："想想加拿大从现在的地理位置移到非洲海岸，澳大利亚的地理位置带来的问题就变得清晰了。"③

地理距离当然还有其他影响。美国与加拿大的地理邻接产生了诸多问题，如圣劳伦斯水道、空气污染、走私等相关问题。如果两国地理距离较远，那么不管它们之间的交往多么广泛，这些问题都不大可

---

① 参见 Harry Eckstein, "Case Study and Theory in Political Science," in Fred I. Greenstein and Nelson W. Polsby (eds.), *The Handbook of Political Science*, vol. 7 (Reading, Mass.: Addison-Wesley, 1975), pp. 78–138。

② 一般性探讨可参见 Henry S. Albinski, *Canadian and Australian Politics in Comparative Perspective* (New York: Oxford University Press, 1973)。

③ Brain Beedham, "Second to None: A Survey of Australia," *The Economist* (London), March 27, 1976, p. 42。

能发生。此外，在核时代，共同命运将美国和加拿大联结在一起。如果美国遭到全面核攻击，不管加拿大本国是否为攻击目标，它必然遭受严重破坏。无论如何，这两个个案相得益彰，我们可以此研究复合相互依赖对双边关系的影响。

由于加美关系、澳美关系存在差异，在加美个案中，国家间冲突的结果模式不同于澳美关系，我们不应对此感到惊奇。我们将看到，加拿大个案中所体现出来的复合相互依赖政治进程可以解释部分差异。在本章结尾，我们将说明，在加美关系中，结构模式和经济进程模式如何有助于解释结果与机制。我们必须首先断定这两个个案在多大程度上接近于现实主义、复合相互依赖的情况，并说明以上两种理想模式所预测的政治进程如何影响政治冲突的结果。

加美关系与复合相互依赖

概言之，加美关系非常符合第二章所提出的复合相互依赖三条件。军事力量在两国关系中只起到次要作用。① 早期，美国曾两次军事入侵加拿大，现在这已被视为久远的历史了。直到第一次世界大战前夕，遭受美国军事入侵的恐惧还时隐时现，但加拿大对军事威胁的恐惧在1871年已经结束，1895年肯定消失得无影无踪了。1931年，加拿大防御美国入侵的最后一个正式军事集结计划——当时已被视为历史奇闻——被废弃。②

---

① 关于加美关系的介绍，参见 Gerald M. Craig, *The United States and Canada* (Cambridge, Mass.: Harvard University Press, 1968); the Special Issue of *International Organization* 28 (Autumn 1974); and Donald M. Page, *A Bibliography of Works on Canadian Foreign Relations, 1945–1970* (Toronto: Canadian Institute of International Affairs, 1973)。

② 1931年加拿大正式取消了"加拿大对美一号防御计划"，但由于加美两国经过多年培养形成了安全共同体的政治意识，该军事集结计划早就被弃置不用了。参见 James Earys, *In Defense of Canada*, vol. 1 (Toronto: University of Toronto Press, 1964), p. 77。

如我们在第二章指出的,军事力量不作为实现既定目标的工具并不意味着军事力量不起任何作用。自第二次世界大战以来,加美防御外来威胁的军事联盟成为双方密切合作、发生严重摩擦的一个根源。谋求大陆合作最具深远意义的某些步骤出现于大战期间。① 类似地,战后加美关系中最严重的一场危机,就是加美联合防御苏联军事危险所涉及的核导弹装备问题引发的,它导致了加拿大政府的分裂和垮台。但是,军事威胁乃至撤除军事保护的威胁并非加美谈判过程中的特征。

我们在第二章指出,军事力量有时发挥潜在的作用。动用武力的可能性会给政治进程施加重大的结构性限制。如果加美关系存在这种限制的话,它也必定是极其宽泛的,其约束力并不大。人们尽可发挥想象力,设想两国动用武力的情景,但这些想象几乎是不可信的。这些设想使我们想起仙境中的红衣女王对爱丽丝说的话,她每天早餐前就可以想象六件不可能发生的事情。

多渠道交往也是加美关系中的突出特点,加美都是对方最重要的贸易伙伴。每年约 3400 万加拿大人到美国旅游,约 3400 万美国人到加拿大观光。20 世纪 70 年代,两国间每年互有 2 万到 3 万永久性移民。美国的杂志和电视引起大批加拿大人的关注。20 世纪 60 年代后期,在加拿大制造业、能源、采矿、铁路、公用事业和商业企业中,美国居民持有的份额(按照账面价格计算)达 29%,在制造业中为 44%。② 而且,自 20 世纪 20 年代以来,这些社会联系有增无减(如表 7.1 所示)。

---

① 参见 R. D. Cuff and J. L. Granatstein, *Canadian-American Relations in Wartime* (Toronto: Hakkert, 1975)。

② M. C. Urquhart (ed.), *Historical Statistics of Canada* (Toronto: Macmillan, 1965); Statistics Canada, *Canada Yearbook* (Ottawa: Information Canada, Various Years); Statistics Canada, *Canada's International Investment Position, 1926—1967* (Ottawa: Information Canada, 1971); *United Nations Statistical Yearbook* (New York: United Nations, 1961, 1971).

表 7.1 加美之间的部分跨国进程

移民

年度	美国向加拿大移民	加拿大向美国移民
1920	40000	90000
1938	6000	14000
1953	9000	46000
1962	11000	44000
1971	23000	23000

旅游访问（百万人）

年度	美国人到加拿大旅游访问	加拿大人到美国旅游访问
1920	无统计	无统计
1938	无统计	无统计
1953	28	23
1962	32	30
1971	39	34

贸易（100万美元）

年度	加拿大向美国出口	占加拿大总出口额的比重（%）	美国向加拿大出口	占美国总出口额的比重（%）
1920	581	45	921	12
1938	279	33	460	15
1953	2463	59	2940	19

贸易（100万美元）

年度	加拿大向美国出口	占加拿大总出口额的比重（%）	美国向加拿大出口	占美国总出口额的比重（%）
1962	3608	57	3970	22
1971	11665	66	10951	21

（续表）

投资		
年度	美国在加拿大的长期投资（10亿美元）	美国占加拿大外国投资的份额（%）
1920	1.6（1918）	36
1938	4.2（1939）	60
1953	8.9	77
1962	19.2	77
1971	28.0（1967）	81

资料来源：M. C. Urquhart (ed.), *Historical Statistics of Canada* (Toronto: Macmillan, 1965); Statistics Canada, *Canada Yearbook* (Ottawa: Information Canada, Various Years); Statistics Canada, *Canada's International Investment Position, 1926—1967* (Ottawa: Information Canada, 1971); *United Nations Statistical Yearbook* (New York: United Nations, 1961, 1971)。

除两国社会外，两国政府也有多方面的接触。美国的31个联邦机构同加拿大21个相应的机构有着直接的交往，两国州省之间的往来也非常频繁。[1]根据向加拿大议会提交的一份研究报告，1968年两国政府官员的互访达6500次，其中对加拿大外交部的访问或加拿大外交部出访仅有139次。[2]电话是另一种直接交往的渠道。根据美国政府联邦电话局免费电话线路的统计，在1972年11月的一个星期中，加美电话往来每天平均达340次之多。[3]政府通过外交部门相互影响的传统观念不适用于加美关系。

最后，加美关系的议程表明，两国关心的问题范围非常广泛，而军

---

[1] "Canada and the United States: Principles for Partnership" (Merchant-Heeney Report), *Department of State Bulletin 53*(July-September 1965), pp. 193—208.

[2] 两国之间的互访总数为18000次，其中与国防有关的11500次互访中，有许多与军事训练相关。参见 Department of External Affairs, "Canadian Governmental Instruments for Conducting Relations with the United States," Appendix B (Ottawa, 1969)。

[3] C. Robert Dickerman, "Transgovernmental Challenge and Response in Scandinavia and North America," *International Organization* 30, no. 2 (Spring 1976): 213—240。

事安全考虑并不占据主导或支配地位。鉴于以上所探讨的加美交往的多渠道，要想描述出加美关系的全部议程实际上是不可能的。不过，我们可以根据外交文件勾勒出1920—1946年间的加美关系（参见表7.2）。

表7.2 1920—1946年加美两国之间的相互影响

	20世纪20年代（总数为64）	20世纪30年代（总数为92）	1940—1946（总数为119）
问题领域（政府目标）			
军事领域	3%	5%	44%
政治领域	8%	10%	20%
社会领域	16%	20%	6%
经济领域	72%	65%	30%
美国政府的关注程度			
总统	12.5%	15%	16%
内阁官员	75%	34%	20%
其他官员	12.5%	50%	64%

资料来源：*Foreign Relations of the United States* (Washington, D. C.: U. S. Government Printing Office, 1920-1946).

外交文件表明，经济关系在两国议程中占据极其重要的地位（战争年代除外）；两国年均往来数量增长了两倍，即从20世纪20年代的6.4次增加到30年代的9.2次、40年代早期的17次。随着两国议程的日渐复杂，提交总统的问题有所增加，但其中最显著的变化是，由内阁官员（主要是国务卿）处理的问题比重下降，而官僚机构处理的问题比重有所增加。仅仅从载入《总统公开文件》（*Public Papers of the President*）的总统公共议程看，除战争时期外，社会问题和经济问题构成了加美关系中被总统提及的主要方面（参见表7.3）。

表 7.3　经济、社会问题占被总统提及的比率 a

时段	提及加拿大的总次数	比率（%）
自罗斯福执政至 1940 年	16	80
第二次世界大战	16	23
1945 年之后的杜鲁门	36	65
艾森豪威尔	36	55
肯尼迪－约翰逊	52	55

a 纯粹的形式声明或友好声明排除在外。

资料来源：*Public Papers of the President* (Washington, D. C.: U. S. Government Printing Office, 1933–1969).

在加美关系中，社会经济问题突出，而且要确立和维持始终如一的问题间等级结构往往非常困难。根据一位美国官员的经验：

> 两国都发现，要想富有意义地、一致地、以任何具体形式正式列举出对另一国事务的优先考虑是不可能的。只有同时将国内政策的某些方面纳入优先考虑范围之内，使其适用于选民团体，才能做到这一点。……当"国家文件""政策分析与资源配置文件"等要素积极活跃于外交领域时，它们将具有某些控制性价值。但当它们用于控制某些主要"国内"部门和规章制定委员会时，它们不过是一些官僚措施罢了。[①]

由于总统或主要内阁成员（如 1971—1972 年担任财政部长的康纳利）等上层人士的关注，某些优先考虑可以暂时强加于多问题的议程之上。这种高层关注对优先考虑的一致性和连贯性是必要的，但确保高层的持续关注几乎是不可能的。现实主义假定，国家的目标存在恒久的等

---

① Dickerman, "Transgovernmental Challenge and Response in Scandinavia and North America," *International Organization* 30, no. 2 (Spring 1976): 232–233.

级结构,而国家安全至上。然而,这种假设并不适用于加美个案。

自第二次世界大战以来,加美关系为基于联盟、经常磋商、禁止公开的问题联系等机制所支配。与我们在第二编所探讨的影响各问题领域的机制相比,管理两国双边关系的机制更为宽泛、松散。但是,加美间正式制度的缺陷并不意味着,我们所定义的宽泛意义上的国际机制或国际组织不存在。恰恰相反,外交家和细心的观察家完全可以描述出预期的程序和机制规则。1965年,根据约翰逊总统和皮尔逊(Pearson)总理的命令,麦钱特(Merchant)大使和希尼(Heeney)大使启动联盟内的磋商程序,后人称之为"悄悄外交"(quiet diplomacy)。① 另一位富有经验的外交家这样描述这种避免公开联系的处理方式:"你可以勉强变通某项边际性交易来创造善意气氛,但根本而言,每项交易都是独立的。"②

这一战后机制并非不可变更。第二次世界大战之前,两国未曾使用武力,经济事务主导着两国间的议程,但双方关系的程序与战后时期迥然有异。而且,为了达到讨价还价的目的,双方经常将一些无关的问题联系起来,在这方面美国往往技胜一筹。象征着共同事业并保持经常磋商的战后机制,是为应对第二次世界大战中德国的威胁和随后冷战期间苏联的威胁而发展起来的。

20世纪70年代早期,抗拒将问题联系起来的机制规范即将发生变化。20世纪60年代末,"悄悄外交"原则受到加拿大民族主义分子的诸多批判。我们在下文将看到,加拿大在20世纪60年代采取的谈判方式越来越具有民族主义、武断的特征,至少从短期来看取得了积极的成果。问题的解决越来越反映出加拿大的立场。作为回应,美国

---

① "Canada and the United States: Principles for Partnership." 即使批评者也承认这些机制的存在。参见 Steven Clarkson (ed.), *An Independent Foreign Policy for Canada?* (Toronto: McClelland and Stewart, 1968)。

② 1973年在渥太华采访所了解的观点。

财政部在1971—1972年率先"敲打加拿大",采取措施使贸易问题政治化,将贸易问题与其他考虑相联系,并试图控制其他机构的跨政府交往。与此同时,加拿大政府也力图进一步控制跨国关系、跨政府关系。① 有些令人惊奇的是,双方将问题政治化和集中谈判的努力并没有持续足够长的时间以从根本上改变既有的机制。跨政府互动继续存在,公开将不同问题联系起来的做法又变得微乎其微。例如,美国财政部试图将美国接受加拿大石油与加拿大同意重新谈判汽车协定联系起来,现在看来,这种做法非常少见,其时机选择也有些令人啼笑皆非。在下文中,我们将探究机制与结果之间的关系。

澳美关系与复合相互依赖

大多数美国人——甚至包括美国的国际关系学者——对澳美关系所知甚少。因此,在探讨澳美关系与复合相互依赖之前,我们首先简要回顾1920年以来两国政府对另一方采取的政策。

20世纪20年代,政府间往来和跨国交往非常之少;30年代,这种跨太平洋关系却历经艰辛。澳大利亚被卷入英帝国内部制定的所谓"帝国特惠制"(imperial preference)的贸易安排之中,这些贸易安排的目的是,提高与帝国外其他国家进行贸易的关税壁垒,鼓励帝国内部或英联邦内部的贸易。

> 有的欧洲国家与澳大利亚的贸易往来规模大,常常存在逆差,澳大利亚的做法引起这些国家的极大不满。……但是,澳大利亚政府并没有减少帝国特惠制的幅度,反而(在1934年)采取

---

① Dickerman, "Transgovernmental Challenge and Response in Scandinavia and North America."

了一种看起来颇为容易的解决办法，即全面调整澳美贸易关系，以消除约六比一的贸易逆差。①

澳大利亚的上述行动导致了澳美贸易之战。澳大利亚对美国实施歧视性的"贸易转向计划"；美国拒绝澳大利亚通过谈判达成双边协议的请求，并将澳大利亚列入另册以示报复。最终，由于英美关系的改善和第二次世界大战的来临，澳大利亚政府在英国的压力之下改变政策，两国贸易战才画上了句号。但是，澳美之间的贸易协定谈判却没有取得成功。

战争使两国关系密切起来。在日本1941年袭击珍珠港之前，澳大利亚竭力寻求美国的安全承诺，但徒劳无功。"珍珠港事件"之后，澳大利亚和美国结成了亲密盟友。大批美国军队进驻澳大利亚，两国各个层次的往来都成倍增加。但是，两国关系并不总是和谐的。澳大利亚感到，美国在很多事情的处理上并没有与自己充分协商。1944年，澳大利亚与新西兰呼吁召开一次西南太平洋会议，遭到美国的强烈反对。在与澳大利亚特使磋商时，美国代表甚至将澳大利亚的倡议与苏联的策略相提并论。美国代表认为，只有做出全球安全安排之后，区域安排才能提上日程。显然，美国官员担心苏美关于东欧问题的微妙谈判似乎要被在西南太平洋建立"势力范围"的行动所破坏。②

在赫伯特·伊瓦特（Herbert B. Evatt）担任澳大利亚工党政府（1945—1949）的外交部长期间，两国也曾就数项问题发生争议。但总体而言，两国在战后保持着良好的盟友关系。澳大利亚力图与美国建立正式联盟，但直到1951年，正式结盟的协议——《澳新美安全条约》

---

① Raymond A. Esthus, *From Enmity to Alliance: US-Australian Relations, 1931–1941* (Seattle: University of Washington Press, 1964), p. 13.

② *Foreign Relations of the United States, 1944,* vol. 3 (Washington, D. C.: U. S. Government Printing Office, 1944), pp. 168–201, esp. 191–194.

才得以签署。斯时，美国正在与日本就签订和约而谈判；朝鲜战争已经爆发；澳大利亚已经由保守党执掌政权了。

自1951年起，澳大利亚明确而正式地依赖美国的保护。两盟国在防务方面密切合作，澳大利亚保守党长期执政期间（1949—1972）尤其如此。澳大利亚成为美国政策最坚定的支持者，是向越南派出部队的美国少数盟国之一。澳大利亚军队严重依赖美国的装备，两国军事官员保持密切的往来，政治领导人就日常事务和麻烦问题保持频繁而密切的磋商。在涉及澳美之间的"冲突问题"时，我们应将其放在20世纪50—60年代和睦而热烈的两国关系背景下进行探讨。其间澳大利亚议会的辩论显示，相比澳大利亚保守党政府与其反对党工党之间的关系而言，澳大利亚政府与美国政府之间的共同之处更多。

了解这些背景之后，我们就可以研究复合相互依赖条件适用于澳美关系的状况。我们从军事力量的作用开始探讨。

澳美之间从未出现过严重的战争风险：一国从未对另一国使用武力或武力威胁。但是，在两国关系中，军事力量的保护作用极其重要。20世纪30年代末大不列颠对美国军事援助的期望，非常间接地促成了澳美贸易战以对美国有利的方式结束。1939年特别是1941年之后，澳大利亚亟需美国的保护。自第二次世界大战以来，澳大利亚一直依赖美国。而且，双方的安全关系极其不对称。即使未能对澳大利亚的安全提供保护，美国自身的安全也不会遭受损害；但没有美国的保护，澳大利亚无力抵御强敌的攻击。

从复合相互依赖的第二个方面——社会间交往的多渠道来看，澳美关系与加美关系存在巨大的差异。澳大利亚与美国相距万里之遥，这是造成澳美关系、加美关系迥异的重大原因之一。20世纪30年代，从澳大利亚乘船到美国需要3周的时间；1940年，双边航空试飞用了4天时间；现在从华盛顿州到堪培拉的飞行仍需19—21个小时。

将表7.1和表7.4放在一起观看，我们就会得出这样的结论，美加联系要比澳美联系广泛得多,这并不令人感到惊奇。1971 年,移民澳大利亚的美国人是移民加拿大者的 28.7%;移民美国的澳大利亚人仅是移民美国的加拿大人的 4.5%。澳美双边旅行的人数仅占加美双边旅游者的 0.3%。澳大利亚向美国的出口额仅为加拿大向美国出口的 5.4%;澳大利亚从美国的进口额仅为加拿大从美国进口的 9.5%。美国在澳大利亚的直接投资同样大大小于其在加拿大的投资:1962 年,美国投资者仅控制澳大利亚制造业的不到 10%,相形之下却控制了加拿大制造业的 44%。①

表 7.4 澳美之间的部分跨国进程

移民		
年度	美国向澳大利亚移民	澳大利亚向美国移民
1920	1709	2066
1938	2937	228
1953	(700)ᵃ	742
1962	1082	1878
1971	6591	1046
旅游访问		
年度	美国人到澳大利亚旅游访问	澳大利亚人到美国旅游访问
1920	无统计	无统计
1938	无统计	无统计
1953	无统计	无统计
1962	无统计	无统计
1971	85079	78777

---

① 与澳大利亚相关的数字,请参见 Donald T. Brash, *American Investment in Australian Industry* (Cambridge, Mass.: Harvard University Press, 1966), pp. 28–33。

（续表）

贸易（100万英镑）[b]		
年度	澳大利亚向美国出口	美国向澳大利亚出口
1920	11（7.4%）	24（24.0%）
1938	3（2.4%）	18（16.0%）
1953	58（6.8%）	85（16.7%）
1962	109（10.2%）	174（19.7%）
1971	634（12.1%）	1032（22.1%）

投资（100万美元）[c]		
年度	美国在澳大利亚的直接投资	美国占澳大利亚外国投资的份额（%）
1920	53	无统计
1938	89	无统计
1953	324	27.6
1962	1097	41.6
1971	无统计	38.8

[a] "永久和长期居住者最终离开一国"的数字为1409人，700人根据该数字预计得出。

[b] 1971年的数字按美元计算。括号中的数字指的是对美国的出口占澳大利亚出口总额的百分比，或从美国的进口占澳大利亚进口总额的百分比。

[c] 我们使用的是1919年和1936年的投资数额，而不是1920年和1938年的数额；由于每年的波动太大，1953年、1962年的数字分别采用的是1952—1954年、1961—1963年的平均数。

注：这些数字的来源不同，因而存在某些出入，但规模大小的顺序是一致的。

美国移民澳大利亚的资料来源：Commonwealth Bureau of Census and Statistics, *Yearbook Australia*（各年）。

澳大利亚移民美国的资料来源：*Historical Statistics of the United States* (Washington, D. C.: U. S. Government Printing Office, 1960); *Supplements* (Washington, D. C.: U. S. Government Printing Office, 1965); 1971年的数字参见 *Yearbook Australia* (Canberra: Australia Government, 1972)。

有关旅游访问的资料来源：Commonwealth Bureau of Census and Statistics, *Yearbook Australia*, 1971(Canberra)。

有关贸易的资料来源：*Yearbook Australia*（各年）; International Monetary Fund/International Bank for Reconstruction and Development, *Direction of Trade, 1970—1974* (Washington, D. C.: IMF/BFD)。

有关投资的资料来源：1971年之前的数字参见 Donald Brash, *American Investment in Australian Industry* (Cambridge, Mass.: Harvard University Press, 1966); 1971年的数字参见 *Yearbook Australia 1972*, Commonwealth Treasury, *Overseas Investment in Australia* (Canberra, 1972)。

鉴于以上原因，尽管澳大利亚的经济规模和人口数量少于加拿大，但它在经济上对美国的依赖也小得多。1972年，澳大利亚向美国的出口仅占其出口总额的12%左右，而加拿大向美国的出口却占其出口总额的66%。从美国的进口仅占澳大利亚进口总额的22%（相比之下却占加拿大进口总额的67.5%）。① 1920年至1971年，澳美之间的贸易、直接投资和移民都有了大幅增长，但与加美相关数字相比仍然小得多。

正如一位官员所说的，两国政府建立了"庞大的联系网络"。自1950年起，澳大利亚总理频繁造访华盛顿，澳新美委员会每年召开一次内阁级会议，内阁官员经常就许多问题会晤磋商。但是，大部分活动仍是在华盛顿进行的，澳大利亚的驻美使馆规模庞大、人员齐整。尽管找不到关于澳美之间旅游访问、电话联系的统计数据（而加美间的相关数据可以找到），但相关数据显然证明澳美处理类似事务的官员间来往要少得多。

与加美议程一样，澳美议程也必定是多样化的。但与加美议程不同的是，澳美议程存在着明确而始终如一的等级结构。迄今，太平洋两岸都最关注联盟的政治和军事问题。有关20世纪50年代和60年代澳美关系的回忆录和二手资料都着重强调安全问题；安全问题充斥着澳大利亚外交政策的官方记录——它反映了澳大利亚议会的辩论状况和政府的关注。各类报刊对外交事务的报道也无二致。② 马来亚、印

---

① International Monetary Fund/International Bank for Reconstruction and Development, *Direction of Trade, 1970−1974* (Washington, D. C.: IMF/BFD, 出版日期缺)。1974年，澳大利亚、加拿大向美国的出口分别占本国出口总额的9.3%和63.7%；澳大利亚、加拿大从美国的进口占本国进口总额的20.8%和65.1%。

② 本研究采用的主要回忆录和二手资料很多。其中回忆录有：Dwight D. Eisenhower, *The White House Years: Mandate for Change 1953−1956* (Garden City: Doubleday, 1963); *The White House Years: Waging Peace 1956−1961* (Garden City: Doubleday, 1965); Menzies Robert, *Afternoon Light* (New York: Coward-McCann, 1967); *The Measure of the Year* (London: Cassell, 1970); T. B. Miller, ed., *Australian Foreign Minister: The Diaries of R. G. Casey 1951−1960* (London: Collins, 1972); Percy Spender, *Exercises in Diplomacy: The ANZUS Treaty and the Colombo Plan*（转下页）

度尼西亚以及后来的越南等问题主导着两国之间的交往。通过分析表7.5，我们可以发现澳美关系与加美关系之间的不同。该表体现了1945

（转上页）(New York: New York University Press, 1969). 传记有：Crisp L. F., *Ben Chifley* (London: Longmans, Green, 1960); Allan Dalziel, *Evatt the Enigma* (Melbourne: Lansdowne Press, 1967); Kevin Perkins, *Menzies: Last of the Queen's Men* (Adelaide: Rigby, 1968); Kylie Tennant, *Evatt: Politics and Justice* (Sydney: Angus and Robertson, 1970); *General Works on Australian Foreign Policy or US-Australian Relations*; Raymond A. Esthus, *From Enmity to Alliance: US-Australian Relations 1931–1941* (Seattle: University of Washington Press, 1964); C. Hartley Grattan, *The United States and the Southwest Pacific* (Cambridge: Harvard University Press, 1961); Gordon Greenwood, and Norman Harper (eds.), *Australia in World Affairs, vols. 1–3* (Vancouver: University of British Columbia, 1957, 1963, 1968); Norman Harper, ed., *Pacific Orbit: Australia-American Relations Since 1942* (Melbourne: Cheshire for the Australian-American Association, 1968); T. B. Miller, *Australia's Foreign Policy* (Sydney: Augus and Robertson, 1968); Moore John H. ed., *The American Alliance: Australia, New Zealand and the United States 1940–1970* (North Melbourne: Cassell Australia, 1970); Trevor Reese, *Australia, New Zealand and the United States: A Survey of International Relations 1941–1968* (London: Oxford University Press, 1969); Watt, Alan, *The Evolution of Australian Foreign Policy* (Cambridge: Cambridge University Press, 1967). 关于美国与澳大利亚经济政策的主要著述有：Australian Department of the Treasury, *Overseas Investment in Australia* (Canberra: Australian Government Publishing Service, 1972); Donald Brash, *American Investment in Australian Industry* (Cambridge: Harvard University Press, 1966); J. G. Crawford, *Australian Trade Policy 1942–1966: A Documentary History*, (Canberra: Australian National University Press, 1968); John Evans, *The Kennedy Round in American Trade Policy: The Twilight of the GATT?* (Cambridge: Harvard University Press, 1971); G. D. McColl, T*he Australian Balance of Payments: A Study of Post-War Developments* (Carlton: Melbourne University Press, 1965); Harold Malmgren, ed., *Pacific Basin Development: The American Interests* (Lexington: D.C. Health, 1972); G. G. Moffatt, *Import Control and Industrialization* (Carlton: Melbourne University Press, 1970); Gardner Paterson, *Discrimination In International Trade: The Policy Issues 1945–1965* (Princeton: Princeton University Press, 1966); J.O.N Perkins, *Australia in the World Economy 2nd ed.* (Melbourne: Sun Books, 1971); Ernest Preeg, *Traders and Diplomats* (Washington: The Brookings Institution, 1970). 本研究采用的官方资料有：Current Notes on International Affairs (1945–1970), the Australian Department for External Affairs（每月一期）; Department of State Bulletin (1945–1970), the US Department of State（每周一期）; Public Presidential Papers (1945–1970), the US Government Printing Office（每年一期）; Foreign Relations of the United States (1920–1947), the US Government Printing Office（每年一期）。同时，我们系统查阅了1950—1970年《纽约时报》关于澳大利亚的文献，查阅了1965年3月至1966年2月的《澳大利亚杂志》(The Australian Magazine)、1955—1969年的《澳大利亚政治和历史杂志》(The Australian Journal of Politics and History)。此外，我们还查阅了澳大利亚的各种报刊。

年以来《美国总统文件》澳大利亚部分中政治军事问题与社会经济问题的篇幅之比。它反映了美国总统关于澳大利亚的公开言论，可以与表7.3对照分析。两表在编排方式上有所区别，但反映了同样的内容。除越南战争成为美国主要问题的时期之外，对美国总统而言，澳大利亚的重要性显然甚低。

20世纪50年代和60年代，澳大利亚常常表达自己对军事安全的关注。它常常感到自己是盎格鲁－撒克逊经济、政治和文化制度的孤立前哨，与实际敌对或潜在敌对的亚洲国家比邻而居。这种意识使澳大利亚建立和维持问题间的等级结构，并将安全问题视为至关重要成为可能。我们的系统分析止于1969年。1972年底，工党政府上台执政（但在1975年12月丧失执政地位），澳大利亚的政策发生了显著变化。① 但在1950年至20世纪70年代，传统的问题等级结构保持不变。

表7.5 关于1945—1971年澳大利亚被提及的统计

美国政府	政治、军事问题		经济、社会或其他问题	
	页数	比重（%）	页数	比重（%）
杜鲁门政府（1945—1953）	0.4	50	0.4	50
艾森豪威尔政府（1953—1961）	2.8	97	0.1	3
肯尼迪－约翰逊政府（1961—1969）	41.1	94	2.5	6
尼克松政府（1969—1971）	2.3	92	0.2	8

资料来源：*Public Papers of the President* (Washington, D. C.: U. S. Government Printing Office, 1945–1971).

正如我们下面将看到的，澳美之间也发生经济冲突，但两国同盟关系并未因此遭受破坏，澳大利亚视澳美同盟关系为自身安全之所

---

① 关于20世纪70年代初澳大利亚政治和文化的、信息丰富且易于得到的调查资料，参见《经济学家》(*The Economist*)杂志1973年6月23日和1976年3月27日的调查栏目（Surveys）。

系。而且，双方在经济和社会方面的联系不像加美之间那样密切，澳大利亚在这些方面对美国依赖不多。两国之间的直接投资、贸易和旅游访问较少，两国的大众传媒也迥然不同。有些美国新闻杂志在澳大利亚出售，一些电视节目也被澳大利亚转播，但美国文化对澳大利亚的影响显然不如对加拿大英语地区那样广泛。有人认为，"澳大利亚仍然远离美国的日常情感、驱动和制动力量、生活潮流，与当年帆船作为唯一的跨海交通工具时并无二致"①。这似乎有些言过其实。然而，尽管不乏夸张之处，这种说法却指明了澳美关系与加美关系之间的巨大差异。距离并非完全是一种幻觉。

显然，澳美关系赖以产生的基本条件与加美关系存在显著不同。但是，支配两国战后关系机制的某些方面——尤其是盟国磋商、避免在谈判时将不同问题公开联系起来——却极为相似，1950年至1969年，问题之间的明确联系实际上成为一种禁忌。澳大利亚签署对日和约的决定显然与美国同意签署《澳新美安全条约》的决定联系在一起，但澳大利亚外交官竭力使人们相信，这两个文件并非属于一揽子交易。② 同加拿大的情况类似，第一次世界大战之前，澳美问题之间的联系就司空见惯了。但是，在战后澳美关系中，政治化并未得到加强，总体上讲，澳大利亚并未对美国采取顽固的立场，反对将问题联系起来的禁忌并未受到威胁。

相比加美关系而言，澳美关系更接近于现实主义的条件。我们认为，总体结构模式更适用于解释澳美关系。我们将在下文证明如下判

---

① Robin Boyd, "Mass Communications," in Harper (ed.), *Pacific Orbit*, p. 145. 感谢安德鲁·法兰（Andrew Farran）为我们指出了这种说法的夸张性。

② 公开材料试图说明，《澳新美安全条约》与对日和约并无关联，后者并非澳美交易的一部分。但是，1951年4月澳大利亚对外事务部长斯彭德（Spender）明确地指出，除非将日美临时草约放到有效保证太平洋安全的框架中，否则，认为两者毫不相干的观点不符合实际。参见 *Current Notes on International Affairs* 22 (1951): 233。

断：总体结构模式可以很好地解释澳美关系，但战后加美关系政策冲突的结果却与基于总体结构模式的预测背道而驰。要了解加美关系为何与此不同，我们应对政治谈判的进程予以探究。我们认为，从相当大程度上讲，联结加拿大和美国的复合相互依赖模式可以解释澳美关系、加美关系之间的不同。

加美关系中的问题与结果辨析

总体而言，在解释加美政治关系方面，传统方式并不非常有效。加美关系常常困扰那些戴着现实主义眼镜看待世界的政治家和学者。20世纪60年代中期，一位学者这样写道："就世界面临的重大问题而言，加美关系的研究几乎不能给我们任何启示。"① 另一位学者将两国无防守的边界视为"不在乎权力因素"的例证。② 军事力量在两国关系中起着次要作用，但两国冲突不断，两国政府经常展示力量。然而，传统分析方法无法说明复合相互依赖条件下的权力游戏和政治谈判进程。

传统方法也不能准确地预测冲突的后果。简单的总体结构解释告诉我们，如果双边关系中某国的军事开支是其邻国的37倍、经济规模是后者的12倍，在较重大争端中，大国必然占尽优势。此外，来自霸权国的跨国行为体更能渗透到小国，而不是相反。结果的分配会更加有利于大国。学者们为此创造了"加拿大化"（Canadianization）一词，用以指称这种情势。③ 问题结构解释将问题间建立联系的困

---

① David Baldwin, "The Myth of the Special Relationship," in Stephen Clarkson (ed.), *An Interdependent Foreign Policy for Canada?* (Toronto: McClelland and Stewart, 1968), p. 5.

② Anold Wolfers, *Discord and Collaboration* (Baltimore: Johns Hopkins University Press, 1962), p. 97.

③ 可参见 Theo Sommer, "The Community Is Working," *Foreign Affairs* 51 (July 1973): 753。

难纳入考虑之中，但美国在绝大多数问题上拥有资源优势，简单的问题结构分析也会做出这样的预测，即在两国政府的冲突中，美国在结果分配上往往占据优势。与此同时，我们可以假设，复合相互依赖的政治进程，尤其是跨国和跨政府行为体的作用导致政府谈判取得较为平等的结果，这与根据总体结构模式得出的预测形成鲜明对照。

较为复杂的结构模式将结果类型归因于全球结构而非双边体系。在全球两极体系之下，霸权国稳定联盟关系的方式是，允许小伙伴赢得次要冲突的胜利。例如，人们常说，在北美关系中，"加拿大赢得了许多次比赛的胜利，不过棒球场和棒球规则却是美国人设计的"。正如本章下文所表明的，这句箴言道出了某些真谛。但是，在冷战期间，加拿大人同意了棒球场的设计，随着时间的推移，他们赢得越来越多的比赛胜利。此外，他们还逐渐修改了战后的比赛规则。本章表7.6至表7.9所列举的事例都曾是引起总统关注的重要问题，尽管美国在两个具有全球战略影响的事例之一的处理上处于优势——1961年，加拿大不愿意在用于北美联合空中防务的波马克导弹上安装核弹头，从而引发了加美冲突——但在古巴导弹危机期间，加拿大推迟与美国合作导致的冲突，达成不分胜负的局面（参见表7.8、表7.9关于这些冲突的简要描述）。当然，对加拿大而言，并非所有事例都同等重要。但是，当我们分析加拿大学者小组所选择的据称对加拿大自主地位至为重要的10次冲突就会发现，美国的所作所为好于冲突一览表所展示的，但其优势并不明显。① （关于冲突事例一览表，请参见下文。）

---

① 卡莱顿大学的佩顿·莱恩（Peyton Lyon）和加思·史蒂文森（Garth Stevenson）、渥太华大学的约翰·特伦特（John Trent）协助整理表7.7至表7.9所列出的对加拿大自主地位至关重要的事件，我们谨对此表示感谢。

表7.6　1920—1939年列入总统议程的加美冲突

冲突	首先采取行动的国家	首先提出国家间磋商要求的国家	结果更接近哪国目标
1918—1937年关于捕鱼规则的争端。加拿大向美国施加压力，要求其批准渔业协定特别是关于鲑鱼的协定。20世纪30年代，日本捕捞鲑鱼的威胁有所增强，美国才批准该协定。	双方	加拿大	美国
1920—1923年加拿大限制纸浆出口引发的争端。美国威胁进行"大规模报复"，成功地提出了抗议。加拿大的目标在于鼓励本国造纸加工业。	加拿大	美国	美国
1918—1941年的圣劳伦斯水道争端。ª 美国坚持要求联合发展航运和水力发电，加拿大不愿意。1932年，双方达成协议，该协议得到加拿大政府的批准，但未获美国参议院的批准。后来，美国坚持达成新协议，加拿大再次表示不愿意，但于1941年签署该协议。	美国	美国	同等
1922—1930年关于控制酒类走私的争端。美国成功地迫使加拿大采取国内措施，有利于美国更容易、更方便地执行禁酒法律法规。	美国	美国	美国
1923—1928年芝加哥水向转移引起的争端。加拿大抗议芝加哥大湖区水向的转移损害了加拿大的港口利益。美国拒绝停止水向转移。	美国	加拿大	美国
1928—1938年美国关税引发的争端。加拿大试图阻止美国1930年关税的提高。加拿大予以报复，并寻求替代性的贸易方式。1933年，加拿大要求签署贸易协定，美国百般拖延，但于1935年、1938年签订了协定。加拿大做出了较大的让步。	美国	加拿大	美国

(续表)

冲突	首先采取行动的国家	首先提出国家间磋商要求的国家	结果更接近哪国目标
1927—1935年冶炼残渣污染引发的争端。美国抗议来自英属哥伦比亚省冶炼厂的毒气损害了华盛顿农场主的利益，并要求将该问题提交国际联合委员会（IJC）处理。在农场主的压力下，美国拒绝了国际联合委员会的劝说，成功地迫使加拿大成立了一个特别仲裁法庭处理该问题。	美国	美国	美国
1936年的酒税法案争端。[b] 加拿大就一项惩罚性酒税法案成功地提出了抗议。该法案旨在迫使加拿大制酒商与美国财政部达成一项协议。美国国务院对加拿大表示同情，而罗斯福总统支持国务院的态度。	美国	加拿大	加拿大
1930—1938年阿拉斯加高速公路建设引发的争端。美国提议两国联合建设横跨英属哥伦比亚省的高速公路。加拿大担心美国的"渗透"，成功地抵制了美国的提议。1942年，战争改变了建设该公路的目的，争端宣告结束。	美国	美国	加拿大

[a] 跨国组织在该政治进程中发挥了重要作用。
[b] 跨政府关系在该政治进程中发挥了重要作用。

资料来源：*Foreign Relations of the United States* (Washington, D. C.: U. S. Government Printing Office, annually).

检验这些关于政府间谈判进程的结果的选择性假设，比乍看起来更为复杂。我们需要描述这些结果的类型，还要了解复合相互依赖的进程特别是跨国行为体、跨政府行为体的作用是否发生变化。因此，我们决定将第二次世界大战前20年和战后20年的谈判及其结果进行比较分析。

对加拿大和美国之间的国家间谈判进行清晰分析，我们所遭遇的第一个障碍就是经过慎重选择的轶事。双方都有自己特别喜爱的例证。加拿大倾向于杂志税等几个具体事例。加拿大担心美国杂志——特别是加拿大版的《时代》周刊（Time）和《读者文摘》（Reader's Digest）——垄断加拿大的杂志市场。加拿大视之为文化入侵，而非贸易问题，并于1956年通过了歧视美国杂志的税收法案。这两家杂志在加美两国大肆游说，而美国政府对加拿大的歧视行为表示抗议，加拿大最终决定对《时代》周刊和《读者文摘》免除该立法所规定的税收。加拿大人常常视之为战后加美经济摩擦的典型事例，跨国行为体与美国政府联合击败了加拿大政府。

美国人则倾向于将汽车协定视为两国关系中的典型事例。20世纪60年代早期，加拿大为了提高加拿大（而非美国）的汽车产量，对汽车部件的出口提供补贴。美国政府没有简单地通过反补贴关税报复加拿大，而是建议双方达成协议，允许汽车自由贸易。加拿大同意签订汽车协定，但向汽车跨国公司施加压力，以确保这些公司下一轮的投资主要流向加拿大，从而提高加拿大（而非美国）的汽车产量并扩大就业。许多美国官员感到自己上当受骗了。[①]

这就像被蒙住双眼的人通过蒙布窥视大象，力图抓住对不同目的最有用的部分，以此描述出大象的形状，其结果自然可想而知。加拿大人宣称他们在与美国的双边谈判中吃了亏，或美国官员抱怨加拿大人太过侥幸，这些说法都不足为奇。这些神话（myths）因其政治上的有用性而得以流传。但是，这些对政治家有用的东西却可能成为分析的障碍。

[①] 参见 Carl Beigie, "The Automotive Agreement of 1965: A Case Study in Canadian-American Economic Affairs," in Richard A. Preston (ed.), *The Influence of the United States on Canadian Development* (Durham, N. C.: Duke University Press, 1972), p. 118。加拿大的一位部长越过加拿大通用汽车公司的总裁，直接与纽约的通用汽车总部官员进行谈判。据称，如果没有这些附属协议，加拿大不会签署跨政府协议（根据作者在渥太华的采访）。参见美国国会、参议院财政委员会的证词：*United States-Canadian Automobile Agreement, Hearing Before the Committee on Finance on H. R. 9042,* 89th Congress, 1st sess., September 1965, pp. 153–156。

表7.7　20世纪50年代的加美双边冲突

冲突	首先采取行动的国家	首先提出国家间磋商要求的国家	结果更接近哪国目标
1945—1958年的圣劳伦斯水道争端。[a] 加拿大威胁美国，美国如果不能迅速做出决定，则加拿大将单独修建水道。	加拿大	加拿大	同等
1953年至20世纪60年代中期美国农业进口配额。加拿大一再抗议美国的贸易保护。美国做了一些次要的让步，但没有满足加拿大的基本要求。	美国	加拿大	美国
1953年古泽科（Gouzenko）会谈。美国要求加拿大安排参议院小组委员会会谈。加拿大起初予以婉拒，但在某些条件得到满足的情况下同意了美国的第二次要求。	美国	美国	美国
1954—1959年芝加哥水向转移争端。[a] 加拿大一再抗议美国正在制定的允许芝加哥将密歇根湖水引向他处的立法，并获得成功。	美国	加拿大	加拿大
1954年以来美国铅锌进口配额引发的争端。加拿大对美国的抗议未获成功。	美国	加拿大	美国
1944—1964年哥伦比亚河开发。[b,c] 美国要求将哥伦比亚河作为一个完整的体系予以开发，以确保下游利益得到补偿、加拿大政府与不列颠哥伦比亚省的内部争执调解之后，加拿大才放弃拖延。	美国	美国	同等
1956年卡林酿酒厂争端。[a] 加拿大抗议美国马里兰州对加拿大企业的歧视性措施。艾森豪威尔总统说服马里兰州改变做法。	美国（州）	加拿大	加拿大
1956—1965年的杂志税争端。[b,c] 美国一再抗议对加拿大版美国杂志实行的歧视性税收待遇。加拿大废除了1956年的一项立法；1965年，免除《时代》周刊和《读者文摘》的相关税收。	加拿大	美国	美国

（续表）

冲突	首先采取行动的国家	首先提出国家间磋商要求的国家	结果更接近哪国目标
1957年的安全情报保证。[a] 加拿大抗议美国参议院小组委员会泄密导致加拿大一名官员自杀，要求美国保证将来不滥用情报，美国同意了加拿大的要求。	美国	加拿大	加拿大
1955—1970年取消石油进口配额。[b, c] 美国以国家安全为由对加拿大石油实行进口限制，加拿大对这种不合逻辑的做法提出抗议，并威胁将加拿大西部的石油输送到魁北克，以此排挤委内瑞拉的石油。争端以加拿大的胜利告终。	美国	加拿大	加拿大
1956年以来对域外的公司控制引发的争端。[b, c] 加拿大要求美国放弃对加拿大子公司的域外限制。美国拒绝放弃该管理原则，但同意就具体情况下免除限制的程序进行协商。	美国	加拿大	美国

[a] 跨政府关系在该政治进程中发挥了重要作用。
[b] 跨国组织在该政治进程中发挥了重要作用。
[c] 该个案对加拿大自主权有重要影响。

表7.8　20世纪60年代的加美双边冲突

冲突	首先采取行动的国家	首先提出国家间磋商要求的国家	结果更接近哪国目标
1959—1960年波马克导弹争端。[a] 美国国防部和国会威胁削减波马克导弹的生产。迪芬贝克总理要求艾森豪威尔继续生产这种导弹。波马克导弹的生产重新得到拨款。	美国	加拿大	加拿大

（续表）

冲突	首先采取行动的国家	首先提出国家间磋商要求的国家	结果更接近哪国目标
1961—1963年加拿大武器的核装备问题。[b, c] 美国要求加拿大在北美空防司令部和北约的武器系统装备核武器。迪芬贝克政府因分裂而垮台。继任的皮尔逊政府装备了这些系统。	加拿大	美国	美国
1961—1964年美国限制木材进口引发的争端。[a] 加拿大要求美国放松政府管制，后来还要求美国政府否决实行高度保护主义的国会议案。约翰逊总统否决了该议案。	美国	加拿大	加拿大
1962—1964年国际海员协会争端。[a, c] 加拿大要求美国政府制止劳联－产联对国际海员协会的支持、对加拿大航运的破坏性抵制。美国总统力图影响劳联－产联，但徒劳无功。直到政府与国际海员协会达成协议，破坏行为才停止。美国政府的目的是在不引发劳联－产联反对的情况下帮助加拿大。	加拿大	加拿大	美国
1962—1965年民用航线的重新谈判。加拿大要求重开谈判，允许加拿大航运进一步进入美国市场。加拿大提出的加布雷思计划要求将北美大陆看作一个整体单位，双方在此基础上达成了协议。	加拿大	加拿大	同等
1963年以来扩大捕鱼区引发的争端。加拿大单方面宣布扩大捕鱼区和领海的直线基线。加拿大列举关于捕鱼权的某些历史性条款，但遭到美国的反对。然而，美国未能阻止加拿大扩大领海管辖范围的努力。	加拿大	美国	加拿大

（续表）

冲突	首先采取行动的国家	首先提出国家间磋商要求的国家	结果更接近哪国目标
1963年利息平衡税争端。[c] 加拿大以存在一体化资本市场为由，要求免除利息平衡税。美国同意新项目免税，前提条件是加拿大不得通过从美国借贷增加外汇储备。美国的目的是改善其国际收支境况。	美国	加拿大	同等
1965—1968年美国平衡国际收支指导方针引发的争端。[a, c] 美国于1965年自愿形成平衡国际收支指导方针并于1968年强制实施，其目的是鼓励美国公司限制资本外流、增加资本回流。加拿大要求得到豁免。美国同意了加拿大的请求，得到的回报是限制美国资金的转移支付、限制加拿大国际储备的水平和形式。	美国	加拿大	同等
1962—1973年的汽车协定。[b, c] 为实现国内生产的目标，加拿大实行出口补贴，美国威胁进行报复。汽车贸易一体化法案有利于双方的利益，但加拿大在前十年获益较多，招致美国的不满。	加拿大	美国	加拿大
1969年北极防污染地区。[a, c] 继1969年曼哈顿号油轮航行之后，美国反对并要求加拿大推迟扩大领海范围至100英里的行动。加拿大拒绝了美国的要求。	加拿大	美国	加拿大

[a] 跨政府关系在该政治进程中发挥了重要作用。
[b] 跨国组织在该政治进程中发挥了重要作用。
[c] 该个案对加拿大自主权有重要影响。

表 7.9　1950—1969 年涉及第三国关系的加美冲突

冲突	首先采取行动的国家	结果更接近哪国目标
1950—1953 年朝鲜战争引发的争端。加拿大一再要求美国克制,但收效不大。	加拿大	美国
1954—1955 年的金门、马祖防卫。美国请求加拿大予以支持,但加拿大切断了与这两个岛屿的防务关系。	美国	加拿大
1954—1970 年承认中华人民共和国引发的争端。20 世纪 50 年代,加拿大曾经三次提出承认中华人民共和国的可能性,但因美国的强硬立场而作罢。	加拿大	美国
1954—1964 年向第三国出售小麦引发的争端。[a] 加拿大再三要求美国限制其倾销过剩小麦的行为。两国进行磋商并达成了停止在加拿大市场倾销的协议。	加拿大	加拿大
1961—1963 年加拿大与美洲国家组织。美国要求加拿大加入美洲国家组织,作为加强拉丁美洲反对古巴和共产主义的组成部分。加拿大没有加入。	美国	加拿大
1961—1963 年英国加入欧洲经济共同体。美国请求加拿大支持英国的申请。当时,加拿大没有提供支持。	美国	加拿大
1961—1963 年援助不发达国家。美国请求加拿大加强对贫穷国家的援助。加拿大反而减少了援助。	美国	加拿大
1962 年的裁军与核禁试。加拿大反对美国在大气层的核试验,要求美国尽快达成核禁试的协议。加拿大的努力对美国政策没有产生作用。	加拿大	美国
1962 年的古巴导弹危机。[a] 美国将自己的行动通知了加拿大,并希望加拿大给予外交支持、进行军事动员。迪芬贝克总理推迟给予全面的支持,但军事动员速度却比其授权令快得多。	美国	同等

（续表）

冲突	首先采取行动的国家	结果更接近哪国目标
1964—1973年越南战争。[b] 美国请求加拿大支持南越政权。加拿大要求美国克制战争，但收效不大。	美国	同等

[a] 跨政府关系在该政治进程中发挥了重要作用。

[b] 我们对该事件的评估与1974年约瑟夫·奈在《国际组织》秋季卷的评估不同，因为我们发现了更多的信息。

注：表中年份指的是总统关注加美关系的时段。

如前文所述，我们遭遇的第二个障碍就是不可能勾勒出加美关系的全部议程。我们解决这些研究困境的办法是，聚焦于总统处理的重大国家间冲突。这种分析方法的缺陷在于，只关注两国之间的部分议程，从统计数字看，它只涉及少数个案。但是，它也具有几个补偿性的优势：首先也是最重要的是，列入总统议程的冲突接近于同类个案所展示的全部图景。观察家往往会充分报道最高层的冲突性行动，参与者也往往会予以牢记。尽管通过这种研究方法展现加美关系的全貌是不可能的，但比较完整地探讨重大个案却是有可能实现的。相比而言，引起总统关注的冲突往往更为重要，这本身就包含着对诸多个案的明确衡量。诚然，最高首脑会议有时产生了"凑数"性项目，但这种情况更容易发生在合作性的而非冲突性的问题上。① 与百分之百的官僚资源不同，总统关注是一种实体上受到限制而又非常稀缺的资源。我们感兴趣的是，长远观之，复合相互依赖的跨国、跨政府关系如何影响国家间关系。因此，从固定资源（fixed resources）的角度考

---

① 例如，一位美国官员曾描述他与一位加拿大同事如何主动寻找解决大湖区污染问题的办法。斯时恰逢最高首脑会议召开，需要为联合公报增添显示"友好"的条款，他的冒险行为引起了总统的关注。但是，发现那些有意补充冲突性问题的议程是非常困难的。参见Roger Swanson, *Canadian-American Summit Diplomacy 1923–1973* (Ottawa: Carleton, 1975).

察国家间关系是一种有用的方法。其次，聚焦于高阶政治，则由此带来的偏差与复合相互依赖的假设——跨国、跨政府关系是重要的——是相逆的。最后，总统对任何政府行为体的争议都具有最广泛的仲裁权，我们极有可能在总统层次发现各问题之间的联系，而人们通常认为加美关系中不存在这种联系。尽管统计数字存在缺陷，我们仍决定采用某种程序，以通过我们的理论来验证某些少数案例的重要性和有效性。

验证这些事例的困难之一在于界定冲突的界限和结果。所谓"重大国家间冲突"，指的是一国政府的要求不易得到满足的情境，其原因是各政府的目标不相容或手段的代价过高。从这个意义上讲，冲突并不必然是剧烈的。冲突的解决并不必然偏袒一国而不利于另一国；如果双方持续保持合作关系，则冲突的解决可能对两国都有利。① 政府目标或许存在大范围的共容性，不相容的主要领域不一定来自行政首脑的偏好或其行为。然而，重大国家间冲突存在的必要条件却是，某国政府提出的国家间要求难以为另一国政府所遵从，或遵从要付出重大代价。这种要求并不一定采取特定的外交方式，但必须通过某种交流渠道传达，以确保双方都了解另一方对某项行为所持的赞同或反对态度。

冲突始于第一个政府间要求提出之时，结束于新要求不再提出或总统的关注移向他处之际。一次冲突可以涉及一个或许多要求。如果各项要求中所陈述的政府目标大致相同，我们应将一系列要求作为单一冲突来看待。例如，杂志税问题曾在加拿大三届政府期间反复出现，而美国的要求（不歧视《时代》周刊和《读者文摘》）基本始终

---

① 解决冲突的帕累托最优（Pareto Optimal）方式常常会达到两国都获益的结果（这是冲突解决的共同获益部分）。但是，帕累托最优曲线的最佳位置难以确定（这是本节所集中关注的收益分配问题）。在某些情况下，共同获益在某些方面可能比利益分配重要，但后者验证了关于在非对称渗透的情况下跨国行为体在国家间如何讨价还价的假设。

如一。与此同时，20 世纪 60 年代和 70 年代加拿大向美国出口石油的情况不同，因为政府的目标（和要求）发生了变化，美国从限制从加拿大进口石油到鼓励加拿大出口。

对冲突结果的评估也存在某些问题。我们在表 7.6 中考察了加美两国初始目标的不相容，探讨冲突的结果是否更接近于第一个要求提出时的政府目标，还是双方基本上不分胜负。该表没有告诉我们某冲突的解决如何和谐或富有创造力：在某些情况下，双方都可从结果中获益。该表也并不意味着全部的让步都是失利方做出的。它说明的仅仅是哪个国家从结果中获益更多。

如果冲突在研究结束时没有得到解决，或者出现了重大的推迟行为，在此期间政府的目标发生变化，则推延方被视为实现了目标的国家。例如，在圣劳伦特（St. Laurent）向艾森豪威尔提出承认中华人民共和国问题 15 年之后，美国最终改变了对待中华人民共和国的态度。

最后，我们的结论并不依赖于对决策者是否坚持"正确"（right）目标的判断。一位加拿大官员告诉我们，某些事件并非真正的冲突，因为美国官员并没有正确地认识自己的利益。类似地，加拿大关于 1965 年汽车协定的政策可能因损害加拿大的自主权而遭受批评。在这两个个案中，无论冲突"应该"存在与否，它们确实出现了。即使两位观察家对何谓适当政策持不同观点，他们对哪国政府更好地实现了当时的（或许不明智的）目标认识也是一致的。

显然，界定和评估一系列冲突的程序只涉及加美关系的部分内容。例如，相比其他同类团体，某些社会团体和经济团体常常从跨政府协议中获益更多，而我们并没有将这一社会结构层面纳入政府间谈判过程的分析之中。我们认为，认识到这一点非常重要。加拿大从 1965 年的汽车协定中获得了巨大的收益，但我们也可以将该汽车协定视为如下两方心照不宣的联合：一方是加拿大政府、加拿大汽车工人和美国汽车公司，一方是加拿大消费者、美国汽车工人。而且，在美国的国家立法补救措施失败之后，汽车工人联合会直接通过跨国渠道与公司谈判，要求边界两侧工资持平，阻止向加拿大输出就业机会。加拿大汽车工人从中获益，但加拿大其他行业的工人是否受益则不得而知。跨国汽车公司的加拿大分公司失去了企业自主权，加拿大民族主义者为此感到遗憾。同样地，尽管在我们所分析的个案中，加拿大政府的谈判地位可能更多地得到了加强，而不是被削弱；但从被渗透的角度来说，它付出的代价也往往是高昂的。

同样值得一提的是，以下个案集中关注发生在政府间进程顶点的冲突，而非贯穿于政府之中的冲突。在外交文件可以作佐证的战前时期，没有引起总统关注的 17 次冲突（美国获得优势者 9 次、不分胜负者 2 次、加拿大获得优势者 6 次）与由总统过问处理的个案的结果模式类似。[1] 对战后时代进行细致的比较分析是不可能的，印象主义式的（impressionistic）证据并不意味着，不同层次的结果模式存在巨大的差异。

另外的一个问题是，本方法把一个连续的过程划分为独立的整体，把两国关系视为各部分之和而非整体。这种方法具有一定的效用，但有必要指出的是，许多外交家和政治家自己的头脑中也有一个粗浅的评价体系。[2] 恰如一位官员指出的，"关于过去几年谁做出了更

---

[1] 这 17 次冲突分别是：20 世纪 20 年代发生的大湖区海军限制、密西斯魁湾捕鱼、罗素河排水、加拿大桃禁运、美国乳制品禁运、圣玛丽和米尔克河的水向转移、美国"孤独"号（I'm Alone）运酒船的沉没、边界越境特权、帕萨马科迪湾发电权力等；20 世纪 30 年代发生的加拿大歧视美国拖渔船、美国扣押加拿大船只、疏通圣克莱尔河、加拿大扣押 4 艘美国渔船、领事视察犯人、大湖区货运、所得税协议、为西班牙内战提供武器等。感谢艾利森·扬（Alison Young）在这些个案研究中提供的帮助。

[2] 我们请 30 名左右的现任和前任官员对本书表 7.2、表 7.3 和表 7.4 关于冲突的描述和评估提出评论和校正意见。只有一位（加拿大）官员对试图评估不相联系的冲突程序表示了异议（认为我们曲解了连续的进程）。

多的让步，人们有一个共同的认识"。这种对谁在政治银行账户上透支的模糊认识，构成联系各问题的微妙而重要的背景。① 如果问题之间的联系紧密，则政府在某个问题上的不利后果完全可能是它为另一个问题的有利结果所付出的代价。当然，一般而言，问题之间的联系不会如此密切。

最后，以高层次冲突为基础对加美关系进行全面概括，并不将那些没有发生的冲突包括在内。这些冲突之所以没有发生，是由于预先做出了反应，或社会联系、跨政府联系促使政府目标得以清楚阐明，从而削弱了冲突。例如，某些美国企业的加拿大分公司可能避开中国的订单，从而避免与域外贸易限制发生冲突。② 北美恒久的跨国联系模式是一个社会—结构因素，必然影响加拿大政府确定其偏好的方式。我们从表7.6到表7.9可以看出，相当自主的机构之间密切的跨政府联系有可能压低加拿大的目标，从而避免政府间冲突，哥伦比亚河争端（表7.7）和核武器引发的争端（表7.8）就是两个明显的例证。在后一个事例中，跨政府的军事联盟迫使迪芬贝克总理早早接受了核武器装备，而他后来为此后悔不已。③ 类似地，加拿大对相关信息跨政府传播的依赖会限制加拿大的选择。④

与此同时，大致浏览表7.6至表7.9就会发现，认为加拿大从未主

---

① 同一国家不同官僚机构的评估不同。20世纪70年代早期，美国财政部官员更经常地抱怨加拿大人大出风头。如一位国务院官员所说，"20世纪60年代，两国财政官员关系如此密切，我们常常被蒙在鼓里；现在他们的关系如此糟糕，常常导致两国政策的复杂化"（根据1973年12月在华盛顿的采访整理）。

② David Leyton-Brown, "Governments of Developed Countries as Hans to Multinational Enterprise."（哈佛大学政府系1973年博士论文）

③ 进步保守党中赞成核装备的团体因北约、北美联合空防司令部的正式、非正式访问和交流而得到加强（根据在华盛顿的采访整理）。

④ 参见 General Foulkes, "The Complications of Continental Defense," in Livingston Merchant (ed.), *Neighbors Taken for Granted* (New York: Praeger, 1966), p. 101。作者宣称："实际上，在评估威胁时，加拿大对所有主要情报的判断都依赖美国。"

动提出重大问题是有违事实的。恰如我们将在下文看到的，加拿大提出过许多棘手的问题，而澳大利亚在这些问题上则往往保持缄默。在考虑为什么某些冲突被压制时，我们必须谨防以假乱真的所谓因果关系。例如，加拿大推迟承认中华人民共和国，部分是因为它遵从美国的意愿，但也出于加拿大国内政治的原因。① 换言之，我们必须谨防将太多或太少的个人观点加进事例分析中。我们谨记这些告诫，首先在表 7.6 中概述了 9 个战前个案，在表 7.7、表 7.8、表 7.9 中概述了 31 个战后个案；随后从议程形成、政治进程的角度对它们进行分析。②

我们将在下文分析这些冲突，将它们与澳美冲突加以比较。此际，总结一下我们关于结果模式的研究或许有用。首先，这种模式比简单结构模式的预测对称得多；其次，表 7.10 展示了随着时间推移发生的显著变化。在战前，只有 1/4 的事例结果更接近加拿大政府的目标；而在战后，近 1/2 的事例结果更接近加拿大政府的目标。结果接近于美国政府目标的事例，战前达到 2/3，20 世纪 50 年代近 1/2，但 20 世纪 60 年代只有 1/4。显然，加拿大战后比战前做得好，20 世纪 60 年代比 50 年代做得好。

---

① F. Conrad Raabe, "Canada's Decisions to Recognize the Communist Government of China," *Association for Canadian Studies in the U. S. Newsletter 2* (Spring 1972): 12—20; Also, *Mike: The Memoirs of the Right Honorable Lester B. Pearson*, vol. 2 (Toronto: University of Toronto Press, 1973), p. 195.

② 编制表 7.7、表 7.8、表 7.9 的程序是：首先，查阅《美国总统公开文件》中与加拿大有关的资料、美国《国务院公报》中总统提及加拿大的资料、外交关系委员会的剪报［主要是《纽约时报》、《纽约先驱论坛报》、《金融邮报》（多伦多）、《环球邮报》（多伦多）］，从而列出一系列相互作用的事件；然后，我们补充其他相关资料，并将不那么重要、不涉及重大冲突的互动事件从名单中剔除。加拿大国际关系研究所编著的《世界事务中的加拿大》（*Canada in World Affairs*）对分析 1950—1963 年的加美关系尤有参考价值，而《加拿大年鉴》（*Canada Annual Review*）对分析 20 世纪 60 年代的加美关系特别有用。后来，我们同约 30 位在职或卸任的官员、观察家进行会谈，个案名单得到进一步提炼。某些事件（如国内预警热线、反导条约、加油的便利、老挝事件等）与研究目标极其不相容，因而被剔除；其他事件（如古巴贸易、商业银行）因缺少总统的直接介入而被排除在外。

表 7.10　加美之间高层次冲突的结果模式

日期	从结果中受益的国家			
	美国	加拿大	同等	总计
1920—1939	6	2	1	9
20 世纪 50 年代	7	6	2	15
20 世纪 60 年代	3	8	5	16
总计	16	16	8	40

注：表中跨年代的冲突根据冲突出现的时间列出。

澳美关系中的问题与结果辨析

我们采用同样的程序编制澳美冲突问题的名单。表 7.11 至表 7.13 可以与表 7.6 至表 7.9 相比较，因为它们构成问题和评估问题的标准是完全一致的，防止误解的说明也类似。相比加美关系而言，澳美关系中的非冲突性个案似乎更为重要。在促使某些相关问题引起总统的关注方面，澳大利亚似乎比较克制，以防澳美关系的总体格局遭受破坏。因此，我们所使用的资料或许低估了美国在澳美关系中的支配地位。[①]

1950—1969 年，澳大利亚保守党执政。在前工党政府（执政至 1949 年）和 1972 年重新上台的工党政府执政时期，澳美关系较为紧张。特别是在 20 世纪 60 年代，时为在野党的工党严厉批评澳大利亚政府的对美政策。设若工党执政，澳大利亚更不愿意答应美国提出的

---

① 我们不可能对未经总统处理的冲突进行系统性的调查，因为有些问题可能从未出现在文件、报告或回忆录中。（某些经总统处理的问题，特别是高度机密的问题也可能如此，但这种情况并非经常出现。）对于 1950—1969 年未经总统处理的重要冲突进行分析，我们得出的结论是，其中一个冲突的结果接近澳大利亚的目标（1950—1951 年的羊毛拍卖事件），四个接近美国的目标（20 世纪 60 年代的羊毛税、20 世纪 50 年代美国限制乳制品引发的争端、1963 年的利息平衡税、1969 年的澳美航线争端）。以上分析意味着，在经总统处理或未引起总统关注的两类个案上，澳大利亚都做得不出色；但该分析不应视为全面的或决定性的。

澳大利亚出兵越南的要求。它几乎肯定会在美国请求使用西北角通信站的条款上大做文章（工党执政之后，于1974年重新就此问题进行谈判）；它也会就美国在澳大利亚的直接投资提出更多的疑问。但是，即便提出这些问题，也不能改变澳美关系中基本的非对称结构；而且，只要工党政府感受到来自亚洲的威胁，它就会意识到保持澳美紧密关系的必要。在任何情况下，澳大利亚都缺乏加拿大所具有的影响美国的手段。在20世纪60年代澳大利亚的政治形势之下，工党政府即使能够改变与美国关系的基调，也不能改变其实质。事实上，在肉类、糖类等问题上，工党政府得到美国的补偿可能更少些。

表7.11　1920—1939年列入总统议程的澳美冲突

冲突	首先采取行动的国家	首先提出国家间磋商要求的国家	结果更接近哪国目标
1933年小麦协议。澳大利亚反对伦敦会议上做出的限制小麦种植面积的决定。美国威胁说只在本国中西部实行限额，放手让美国西部小麦与澳大利亚在太平洋地区进行竞争。澳大利亚随即同意签署协定，美国视之为胜利之举。	双方	美国	美国
1934—1943年的双边贸易协定。澳大利亚坚持达成澳美双边贸易协定，但徒劳无功。1943年之后，关贸总协定的多边谈判取而代之。	澳大利亚	澳大利亚	美国
1935—1938年马特森航运公司引发的争端。[a] 马特森航运公司与英国船只展开竞争，澳大利亚考虑阻止英国参与塔斯曼湾贸易。美国向澳大利亚施加压力，迫使其放弃采取行动。	澳大利亚	澳大利亚	美国

（续表）

冲突	首先采取行动的国家	首先提出国家间磋商要求的国家	结果更接近哪国目标
1936—1938年的贸易转向问题。为平衡澳美贸易，澳大利亚对美国出口设置歧视性贸易壁垒。美国把澳大利亚产品列入黑名单进行报复。澳大利亚取消了歧视性措施。	澳大利亚	美国	美国

a 跨国组织在该政治进程中发挥了重要作用。

资料来源：*Foreign Relations of the United States* (Washington, D. C.: U. S. Government Printing Office, annually).

表7.12　1950—1969年的澳美双边冲突

冲突	首先采取行动的国家	首先提出国家间磋商要求的国家	结果更接近哪国目标
羊毛税。20世纪50年代和60年代，澳大利亚反对美国在1947年设定的羊毛税。美国以国会压力为由拒绝改变之。在关贸总协定肯尼迪回合期间双方进行过谈判（1967），但澳大利亚拒绝接受美国以烟草为交换条件的要求。	美国	澳大利亚	美国
1958—1965年的铅锌配额。1958年，澳大利亚抗议美国的配额限制。艾森豪威尔表示了进行探讨的意愿，但并没有采取任何重大行动。1965年，美国取消了配额限制，但这并非澳大利亚施加压力的结果。	美国	澳大利亚	美国
1964年以来的肉类限制。美国要求澳大利亚同意1964年初提出的自愿限制措施。同年7月，美国参议院通过了限制性配额的法案；蒙席斯总理致函约翰逊，威胁进行报复。双方最终达成妥协。	美国	美国，后为澳大利亚	同等

（续表）

冲突	首先采取行动的国家	首先提出国家间磋商要求的国家	结果更接近哪国目标
1965年的美国收支平衡指导方针引发的争端。[a] 澳大利亚要求免除该限制，但遭到美国拒绝。美国采取单边措施。澳大利亚从欧洲成功获得贷款，从而增强了自己的国际储备地位，该问题因之不复存在。资本流入没有受到重大阻碍。	美国	澳大利亚	美国
1963年以来的F-111轰炸机争端。1969年，戈顿向尼克松表达了对F-111轰炸机价格和性能的关心。1970年，澳大利亚提出重新谈判的要求，但仅仅获得较小让步。澳大利亚花费2亿美元购买了24架F-111轰炸机，比原本估价高出许多（超过160%）。而且，交货时间是1973年（而不是预定的1968年）。	美国	澳大利亚	美国
20世纪60年代的糖类配额。[b] 20世纪60年代初，澳大利亚领导人对该问题给予了相当的关注。1966年或1967年，霍尔特受命向约翰逊提出该问题。澳大利亚的配额迅速增加。	美国	澳大利亚	同等

[a] 跨国组织在该政治进程中发挥了重要作用。
[b] 缺少文件证明该问题引起总统关注，但我们的采访表明，总统有可能曾过问此事。
资料来源：第213页注释②所列文献；1974年8月在华盛顿采访澳大利亚、美国现任和卸任官员。

表7.13　1950—1969年涉及第三国关系的澳美冲突

冲突	首先采取行动的国家	结果更接近哪国目标
1950—1951年的对日和约。澳大利亚反对签署对日和约，但最终同意对日和约与《澳新美安全条约》一起签署。	美国	美国

（续表）

冲突	首先采取行动的国家	结果更接近哪国目标
1946—1951年的《澳新美安全条约》。澳大利亚要求与美国签订一个安全条约，该协约最终与对日和约一同签署。	澳大利亚	澳大利亚
1950—1962年的西新几内亚。澳大利亚一再表示对西新几内亚的关注，并对印度尼西亚采取敌对立场。1961年，蒙席斯与肯尼迪讨论该问题，此后澳大利亚政策得以缓和。据报道，澳美在此问题上发生过冲突。	澳大利亚	美国
1954年的东南亚条约组织。美国坚持自己的承诺限定于反对"共产主义"侵略，尽管该意见并未列入条约，而是作为保留意见附在条约之后。澳大利亚试图增加类似的保留条款，但因美国的强烈反对，澳大利亚没有达到目的。	美国	美国
1955年的马来亚问题。澳大利亚试图在东南亚条约组织中明确美国对马来亚承担的义务，但未获成功，其结果是通过了一项笼统的声明。	澳大利亚	美国
1954—1959年向第三国出售小麦引起的争端。ª澳大利亚再三要求限制美国倾销剩余小麦。两国同意就此磋商，以避免损害澳大利亚的商业市场。	澳大利亚	澳大利亚
1962年英国申请加入欧洲经济共同体。澳大利亚担心英国加入共同体将导致英联邦特惠制被逐渐废除，请求美国支持保留这些特惠措施。美国拒绝反对英国的加入，也拒绝试图根据英联邦的偏好来决定。	澳大利亚	美国
1967年澳大利亚出兵越南。7月，克利福德和泰勒访问澳大利亚，请求澳大利亚派遣更多的军队参与越战。霍尔特表示反对，但于10月同意该请求。（1965年澳大利亚就派兵越南，直到1967年才出现明确的反对意见。）	美国	美国
1968—1969年的国际小麦协议。美国和加拿大指责澳大利亚采取低运价安排来降低在欧洲出售小麦的价格。澳大利亚同意削减"竞争性销售的强度"，显然是迫于美国、加拿大报复的压力。	美国	美国

（续表）

冲突	首先采取行动的国家	结果更接近哪国目标
1969—1973年的《不扩散核武器条约》。[a] 美国要求所有盟国签署并批准《不扩散核武器条约》。澳大利亚持保留意见，而美国没有向澳大利亚施加压力。澳大利亚1970年签署该条约，直到工党上台执政后，澳大利亚才在1973年批准该条约。	美国	澳大利亚

[a] 跨政府关系发挥了重要作用。

资料来源：本书第213页注释②所列文献；1974年8月在华盛顿采访澳大利亚、美国现任和卸任官员。

表7.14总结了澳美冲突后果的类型。与表7.10加美冲突形成鲜明对比的是，美国在整个时期始终处于支配地位。如现实主义条件下的结构模式所预测的，在澳美关系中，强大的一方主导一切。

表7.14　澳美之间高层次冲突的结果模式

日期	从结果中受益的国家			
	美国	加拿大	同等	总计
1920—1939	4	0	0	4
20世纪50年代	6	2	0	8
20世纪60年代	5	1	2	8
总计	15	3	2	20

注：表中跨年代的冲突根据冲突出现的时间列出。

关于议程形成政治的比较分析

议程形成对政治进程具有重要意义。总统特别关注某些问题而将其他问题排除在关注之外是一种稀缺的资源，该资源分配有时像决策的影响力一样重要。① 对比战前阶段和战后时期,加美关系和澳美关系中受到总统关注的冲突增加了近4倍。进一步说,两次世界大战期间的议程几乎完全由双边问题构成,而在战后阶段,1/3的加美关系议程涉及第三国,澳美关系议程的60%涉及第三国。战后时期的冲突涉及第三国,这种现象反映了全球结构因素的回应:三个国家在战后时期的介入和结盟行为与战前的孤立主义行为形成鲜明对照。②

然而,战后加美议程、澳美议程差别甚大。加美议程中的双边关系问题是后者的3倍以上。部分原因在于,加美两国地理位置的接近以及随之而来的管辖冲突尤为突出。在战前加美两国之间的9次冲突中,6次冲突是地理位置相近引发的(圣劳伦斯水道、特雷尔冶炼厂、渔业、芝加哥水向转移、酒类走私、阿拉斯加高速公路争端等);而战后加美两国之间的31次冲突中,只有3次冲突源于同样的因素(圣劳伦斯水道、哥伦比亚河、芝加哥水向转移)。表7.15按照战前和战后两个阶段来划分,以比较加美关系、澳美关系中的国家间议程,根据政府所追求的目标划分问题类型,进行比较分析。

表7.15 根据问题领域分析国家间议程

冲突	政治—军事冲突[a]	外交冲突[b]	社会—经济冲突	共同资源问题	竞争性的主权要求
战前阶段					
1920—1939年的澳美冲突	0	0	4	0	0
1920—1939年的加美冲突	0	0	3	6	0

---

① Peter Bachrach and Morton Banatz, "Two Faces of Power," *American Political Science Review* 56 (December 1862): 947–952.

② 参见 G. P. de T. Glazebrook, *A History of Canadian External Relations*, vol. 2 (Toronto: McClelland and Stewart, 1966), chaps. 17 and 18; John B. Brebner, *North Atlantic Triangle* (Toronto: McClelland and Stewart, 1968), chap. 15。

（续表）

冲突	政治—军事冲突[a]	外交冲突[b]	社会—经济冲突	共同资源问题	竞争性的主权要求
战后阶段					
1950—1969年的澳美冲突	6	3	7	0	0
1950—1969年的加美冲突	7	6	11	3	4
总计	13	9	25	9	4

[a] 涉及武力或军备。
[b] 不涉及武力。

表 7.16 根据问题领域分析国家间议程

冲突	涉及国际组织的冲突	不涉及国际组织的冲突
1920—1939年的澳美冲突	1	3
1920—1939年的加美冲突	1	8
1950—1969年的澳美冲突	1	15
1950—1969年的加美冲突	10	21

一位加拿大分析家曾做出这样的假设，在非对称关系中，较小的国家设置议程。[①] 至少在战后时期，较小的国家提出了大多数国家间要求，比美国提出的要求数量多50%。从这种意义上讲，我们可称之为弱者主导的议程。然而，如果我们从另一个角度看待该问题，即

---

① James Eayrs, "Sharing a Continent: The Hard Issues," in John S. Dickey (ed.), *The United States and Canada* (Englewood Cliffs, N. J.: Prentice-Hall, 1964), p. 60. 如果缺乏相应的资料，确定近期发生的冲突中最先提出国家间要求者常常是困难的。鉴于此，我们采用导致冲突的基本要求，但该基本要求有时与最初的国家间要求并不相同。例如，美国要求加拿大实行自动出口限制，而加拿大要求进一步打开美国市场，美国的行动导致双方发生冲突，但基本要求却是加拿大提出的。

哪一个国家最早做出了导致双边国家间冲突的政府行为，它显然是一种强者主导的议程。在澳美关系和加美关系中，美国挑起的冲突多于其伙伴。对加美冲突的数字进行分析，我们就会发现，20世纪60年代存在着与以上分析不同的模式。在10次加美冲突中，加拿大曾6次首先采取政府行动，部分原因在于美国总统的注意力转移到越南等其他地方的问题上，这也是加拿大民族主义的兴起和不满现状所导致的。

根据问题领域分析这些调查结果，我们发现，小国最经常在社会、经济问题上首先提出要求，而美国恰恰最经常在这些问题上首先采取政府行动。因此，就美国（常常是美国国会）而言，在这些问题上的典型冲突模式是采取单边的、往往是"国内"行动，而小伙伴的反应常常是通过外交渠道提出补偿要求。在其他问题上，提出要求和采取政府行动的模式更为对称些。在其中的29次最初要求中，有14次是美国最早提出的；在11次最早采取的政府行动中，有6次是美国最早采取行动的。

表7.16从另一个方面分析国家间议程，即通过列表的方式，按照时间、关系类别将冲突分成四组，以体现跨国组织介入的冲突数量。这些议程中的三组冲突极为相像，即跨国组织对政府间冲突的出现起到次要作用。但战后加美议程与此极其不同，其中10项冲突涉及跨国组织。（如果我们仅仅分析社会、经济问题，其中的差异将更为明显，约有一半的战后加美经济社会冲突与跨国组织有关联。）因此，在战后加美关系中——最接近于复合相互依赖模式——跨国组织在高层次冲突中的作用显然比其他三种关系重要得多。

在议程形成的政治进程中，跨国组织扮演着各种角色，包括游说者、目标、促成者（catalyst）、工具、政府行为的受益者等。在民用航线、石油进口配额、木材进口配额等三个事例中，跨国组织只是次要的行为体。只有在其中的一个事例中，跨国组织（波音公司）有意发起了政治活动。当跨国组织作为目标对象时，国内团体向本国政府寻求保护以免受跨国组织行动的冲击，从而导致问题的政治化。在"曼哈顿"号油轮引发的冲突中，跨国组织充当促成者，加拿大公众认为该油轮的航行是对加拿大主权的威胁，从而导致问题的政治化。① 在跨国组织充当工具的两个事例中，美国政府操纵跨国公司的子公司，以实现自己的政策目标，但是美国的操纵激起了加拿大民族主义的反弹。例如，迪芬贝克在1957年的竞选活动中，促使域外公司控制问题政治化。② 1965年，加拿大某省部长埃里克·基兰斯（Eric Kierans）向美国商业部递交（并公开）抗议信，原本加拿大政府接受美国平衡国际收支指导方针，并为此自鸣得意，该行动导致加拿大放弃原本的立场。政府间冲突导致美国平衡国际收支指导方针问题在加拿大的政治化。

当跨国公司发挥重要政治作用如作为政府行为的目标、促成者或美国政府政策的工具时，加拿大人的反应最为强烈。即使跨国公司关涉其中，传统的跨国流动问题也很少激起类似情绪。

综上所述，在加美、澳美关系中，战前议程和战后议程之间存在巨大差异的一个根源是，在战后联盟网络中，美国处于领袖地位。但是，在战后加美关系中，跨国组织影响了近1/3事例中的议程形成的政治过程。由于加美关系接近于我们提出的复合相互依赖的理想模式，这种状况并不令人奇怪。

---

① Walter Stewart, *Trudeau in Power* (New York: Outerbridge and Dienstfrey, 1971), p. 153; also Bruce Thordarson, *Trudeau and Foreign Policy* (Toronto: Oxford University Press, 1972), p. 186.

② 1957年，迪芬贝克指责道，自由主义分子使加拿大在经济上成为"美国不折不扣的第49个州"。参见 James Eayrs, *Canada in World Affairs, 1955–1957* (Toronto: Oxford University Press, 1959), p. 125。在1958年的选举中，据传加拿大福特公司拒绝向中国出售卡车，这引起加拿大公众的广泛关注。参见 Trevor Lloyd, *Canada in World Affairs* (Toronto: Oxford University Press, 1968), p. 93。

对不同冲突结果的解释

当我们对高层次冲突的结果（参见表7.10和表7.14）进行比较时，战后加美关系再度凸显出来。在其他三种关系中，如简单总体结构模式所预测的，美国处于支配地位，这保证了冲突的结果接近于美国目标的次数至少为加拿大或澳大利亚的两倍。但在战后加美关系中，加拿大略占优势。它表明，在20世纪60年代的加美关系中，加拿大取得了更大的成功。澳大利亚地位的改善就不那么明显了。显然，战后加美关系不符合简单的总体结构解释模式。

战后澳美关系和加美关系都涉及包含反对公开联系规范的联盟机制。但是，相比澳大利亚而言，加拿大人获得了更多的利益。为什么加拿大更成功？其主要原因在于，在加美关系和澳美关系之间，相互依赖模式的对称性差异，以及影响谈判过程的条件不同（现实主义条件与复合相互依赖条件）。在某些情况下，加拿大能够利用敏感性相互依赖（只有当机制得到遵守时才有可能这样做）；在另外一些情况下，加拿大的成功基于脆弱性相互依赖的对称性。而且，复合相互依赖的条件直接或间接地促成了加拿大的成功。如前所述，跨国行为体确定的议程设置倾向于激起加拿大的民族主义，从而加强了加拿大的谈判地位。在至少6个个案上，加拿大的成功主要依赖于跨国行为体和跨政府行为体直接卷入谈判进程。表7.17对这些个案进行了概括。以下，我们将对其中两个主要解释进行更详细的剖析。

首先，在许多问题上，加美之间的敏感性非对称关系大大小于澳美关系。在联盟防务问题上，这种非对称性尤为突出。相比澳大利亚而言，与美国邻近给予加拿大更强有力的谈判地位。澳大利亚担心美国撤离其保护力量，这一点与加拿大几无相同之处。在由地理位置邻近和共同资源问题导致的三个冲突上，司法管辖的对称性增强了加拿大讨价还价的地位。在几个与经济问题相关的冲突上，加拿大比澳大利亚更容易受到美国行为影响,但美国对加拿大的行为更具敏感性。例如,1963 年,加拿大官员向美方指出,两国资本市场已经高度一体化了,加拿大遭受的破坏性影响必然反作用于美国经济,美方因此免除了加拿大的利息平衡税。只要美国无意打破具体问题上的机制,保持总体而言较低的脆弱性,则加拿大就可以在具体问题的处理上利用美国的敏感性相互依赖。

以上论述让我们回想起第一章的观点,伙伴之间权力资源结构可能存在不利的非对称性,但这种不利的非对称性可以通过巧妙的讨价还价得到部分弥补。相比美国而言,加拿大更为依赖双边贸易(双边贸易占加拿大国民生产总值的 11%,占美国国民生产总值的 1%),但加拿大贸易对美国足够重要(占美国出口总额的 1/4),加拿大因而拥有潜在的报复武器。加拿大具有使美国蒙受损失的能力,该能力的威慑价值取决于加拿大自身承受巨大损失的意愿。由于非对称性的存在,加拿大常常愿意这样行事:加美关系对加拿大比对美国更重要。

在其中的 5 次冲突中,加拿大巧妙地暗示了进行报复的可能性。加拿大威胁道,如果得不到保证,它将中止安全情报上的合作。① 加拿大使哥伦比亚河改道的可能性在芝加哥水向转移问题上发挥了作用;对美国在加拿大开办的公司进行报复的可能性在卡林酒厂问题上发挥了作用。② 建设横贯全国的输油管道可能导致委内瑞拉石油被排挤出加拿大东部,它构成了免除石油配额谈判的组成部分;在汽车协定的谈判过程中,加拿大暗示对汽车工业进行高度保护的可能性。③

---

① James Eayrs, *Canada in World Affairs, 1955—1957* (Toronto: Oxford University Press, 1959), pp. 153—160; James R. Wagner, "Partnership: American Foreign Policy Towards Canada, 1953—1957"(丹佛大学 1966 年博士论文), chap. 7.

② Eayrs, *Canada in World Affairs*, p. 128.

③ 关于取代委内瑞拉石油的分析,参见 Lloyd, *Canada in World Affairs*, p. 86。在汽车协定谈判期间,加拿大暗示可能像墨西哥那样建立高度保护性的市场。恰如一位谈判参与者在接受采访时谈到的,"我们不时指一指谈判桌下的(流行于墨西哥的)阔边帽"。

第七章 美国与加拿大和澳大利亚的关系 245

表 7.17 1950—1969 年冲突结果接近于加拿大政府目标的个案

冲突	权限	美国政府发生分歧?	低代价或受到总统关注?	担心在具体问题上遭受报复?	担心与其他问题联系?	事实上的跨国联盟?	跨国组织发挥作用?	跨政府作用?
政治—军事冲突								
波马克导弹	美国	是	是	—	—	波音公司	波音公司	军事
安全情报	美国	是	是	安全情报	—	—	—	国务院
经济冲突								
芝加哥水向转移	共同	是	否	哥伦比亚河	国内预警(DEW)热线	河边诸州	—	国务院
卡林酒厂	美国	是	是	美国投资	—	—	—	—
石油	美国	否	否	输油管道	防务	北方炼油厂	—	国务院
木材	美国	否	否	—	—	—	国际木材协会(IWA),克朗-泽勒巴克公司	—
汽车协定	共同	否	否	汽车关税	—	汽车公司	汽车公司	—
总计		4	3	5	2	4	3	4

相比而言,澳大利亚无法如此利用美国的敏感性。只有在肉类配额的冲突中,澳大利亚采用了类似的战术。澳大利亚往往出于如下两个原因,没有对美国提出强烈的抗议或没有威胁进行报复:双边关系的敏感性或脆弱性相互依赖不强,澳大利亚期望确保美国安全保护。在1958年的铅锌配额争端和1963年之后美国平衡收支措施争端结束后的一段时期里,澳大利亚应对美国经济行为的灵活性展露无遗。在美国进口配额导致澳大利亚铅锌出口暂时下降之后,澳大利亚铅锌出口值在美国实施配额限制期间(1957—1958、1964—1965)增长了约80%。① 如前所述,1963年之后,澳大利亚之所以能够顺利地根据美国的利息平衡税和资本控制做出调整,部分原因在于澳大利亚从矿产品出口增加获得新收益,部分原因在于澳大利亚从欧洲获得借贷。即使澳大利亚因美国行为而遭受损失——如羊毛关税引发的争端,但1950—1969年间,澳大利亚政府坚信外交政策最重要的目标是维持与美国的密切关系,以确保继续得到美国的安全保护,因此并没有诉诸激烈的反诉或报复威胁。澳大利亚接受了美国的要求,未使美国做出让步,澳大利亚对美国的顺从可见一斑。它表明,澳大利亚外交部几乎不关注政治—安全事务之外的其他问题;第二次世界大战结束以来,澳大利亚普遍认为外交政策优先于国内利益,安全目标优先于经济目标,外交、安全优先应予维持。与加美关系形成对照的是,两国间的社会、经济联系处于次要地位,联系渠道受到诸多限制,这种做法至少一直延续到20世纪70年代。② 此后,由于安全关注不再如此急迫,而经济相互依赖和跨国交往有所增加,澳大利亚外交关系中的高阶政治、低阶政治截然分开的等级结构由盛转衰。

---

① 参见 *Australia in Facts and Figures*, Various Issues。

② 关于该做法的官方探讨,参见 *Submissions by the Department of Foreign Affairs to the Royal Commission on Australian Government Administration* (Canberra: October 1974)。

在几个冲突事务上,小国谈判地位是否强硬和一致似乎导致了不同的成功模式。例如,相比澳大利亚而言,加拿大对美国的资本管制提出了更为强烈的抗议。如相关文献所表明的,澳大利亚甚至没有对引起美国总统关注的利息平衡税提出抗议,在它对1965年美国资本管制提出的抗议遭到断然拒绝之后,澳大利亚政府发现,尽管存在资本管制,自己的资本需求仍然可以得到满足。① 澳大利亚最重大的成功是,在肉类配额争端的处理上,美国同意了澳大利亚的要求。澳大利亚是美国肉类进口的主要供应国,1964年,孟席斯总理致函约翰逊总统并强烈暗示,如果参议院正在讨论的限制议案成为法律,澳大利亚将对美国产品实施报复。②

谈判地位是否强硬和保持一致还与正在处理的问题的政治化类型相关。不管是对跨国进程做出的自发回应还是政府领袖操纵的结果,自下而上的政治化都涉及动员团体对政府施加压力。政府被置于强有力的地位,向美国提出要求,抗拒美国的要求,甚至威胁进行报复(如肉类配额争端中的澳大利亚、石油和汽车协定争端中的加拿大),从严格的经济学角度看,这样做是不理智的。与之相对照,在美国,促使某问题自下而上政治化的团体主要集中于国会,其群众基础狭窄得多。美国公众并不认为加拿大或澳大利亚足够重要,值得发起普遍性运动。其结果往往是,某问题(如木材进口、肉类配额等)自下而上的政治化往往导致美国国会——或国会里的直言不讳者——与政府发

---

① 20世纪60年代后期,澳大利亚矿产品出口剧增帮助澳大利亚摆脱了困境。到60年代末,澳大利亚停止了从美国资本市场的大量借贷。参见 *Australia in Facts and Figures*, Various Issues。我们1974年8月8日在华盛顿拜访了澳大利亚驻美大使馆,与使馆官员的探讨证实了以上结论。

② 参见 Trevor R. Reese, *Australia, New Zealand and the United States, A Survey of International Relations, 1941—1968* (London: Oxford University Press, 1969), p. 231。关于孟席斯信件的探讨,参见 *New York Times*, August 1964。该问题随后得到了经常的探讨,可参见 *Australia in Facts and Figures*, esp. nos. 81 and 83 (1964)。

生分歧。在讨价还价的进程中，民主政治的压力往往有利于小国，因为对它们而言，自下而上的政治化往往导致政府采取强硬的谈判行为和一致的立场；而对美国来说，自下而上的政治化导致政策的分崩离析。同样，就引起公众反应的跨国进程规模而言，加美关系远远多于澳美关系，该政治化压力赋予加拿大的优势自然多于澳大利亚。

加拿大在对美谈判中取得更大成功的另一个主要解释是，复合相互依赖条件对谈判进程的影响。如前所述，战后加美关系的议程不同于另外三种关系，部分原因是跨国组织在其议程形成中起到更为重要的作用。当我们考察其结果时，我们发现，涉及跨国组织的问题结果显然比不涉及跨国组织的问题结果更有利于加拿大：加拿大赢得6次冲突的胜利，在3次冲突中失利，另外3次冲突双方打成平手。

表7.18表明了跨国组织在政治进程中的作用及其重要性。在一些情况下，跨国组织有自身利益，且并不总是与美国政府的利益一致。这种不同意味着，跨国组织有时增强而非削弱了加拿大在对美谈判中的地位。一位美国官员这样评价跨国公司在汽车协定中发挥的作用："我们知道加拿大计划胁迫公司打头阵，但我们认为这些公司是更难对付的讨价还价者。它们无须让步太多。对它们而言，谈判结果必须是有利可图的。"在汽车协定的谈判中，加拿大要求汽车公司提供保证书，确保加拿大获得合作收益的较大份额。在石油争端中，北部大型炼油企业游说美国，帮助了加拿大。① 在北极污染的个案中，"哈姆勃号"油轮（Humble Oil）只有获得加拿大的准许和支持才能进行第二次航行，这一事实增强了加拿大提出要求的实际地位。② 与此同时，至少

---

① 劳埃德称，国际石油公司提供了"适度的帮助"。参见 Lloyd, *Canada in World Affairs*, p. 86。美国北部大型炼油企业的游说发挥了更为重要的作用（根据在华盛顿的采访所得出的结论）。

② Richard B. Bilder, "The Canadian Arctic Waters Pollution Prevention Act: New Stresses on the Law of the Sea," *Michigan Law Review* 69 (November 1970): 4.

在域外管辖、核武器等两次争端中,美国有能力影响跨国行为体和跨政府行为体,这有助于其政府目标的实现。在另外两次冲突(杂志税、国际海员协会)中,我们可以说,驻美跨国公司是真正的胜利者。总体而言,在涉及跨国组织的问题上,加拿大做得非常出色,甚至在某些影响加拿大自主权的最关键的问题上也是如此。①

表 7.18 加美之间跨国组织介入政治进程的个案

跨国组织对结果的重要性	结果接近哪国目标	进行游说的跨国组织	跨国组织被哪国政府利用
必要的			
杂志税	美国	《时代》周刊和《读者文摘》在两国都进行游说	—
域外控制争端	美国	—	美国
波马克导弹	加拿大	波音公司在两国都进行游说	—
国际海员协会	美国	该协会在加拿大游说	—
收支指导方针	同等	—	美国
汽车协定	加拿大	—	加拿大
有所助益的			
哥伦比亚河	同等	凯泽公司(Kaiser)在不列颠哥伦比亚省游说	—
石油进口配额	加拿大	石油公司在美国游说	—
木材进口	加拿大	工会、木材公司在美国游说	—
北极污染	加拿大	—	加拿大
可忽略不计的			
卡林酒厂	加拿大	—	—
航线	同等	—	—

---

① 参见表 7.7 至表 7.9 列出的事件。

在战后涉及跨政府关系的冲突中，加拿大做得更好；在跨政府关系发挥重要作用的 8 次冲突中，加拿大在 5 个个案上占据先机，而美国只领先过一次。就其他三种关系而言，只有三次冲突明显包含跨政府政治（1936 年加美酒税法案争端、1959 年小麦出售引发的澳美争端、1969 年《不扩散核武器条约》引发的澳美争端）。以上三个事件的最终结果更接近于加拿大或澳大利亚的立场，而不是美国的立场。政府的凝聚力在决定结果方面很重要，总体而言，美国的凝聚力不如加拿大和澳大利亚。从某些方面讲，相比议会制政府，缺乏团结一致是绝对规模大和总统制政府的一个特点，但它也是关注不对称造成的。美国不像加拿大政府或澳大利亚政府那样关注对方的一举一动。更为团结和集中关注有助于弥补规模弱势。有大量的资料表明，古巴导弹危机和核武器冲突是这一规则的例外，由于相互依赖的防务共同体的意识形态面临共同威胁，跨政府防务联盟的失败也就不难解释了。

综上所述，我们发现，结果模式是不同因素造成的，但我们进行的细节分析表明，复合相互依赖的政治进程——特别是跨政府行为体——发挥了重要作用。就我们探究的四种关系而言，战后加美关系最接近复合相互依赖，预期的政治进程有助于解释结果模式的惊人之处（从简单结构模式的观点看）。更具体地说，战前、战后加拿大经历的不同表明，复合相互依赖并不仅仅是联盟政治或武力不发挥作用，其他限定条件——特别是交往的多渠道——也是重要的因素。

关于机制变迁的其他解释

我们已经看到，基于总体政治结构的理论无法圆满地解释战后加美关系。显然，复合相互依赖的某些特征——特别是武力不发挥作用、各社会间交往渠道的多样化——使得美国难以像在现实主义条件下那样主导双边关系。进一步说，战后两国间建立起来的机制约束了美国的行动，这些机制限制了利用问题间联系的机会，并强调回应与和解的价值。

正如我们所知道的，如果拥有压倒性实力的国家无法容忍国际机制，则国际机制会发生变迁。那么，为什么美国没有打破调节战后加美关系的机制呢？让我们看一看关于机制变迁的四种模式在多大程度上有助于解释这个问题。

根据简单的经济进程模式，加美之间经济敏感性相互依赖的剧增必然导致机制逐渐向加强政治一体化的方向发展。例如，1968年，乔治·鲍尔推测，高度的政治一体化必然伴随着北美经济一体化的发展。① 经济一体化确实有所增加。加拿大对美出口占其出口总额的比重，从1948年的1/2增加到1970年的2/3。20世纪60年代，双边出口从占两国出口总额的26%增长到36%。两国贸易一体化的水平接近于欧洲共同市场，并超过了其他几个自由贸易区的水平。②

但是，两国的政治一体化有限。我们认为，存在三种形式的政治一体化：(1) 共同机构的创立；(2) 政策协调（有或没有机构）；(3) 发展共同身份（identity）和忠诚。要出现自愿同化，则以上三种形式的政治一体化必须得到发展。当我们分析加美关系时，我们明确地看到，二者之间显然不存在第一种和第三种形式的政治一体化。我们确实可以这样说，尽管第二种形式的政治一体化有所发展，但第三种形式的政治一体化程度下降了。

跨国互动增加与加美关系的关联并非巧合。在不对称的条件下，跨国互动的迅速增加似乎激发了民族主义的情绪。③ 我们禁不住继续

---

① George Ball, *The Discipline of Power* (Boston: Little, Brown, 1968), p. 113.

② 1966年，欧洲共同市场的同类数字是43%，欧洲自由贸易联盟是25%，拉美自由贸易联盟为10%。

③ 参见 Joseph S. Nye, Jr., *Peace in Parts: Integration and Conflict in Regional Organizations* (Boston: Little, Brown, 1971), chaps. 2 and 3。

推测，受到极大关注的跨国组织加强了该效应。20世纪50年代初加拿大经济一片繁荣景象，具体表现为：直接投资超过了证券投资（1950），非居民控股权超过了加拿大制造业的50%（1956）。① 有意思的是，恰如民意测验所表明的，与这种经济繁荣相伴随的却是20世纪70年代加拿大民族主义的勃兴以及政府对跨国组织、跨国传播逐步施加的更多控制。②

无论原因何在，民族主义态度的复兴影响了加拿大政府在处理显然属于高层次冲突事件上的政策。如前所述，20世纪50年代，加美议程主要为美国政府行动所确定，但到20世纪60年代，两国议程转而更多地反映加拿大的政府行动。在同一时期，更接近于加拿大政府目标的结果也有所增加。也许更具标志性意义的是，20世纪50年代末60年代初几个高层次冲突（如石油进口免税、平衡收支措施、民用航线、汽车协定）的解决产生了一体化效应，但这些解决方案在70年代不再经常出现。③ 社会相互依赖和政策相互依赖自身并不能产生政治共同体的跨国意识。在复合相互依赖的情势之下，民族主义和民族国家并未被排除在谈判政治之外。恰恰相反：当大象（即强者）四处漫游之际，海狸（即弱者）筑起堤坝。

然而，简单的经济增长模式确实解释了战后加美关系中问题之间不关联规范的持续性。两国政府都意识到，破坏经济一体化有可能导致福利损失，为确保经济体系的正常运行，某些政策一体化——宁可是非正式的——是必要的。尽管两国政府不愿意建立反映一体化增长

---

① 参见 Isaiah A. Litvak, Christopher Maule, and R. Robinson, *Dual Loyalty: Canadian-U. S. Business Arrangements* (Toronto: McGraw-Hill, 1971), chap. 1。

② 参见 John Sigler and Dennis Goresky, "Public Opinion on United States-Canadian Relations," *International Organization* 28, no. 4 (Autumn 1974): 637–638。

③ 这并非缺乏机会所致。例如，加拿大地方政府向米其林轮胎厂提供补贴，美国视之为出口补贴，并征收抵消关税。如果十年之前发生这种政策相互依赖的情况，我们也许会看到一体化式的回应。

的新机制，但它们都避免采取威胁现有机制和福利收益的行为。

在解释战后机制及澳美关系、加美关系中战后机制的建立方面，总体结构模式最为有效。它最适宜解释战后时期澳大利亚为什么无法从阻碍问题联系的机制中获得更大利益，但对加拿大在战后获得更多收益、美国无法改变机制的解释力就不那么强了。

我们发现，战前时期问题之间的联系最为明确而显著，当时三国共同存在的孤立主义使双边权力结构的作用大于全球结构。在20世纪20年代和30年代，美国经常将一些无关的问题联系起来，发挥其总体优势对付加拿大，在贸易问题上尤其如此。美国往往利用问题领域内的联系——如小麦出口、贸易转向等问题——对付澳大利亚。20世纪30年代，美国驻澳大利亚总领事建议将澳大利亚的军事保护与澳大利亚贸易上的让步联系起来处理，但由于当时美国普遍存在孤立主义情绪，其建议遭到国务院的明确拒绝。① 加拿大和澳大利亚试图将某些问题联系起来处理（加拿大将鲑鱼捕捞与大比目鱼捕捞联系起来，将烟雾污染与底特律大气污染联系起来；澳大利亚将贸易转向与贸易协定联系起来），但由于美国拒绝接受这些问题之间的联系处理，两国均徒劳无功。

第二次世界大战之前，澳美关系、加美关系中显然缺乏共同安全目标的意识，澳美之间尤其如此。两国关系不时出现紧张，特别是美国很少感到需要在经济问题上向小伙伴做出让步，也就不足为奇了。有助于保持战后关系做出更积极回应的模式的规范来源于一种共同利益意识，而该意识是二战和冷战期间美国与它们结成紧密盟友时逐步发展起来的。双方都期望确保联盟和双边友好关系。美国国务院、国防部的利益与这些目标直接相关，它们有时支持加拿大或（相比很少）

---

① Nancy Hooker (ed.), *The Moffat Papers* (Cambridge, Mass.: Harvard University Press, 1956), chap. 4.

澳大利亚反对美国农业部和财政部的政策。

从总体结构的角度看，澳美关系、加美关系存在显著不同。就我们考察的战后20年而言，澳大利亚政府相信，澳大利亚需要依赖美国的保护来对抗来自亚洲（日本、印度尼西亚或中国）的战争威胁。与美国的决策者一样，澳大利亚领导人认为澳大利亚是更具依赖性的伙伴。其结果必然是，澳大利亚的谈判地位受损。相对而言，美国对澳大利亚的关注甚少，但安全事务上的非对称依赖感使得澳大利亚无法利用这种情势。从这方面讲，20世纪50年代和60年代澳美冲突的结果是由结构所决定的。1950—1969年间，澳大利亚政府担心安全事务的负面联系可能导致美国保护伞的削弱，这种担心无处不在，成为政府关注之源。澳大利亚强调安全事务优先，经济事务次之，当双方在其他问题上发生重大而尖锐的冲突时，美国外交官无须挑明这种冲突对安全的影响。

20世纪50年代，加拿大对安全环境的认识和对全球秩序的关注并不像澳大利亚那样严重。但无论如何，为了确保全球关系结构，加拿大愿意做出同样的乃至更大的牺牲。20世纪60年代中后期，冷战强度的降低、联合国维持和平行动幻想的破灭、防御轰炸机进攻的技术过时、越南战争等改变了加拿大对安全的认识。这些变化与国内民族主义的勃兴相辅相成，减少了加拿大对全球或北美关系模式遭受破坏的恐惧。对讨价还价的制约随之降低。加美关系的规范和运行战略开始发生变化。因此，20世纪60年代，对加拿大政策的结构限制逐步削弱。美国的总体实力仍然比加拿大强大得多，但加拿大政府已经学会了如何利用崛起的民族主义和公开的政治化，在双边关系中获得更多的利益。

但总体结构模式没有告诉我们，当加拿大开始背离"悄悄外交"原则时，美国为什么没有改变已有的机制。根据总体结构的解释，安全威胁的降低、全球霸权的削弱必然导致美国不再那么愿意支付领导的代价，并更有可能促动机制变迁。20 世纪 60 年代加拿大在防空事务中的重要性下降本应加强这一趋势——尽管在核时代美国无法完全从加拿大防务中抽身。

但这种解释与事件的结果并不契合。其一，20 世纪 50 年代存在防务上的不对称依赖，但这却使加拿大而非美国在谈判中有所克制，以防破坏联盟关系；20 世纪 60 年代，加拿大首先改变了程序。其二，尽管 1971—1972 年的康纳利行动侵害了机制规范，与总体结构解释相吻合，但康纳利主义没有持续多久，既有机制继续发挥作用，没有像当时人们期望的那样发生大的改变。

问题结构模式可以部分解释机制的持续发挥作用，但无法充分解释 20 世纪 60 年代加拿大在谈判上的变化。如前所述，战后初期加拿大的谈判和政治化技巧可概括为悄悄外交。这恰恰符合问题结构模式的预测。人们常常认为，由于权力不对称的存在，公开的政治化更可能增进美国的要求，而非政治化将允许联盟的官僚将某些问题与长远的共同利益联系起来。

例如，问题结构模式预测，加拿大人会试图在国际联合委员会内处理相关的事务。1909 年，加美两国政府为了处理边界问题，成立了该国际联合委员会，传统而言，它负责处理具体性的问题，而不关乎国家的政治地位。到 1970 年，该委员会处理了 80 个相关问题，国际联合委员会的 6 名成员（每国 3 人）只在 4 个事件上因国籍不同而发生分歧。① 因此，加拿大政府往往将问题提交国际联合委员会处理，以抵消美国的政治实力；而美国政府则常常反对将问题移交国际联合委员会处理。但是，在 20 世纪 60 年代海域管辖等问题的处理上，加拿大政府秉持修正主义的观点，避免将这样的问题提交双边机构。在联

---

① 根据采访整理。又见 K. J. Holsti and T. A. Levy, "Bilateral Institutions," in *International Organization* 28, no. 4 (Autumn 1974)。

合国海洋法会议上,加拿大率先提出维护沿海国权益,弱小国家将其他问题联系起来一并处理,而美国处于少数派地位。①

1954年,参议员富布赖特（Fulbright）称,他不能想象加拿大"变得如此强大,竟然对美国表示不友好"②。这是一种总体结构模式的观点。加拿大人也常常发表这样的观点。但是,友好是一个程度问题。与臆想的情形有所不同的是,在20世纪70年代的能源危机中,加拿大能够大幅度地改变北美能源贸易的游戏规则。加拿大不仅按照石油输出国组织制定的价格标准向美国消费者出售石油,而且宣布将逐步完全停止向美国出售石油。这种不友好行为导致美国发出"最后通牒"（1973年加拿大最畅销小说的书名）;它导致了默许。1974年冬,许多美国议员提议,美国应该利用自己的经济实力,在边贸区征收关税,向加拿大施加压力。但是,这些提议并未实施。问题结构模式可以提供部分解释:加拿大在这个问题领域不那么脆弱,因为它在石油方面基本上是自给自足的。但这种解释并不能说明全部问题。

国际组织模式可以提供重要的解释。如前所述,该模式并不特别关注联合国（在加美关系中并不特别重要）等正式国际组织,而是聚焦于复合相互依赖的政治进程,以解释国际机制的变迁。在该表述中,加美关系的非正式模式——如跨政府网络——被视为机制维持或变迁的决定性因素。

非联系准则倾向于将加美关系中的不同问题领域分开,这是外交政策适应复合相互依赖条件的标志。从国内政治的角度看,当涉及多种问题、多个行为体时,联系的代价太过高昂。任何团体都不希望看到自己的利益被出卖。在不相关问题上进行报复的威胁,必然涉及动员各种行为体,并可能促进国内的政治化,而政府官僚担心局面失控。

---

① 参见 Ann Hollick, "Canadian-American Relations: Law of the Sea," *International Organization* 28, no. 4 (Autumn 1974).

② Wagner, "Partnership."

当然，问题之间必定存在某种联系。外交官们承认，国家间关系的总体结构存在于他们的思想深处。他们常常关心时间上相近的问题之间（如汽车协定和杂志税）是否有所关联，国家间关系的总体气氛有什么影响等。但是，公开的讨价还价式的联系代价太高，以致无法采用。

此外，作为机制进程的一部分，跨政府网络是机制稳定的重要渊源。加美关系集中化、政治化的努力改变了跨政府网络的式样，但并未长期削弱跨政府网络。负责"经营"加美关系的两国官员保持着密切的接触。即使在1971—1972年间，美国国务院官员仍能利用各种委员会和进行研究的要求等方式挡开财政部的惩罚性措施。① 加美官员之间达成非正式谅解，对明显的国内问题不需要集中监督。例如，边界水域的漏油成为生态政治的热点问题，

> 在漏油事件发生时，两国海岸护卫队在同一个司令官指挥下行动……但是，如果它被华盛顿视为一体化措施，从管理与预算办公室、国务院到其他部门的人都想介入其中。渥太华的反应也会如此。因此，我们的应急计划是协调而非一体化。对每个人而言，这种方式更好、更容易。②

1974年能源危机期间及其后，加拿大削减向美国的石油出口被视为一个显而易见招惹美国的事件，美国公众要求动用本国总体实力予以惩罚，两国官员之间的跨政府网络发挥作用，在处理问题的政治化方面进行合作。非正式的跨政府联系有助于维持加拿大向美国北部炼油企业暂时供应石油的行为，从而减弱美国潜在的国内政治化——特

---

① 根据1973年、1975年在华盛顿、渥太华的采访整理。
② 引自Dickerman, "Transgovernmental Challenge"。

别是通过国会——向美国政府施加压力,要求对加拿大改变能源游戏规则的行为予以抵制。① 两国若干政府部门的官员进行合作包含着种种决定,如果这些决定通过高层外交在众目睽睽之下贯彻进行,必然因太过频繁而引起争议。但面临潜在的政治化危机时,悄悄外交的机制程序(尽管不是其标签)就会恢复,以防止威胁的发生。

正如我们在第三章所指出的,任何一个(机制变迁的)模式都不大可能适用于所有情境,各种模式综合运用才有可能解释某些情境。但我们同时告诫,最为有效的解决办法是,从最基本的结构模式开始入手,需要时再增加复杂性。战前澳美关系、加美关系和战后澳美关系都更接近于现实主义的条件(而不是复合相互依赖的条件),我们可以认为,总体结构模式为以上三种关系提供了简练的解释。战后加美关系更接近于复合相互依赖的条件,有必要超越总体结构模式,建构一个综合的解释模式。总体结构模式有助于解释战后机制的创立,机制的非联系规范有助于解释问题结构模式为什么能用于分析加拿大在几个高层次冲突中的惊人成功。为了解释加美关系中议程的变化、加拿大至少在6次冲突中获胜、非联系机制的持续存在等现象,我们需要增加国际组织解释模式的复杂性,以反映与复合相互依赖相关的政治进程。最后,经济增长模式有助于解释维持机制的动因,但不能说明维持这种机制的手段。

这些研究结果既适用于理论,也适用于政策。正如我们在第一章指出的,政策以(常常是明确的)理论假设为基础。任何适宜的政策必须将条件变化考虑在内,而不能将同样的理论模式用于所有情况。战后加美关系并非世界政治的典型事例,但它至少说明了,在潜在权力转化为影响结果权力的政治谈判进程中,接近于复合相互依赖的条件使该进程与众不同。因此,随着澳大利亚安全威胁感的减少,传播

---

① 根据1975年在华盛顿、渥太华的采访整理。

技术降低了地理距离的高代价效应,澳美关系将越来越像加美关系。

更明确地说,战后加美关系表明,这种联盟机制——保持经常磋商、更关注相互依赖关系的共同获益而非零和得失——并非完全建立在外部安全威胁基础之上。随着20世纪60年代苏美缓和取得进展,加拿大在谈判中的结构约束确实越来越少,它也变得更为自信;但在20世纪70年代,两国间机制似乎重新稳定在如下基础之上:两国意识到破坏经济相互依赖将导致共同受损;两国接受非正式的跨政府网络在复合相互依赖条件下维护双边关系的重要作用。当然,这种重新稳定并不意味着,机制不会为新威胁所打破。它也不意味着管理双边关系的机制不发生变更,20世纪70年代加拿大确立管理跨国公司投资和通过电视、新杂志进行跨国传播的限制性措施的立法行为可以佐证之。但加美关系确实表明,机制稳定不需要全球霸权,维持机制的领导权可以分享。

我们并不是说,我们可以从以上两个个案中概括出适用于所有双边关系的理论观点。例如,从地理位置上讲,美日关系与澳美关系极其相似,但我们也应将文化距离(更不用说历史)考虑在内。从某些方面讲,墨西哥与美国的关系类似于加美关系,但两国在文化和经济上都存在巨大的社会差距。本章应被视为试点研究(pilot study),引出假设,提供启发性论据,验证分析双边关系的方法论。关于复合相互依赖对双边关系的影响,我们并未做出定论。①

不同国家之间的双边关系存在巨大不同,这些不同主要体现在文化组织、经济发展水平、交往的密度等诸多方面。然而,可能有助于研究的方法是,将加美关系、澳美关系简单化,将双边关系置于二维空间中,根据满足复合相互依赖的程度、双边关系的不对称等进行分析。从两国所拥有的资源看,加美关系符合复合相互依赖的条件,双

---

① 哈佛大学国际事务中心正在做进一步的比较研究。

边关系极其不对称。与之形成鲜明对照的是，冷战期间的苏美关系极不符合复合相互依赖的条件，但两国能力高度对称。图 7.1 表明某些其他双边关系与这两个方面契合的情况。显然，即使从以上两方面讲，我们的两个个案也没有将所有的变化包括在内。我们将它们作为相称的一对（a matched pair），从接近复合相互依赖的程度不同入手进行对比研究。我们并不试图从这两个个案中得出适用于全部世界政治的一般性结论，也并不暗示加美关系是未来的发展潮流。然而，通过分析加美关系、澳美关系，我们已经对复合相互依赖政治有了一些深入的了解。在下一章，我们将分析如何应对复合相互依赖、对美国的政策影响等问题。

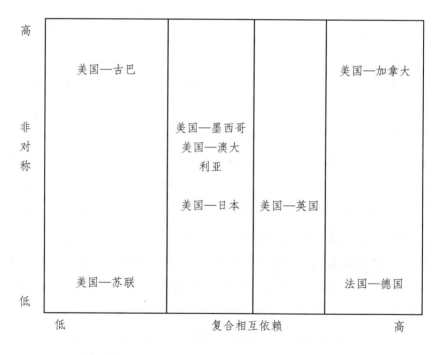

图 7.1 从复合相互依赖、非对称方面看 20 世纪 70 年代的双边关系

第四编
美国与复合相互依赖

第八章
应对相互依赖

相互依赖已经成为一个时尚术语，但如果我们希望借此理解世界政治或外交政策，其修辞用法将成为混乱之源。在本书中，我们以考察相互依赖的修辞及其政策含义为起点，但很快就发现，在做出政策判断之前，我们需要研究相互依赖的内涵和相互依赖政治。在本章中，我们将回到政策含义的主题上来。

我们的分析无意提供政策的精确处方，但确实提出了两个重要的政策问题：国际领导和国际组织。本分析隐含的意义是，应更加关注政府政策对国际机制的影响。具有消极影响乃至摧毁有益的国际机制的政策或许可产生直接和积极的有形效应，却是不智之举。对维持和发展国际机制的关注，使我们更加注重世界政治的领导权（leadership）。我们期望何种形式的国际领袖，如何提供充分的领导？对当代世界领导的关注引发了对广义的国际组织的关注。我们在本书中并未提出一系列详细的政策蓝图。我们分析了世界政治本质的变化，以此作为政策问题的基础。我们认为，缺乏坚实的理论探究，即使同和平与世界秩序相一致的政策建构，也不过像寓言所说的在流沙上筑屋罢了。

解释模式与世界政治的条件

在第一章，我们观察到，相互依赖一词得到越来越多的使用，它反映了一种普遍的但又含糊不清的感觉，即世界政治的性质正在发生变化。我们的分析从概念澄清入手。我们将相互依赖定义为代价性效应，区分了不同形式的相互依赖，通过分析表明，在国家间政治的传统游戏中，不对称脆弱性相互依赖可被用为权力资源。为了澄清这个大变革时期的世界政治性质，我们研究管理相互依赖的规则和程序如何变化，并在第三章提出了（尽量少用假设）经济进程模式和三个形成对照的政治权力模式。

在第二编和第三编，我们采用这四个模式分析过去半个世纪发生的四个事件。我们发现，经济进程模式对理解我们所关注的国际机制的大多数变迁极为重要，但它从未提供过充分的解释。我们提出的总体结构模式非常简单，可以提出清晰的预测。但（尤其是）将该模式应用于最近时期的分析时，我们发现它常常脱离目标，只能为现实变化提供小部分解释。建立在具体问题领域的权力结构基础之上的第二个政治模式牺牲了前一个模式的简洁性，但对问题领域内不同权力水平的差异提供了清晰的预测。由于它无法解释由总体权力结构变化或广义的国际组织模式变化引发的机制变迁，其准确性是有限的。我们的第三个政治模式——我们称之为国际组织模式——将政府间、跨政府的网络和制度纳入考虑范围内，因而增强了我们解释战后美加关系、海洋和货币领域最近发展的能力。这一目标的实现，是以牺牲相当程度的简洁性和预测力为代价的，因为国际组织模式比经济进程模式和基本权力结构模式更加具有不确定性。

在发展这些模式的过程中——从最简单、最熟悉的模式到更为复杂、新颖的模式，我们寻求的是系统分析，而非理论建构的特定方式。我们试图了解在放宽简单化的假设之前，简单的分析模式能否充分解释国际机制变迁。考虑到世界政治的性质以及复合相互依赖的理想模式，我们提出了较为复杂的分析模式。我们试图通过分析，将世界政治的各种状态——不管是更具有现实主义的还是复合相互依赖的特征——与我们的解释模式区分开来。

最终，令人满意的解释必然包含着一种模式或另一种模式（或两种模式的结合）适用于什么条件。在第六章和第七章，我们研究了海洋和货币领域、美加关系和美澳关系的某些迹象，表明我们提出的两种新模式（问题结构模式和国际组织模式）与复合相互依赖的条件相关联。传统理论无法圆满地解释复合相互依赖的情境，而适宜解释更接近于现实主义理想模式的条件。从这些研究成果推导出一般性结论，我们必须慎之又慎。做出更具普遍性的判断，我们需要更多关于其他问题领域和其他国家关系的信息。从问题领域和国家间关系着眼，我们提出了两个极为重要的论点：（1）解释复合相互依赖政治，需要采用问题结构模式和国际组织模式；（2）世界政治某些重要的问题领域、某些国家之间越来越体现出复合相互依赖的特征。我们需要进一步研究，检验这些论点是否适用于其他个案，并对其予以更为精确的考察。下文的论述表明，除我们详尽考察的问题领域外，我们有诸多理由期望，复合相互依赖是世界政治其他领域的重要特征。

如前所述，即使我们详细说明某种模式或模式组合适用于何种条件，这些模式也无法为完全剖析相互依赖政治提供基础。最为重要的是，这些模式并不直接聚焦于国家政策，而是集中分析国际机制的兴衰。试图解释特定国家政策的人会发现，这些模式太过抽象。我们的分析层次是世界体系，而非国家政策。要分析复合相互依赖条件下的国家政策，我们需要回答两个与以前分析截然不同的问题：（1）面对相互依赖引起的问题，各社会的选择范围是什么？换言之，各社会面对的外在限制多大？（2）决定回应选择及其成败的因素是什么？

要回答第一个问题，我们必须分析当前的相互依赖形式对国家自主权的影响。独立变量是世界体系的特征；问题在于它们如何对相关政府构成严重制约。我们关于相互依赖和机制变迁的探讨有助于确定这些系统性独立变量，但却无助于确定特定政府如何受到世界体系的严重制约。要回答第二个问题，我们需要对特定国家的国内结构和政治进程进行细致的比较分析，还需要大量借鉴比较政治著述的成果。①

我们并非宣称提出了复合相互依赖条件下世界政治的普遍性理论。要建构这样的理论，我们的系统分析模式需要国际相互依赖与国内政治相互作用的分析来补充。我们在第七章分析了美加关系和美澳关系，其目的不过是提出进一步研究的某些方向。

分析相互依赖的政治，仅仅进行系统分析是不够的，而国际体系的传统观点更为不足。它们无法关注相关的外交政策议程——而这些问题领域并不关涉国家的安全和自主权。进一步说，源自传统认识的政策准则常常是不适当的。相信社会相互依赖和经济相互依赖完全改变了世界的现代主义者没有将连续性纳入考虑之中。其结果是，他们的政策处方往往像乌托邦。我们的四个个案都证实，在某些条件下，总体军事权力结构发挥重要作用。适宜的政策必须将连续性与变革同时纳入考虑之中，必须将传统认识的火花与相互依赖政治的创见结合起来。

复合相互依赖中的权力

我们特别需要仔细考虑复合相互依赖条件下的权力概念。政治家和学者往往将权力定义为让他者做原本不愿意做的事情（在其自身可接受的代价范围内）的能力，但正如我们所看到的，这种权力常常难

---

① 关于美国在这些问题上有意义、有启发性的探究以及法国在三个问题领域的研究，参见 Peter J. Katzenstein, "International Relations and Domestic Structure: Foreign Economic Policies and Advanced Industrial States," *International Organization* 30, no. 1 (Winter 1976): 1–46。

以衡量，而且这种权力的衡量变得越来越困难。在传统主义者看来，要了解提供权力能力的资源分布，就必须了解世界政治的结构；了解了世界政治的结构，我们就可以预测结果的模式。但是，这种方法存在两个问题。其一，产生权力能力的资源发生了变化。要维持18世纪经典的欧洲的均势，一支精锐的步兵部队是关键性的权力资源，政治家通过计划所占领的人口和割占的土地就可以校准势力均衡。[①]工业革命使得计算复杂化，而作为一种权力资源，核武器的代价太过高昂，只有在极端情势下才有可能被使用，这会进一步削弱军事大国与控制结果的权力之间的关系。就当今外交政策议程的诸多优先处理项目而言，算计军事大国的平衡无法对事件的结果做出圆满预测。

作为一种复合相互依赖条件下的权力资源，非对称相互依赖更难衡量，我们也更难就此做出判断。我们通过前面的分析认识到，彼此依赖情势下脆弱性小可作为一种权力资源。但非对称性难以衡量，由于存在多种非对称关系，详细说明它们之间的联系也是困难的。即使我们对基于非对称性和军事资源的权力结构评估感到满意，我们也难以准确预测结果。

不管是从总体政治—军事体系内还是从具体的问题领域内来看，权力结构方法还存在第二个问题。可衡量的权力资源并不能自动转化为影响结果的有效权力。这种转化往往发生于政治谈判进程之中，如我们在加拿大和海洋个案中看到的，施展技巧、信守承诺和确保一致性使基于权力资源分布的预测落空。因此，源自对世界政治结构认识的传统外交政策准则——不管是在总体军事水平上还是经济问题体系的非对称性方面——或许是具有严重误导性的。认识权力结构最为简单，是政策分析的最佳起点。但要预测和理解结果，我们必须同样关注权力资源转化为影响结果的有效权力的讨价还价进程。

---

① 参见 Edward V. Gulick, *Europe's Classical Balance of Power* (New York: Norton, 1967).

不管我们应用系统分析的哪种模式，讨价还价都非常重要。我们必须注意复合相互依赖条件影响讨价还价进程的方式。军事力量不起重要作用意味着，政府将转向其他政策工具，如控制经济相互依赖或操纵跨国行为体，美加关系有不少类似的例证。类似地，军事力量不适用意味着，总体军事权力结构和某一问题领域内的权力结构之间将出现相当的不一致。我们从货币领域和海洋领域的研究中发现，讨价还价的一个重要问题是，某些事务是单独处理还是相互关联或与军事安全联系起来一并处理。经济事务的联系是促使该问题政治化的几个策略之一，并会迫使其他国家将之作为优先处理的外交政策议程。

设若我们能够假定严格控制政府和社会的理性政治家控制着问题之间的联系和政治化，则复合相互依赖的谈判进程就很容易理解了。但事实却是，相互依赖对不同的集团有不同的影响，这些集团要求本国政府的多种关注，它们与国外有诸多联系渠道，以上因素使得谈判进程极其复杂化了。这种行为体和问题的复杂化降低了国内立场的一致性，严重影响了威胁报复的承诺和诚信，如我们在加拿大和海洋个案中看到的，它与仅仅基于权力资源的预测相矛盾；类似地，这些集团通过提供跨国联盟、抵押物、操纵工具等来影响谈判进程。

此外，如我们在海洋和货币个案中看到的，问题之间的联系会刺激国内的政治化，后者反过来将联系用于新的意图。例如，美国海洋政策的批评者指出，自由航海机制的维持需要更强有力的美国领导，但这种说法贬低了复合相互依赖的政策问题。如我们在第五章所看到的，由于诸多问题间的联系和国内政治化，赞同放宽领海范围的美国国内集团数量增加了，它们的要求也水涨船高。这些集团的国际交往和潜在的国际盟友也增加了。复合相互依赖中诸多最严重的政策问题直接源于国内政治和国际政治间的界限模糊。将世界想象为由哲学王指导的台球游戏，各国充当其中的台球，这种设想并不十分有效。对国际机制而言，要想成功地管理复合相互依赖的情势，就必须与强国国内大集团的利益相一致，与国家间权力结构相契合。

复合相互依赖的趋势

世界政治中的相互依赖如何普遍存在？它是世界政治暂时的偏离现象还是永久特征？显然，我们很难从本书的四个个案分析得出这些问题的答案。这些个案之间的区别使我们意识到，任何答案都应表述为程度问题。军事领域的复合相互依赖少于经济和生态问题上的复合相互依赖，共产党国家和欠发达国家间的复合相互依赖似乎少于发达工业化国家。即使在发达国家之间，政府对社会和经济互动的控制也大不相同；与日本和法国相比，美国国家与社会之间具有多重关系的特征。

尽管存在以上种种告诫，我们仍有理由期望，世界政治的重大方面将继续接近于复合相互依赖的条件。在某些问题领域和某些国家间关系上，复合相互依赖根深蒂固。尽管这些条件并非不可逆转，但只有重大变革才能扭转它们。我们甚至可以坚信这样的观点，即世界政治将越来越呈现出复合相互依赖的特征，因其自身的深刻原因，复合相互依赖的三个条件与长期的历史变革相辅相成。

福利国家的长期发展必然导致目标的多元化和按照等级顺序排列目标的困难。20世纪，所有类型国家的政府都越来越为军事安全之外的其他目标承担责任。尽管以色列的境况与法国大不相同，尽管与中国的关系紧张促使西方更加关注军事安全，但各国政府将继续承担起促进经济福利的责任。

由于经济福利存在众多定义和多种解释，目标的多元化和目标之间缺乏等级区分变得更为复杂，从而导致对外经济政策的矛盾选择。我们可以这样讥讽西方国家对外经济政策的态度：古典重商主义者关注国家权力，认为出口比进口更为令人愉快。古典自由经济学家关注消费者的福利，认为进口好于出口。在"大萧条"（Great Depression）

期间，20世纪的政治重商主义者再次支持出口。最近，国家生态主义的新流派关注环境破坏，希望在国外（而不是国内）露天采矿，赞成（某些）出口而非进口。①然而，我们在政治上发现的不是某个经济目标占据主导地位，而是诸多经济目标共存于各强大集团，以及优先目标处于波动模式之中。

多种联系渠道的发展反映了传播与交通技术的长期历史趋势。喷气式飞机使亚洲和美洲的距离缩短为一天的航程。同步人造卫星使得洲际长途电话的费用与毗邻城市间的话费等同。如第九章所探讨的，因特网继续缩小了地理距离所造成的高代价障碍。交流更廉价、迅捷并非促成跨国组织和跨政府交往的唯一原因，但确实贡献良多。正如我们第二章的探讨和第九章关于2000年前景展望进一步指出的，威权政府在审查和削减跨国传播和跨国交往时，要付出某些代价。无论如何，跨国传播似乎将继续创造更开放国家间的社会相互依赖。

军事力量作用的变化与军事技术的毁灭性和社会动员模式等趋势相关。正如我们在第二章指出的，由于如下四个条件，大国动武的代价更高：核升级的威胁，贫弱国家人民的抵制，对实现经济目标不确定的、可能是负面的影响，反对动武造成人员伤亡的国内舆论。即使受第四个条件影响最小的威权政府或集权政府也会受到前三个条件的限制。另一方面，卷入地区冲突的少数国家和非国家恐怖集团也许会发现，使用武力比以前容易得多。军事作用的相反趋势造成的最终结果是，基于军事权力的等级秩序将被削弱。

从某种程度上讲，美国霸权的削弱——堪与英国霸权的早期衰落相提并论——体现出了国际等级秩序遭受的侵蚀。众所周知，20世纪50年代的美国决策者认为，美国衰落了。但美国权力资源的下降并不

---

① 这些想法受到如下文章的启发：Alfred E. Kahn, "The Implications of an Electrification Strategy for Canada and the United States," delivered at Carleton University, Ottawa, October 1975。

像人们常常认为的那样巨大。1950年,美国的军事开支约占全世界的1/3,1975年仍然保持了同样的水平。在同一时期,美国国民生产总值从占世界总值的1/3强下降到1/4;但早期数字反映了欧洲和日本遭受战争破坏的不正常状态,1975年美国的国民生产总值仍然是苏联经济规模的2倍,日本的3倍多,联邦德国经济规模的4倍。与19世纪末的英国不同,从权力资源的角度讲,美国仍然是世界上最强大的国家。①

我们不求助于历史对比,而应将等级结构的销蚀视为系统性变化。我们将支配他国的权力与决定结果的权力区分开来,等级结构遭受的侵蚀并非主导国相比其他国家而言的权力资源下降,而是主导国在国际体系中控制结果的权力下降了。其主要原因是,国际体系本身变得更为复杂了。问题和行为体增多了,弱国敢于挺身维护自身权益了。主导国仍然拥有操纵他国的杠杆,但对整个国际体系的影响力下降了。

从某种角度来看,国际体系等级结构遭受的侵蚀表明,世界的民主化和平等趋势有了可喜的发展。有的观察家指出,"非领土行为体的无形大陆"的发展可以导致这样的一个世界:"忠诚和地理的无序太高,以至于我们非常怀疑较大范围的世界大战是否可行。"② 功能主义理论家设想世界政治将通过跨国界的——私人性的团体和公共性的官僚机构——具体利益的结合而发生转型,以至于军事能力和国家主权的逐步消亡也被视为复合相互依赖趋势加强的证据。③

我们对未来的看法并不那么乐观。只要复合相互依赖不能包含所有的问题领域和所有大国间的关系,军事力量仍然发挥某些作用,主

---

① 由于苏联的解体,在2000年,这种说法比1976年我们初次撰写本章时更为确凿无疑。

② Johan Galtung, "Nonterritorial Actors and the Problem of Peace," in Saul Mendloviz (ed.), *On the Creation of a Just World Order* (New York: Free Press, 1975).

③ 参见 David Mitrany, *A Working Peace System* (Chicago: Quadrangle, 1966); Robert Angell, *Peace on the March: Transnational Participation* (New York: Van Norstrand, 1969)。

权国家也被要求维持军事能力。而且，只要世界的重要特征之一是各国之间的收入存在巨大的不平等——即使最乐观的经济增长假设也认为这种情况难以迅速改变——公民就可能反对废除国家主权。复杂性的增加、等级结构遭受的侵蚀也许仅仅是在组织国际集体行动的过程缺乏有效领导导致的。

复合相互依赖中的领导

领导当然是主导国家为自己任何行为辩护的利己性词语。但在组织集体行动应对经济和生态相互依赖的过程中，领导常常至关重要，以确保行为集中关注共同获益而非相互依赖的"零和"方面。正如查尔斯·金德尔伯格指出的，"如果领导被视为提供公共物品的责任而非剥削其追随者或追求自我声望，则它仍然是一个积极的观念。……在缺乏授权性权威时，领导非常重要"①。在世界政治中，这种有序的权威性授权是不大可能出现的。领导可有多种表现形式。一般而言，领导可意味着：（1）指导或命令；（2）率先行动；（3）诱导。这些定义基本符合国际领导的三种类型：霸权、单边主义和多边主义。

在本书第三章中，我们将霸权领导定义为"一个国家足够强大，可以维持管理国家间关系的核心准则并有意愿这样做"的情势。显然，霸权领导是一种可以提供公共物品——责任的形式。但霸权领袖不断地被诱惑利用其领导地位寻求特定的私利。观察家和专家呼吁霸权国在行使权力时的自我克制，但是当国内政治压力——特别是反映在选举政治上的压力——变得严峻时，该建议往往被忽视。在任何情况下，他国政府都期望在关键时刻被忽略，并尽力避免被置于领导国

---

① Charles Kindleberger, *The World in Depression, 1929–1939* (Berkeley: University of California Press, 1974), p. 307.

决策的非对称性脆弱或极其敏感的境地。雌伏于霸权领导之下的意愿难以持久，因为这种领导的合法性（如果不是其权力的话）趋于消减。在强国看来为公共利益而维持治安的行为可能被弱国视为帝国主义的恃强凌弱。由于这种认识差异的存在，霸权领导采取强制行动的需要增强了。如前所述，在复合相互依赖条件下，强制变得成问题了。

第二种形式的国际领导是单边行为，无论其好坏，它都在国际上树立了榜样。大国也许不能或不愿意监督其他国家的行为，但由于其规模和重要性，大国可以决定管理相互依赖情势的机制，其方式是直接采取行动或被模仿。

> 美国制定的规则——或主要为应对国内政治压力和国内经济、社会需要而制定的规则——几乎常常是影响国际市场行为者最重要的国家规则。……联邦储备局实行的利率政策、民航局所制定的航空运输规则、证券交易委员会所实施的股票市场管理等的国际影响可以佐证之。相比其他民族国家制定的规则而言，它们对操纵讨价还价进程的影响要大得多。①

这种领导的体系影响或无意为之（如 1945 年的杜鲁门倡议削弱了海洋的自由航行机制），或有意为之（如美国单方面停止自由兑换迫使布雷顿森林机制发生变革）。

作为单边主动的国际领导——率先垂范并树立榜样——仍然存在于复合相互依赖之中。如前所述，与日本、德国、法国等国家相比，美国的经济占据主导地位，其脆弱性小得多；在对外经济政策方面，美国比这些国家的活动余地更大。将复合相互依赖描述为完全僵化的

---

① 参见 Susan Strange, "What Is Economic Power and Who Has It?" *International Journal* 30 (Spring 1975): 220。着重号为原书所加。

体系,每一个行为体都有否决权力,不可能采取集体行动,这种认识是不准确的。另一方面,从创立或维持使各国都获益的机制角度看,领导国的倡议常常并没有树立良好典范。其中的一个事例是,1973年夏季国内粮食价格上涨,美国采取的回应措施是暂时禁止大豆出口。

第三种国际领导基于诱导其他国家帮助稳定国际机制的行为。领导国放弃谈判过程中的短期利益,以确保与稳定国际机制相关的长远利益。大国最有可能做出这样的短期牺牲,因为它们可能是机制的主要受益者,它们可以预计到自己的主动行为对世界政治的重大影响。然而,要在没有霸权的条件下维持领导,则他国必须在某种程度上予以配合。如果太多的中等国家成为搭便车者,领导国国内的强大集团就会心生不满,这或许会削弱领导国放弃短期利益的意愿。然而,中等国家的合作取决于机制的合法性——确实符合所有主要参与方利益的广泛共识。

以上削弱等级结构、产生复合相互依赖的趋势不大可能突然发生逆转。尽管美国仍然拥有世界上最强大的经济实力,美国霸权的前景——以能够决定和维系规则为界标——却是渺茫的。其他国家行使这种主导权的可能性几近于零。除非世界政治发生剧烈变革——苏联对欧洲和日本军事安全的强大威胁死灰复燃,霸权领导将不可能再次出现。其选择必然存在于无霸权领导和无有效领导之间。①

在某种程度上讲,有效的无霸权领导有赖于树立典范的单边倡议,但维持机制的长期存在,必然需要合作。因此,第二种和第三种领导形式与此相关。这种领导并不提供特殊的物质利益,但可以带来崇高地位和塑造国家间议程的能力。无霸权领导要想发挥有效作用,则所有主要参与者必须相信,它们所创立或维持的机制确实符合它们的自身利益。任何领导都需要合法性,它诱导其他国家愿意遵从,并

---

① 本书第三版注释:我们显然没有预见到苏联解体以及美国因此而成为唯一超级大国。

愿意放弃搭便车或欺骗的选择，以维护领导的倡议免受损害。但是，在没有霸权的情势下，由于强制因素减少了，合法性和遵从的意愿显得尤为重要。确保复合相互依赖条件下国际机制的稳定，需要多元领导和构建机制合法性的实践。

多元领导与政策协调

查尔斯·金德尔伯格认为，有效的国际领导必须是一元的，而非集体的："要稳定世界经济，必须有稳定者，仅仅一个稳定者。"① 但是，从政治角度来看，在缺乏霸权的情势下，一元领导极难发挥有效作用。领导国或许还保留着霸权时期的习惯，假定自己仍可以改变或维持游戏规则而无须通过有效的磋商。这种假定可能导致怨恨、合法性的丧失，我们在过去十年的美欧关系中经常看到这种情形。另一方面，如果领导国承认自己不再行使霸权，其领导往往包含着愿意首先做出让步、采取最有远见的方式。当领导国对伙伴（和竞争对手）的优势幅度在下降时，它难以表现出类似的意愿。最后，不管领导国多么和解，一元领导所具有的恩主—被保护者的关系必然导致他国政府对地位提高的渴望，从而在双方都挑起怨恨。

复合相互依赖条件下的一元领导不大可能是有效的。但是，恰如金德尔伯格指出的，总体而言，集体领导从未发挥过有效作用。我们能否因此断定，在复合相互依赖的条件下，这两种形式的领导都不能发挥有效作用？

显然，要想集体领导得到发展，就必须改变某些根深蒂固的政府行为模式。首先，作为国际经济政策的行为准则，"集体经济安全"必

---

① Kindleberger, *World in Depression*, p. 305.

须得到广泛的接受。① 换言之，优势国家和其他大国必须愿意接受国内政策和对外经济政策的相互监督、他国政府对这些政策的批评、某些国际市场的协调干预。认为重大的宏观经济政策完全是国内事务是一种错误的观念，必须予以放弃，寻求对本国经济体系的完全控制亦然。这并不意味着政府将本国经济的控制权连同主权一道移交国际组织，但相比过去而言，它们要接受决策过程中更多的国际参与。国内财政和货币政策、对外贸易、资本和汇率政策都必须接受国际社会的监督。

像宏观经济政策一样，其他领域对国际监督和集体领导的需要至少也是显而易见的。即使核扩散仅仅被置于表面的控制之下，核设备、核原料供应国之间的合作也是必要的。今后防止大规模饥荒的有效行动需要类似的多国协作。大气污染和海洋污染没有国界：国内空气污染和水污染的控制计划对国际污染的范围产生重大影响。在通信卫星的开发和管理上，已经出现了广泛的国际合作。②

但是，仅仅建议分享领导权仍显不足。要想将一个新问题纳入国家间议程或鼓励各国积极考虑一项新计划，必须有一国政府首先采取行动。但是，各国政府往往对地位、领导权力及其依赖性甚为敏感。这是一个存在多种问题的世界，各问题之间存在或多或少的联系，但这些联系之间的区别甚大。因此，一个问题上的领导者可能需要在另一个问题上充当追随者。美国等更为强大的国家对更多的问题影响更大，但出于实质性的或象征性的原因，需要几个国家发挥领导作用。这有助于削弱这些中等国家采取搭便车战略的倾向。相比集体领导而

---

① 关于集体经济安全概念的详尽分析，参见 Lawrence Krause and Joseph S. Nye, Jr., "Reflections on the Economics and Politics of International Economic Organizations," *International Organization* 29, no. 1 (Winter 1975): 323–342。

② 关于这些问题的探讨，参见 Appendix B, "The Management of Global Issues," to the report of the Commission on the Organization of the Government for the Conduct of Foreign Policy (Washington, D. C.: U. S. Government Printing Office, 1975)。

言，多元领导是描述这种有差异的、采取主动行为进程的恰当词语。

任何特定问题上的领导者，应该是一个机制内的大国，而且其国内政治和经济形势允许它们在该问题的领导方面具有灵活余地。如果那些自认为利害关系不大、没有多少机动余地的国家政府采取主动行动，其结果可能是做出狭隘的、自我保护性的反应。因此，领导必须主要由强大而自信的国家承担。

即使接受国际监督和国际行动，集体领导的协调也是困难的。首脑会议也许有所助益，如 1969 年以来的欧洲首脑会议、1975 年 11 月世界主要经济强国的首脑在朗布依埃会晤。建立内阁级国际委员会、具体的国际组织——这是经合组织范围内盛行的方式——也将发挥一定的作用。在低于内阁级的各国官僚机构之间，看法近似、任务相同的官员结成非正式的工作关系网络——我们称之为跨政府网络，这种关系网络具有同等重要的意义。多元联系所造就的认识和观点趋同对政策的有效协调至关重要。

换言之，即使冲突依旧存在，正式的规则难以确立，各社会之间的关系复杂性和联系多样化也有助于各国相互之间进行相当多的政策协调。1971 年爆发贸易战的预言没有成为现实，但国际货币改革确实出现了（尽管经过了相当长的不确定时期）。新重商主义者的卡珊德拉*式（Cassandra-like）预言没有成为现实，主要发达国家对石油危机做出的初步反应并非采取单边贸易措施或操纵货币汇价。相反，1974 年 6 月和 1975 年，经合组织国家两次承诺，避免采取以邻为壑的贸易政策解决能源问题。出口竞争——特别是与产油国的竞争——已经发生，保护主义有所增强，但总体的反应是温和的。复合相互依赖政治并非无懈可击。许多人预言，当遭受经济危机威胁时，复合相互依赖政治将是不稳定的，但事实并非如此。

---

* 卡珊德拉是特洛伊的公主，能预卜凶吉，特别是凶兆。——译者

这些联系既出现在高级官员会议上，也往往存在于国际组织框架内。如我们在第五章所看到的，国际组织在世界政治中的一个重要而鲜为人知的功能是，为政府分支机构把潜在或心照不宣的联合转化为以直接交往为特征的明确联合提供活动场所。因此，国际组织促进了管理相互依赖所需要的非正式跨政府网络。国际组织并不是领导的替代者，但它们有助于领导的发展与培养。

我们并非主张美国、德国、日本建立三边寡头垄断，也不主张富裕国家结成封闭式的共同体。对合法性看法近似的少数行为体之间更容易组织起政策协调和多元领导，但其他国家也可以选择加入某机制并从中受益。我们认为，领导并非意味着赋予特殊收益，而是首先做出妥协、为总体结构利益而表现出远见卓识的特殊责任。这包括关注南北分配差距问题。主要工业化国家需要主动地做出实质性让步，参加持续的谈判进程，促使国际机制适应第三世界的需要。

确立国际机制的合法性

相互依赖和技术变革所产生的问题，难以通过一次国际会议或短期内的系列谈判得到解决。政策协调确实应被视为延伸到无穷未来的进程。负责任的领导者应认识到，它们有理由维护其他主要行为体的良好意愿和解决问题的建设性氛围，如果短期胜利损害长远的谈判进程，它们将不愿意追求（不管是通过多数决议还是单边行动获得的）短期获益。

即使在实行多元政治制度的发达工业化国家之间，多元领导也会遭受重重困难。如果俄罗斯、中国也参与，或不发达国家被纳入进来，多元领导更难实现，在某些情况下不可能实现。要促使这些关涉穷国的国际机制合法化，工业化国家必须愿意转让重要的实质性资源，同时允许这些国家自由地进行国内社会和经济变革。反过来，工业化国家需要认识到，让步并非仅仅带来要求的升级，调整世界经济的实践安排将是可行而富有成效的。谈判过程必须对遥远的未来描绘出一幅有吸引力的前景（使贫富双方都参与游戏）；它还得不时提供具体的回报，作为世界体系发挥作用的标志。双方都需要这些回报，尽管最贫穷国家需要的主要是物质报偿；而对富有国家而言，改善政治气氛更为重要。

如果贫富双方通过谈判达成协议，那么这些谈判在很大程度上是自我执行的（self-enforcing）。其他形式的实施很难出现，或很少符合意愿。有效的战略必须能够唤起精英对自我利益的认识；求助于利他主义或平等、全球福利的概念难以奏效。政府领导人往往可以学会如何以更为合作的方式实现自己的目标，随着时间的推移，他们对自我利益的认识可能发生变化。在未来岁月里，这种学习进程的国际影响越来越重要。[①]

虽然多元领导和多元等级结构有助于在领导国之间分配地位、减少对搭便车战略的鼓励，但是，各种等级结构的底层往往都是由同样贫弱的国家组成的。要使这些国家认为国际机制是合理的，就必须让它们认识到，它们在与其他国家、跨国行为体的交往中可以获得共同收益的重要份额。同样，它们必须认识到，国际体系的权力和地位等级结构是相当开放的。随着各国能力的发展，应允许它们分享地位，鼓励它们承担集体领导的责任。

最后，如果贫穷国家不把调节相互依赖的国际机制视为帝国主义的一种表现形式，它们必须自由决定希望参与国际机制的程度。人们普遍认识到，19世纪的自由贸易思想服务于英国作为当时最强大的国

---

① 欧洲一体化的新功能主义战略支持这种观点。进一步的探讨，参见 Robert O. Keohane and Joseph S. Nye, Jr., "International Interdependence and Integration," in Fred I. Greenstein and Nelson W. Polsby (eds.), *Handbook of Political Science*, vol. 8 (Reading, Mass.: Addison-Wesley, 1975), pp. 363—414。

家的利益，而且还存在经济新殖民主义和自由贸易（投资）的帝国主义。同时，当强国不将开放的经济体系强加于政治上自主的小国时，这些小国可因选择加入经济体系而受益。

国际组织与国内组织

组织国际集体行动是美国面临的一个特殊问题。美国人太习惯于支配世界了，每当国内强大的政治集团感到某个问题趋于严重时，美国人立即强调采取单边行动。美国取消了协和飞机的着陆权，以此处理超音速飞机对环境的负面影响；美国单方面禁止核原料出口，以此控制核扩散；世界需要美国出口的小麦来养活；美国对外援助政策的变化促进了有效的人口控制。以上每个个案的目标都是有价值的——环境平等、控制核扩散、减少饥荒、限制人口增长。但长远观之，在一个并非由美国主导的世界上，美国的这种单边做法甚至会破坏其所追求的目标。如果其他国家中断国际合作关系，怀疑美国的动机（或对美国的伪善做出消极反应），这种做法可能破坏国际机制的合法性基础。在美国鞭长莫及之处，协和飞机依旧翱翔；其他核供应国可以增加核原料出口；长远观之，美国并不能够养活世界；美国试图控制国外人口增长，民族主义领导人视之为"种族灭绝"的企图。美国也许应该采取以上所有行动，但应经过国际探讨、谈判，并在有可能的情况下达成国际协议，而不是采取单边行动。

如前所述，许多与复合相互依赖情势相关的政策探讨被传统政治视为国内问题，而非对外事务。我们可以把敏感性相互依赖——不管是通过市场关系还是通过商品、人员流动——看作跨越国界的跨国体系。为影响该体系，各国政府可以在不同的政策点上干预：在自己的边界内进行国内干预；通过国际组织影响其他国家的边界；对其他国家的国内管辖进行干预。在不同政策点的干预会付出不同的代价，获得不同的收益。在谁为变化付出代价的问题上，将出现政治斗争。总统、国务卿等领导人常常更欣赏这样的政策：同等分担国际代价，或承担更大代价以维护国际领导地位。但是，对国内干预的影响力掌握在官僚和议员手中，而他们常常追求更为狭隘和短视的利益。

因此，负责处理这些新事务的外交政策领导人必须比以往更加重视国内政治。外交政策战略必须将国内政治战略纳入考虑之中，美国因此可以关注长期的体系利益。不同问题——如贸易和货币问题——有不同的政治特征。虽然贸易问题和货币问题对就业的影响相同，但是贸易问题往往涉及众多政治集团，而货币问题极少如此。外交政策领袖应根据类似的政治化模式制定相应战略。

他们必须特别关注讨价还价性的国际联系、报复威胁、选择影响国内政治的国际论坛、创立跨国联盟的方式。他们必须在考验来临之前采取行动。他们必须更加关注那些为适应变化进行调整而付出最沉重代价的集团的补偿问题。其中的一个佳例是，为避开限制性的《伯克－哈特克法》（Burke-Hartke Bill）而制定的1974年贸易法案对援助问题的调整相当慷慨。与之形成对照的是，20世纪60年代早期，肯尼迪总统迫使《贸易发展法案》（Trade Expansion Act）通过，并将之作为宏大安全设计的一部分，但该法案在援助方面的规定相对狭隘。

定义国家利益常常是困难的，而确定在经济和生态相互依赖问题上的国家利益更为困难。这些问题直接影响到特定的利益集团，与几乎所有公民的生活都相关。如果国内利益集团强大到足以阻止总统偏好的政策，如1975年9月将大批粮食出售给苏联的政策，则高级官员再也不能决定政策。恰如时任劳联－产联主席的乔治·米尼（George Meany）所说的："外交政策太重要了，国务卿不能一手包办。"① 在这

---

① 引自 *The Economist* (London), August 30, 1975, p. 46。

种情况下，高层官员的判断不再是权威性的。

冷战时期解决这个问题的方式是，将经济问题置于均势安全之下，形成对外政策的等级机构。我们看到，代表美国捕鱼量1/4弱的远洋渔民与海军结成方便的联盟，确定美国的捕鱼政策以窄领海宽度为限。同样，在货币领域，美国从联盟领导的考虑出发调整自己的利益。20世纪60年代中期之后，苏联的威胁似乎不再那么紧迫。在海洋问题领域，美国沿海渔民受益于海洋法的谈判，自身力量有所增强（尽管他们代表着次要的经济利益），他们不顾海军的反对，成功地迫使国会同意扩展沿海管辖至200海里。在货币政策方面，我们的盟友似乎在经济上向我们提出了挑战，美国利益的界定似乎不再那么关心保持战后货币机制或欧洲的敏感性。国家安全的象征作用有所下降，建立政治共识或确定优先次序越来越困难。

然而，相互依赖的辞令和经济、生态安全的象征意义好像并非传统军事安全意想的完美替代物。经济相互依赖以不同的方式影响不同的团体。例如，向苏联出售粮食有助于20世纪70年代缓和的实现，同时也增加了农民（和粮食出口公司）的收入。但是，它也对美国的粮食价格的通胀有所影响。出售粮食是否造成了脆弱性依赖，为美国处理与苏联关系提供了有用的外交政策工具？这一点在20世纪70年代并不明朗。如果短期之内没有产生这种效应，在遥远的未来有无可能呢？是否因为从交易中获利的国内集团为保持苏美缓和进行游说，美国才不能使用这一潜在的工具？如果复合相互依赖的条件并不均衡，则一个社会会比其他社会带有更多复合相互依赖的印记，简单的统计数字不能决定脆弱性的模式。当国内收益和国内负担分配不均时，领导人难以做出精确的计算，也难以做出非常均衡的判断。与之形成对照的是，生态危险常常均衡地影响每一个人。但生态威胁是长期的，而确保防止生态威胁的短期代价却分布不均，因此"生态安全"不可能是领导人建立外交政策新共识的充分象征。

对经济和生态问题的关注可以带来独立的政策和更多的国际政策协调。我们似乎有理由预期，介入和退出的模式将会前后矛盾或不相连贯。在一个没有霸权控制的世界上，孤立主义政策或许是有吸引力的应对挫折方式。美国进一步融入世界经济和对经济控制力的下降间必然出现紧张关系。人们越来越认识到在国际层面上协调环境政策的需要，也认识到他国政府有不同的优先处理事项，并极难对此施加影响，这两种认识极难共处。

我们可能设计独立的经济战略，确保美国减少其经济对外部事件的脆弱性。我们以经常探讨的原料问题为例。考虑到其他国家拒绝（或因储备下降没有能力）出售能源或原料，一个国家应该限制出口总额，促使进口来源多元化，建立储备库，制订供应突然中断时的应急配给计划。从更长远的观点看，美国可以进行技术投资，生产新材料和替代材料。假以时日，技术可以改变储备数字所体现的似乎不容变更的依赖性。

然而，重要的问题并不在于独立的安全战略在技术上是否可行，而是这些战略能够推进的程度和实施方法。减少对外部事件的脆弱性是新孤立主义战略的一部分；它也可以是政策协调和国际领导战略的组成部分。回顾第一章关于非对称脆弱性作为权力资源的探讨，我们可以从中找到相关的原因。为了协调政策，一个国家需要在各种各样的问题领域内拥有权力，以便说服他国妥协甚至做出牺牲。只要某国能够降低自身对他国行为的脆弱性，它在集体经济安全和生态安全国际谈判中的影响能力就会增加。

因此，在低代价的水平线上，提高自给自足能力的努力既符合政策协调和领导战略的要求，也与新孤立主义战略相契合。这两种政策趋向之间的关键问题，取决于独立能够发展到什么程度，要付出何种代价。分开来看，新孤立主义提议以"项目独立"（project independence）来降低脆弱性依赖，这似乎是可以忍受的。但将它们叠加在一起，就等于将沉重负担强加于美国人民身上——特别是某些负担可因美国在世界事务中发挥有效领导而避免。而且，环境问题上的悲观主义即使部分是正确的，这种负担也将趋于加重。即使美国具有独立行动的能力，它在国际政策协调中仍然享有利益——在这种情势下，美国自然对国际政策协调拥有巨大的影响力。

对某些生态问题而言，采取国际行动的要求更为强烈。当一项集体物品（collective good）——如空气或海洋——受到数国污染导致的退化威胁时，某个国家单独采取的行动无法解决整个问题。同样，问题并非仅仅在于生态危险或资源有限增加了相互依赖。关键问题在于，世界主要国家是否有社会能力和政府能力及时做出回应。它们是否早有计划，及时获得适当的技术，在不可逆转的损害造成之前采取保护措施？我们是否充分了解技术的负面影响？我们能否控制技术发展，以免创造技术怪兽？在这些问题上，国际组织可否促进各国政府之间的有效协作？

如果我们将国际组织视为正式制度，其有效性取决于自主性，则我们难以乐观视之。1945—1975年政府间国际组织的发展史表明，在世界政治中，联合国、更为成功的一体化安排——如欧洲共同体——越来越难以确保自立和强大。相反，这些组织常常因矛盾而分裂，因缺乏各国政府的政治支持和财政支持而遭受削弱。①

然而，这种观点反映了一种将国际组织视为世界政府的雏形的陈词滥调。我们需要避免将国际组织视为制度，而是视之为与正式制度相关联的政府间和跨政府网络。各国政府必须组织起来，应对这些组织中的业务流动；随着各国政府与这些组织联系的加强，某些网络建立起来并成为各国官员定期面对面交往的基础。国际组织因此促成某

---

① 广而言之，我们关于联合国的认识是正确的，但对欧洲共同体（现在的欧洲联盟）的看法太过悲观了。

些精英之间的交往，有助于促成世界政治中的"潜在联盟"；国际组织的秘书处建立联盟的活动加快了该进程。① 国际组织不会产生领导，也不会产生有效的权力；但是国际组织可以为有效的多元领导所依赖的日常政策协调提供基础。

从这个观点着眼，并不令人感到奇怪的是，尽管国际组织作为"放大了的政府"存在种种不足，但1945—1965年政府间国际组织的数量增长3倍多。② 如表8.1所示，1975年美国参加的国际会议几乎是1950年的3倍。1964—1974年，委派到国际会议和国际机构的政府代表数量增长了150%；1968—1974年，来自国务院的美国代表不到半数。

作为非正式网络的中心，国际组织与国际会议非常重要，显然，一些国内机构从事更多的国际活动也是一个自然的发展趋势。在美国驻外使团人员中，来自国务院者不足1/5，其他人员大约来自23个政府机构。由于许多问题在技术上是复杂的，某些拥有特殊国内赞助者的尖端技术机构必须直接参与交往进程，并与国外同类部门保持密切的联系。因此，从美国国内机构衍生的一些小型对外部门并非完全是官僚主义的赘疣，它们在调节相互依赖的进程中发挥着积极作用。必须对这些部门加以充分的控制，以防其建立独立的官僚领地和与国外同类机构结成联盟，反对本国政府的政策；但它们所参与的跨政府政策协调是至为关键的。

---

① 更详尽的论述可参见 Robert O. Keohane and Joseph S. Nye, Jr., "Transgovernmental Relations and International Organizations," *World Politics* 27, no. 21 (October 1974): 39−62。

② J. David Singer and Michael Wallace, "Intergovernmental Organization in the Global System, 1815−1964," *International Organization* 24 (Spring 1970): 239−287; Robert Angell, *Peace on the March*.

表 8.1 美国的跨政府交往

年度	美国官方参与的国际会议	委派政府代表参加国际会议和国际机构	
		代表总数（46 个机构）	国务院代表占总数的比例（%）
1946	141	—	—
1950	291	—	—
1960	394	—	—
1964	547	2378	52
1968	588	2137	48
1974	—	3656[b]	44
1975	817[a]	—	—

[a] 1975 年是 1960 年的 207%。
[b] 1974 年是 1964 年的 154%。
资料来源：相关数字由美国国务院国际组织司提供。

当不同国家技术部门的官员合作解决共同的问题或他们之间的互动促进学习与相互借鉴时，跨政府政策协调尤其有益。有的时候，特别有效的解决问题的行为恰恰来自这种同僚意识（sense of collegiality）。因此，对待国际合作的圆熟态度、对问题国际性的愈加敏感在政府中越来越普遍。国际组织常常为政策协调提供场所，执行部门的官员与这些组织及其秘书处建立起密切而互惠的关系。国务院等核心外交政策机构应鼓励此种建设性的跨政府交流，促使相关机构接受更为宽泛的世界秩序观念，而非局限于仅仅与自己相关的问题。不应该试图切断这些联系，而且这种企图也是难以得逞的。破坏这些联系网络，必将削弱国际组织。

结　论

　　经济相互依赖和生态相互依赖的增强并没有为外交政策提供清晰、决定性的指导方针。"选择的必要"依旧存在。复合相互依赖的条件使得选择更为困难。选择必然涉及如何组织的问题，相互依赖问题的"对内"和"对外"方面应受到同等的关注。美国面临的一个核心问题是，在没有霸权能力的情况下如何进行国际领导？19世纪英国的世界海洋和货币霸权建立在两个支柱之上：限制国内利益，对外运用优势力量（包括间或动用武力）。美国的领导同样需要树立良好的国内榜样，但美国将发现运用权力更为困难。我们必须学会与相互依赖共存，并利用相互依赖进行领导。从全局性的观点看，美国的悖论在于，短期之间它有太多（而非太少）的自由，但可能无法在越来越重要的经济和生态问题上发挥领导作用。

　　在任何情况下，对最强大的国家而言，适宜的政策必须建立在对世界政治变化进行清晰分析的基础之上。过时的或过于简单化的世界认识模式会导致政策失当。在本书中，我们并不认为关于世界政治的传统认识是错误的。我们相信，需要运用多种方法分析世界政治，在不同的情势下，各方法的运用程度也有所不同。我们既需要传统的智慧，也需要崭新的见解。我们还需要明智地认识到如何、什么时候将二者结合起来。理解世界政治的重要问题之一是，人们常常不能区分世界政治的范畴和问题领域。与之相伴随的，是将同样的简单化观点应用于问题的所有方面。我们研究相互依赖的政策含义，其目的是为分析世界政治提供一种与众不同的高妙方法，而非提供另一种简单化方法来指导现实。细致研究并非仅仅是学术游戏。它对正确应对这个时代的纷乱世界至为关键。征战沙场，剑强于笔；长远观之，却是笔指导剑。

第五编

全球主义与信息时代

第九章

权力、相互依赖与信息时代[①]

整个20世纪,现代主义者一直在声称,技术变革将极大地改变世界政治。1910年,诺曼·安格尔曾宣称,经济相互依赖使得战争被视为非理性的,他期待着战争过时的那一天的到来。[②] 20世纪70年代,现代主义者将无线通信和乘坐喷气式飞机旅行视为创造"地球村"的行为,他们相信,多国公司、跨国社会运动、国际组织等非领土行为体(nonterritorial actors)将使得领土国家黯然失色。同样地,彼得·德鲁克、托夫勒夫妇、埃斯特·迪松等预言家也断言,现代信息技术革命将导致等级官僚组织不复存在,或者正在创造一种新的封建制度,其中重叠的社区和管辖权要求公民具有多重身份和忠诚。[③]

过去几代现代主义者在某些方面是正确的。安格尔对战争影响相互依赖的认识富有洞察力:第一次世界大战造成的破坏亘古未有,这种

[①] 本章初稿发表于 *Foreign Affairs* (Sept.-Oct., 1998): 81—94。

[②] Norman Angell, *The Great Illusion: A Study of the Relations of Military Power in Nations to Their Economic and Social Advantage* (New York: Putnam, 1910).

[③] 可参见 Peter Drucker, "The Next Information Revolution," *Forbes* (August 24, 1998): 46—58; Alvin and Heidi Toffler, *The Politics of the Third Wave* (Kansas City, Mo.: Andrews and McMeel, 1995); Esther Dyson, *Release 2.0: Design for Living in the Digital Age* (New York: Broadway Books, 1997); Morley Winograd and Dudley Buffa, *Taking Control: Politics in the Information Age* (New York: Henry Holt, 1996); Don Tapscott, *The Digital Economy: Promise and Peril in the Age of Networked Intelligence* (New York: McGraw-Hill, 1996)。

破坏不仅体现在战场上，它对 1815 年以来相对和平的年代里所建立的社会政治制度和经济相互依赖的网络也造成了空前的破坏。诚如 20 世纪 70 年代的现代主义者所预测的，在过去 25 年里，多国公司、非政府组织和全球金融市场确实变得越来越重要。但国家的弹性之大却超出了现代主义者的预期。国家不仅继续控制着世界上绝大多数人民的忠诚，而且就最富足的经合组织国家而言，市场在这些国家非常重要，政府控制的物质资源已经达到国内生产总值（GDP）的三分之一甚至一半。①

就变革的方向而言，1910 年和 20 世纪 70 年代的现代主义者都是正确的，但他们对变革结果的认识过于简单化了。像某些关于信息革命的当代评论家一样，他们太过直接地从技术转向政治影响，而没有充分考虑到信仰体系的连续性、制度的持久性或政府领袖可能的战略选择。现代主义者未能对掌权者如何利用权力塑造或扭曲社会相互依赖的模式加以分析。

从目前的情况看，仅仅分析原料、商品和资本的跨国界流动，或仅仅了解应该如何在公海建立领土边界，都是不够的。网络空间（cyberspace）本身也是"空间"：它无影无踪，却又无处不在。像过去的现代主义者一样，新虚拟世界的预言家常常忽略了这样的事实，即必须确立管理网络空间的规则，这些规则不仅要保护合法使用者、惩治犯罪，还要保护知识产权。规则的制定需要权威，且不管它是以公共政府、私有管理还是社团治理的形式出现。经典政治问题——谁统治？以何种形式统治？谁受益？——不仅与传统的有形空间相关，也与网络空间相关。

传统而言，政治活动首先集中于国内地方水平上，只有当活动的调节越出管理边界时，政治活动才延展到国家层次或国际空间。然

---

① Clive Crook, "The Future of the State," *The Economist* (Sept. 20, 1997): S5—S7.

而，当代信息革命从本质上讲就是全球性的，因为"网络空间"在非地理性的基础之上"进行划分"。诸如".edu"".org"".com"等词缀都不是地理性的；而且，即使一个国家的词缀出现在网址上，也无法保证你的联系者确实住在该国的地域范围内。

正如弗朗西斯·培根（Francis Bacon）在四百年前写的，信息就是权力。无疑，信息革命具有深远的政治影响。因此，尝试采用相互依赖政治的研究工具分析这些政治影响是非常有意义的。如传统主义者所坚持认为的，其中有诸多相似之处：国家将发挥重要作用；脆弱性将导致谈判弱势，以及缺乏利用脆弱性的权力；行为体试图像控制跨界流动那样控制网络空间，增强自身的权势。然而，恰如现代主义者所坚持的，信息革命并不是"故步自封的旧事物"，网络空间确实是全球性的：无法像阻止或监督原料或商品流动那样阻止乃至监督携带信息的电子自由流动；而且，信息传递成本的大幅降低使得其他资源相对稀缺了。

我们在1977年提出了如下问题：当相互依赖特别是经济相互依赖非常广泛时，世界政治的主要特征是什么？在第一章的分析中，我们将国家间体系视为给定因素，并探究经济相互依赖特别是这种相互依赖所产生的脆弱性如何影响国家间权力关系。在第二章，我们推进了一步，探究国际关系的常规假定不再适用的政治领域有什么特征。这些认识促使我们提出一种理想模式，我们称之为复合相互依赖，它有三个条件：（1）军事力量不再起主要作用；（2）问题之间的等级制不再存在；（3）不同社会之间的多渠道联系。

在其后的章节里，我们指出，早在20世纪70年代中期，发达国家之间就出现了接近于复合相互依赖的条件。这些条件不仅影响着国家间关系，也影响着新出现的跨国关系领域——非国家行为体在其中发挥主导作用。当然，不同地区之间、各问题之间存在着巨大的差异。在美加关系中，在那些不再按照等级制安排的问题关系中，武力的作用非常之小。但是在美苏关系以及与中东、非洲和亚洲诸多国家的关系中，武力仍然具有关键性的意义。

在本章中，我们将采用同样的分析模式研究当代信息革命。我们首先分析信息的不同种类，以及信息革命如何改变复合相互依赖的模式。其后，我们转向分析信息革命产生对国家权力的影响。最后，我们探究信息革命的某些政治新含义。我们特别指出，通过大幅降低传递信息的成本，信息革命催生了一种新型的信任政治（politics of credibility），其中透明度越来越成为一种权力资产（power asset）。

信息革命与复合相互依赖

所谓"信息革命"，我们指的是计算机、通信和软件等技术的迅速进步，它导致了信息加工和传递成本的大幅降低。1954年迄今，计算机的价格年平均递减率达19%，信息技术在新投资中所占比重由7%增至50%左右。① 被奉持30年之久的"摩尔定律"（Moore's Law）指出，芯片的处理能力每18个月翻一番。② 同样，因特网和万维网呈几何级数增长。1990年，因特网才正式向公众开放，传播宽带迅速扩展，传播成本持续下降。如18世纪末的蒸汽机和19世纪末的电力一样，社会学习使用这些新技术需要时间，生产率的增长出现了滞后。③ 20世纪80年代以来，许多工业和企业迅速进行了结构调整，但

---

① Jeremy Greenwood, *The Third Industrial Revolution: Technology, Productivity, and Income Inequality* (Washington, D. C.: AEI Press, 1997), pp. 20—23.

② 1965年，英特尔合伙创办人戈登·摩尔（Gordon Moore）提出了这条著名的、有关微处理能力与成本的"摩尔定律"。英特尔网站上关于摩尔定律的文章这样写道："由于微处理器的发展，晶体管的平均价格下降了6个数量级。这是世界历史上前所未有的，没有其他制造品的成本下降得如此之快。"参见 http://developer.intel.com/solutions/archive/issue2/focus.htm#OVER。

③ Douglass North, *Structure and Change in Economic History* (New York: W. W. Norton,1983), pp. 163-164.

经济转型远未完成。公众普遍认为，我们仍然处于信息革命的初期阶段。①

在我们看来，信息革命的独特标志是信息传递成本的剧降。实际上，传递信息的实际成本变得可以忽略不计；因此可传递信息的规模是无限的——就像因特网上"垃圾邮件"的泛滥所表明的那样。进一步说，信息传递所需要的时间、成本与距离几乎无关。将一条因特网信息发向几英里外的一所大学，或许需要经由数千英里之外的计算机网络传递；而信息的传递者和接收者既不知情也无须操心。

然而，信息革命并没有完全改变世界政治，并没有创造出完全复合相互依赖的新政治。其中的一个原因是，信息并不在真空中流动，而是在早已有所归属的政治空间中流动。信息的跨界流动以及其他交易，都是在国家近四个世纪以来建立的政治结构中进行的。

我们只能在世界经济的全球化背景下理解信息革命本身，我们将在第十章对全球化予以分析。全球化是美国政策、国际制度在第二次世界大战结束半个世纪以来有意培植的。在20世纪40年代末，美国试图创造一种开放的世界经济，以预防经济危机的再次侵袭、遏制共产主义。随后建立的以多边主义原则为基础的国际制度培育了高度重视信息的环境，它本身又受到运输技术和传播技术的影响。国家若将已经创立起来的相互依赖模式拒之门外，其成本将越来越高。

信息革命不仅发生在原有政治背景下，也发生在军事紧张局势和冲突持续存在的环境中。尽管冷战的结束消除了某类与军事相关的地方紧张局势，但某些军事紧张局势依旧存在（如中东地区），而且造成了国家分裂或国家创建（state-making）的情势，人们为了达到政治目的不惜残酷使用暴力——非洲、高加索山脉、中亚和东南欧的局势最为

---

① 关于该初期阶段诸多侧面的分析，参见 Elaine C. Kamarck and Joseph S. Nye, Jr. (eds.), *Democracy. com? Governance in a Networked World* (Hollis, N. H.: Hollis, 1999)。

引人注目。尽管东亚的经济发展迅速,但直至最近,政治—军事敌对依旧存在。同时,美国的军事存在显然起着稳定东亚、中欧和——牵强地说——巴尔干的作用。与冷战结束不久后的某些早期预测相反,北约在西欧和中欧依旧是众望所归。只有知识产权得到保障,市场才能兴盛,它有赖于政治框架——而政治框架需要军事安全。

在民主和平区域之外,由各国组成的世界并非复合相互依赖的世界:在许多地区,现实主义关于军事力量作用和问题之间存在等级之分的假设依旧有效。然而,信息革命最为明确的影响与第三个假设即不同社会之间的多渠道联系相关。真实的变革恰恰生于斯。我们看到,信息革命带来量值的变化。现在,每一个拥有电脑的人都是台式出版者,每一个拥有调制解调器的人都能够以低廉的成本与地球遥不可及的地方交流。进入世界"信息市场"的门槛大大降低了。

早期的跨国流动受到多国公司、天主教会等大型官僚组织的严格控制,因为后者拥有建立传播基础设施的资源。这些组织仍然重要,但是,随着信息传递成本的剧降,该领域向组织松散的网络组织乃至个人开放。这些非政府组织和网络特别有效地穿越边界渗透到各国内部,并成功地利用国内人士设置议程。信息革命极大地增加了各社会间的联系渠道,使得政治更接近于我们的复合相互依赖模式。

然而,信息与商品或污染毕竟不同,因为后二者跨界流动的数量具有深远意义。而网络空间中信息的数量本身并无特殊意义。哲学家或许会辩论,某个任何人都没有浏览过的网络主页是否真正存在;而政治学家认为这并无意义。恰如许多观察家指出的,信息革命使得稀缺资源受到关注。[1] 我们曾经询问过这样的问题:谁有能力传播信息?这个问题现在无关紧要,因为其答案是:任何联网的人。我们现在必

---

[1] Herbert Simon, quoted in Hal R. Varian, "The Information Economy," *Scientific American* (Sept. 1995): 200.

须询问这样的问题：谁有能力吸引他人关注他或她传播的信息？引起他人的关注是信息成为政治资源的必要条件。

仅仅集中于信息数量或信息是否引起关注，可能会忽略信息的质量问题或不同类型信息之间的区别。信息并非仅仅存在，它可以被创造。因此，我们需要像经济学家那样，关注创造信息的动因。我们发现，如下三种不同类型的信息创造出一种不同类型的政治：

（1）免费信息。行为体愿意获得或发送此类信息，而无须付出或获得经济报偿。接收者相信信息，则发送者获得优势，因此发送者有制造信息的动因。科学信息属于这一类别。有说服力的信息，如政治家擅长使用的信息，也属于这一类别。

（2）商业信息。行为体愿意以一定价格获得或发送信息。只要发送者获得补偿，他者是否相信该信息，与发送者的得失并无关联。因特网上的此类信息必然存在知识产权问题，信息生产者从使用者那里获得补偿。抢在竞争者之前创造商业信息能够——如果存在保护知识产权的有效体制的话——创造出初创者优势，带来巨大的收益，恰如微软公司的发展史所展示的。

（3）战略信息。只有在竞争者不拥有该信息的情况下，战略信息才能为行为体提供最大的优势。思考战略信息的一种方法是，它构成对竞争者战略的不对称知识，从而改变游戏的结果。战略信息绝非新鲜事物：它与谍报一样古老。在第二次世界大战期间，美国所拥有的巨大优势之一就是破译了日本的电报密码，而日本对此一无所知。传递大量战略信息的能力或许并非特别重要。例如，美国了解朝鲜、巴基斯坦或伊朗武器计划的战略信息往往更多地依赖间谍（即使这些信息的传递也得通过藏在旅客的鞋子中完成），而不是现有的因特网。

就免费信息而言，信息的创造者因他人相信这些信息而获益。就商业信息而言，信息的创造者因补偿而获益。但是，对于战略信息而言，只有信息创造者拥有信息而不为人所知，他们才能从中获益。

信息革命通过如下方式改变了复合相互依赖的模式：促使世界政治中传播渠道的数量呈几何级数增长，这些传播渠道不仅指某官僚机构的个人之间，也包含整个网络中的个人之间。但是，这些传播渠道似乎仍然处于现有政治结构的背景下，对不同种类信息流动的影响也迥然有异。免费信息在无规则地流动。战略信息则受到尽可能的保护——例如，采用信息加密技术。商业信息的流动则有赖于政府、商业或非政府组织是否在网络空间确立了保护知识产权的有效规则。政治将影响信息革命的方向，反之亦然。

信息与权力

信息是权力，但什么是权力呢？我们可以区分两种根本不同的权力——行为权力和资源权力。前者指的是获得你想要获得结果的权力；后者指的是拥有通常同你想获得结果的能力相关的资源。行为权力可以划分为硬权力（hard power）和软权力（soft power）。[①] 硬权力指的是通过惩罚的威胁或回报的承诺迫使他者去做他本来不想做的事情的能力。无论是经济胡萝卜还是军事大棒，长期以来，诱致或强迫他者就范的能力一直是权力的核心要素。恰如我们在第一章指出的，非对称相互依赖是硬权力的重要来源。不轻易受到摆布或在相互依赖关系中以低成本摆脱控制的能力是一种重要的权力资源。在硬权力的背景下，信息不对称可以极大地增强脆弱性较小一方的能力。

与之相对，软权力是一种通过让他人做他自己想做的事情而获得预期结果的能力。这是一种通过吸引而非胁迫获得预期目标的能力。它可以通过说服他人遵从或使他们同意那些能够产生预期行为的准则

[①] Joseph S. Nye, Jr., *Bound to Lead: The Changing Nature of American Power* (New York: Basic Books, 1990), pp. 31—32.

或制度来发挥作用。软权力取决于某人的观念或文化的吸引力,也取决于通过塑造他者偏好的标准或制度设置议程的能力。它在相当大的程度上取决于行为体试图传递的免费信息有多少说服力。如果一个国家能够使自己的力量被他国视为合法,并建立促使他国以和谐的方式确定其利益的国际制度,它未必需要像其他国家那样耗费昂贵的传统经济资源和军事资源。

硬权力与软权力密切相关,但又存在区别。塞缪尔·亨廷顿说得对,物质上的成功使得某种文化或意识形态富有吸引力,而经济或军事失败导致自我怀疑或信任危机。[①] 但是,他错误地认为,软权力只是建立在硬权力基础之上的一种权力。梵蒂冈的软权力并不因教皇国领土的减少而衰微。相比同等经济或军事能力的国家而言,加拿大、瑞典和荷兰的影响力更大。第二次世界大战之后,苏联曾在欧洲拥有相当可观的软权力,却因介入匈牙利和捷克斯洛伐克而丧失殆尽,尽管当时苏联的经济实力和军事实力尚处于增长中。软权力因时间和地域而不同。深受自由主义和平均主义思潮影响的美国大众文化主导着当今世界的电影、电视和电子传播。然而,并非该文化的所有方面对所有人都有吸引力,保守的穆斯林就不喜欢美国的大众文化。在这个方面讲,美国的软权力是有限的。但是,一般而言,信息和美国大众文化的传播增进了美国观念和价值观在全球的认知和开放。从某种程度上说,这是美国有意推行的政策所致;但在更多的情况下,软权力是一种漫不经心的副产品。例如,由于美国资本市场非常重要,全球的所有公司都自愿接受美国证券交易委员会制定的金融信息披露标准。

信息革命还影响着以资源而不是行为来衡量的权力。18世纪,欧洲的均势、领土、人口和农业为步兵的发展奠定了基础,步兵成为关

---

① Samuel P. Huntington, *The Clash of Civilization and the Remaking of World Order* (New York: Simon and Schuster, 1996).

键性的权力资源,法国是主要的受益者。19世纪,工业能力提供了关键性的资源,使英国、德国先后获得主导地位。到20世纪中期,科学特别是核物理科学为美国和苏联提供了关键性的权力资源。在21世纪,广义的信息能力可能会成为最关键的权力资源。恰如田中明彦指出的,"文字政治"(word politics)在世界政治中的地位越来越重要。①

当前流行的看法是,信息革命的效应是分散的而非均衡的。信息革命降低了成本、经济规模及市场准入壁垒,它应该降低大国的权势,促进小国或非国家行为体的权势。实际上,国际关系比这种观点所包含的技术决定论复杂得多。信息革命在某些方面帮助了小国,但在其他方面帮助了更为强大的国家。其原因如下:

其一,在权力的某些方面仍然存在着与信息相关的重要市场准入壁垒和规模经济。例如,广播或电影、电视节目中展现的文化内容对软权力有重大影响。大型、老牌的娱乐产业常常在娱乐节目制作和发行方面拥有可观的经济规模。美国电影和电视节目在世界市场中占主导地位说明了这一点。

其二,即使现有信息的传播非常低廉,新信息的收集和生产也常常需要巨额投资。在激烈竞争的情况下,处于前沿的新信息的成本高于所有信息的平均成本。情报收集就是一个佳例。美国、英国、法国等国家收集和生产信息的能力使其他国家相形见绌。在某些商业环境下,快捷的追随者可以比初创者做得更好,但是就国家之间的权力而言,成为初创者往往比第一个追随者好得多。

其三,初创者往往是标准的创立者和信息系统结构的设计者,该系统的路径依赖发展反映了初创者的优势所在。因特网上使用英语和顶级域名的模式提供了相关的例子。部分是由于20世纪80年代美国

---

① Akihiko Tanaka, "Issues for Japan's East Asian Diplomacy," *Japan Review of International Affairs* (Spring 1999): 11.

经济的转型（宣称美国衰落的预言家或对此视而不见，或误解了这一点），部分是由于冷战军备竞赛引发的大规模投资，美国常常是初创者，在信息技术的广泛应用中仍然处于领先地位。

其四，在国际关系的某些关键性领域，军事力量依然重要。信息技术对动用武力有一定的影响，有时有益于小国，有时有利于强国。曾经昂贵的军事技术现在可以通过商业途径获得，小国和非国家行为体因此而获益，大国的脆弱性因此而增长。信息系统为恐怖主义组织（有些是国家资助的）提供了有利可图的新打击目标。然而，其他趋势也增强了现有强国的力量。许多军事分析家将信息技术在军事上的应用称为"军事革命"①。太空探测器、直接广播（direct broadcasting）、高速计算机、复杂软件提供了一种搜索、分类、处理、传递和传播在广泛区域内发生的、极其复杂事件的能力。这种主战场意识与精锐的兵力相结合，可以产生强有力的优势。正如1991年的海湾战争所展示的，对坦克、飞机等战争平台的传统评估已经过时了，除非将信息与这些武器整合的能力纳入评估之中。许多重要技术可以在商业市场获得，弱国有望拥有许多重要技术。但是，问题的关键不在于拥有这些昂贵的硬件和先进的系统，而在于将这些系统整合为一的能力。从这方面讲，美国可能会保持领先地位。从信息战的角度讲，微小的优势将会导致全局发生改观。例如，保罗·迪比对未来东亚的力量对比格局进行了评估，他发现军事革命在某些方面增强而非削弱了美国的领导地位。②

与某些理论家的预期相反，信息革命并没有极大地分散或平衡各国的力量。如果说有什么变化的话，它恰恰产生了相反的作用。表 9.1

---

① Joseph S. Nye, Jr. and William A. Owens, "America's Information Edge," *Foreign Affairs* (March/April 1996): 20—36.

② Paul Dibb, "The Revolution in Military Affairs and Asian Security," *Survival* (Winter 1997/1998): 93—116.

概括了信息革命对权力的影响。但是，政府的作用和各国权力是如何降低的？这些方面的变化与现代主义者的预测更为相近。要了解这些变化，我们就需要首先探究以前简要提到的一个话题：信息革命如何通过最大限度地降低信息传递成本，极大地增加了对稀有资源的关注？这种变化对我们所称的信任政治有什么影响？

表 9.1 信息革命对权力的影响

	硬权力	软权力
大行为体的收益	• 军事革命 • 初创者和设计者 • 技术情报收集	• 在节目生产上的经济规模 • 关注稀缺和市场权力
小行为体的收益	• 商业获得 • 基础设施的脆弱性 • 市场和经济情报	• 非政府组织和低廉的互动传播 • 窄播和新的虚拟社群

充足的悖论与信任政治

充足的信息导致关注的贫乏。关注成为稀缺资源，那些能够从白噪声（white noise）中辨别出有价值信号的人将获得权力。编辑、信息鉴定者和信息提供者变得供不应求，这就是权力之源。对评估者而言，只有一个不完备的市场存在。商标名称以及提供国际认证的能力将变得越来越重要。

但是，权力并不必然流向那些能够扣留信息的人。恰如乔治·阿卡洛夫指出的，在某些情况下，私有信息会损害拥有者的信誉。[①] 例如，相比潜在的买主而言，旧车卖主更了解旧车的缺陷。但是，相比好车车主而言，坏车的所有者更愿意出售旧车，意识到这一情势的存

[①] George Akerlof, "The Market for Lemons," *Quarterly Journal of Economics* (August 1970): 488–500.

在，潜在的买主对他们想要购买的车砍价，以便为自己所不知道的缺陷进行价格调整。尽管卖主在信息方面占有优势，但并不能提高所出售车辆的均价，这反而使得他们无法按照旧车的真实价值出售。在商业的不对称相互依赖中，那些有能力抑制或打破贸易纽带的人掌握权力；与之不同的是，信息权力流向那些能够编辑和确认信息并区分出哪些信息正确且重要的人。

因此，就编辑和信息提供者而言，信任是一种关键性资源，非对称信任是权力的核心来源。在世界政治中，名声一直处于重要地位，由于存在"充足的悖论"（paradox of plenty），名声变得更为重要。信息传递成本的低廉意味着，作为一种权力资源，传送信息的能力不再像昔日那样重要，但筛选信息的能力却变得更为重要。政治斗争更集中于创造和破坏信任，而不是控制信息传递的能力。

信息资源充足和可信度的作用的一个含义是，软权力将不再像过去那样仅仅是物质资源的一个功能。当生产或传播信息的能力成为一种稀缺资源，其限制性因素包括对印刷业、广播电台、新闻纸的控制。硬权力，如动用武力占领广播电台，可以产生软权力。就全球电视台而言，财富同样可以带来软权力。例如，美国有线电视新闻网（CNN）设在亚特兰大，而不是设在阿曼或开罗，这是由美国在该行业的领导地位所决定的。1990年伊拉克入侵科威特时，CNN基本上是一家美国公司，这有助于将该事件塑造为侵略（与20世纪30年代希特勒的行为类似），而不是彻底改变殖民屈辱的正当要求（类似于印度占领果阿）。

在信息时代复合相互依赖的条件下，硬权力与软权力之间的密切联系或许会遭到削弱。宣传并非新鲜事物，20世纪30年代，希特勒和斯大林都曾有效地利用过宣传手段。南联盟总统米洛舍维奇控制着电视台，这对他的塞尔维亚政权至关重要。1993年，莫斯科的电视台曾发生争夺权力的战斗。在卢旺达，胡图族控制的广播电台促成了1994年的种族屠杀。广播权力依旧存在，但为传播多渠道所补充。这些传播渠道受到多个行为体的控制，而这些行为体并不能使用武力达到互相控制的目的。如果存在过多的资源，哪些行为体控制电视台、广播电台或网址？这并非问题的全部。谁关心哪些信息或错误信息来源也是问题之所在。

今日的软权力也可以是昔日软硬权力的遗产。过去半个世纪的英国资源使得英国创立了英国广播公司（BBC），英国社会和政治的性质决定着BBC昔日的辉煌岁月：它成为相对诚信和无偏见的全球信息源。冷战期间，BBC是英国在东欧的重要软权力资源，这是其早年建立的信誉所导致的。现在，BBC有了更多的竞争者，但在某种程度上，它在谎言遍布的时代仍然保持着信誉，它作为权力资源实际上升值了。

广播长期以来影响着公众舆论。广播集中报道某些冲突和人权问题，迫使政治家对某些国外冲突——如索马里而不是苏丹南部的冲突——做出更多的反应。因此，政府试图影响、操纵和控制电视和广播电台就毫不奇怪了。过去，政府的努力取得了相当的成就，因为广播地点是有固定场所的，而且数量相对较少，它们可以让许多人了解同一信息。然而，从广播转向窄播（narrowcasting）具有重大的政治意义。光缆和因特网使得信息发送者能够分割听众，或将特定听众作为目标。对政治而言，更为重要的是因特网具有互动作用，它不仅可以集中关注，还可以促进跨界行为的协调。低成本互动为虚拟社群这种新鲜事物的发展提供了机遇：人们可以把自己设想为某单一群体的一部分，而不管他们在实际空间上相距多远。①

这些新技术为非政府行为体创造了机会。信息革命极大地扩大了倡议网络的潜在影响：传真机和因特网使得它们可以从世界上一个最遥不可及的角落传送信息：从北海的石油平台传送到恰帕

---

① Arjun Appuradai, *Moderity at Large* (Minneapolis: University of Minnesota Press, 1996).

斯*要塞。① 1997年的地雷会议就是一个结盟的例子：网络组织与加拿大等中等的国家政府、政治家个人和社会贤达结合起来，引起关注并设置议程。在全球变暖的讨论中，非政府组织在各代表团之间穿针引线，成为重要的传播渠道。在1997年的京都会议上，环保团体、环保工业与大国争夺媒体的关注，它们的观点建构在非政府科学家的研究发现之上。许多观察家欢呼道：信息革命的成果之一，就是促使非政府组织的新时代到来，人们好像确定无疑地认为，倡议网络和虚拟社群的繁荣拥有巨大的发展机遇。

然而，这些网络的信任是非常脆弱的。例如，绿色和平组织投入大量的成本，谴责荷兰皇家壳牌公司计划处置布伦特油田的石油钻井平台。当绿色和平组织随后承认自己所宣称的某些事实不确切时，它丧失了信誉，其成员数量也随之下降。气象科学家关于气候变化的发现赢得了信任，这不仅是因为科学的威望，也是因为政府间气候变化专门委员会（Intergovernmental Panel on Climate Change）的程序，它事先对科学论文和概要报告的政府间评论进行了广泛而仔细的审查。政府间气候变化专门委员会是政府间信息合法化组织的范例，其主要功能是使大众相信气候变化科学信息的一致性和信誉。

如政府间气候变化专门委员会的范例所示，信任的重要性赋予彼得·哈斯所称的"认知社群"（epistemic communities）——志趣相投专家的跨国网络以重要性。② 认知社群可以确定问题知识的重要性，从而成为结盟和谈判进程中的重要行为体；它们创造知识，从而为有效合作奠定基础。但要想有效，就必须保证它们所提供信息的程序看起来

---

* 恰帕斯（Chiapas）系墨西哥南部一州。——译者

① Margaret E. Keck and Kathryn Sikkink, *Activists Beyond Borders: Advocacy Networks in International Politics* (Ithaca, N. Y.: Cornell University Press, 1998).

② Peter M. Haas, "Epistemic Communities and International Policy Coordination," *International Organization* (Winter 1992): 1–36.

公正无私。人们越来越认识到,科学知识是社会建构的;这些信息要想可信,就必须符合专业规范主导的程序,显得透明且程序公正。① 如果涉及主要分配成本的问题有争议,即使拥有可信信息的专业群体也无能为力。但是,它们将成为决策政治中更为重要的行为体。

软权力政治并不完全依赖"信息塑造者"(information shaper)——他们寻求说服他者接受自己的做法和价值观,它还取决于目标即"信息接受者"(information taker)或信息流动的目标的特征。当然,信息塑造者和接受者往往是同一个人,或是存在能力差别的不同组织或国家。如前所述,信息塑造者需要信任。另一方面,信息接受者的接受能力因其性格、内部合法性和自己的制度而不同。与缺少合法性和自信的(政府或非政府)机构相比,拥有内部合法性、自信的信息接受者随时准备吸收流动的信息,其所受的干扰少得多。

并非所有的民主国家都是信息革命中的领导者。但就各国的情况而言,所有信息塑造者都是民主国家。这并非偶然,因为这些国家熟悉信息的自由交流,它们的治理制度并未因此而遭受威胁。它们可以塑造信息,这是因为它们同样可以接受信息。威权国家,特别是那些落后的威权国家有更多的麻烦。在这方面,某些国家的政府可以通过控制因特网服务提供商的方式,控制其公民联网。绕过这些限制是可能的,但代价高昂,而且控制的政治目的也无法完全有效地达到。像新加坡这样的国家,其发展已经达到了相当的水平,其知识工人希望自由上网,他们面临着在信息经济竞争中丧失最稀缺资源的危险。因此,新加坡全力对付这样的两难困境:重塑其教育体制,鼓励个人创造力,因为这是信息经济所需要的;同时又试图维持对信息流动的现有社会控制。新加坡的领导人认识到,长远观之,他们无法控制因特

---

① 参见 Sheila Jasanoff, "Is Science Socially Constructed—And Can It Still Inform Public Policy?" *Science and Engineering Ethnics* 2: 263–276。

网。① 封闭式体系将付出高昂的代价。

封闭式体系将付出高昂代价的一个原因是，如果一个国家的关键性决定是暗箱操作的话，外国人向该国投资就充满风险。透明度成为寻求投资国的一项关键资产。曾几何时，威权国家视防止信息泄露的能力为法宝，现在它却削弱了威权国家在全球竞争市场上吸引投资的信誉和透明度。1997年的亚洲金融危机展示了这一点。缺少透明度的国家没有信誉，因为它们提供的信息被视为具有偏见和选择性的。而且，随着经济的发展和中产阶级的兴起，在国内实施压制手段代价昂贵，而且会败坏其国际声望。20世纪80年代末，韩国发现，从声望和软权力方面讲，压制要求民主的呼声代价高昂。但是，由于其早就开始了民主化进程，与印度尼西亚相比，它应对经济危机的能力增强了。

且不管互动与虚拟社群的未来影响如何，信息通过多种渠道自由流动，政治影响的增强已经一目了然：国家失去了对有关本国信息的诸多控制。寻求发展的各国（少数能源供应国除外）需要外国投资以及与之伴随的技术和制度。地域社群仍然最为重要，但期望迅速发展的各国政府发现，它们不得不放弃某些保护本国官员免受外来监督的信息流动障碍。曾几何时，各国将自己的金融和政治状况藏匿在暗箱中，但寻求高速发展的各国政府再也负担不起这样的代价了。全球信息社会的座右铭或许会是："如果你不能接收，你就不能塑造。"

从商业的角度看，信息革命通过降低信息传递的成本和信息使用者的交易成本，极大地提高了市场能力和商业信息的价值。然而，从政治上讲，最重要的转变与免费信息有关。在世界政治中，发送自由信息的能力提高了说服的潜力——只要能够获得并确保信任。非政府

---

① Joseph S. Nye, Jr., "Can Singapore Fix Its Schools?" *Newsweek International Edition* (Aug. 23, 1999): 2.

组织和他国更能轻而易举地影响一国国民的信念。如果某行为体能够说服他者采用类似的价值观和政策，那么它是否拥有硬权力和战略信息就变得相对不重要。如果成功地实现说服，软权力和自由信息能够改变对自我利益的认识，从而改变硬权力和战略信息的使用方式。如果各国政府或非政府组织想充分利用信息革命，它们必须在构成信息革命的白噪声世界中建立值得信任的声望。

综上所述，信息和传播革命具有均衡各国权力分布的效应，这种当前的流行看法是错误的。因为就战略信息层面讲，规模经济和市场准入壁垒仍然存在；就免费信息而言，大国在信誉竞争中常常处于优越位置。与此同时，信息革命正在改变当今世界所有国家能够施展控制的幅度。低廉的信息流动引起信息渠道的巨大变革，渠道的数量和深度都有所增加。跨界活动的非政府行为体有更多的机遇组织起来，宣传自己的观点。国家更容易被渗透，越来越不像暗箱了。维持一致的、由精英把持的外交政策等级秩序越来越困难。

信息革命的最终影响是，改变政治进程，在软权力和硬权力的关系中，软权力比过去更为重要。对政府和非政府组织而言，信任都成为核心权力资源，在免费信息方面，更为开放、透明的组织将拥有优势。随着各国变得多元化和易渗透，政府政策的一致性会下降，但就信誉和软权力而言，这些国家将处于更为有利的位置。许多国家的政治进程将更为接近本书第二章所描述的复合相互依赖理想模式。在信息时代，以地域为基础的国家将继续构建政治结构，但与过去相比，它们将更少地依赖物质资源；在一个信息充斥的世界上，它们更依赖保持信誉的能力。在下一章，我们将研究信息革命对全球化和治理的影响。

第十章
权力、相互依赖与全球主义

> 美洲的发现和经由好望角前往东印度群岛的航线的发现,是人类历史上所记载的最伟大而又最重要的两件事……它们在一定程度上联合了世界上最遥远的部分。
>
> ——亚当·斯密:《国富论》,1776年

> 古老的民族工业被消灭了,并且每天都还在被消灭。……过去那种地方的和民族的自给自足和闭关自守状态,被各民族的各方面的互相往来和各方面的互相依赖所代替了。
>
> ——马克思、恩格斯:《共产党宣言》,1848年

> 1914年8月戛然而止的是人类经济发展长河中多么非凡的一幕!……(富有的)伦敦居民一边在床上喝早茶,一边通过电话订购全世界各种各样、数量繁多的物品,直至自己满意为止,而且有理由期望这些物品会在早上送到自家门口;同时,他以同样的方式在世界任何地方投资自然资源开发和新产业,分享预期成果和利益,他无须费心尽力,也不会遭遇什么麻烦。……(他)行走在异国他乡,而无须了解那里的宗教、语言或礼节。他手持

硬通货,俯视那里的芸芸众生。稍受干扰,他就会感到自己遭受了极大的冒犯,并为此震惊不已。但最重要的是,他认为这种事态是正常的、必然的、永恒的,唯有更好一途,任何偏离都是反常的、可耻的、可以避免的。

——约翰·梅纳德·凯恩斯:《和平的经济后果》,1919年

全球时代需要全球参与。

——科菲·安南:《在联合国大会上的讲话》,1999年9月

全球化是20世纪90年代的"时髦用语",就像相互依赖在70年代风靡世界一样。但是,全球化却并非全新现象。我们关于相互依赖的定义——本书第一章第二句话——同样适用于千年之交的全球化:"这种说法意在表明,人们普遍认识到世界政治的性质正在发生变化。当然,这种模糊的说法也意味着,人们对变化的理解还是肤浅的。"有的不可知论者相信,类似术语无法用于分析。当然,公众理解全球的概念,这个新词语表达了对遥远事件的脆弱性意识在加深。例如,1999年纽约市使用直升机熏蒸消毒,以根除一种新病毒。传媒界宣布,这种病毒可能是通过旅行者的血液或者偷带入关的小鸟或飞进机舱的蚊子的肠道传入的。① 对"生物侵略"的恐惧使得某些环境保护组织呼吁减少全球贸易和旅行。②

像许多涵盖诸多现象的流行概念一样,相互依赖和全球化都有多重含义。为了理解人们在使用这些概念时的真实意思,也为了便于分析,我们必须首先澄清这两个概念。相互依赖和全球化是指代同一事

---

① *New York Times* (Oct. 4, 1999): A1.

② 可参见"警告:生物侵略"(整页广告),*New York Times* (Sept. 20, 1999): A11。

物的两个词汇吗？或者说，其中包含着新含义？如果是这样，那么两个概念有什么不同？

全球化与相互依赖

全球化、相互依赖这两个概念并非完全等同。相互依赖指的是一种条件，事物的一种状态。相互依赖的程度可以增加，就像第二次世界大战结束以来的诸多变化一样；其程度也可以减少，至少在20世纪30年代的大萧条时期如此。而全球化指的是一种不断增长的事物：全球化的程度会越来越高。但是，分析家不应假定任何事情——不管股票市场或全球化指的是什么——仅仅处于上升状态。因此，我们的定义不是从全球化开始，而是始于"全球主义"（globalism）——世界的一种条件或状态，其程度可增可减。

我们将全球主义定义为世界的一种状态，它关涉各大洲之间存在的相互依赖网络，并通过资本、商品、信息、观念、人民、军队、与环境和生物相关的物质（如酸雨和病原体）的流动和影响联结在一起。全球化或"去全球化"（deglobalization）指的是全球主义的增减。

全球主义与空间上极为广泛的相互依赖网络相关。如我们在第一章的定义，相互依赖指的是"以国家之间或不同国家的行为体之间相互影响为特征的情形"[①]。因此，全球主义是相互依赖的一种表现形式，它有两个特征：

（1）全球主义指的是联结网络（多边关系），并不仅仅指单一联系。我们称美国和日本之间存在着经济和军事上的相互依赖，但不说美国和日本之间存在着全球主义。美日相互依赖是当代全球主义的组成部分，但它本身并非全球主义。

[①] 参见本书第一章"作为一个分析概念的相互依赖"部分。

（2）如果一种关系被视为"全球性的"，则它必须包含洲际距离，而非简单的区域网络。当然，距离是一个变动不居的变量，从毗邻而居（如美国和加拿大）到位居地球两端（如英国和澳大利亚）。因此，任何对所谓"远距离"或"区域性"相互依赖的明显区分都是武断的，我们无法准确定义居中（intermediate）关系——如日本和印度之间或埃及与南非之间的关系——是否符合要求。然而，在分析邻近区域关系时，"全球主义"并非适宜的用词。全球化指的是距离的缩小，但其规模甚大。它可以与地方化、国有化或区域化形成对照。

有些事例可以帮助说明问题。伊斯兰教悄悄地从阿拉伯穿过亚洲迅速传播到现在的印度尼西亚，就是阐释全球化的一个明证；但是，印度教从印度次大陆向其他地区的早期传播却与我们的定义不符。亚太经济合作组织（APEC）国家之间的联系符合洲际关系的定义，因为这些国家包括美国、亚洲和澳大利亚。但是东南亚国家联盟（ASEAN）却是区域性的。

"全球主义"并不意味着世界大同（universality）。千年之交，美国有 1/4 的人使用万维网，相比而言南亚使用万维网的不过万分之一。当今世界上大多数人没有电话，数以亿计的农民生活在偏远的乡村，与世界市场或全球观念流动的联系零零星星。实际上，从诸多方面讲，全球化伴随着贫富差距的扩大。它既不意味着同质化，也不意味着平等。[1] 罗德里克指出，即使富国之间，"放眼望去，也有许多非全球化的方面"[2]。统一的世界市场意味着商品、人员和资本的自由流动，利率趋同。这些远未变成现实。20世纪下半叶，世界贸易的增长是世界总产

---

[1] United Nations Development Program [UNDP], *Human Development Report* (New York: Oxford University Press, 1999).

[2] Dani Rodrik, "Sense and Nonsense in the Globalization Debate," *Foreign Policy* (Summer 1997): 19–37.

量的两倍；外国直接投资的增长则达三倍之多，但是与 1913 年相比，英国和法国的贸易开放度（贸易与产出的比率）只有少许增长，而日本的贸易开放度有所降低。按照这个标准，资本市场在 20 世纪之初更为一体化；19 世纪下半叶，有 6000 万人离开欧洲去寻找新世界，那时的人员流动程度更高。① 从社会层面讲，不同宗教信仰和秉持不同价值观的人们之间的联系往往导致冲突。② 伊朗的宗教激进主义认为美国是"魔鬼撒旦"（Great Satan），这个标志性用语表明了冲突的存在。显然，从社会或经济层面看，全球化并不必然伴随着同质化。

全球主义的维度

相互依赖与全球化都是多维现象。然而，它们却往往被严格界定为经济学术语，好像全球主义指的就是世界经济似的。但是，全球主义的其他表现形式也同等重要。全球化最古老的形式是环境性的：数百年来，气候变化影响了人口的涨落。移民长期以来就是全球现象。大约 125 万年前，人们开始离开自己的非洲家园，在 3 万到 1 万 3000 年前到达南北美洲。全球化最重要的表现形式之一是生物性的：据记载，公元前 1350 年，天花首先在埃及流行；公元 49 年肆虐中国；公元 700 年之后肆虐欧洲；1520 年肆虐南北美洲；1789 年肆虐澳大利亚。③ 腺鼠疫或黑死病原生于亚洲，但在 1346—1352 年间戕害欧洲人口达到 1/4 到 1/3 之多。当 15 世纪、16 世纪欧洲人抵达"新世界"（New World）* 时，他们带来的病原体导致近 95% 的土著人口丧

---

① Keith Griffin, "Globalization and the Shape of Things to Come," in *Macalister International: Globalization and Economic Space* 7 (Spring 1999): 3; "One World?" *The Economist* (Oct. 18, 1997): 79–80.

② Samuel P. Huntington, *The Clash of Civilizations and the Remaking of the World* (New York: Simon and Schuster, 1996).

③ *New York Times* (June 15, 1999): D4.

* 指美洲大陆。下文的"旧世界"指欧洲大陆。——译者

生。① 今天，人类对全球气候的影响可以波及世界各处的日常生活。当然，并非所有的环境性全球主义都是负面的。例如，"旧世界"（Old World）的营养和烹调受益于新世界的马铃薯、玉米和西红柿等种植物。②

军事全球化至少始于2300多年前亚历山大大帝的征服，他建立了从雅典穿过埃及到达印度河横跨三大洲的帝国。全球主义最势不可挡且在某些方面最具有说服力的形式就是信息和观念的流动。亚历山大的征服以希腊文化的形式将西方思想和社会组织形式引入东方世界，这是一次最重要的西方文化传播，尽管有人对这种说法持有争议。③ 在过去2000年间，世界上四大宗教——佛教、犹太教、基督教和伊斯兰教的传播跨越了遥远的地理空间；印度教等其他宗教曾经更多地受制于地域局限，在因特网时代，它们也开始跨地域传播。④

从分析层面讲，我们根据广阔的网络空间内发生的流动和永久联络的形式，将全球主义的不同维度区分如下：

（1）经济全球主义：它指的是商品、服务、资本及伴随市场交换的信息和观念的长距离流动。它还包括与这些流动进程相关的组织，如为美欧市场生产商品的亚洲低工资生产组织。确实，许多经济学家以狭窄的经济学术语如是定义全球化，"技术和资本从高收入国家流向低收入国家，其结果是带动了第三世界劳动密集型出口的增长"⑤。经

---

① Jared Diamond, *Guns, Germs and Steel: The Fates of Human Societies* (New York: W. W. Norton, 1998), pp. 202, 210; William H. McNeil, *Plagues and Peoples* (London: Scientific Book Club, 1979), p. 168; See also Alfred W. Crosby, *Ecological Imperialism: The Biological Expansion of Europe, 900—1900* (Cambridge: Cambridge University Press, 1986).

② Alfred Crosby, *The Columbian Exchange: Biological and Cultural Consequences of 1492* (Westport, Conn: Greenwood Press, 1972).

③ John P. McKay, et al., *A History of Western Society*, 4th ed. (Boston: Houghton Mifflin, 1991), pp. 106—107.

④ Arjun Appuradai, *Modernity at Large* (Minneapolis: University of Minnesota Press, 1996).

⑤ Paul Krugman, *The Return of Depression Economics* (New York: W. W. Norton, 1999), p. 16.

济流动、市场及多国公司的组织形式都汇聚在一起了。

（2）军事全球主义：它指的是使用、威胁或承诺使用武力的长距离相互依赖网络。军事全球主义的一个佳例是冷战期间美苏之间的"恐怖平衡"。它们之间的战略相互依赖针锋相对又组织严密。它不仅促成了跨越全球的联盟，而且双方都有能力在30分钟内用洲际导弹摧毁对方。其与众不同之处不在于它是全新的模式，而在于相互依赖所引发的潜在冲突规模和速度竟然如此巨大。

（3）环境全球主义：它指的是物质在大气层或海洋中的长距离运送，或者影响人类健康、福祉的病原体或基因物等生物实体的长距离运送。有关事例包括：消耗臭氧的化学物质所导致的平流层的臭氧衰竭；人类活动导致的、目前正在困扰人类的全球变暖；20世纪70年代开始的艾滋病毒从非洲中部向全世界的扩散。作为全球主义另一种表现形式，信息传送也是非常重要的。信息传送表现为两种形式：直接通过基因物质的运动传送；或从基础物质运动推断出来的间接传送。有的环境全球主义可能是完全自然的——在人类影响没有这么巨大以前，地球就曾经历过变暖和冷却的时期，但是最近发生的多数变化是人类活动引起的。

（4）社会和文化全球主义：它指的是观念、信息、意象和人员（即观念和信息的载体）的流动。相关事例包括宗教运动和科学知识的传播。社会全球主义的一个重要方面是某个社会的实践和制度为他者所仿效：社会学家称之为"同构"（isomorphism）。[①] 然而，社会全球主义常常跟随在军事和经济全球主义之后。观念、信息和人员跟随着军队和经济的流动，因而改变着社会和市场。从最深刻的层次讲，社会全球主义影响着个人的观念，及其对文化、政治和个人身份（identity）

[①] John W. Meyer, et al., "World Society and the Nation-State," *American Journal of Sociology* 103 (1997): 144—181.

的态度。确实，社会和文化全球主义与其他形式的全球主义相互作用，因为军事、环境以及经济活动传递信息、创新观念，这些信息和观念也许会跨越地理边界和政治边界而流动。在当今时代，随着因特网的发展降低了成本、促进了交流的全球化，观念传播的速度越来越快。

我们可以想象还有其他方面的全球主义。例如，政治全球主义可能指的是社会全球主义的一个分支，即关于权力和治理的观念和信息。政治全球主义可以通过模仿效应（如宪政安排或民主国家的数量）、政府政策的传播或国际机制的扩展来衡量。法制全球主义可以指法制实践和法制制度向各问题领域（包括世界贸易或政府首脑谴责战争罪）的传播。全球化也体现在科学、环境、时尚和语言等其他方面。恰恰在十年间，"全球化"这个词语被全球化了！

将全球主义的所有方面与以上各维度等同看待，其中显然存在的一个问题是，一旦以上方面有所扩展，则这种方法将不再有用。为避免这种扩展，我们将全球主义的诸方面都视为社会和文化全球主义的分支。与我们所提出的以上四个方面的全球主义相比，政治全球主义好像不是一种独立形式。几乎所有形式的全球化都有政治意义——这正是我们这些国际政治学者最感兴趣的。例如，世界贸易组织、《不扩散核武器条约》、《关于消耗臭氧层物质的蒙特利尔议定书》、联合国教科文组织（UNESCO）等都是应对经济、军事、环境和社会全球化而创设的。

在科索沃和东帝汶事件之后，人权观念——是支持人道主义干预还是坚持古典的国家主权程式——成为1999年联合国大会的中心议题之一。联合国秘书长科菲·安南（Kofi Annan）认为，在全球化时代，"集体利益就是国家利益"。南非总统塔博·姆贝基（Thabo Mbeki）宣称，"全球化进程需要重新界定国家主权的概念和实践"。与此同时，非洲统一组织主席、阿尔及利亚总统阿卜杜勒－阿齐兹·布特弗利卡（Abdelaziz Bouteflika）指出，他不否认北方国家公众舆论谴责侵犯人权的权利，但是"主权是我们抵御不平等世界规则的最后屏障"。他抱怨说，"我们（非洲）现在并没有参与决策进程"①。人们争论的是社会和军事全球化的政治意义，而非政治全球化是否是与社会和军事全球化截然不同的形式。

将全球主义划分为各自独立的表现形式的做法必然存在随意性。但的确是一种有用的分析方法，因为全球化各个方面的变化并不必然同时发生。我们可以这样理智地说，"经济全球化"大约发生于1850—1914年间，表现为帝国主义和各政治独建国家之间贸易和资本流动的增加，在1914—1945年间这种全球化出现逆转。然而，在两次世界大战期间，军事全球主义上升到一个新高度，就像社会全球主义的其他方面一样。1919年全球性流行感冒夺走了2000万人的生命，它是士兵在全球流动所传播的。② 如前所述，1914—1945年间，全球主义是增长了还是下降了？这取决于你指的是全球主义的哪一个方面。如果在全球主义之前没有定语，则关于全球主义的一般性论述常常是无意义的或误导的。

强全球主义：美国制造？

人们口头讲述全球化时，往往指的是最近全球主义的增强。类似"根本而言全球化是新事物"的评论，只有在这样的情境下才有意义，但这种说法仍然是误导性的。我们更愿意这样说，全球主义是一种古已有之的现象，而全球化是当前或过去全球主义增强的进程。

问题不在于全球主义如何古老，而在于全球主义在特定时期如何"强"（thick）、"弱"（thin）。③ "丝绸之路"就是"弱全球化"的一个

---

① *New York Times* (Sept. 21, 1999): A2; *Financial Times London* (Sept. 21, 1999): 1.
② Diamond, *Guns, Germs and Steel: The Fates of Human Societies*, p. 202.
③ David Held, et al., *Global Transformations: Politics, Economics and Culture* (Stanford: Stanford University Press, 1999), pp. 21—22.

例子。它为古代欧洲和亚洲提供了经济和文化联系的渠道,但是只有一小群勇敢的商人使用丝绸之路,而且通过贸易往来交换的商品也只对丝绸之路上少量的顾客(相对而言是精英阶层)有直接影响。与之形成对照的是,所谓的"强"全球化包含着既集中又广泛的多种关系:远距离的、大型而持续的流动影响着许多人的生活。例如,今日全球金融市场的运作影响着从美国伊利诺伊州皮奥里亚市到马来西亚槟城的人们。"全球化"是全球主义变得越来越显著的进程。

当代全球化常常等同于美国化(Americanization),特别是那些对美国流行文化以及与之伴随的资本主义心存怨恨的非美国人更是这样认为。例如,1999年,一些保护"烹饪主权"的法国农民袭击了麦当劳餐馆。① 今天,全球主义的诸多方面确实被以美国为基地的活动主导着,或在华尔街,或在五角大楼,或在坎布里奇,或在硅谷,或在好莱坞。如果我们考虑全球化的内容被"上传"到因特网,而后被各地"下载",那么在美国上传的内容多于世界任何其他地方。② 然而,全球化远远早于好莱坞和布雷顿森林。香料贸易,佛教、基督教和伊斯兰教的洲际传播早于美洲的发现,更不用说美国建国了;人类向北美洲的迁移早于美国建国达万年之久。实际上,美国本身就是17世纪、18世纪全球化的产物。日本在一个世纪之前引进了德国的法律体系;拉美国家有大量的日裔人口,这加深了日本与拉美国家的当代联系;欧洲银行向正在兴起的亚洲市场贷款;以上都是不以美国为中心的全球化事例。尽管美国发生的活动深刻影响着全球化当前阶段的发展,但全球化并不具有美国本性。

无论如何,源于其自身的独特性,美国被接受为全球化的中心。

---

① *New York Times* (Aug. 29, 1999): section 4, p. 1.
② 1999年7月,哈佛大学法学院教授安娜－玛丽·斯朗特(Anne-Marie Slanghter)在新罕布什尔州布雷顿森林召开的约翰·F. 肯尼迪政府学院"全球化远见项目会议"上使用了"上传""下载"内容的说法。

移民导致美国人口时刻处于变动之中，多种族社会造就了美国文化，美国文化也适应着多种族社会的形态。美国文化常常是合成性的，它自由地借鉴各种文化传统，一直向其他世界开放着。例如，欧洲对美国影响的关注早已有之。一个世纪之前，就有相关的许多著述面世。今天，这个进程仍然在进行着。美国也是一个巨大的文化实验室，是检验某电影或歌曲是否能够获得部分人或所有人共鸣的最大市场。任何观念都可以自由流入美国，并平等而自在地流向他处——这种流动常常采用商业形式，并得到资本雄厚、才华横溢的企业家支持。亚洲市场上的比萨饼看起来是美国式的，尽管该食品原产于意大利。尽管全球化并非仅仅是美国化的，但是全球主义机遇与美国社会和市场的特性之间似乎存在某种契合。①

进入全球网络的观念和信息被下载时，国内政治和当地文化背景充当着选择性过滤器和修正者的角色。在中国市场的麦当劳是以中国方式组织经营的；美国的电影以各种中国口音配音，以反映中国人对所传递信息的理解。②与大众文化相比，政治制度更抗拒跨国传播的影响。尽管20世纪80年代美国的自由文化传播广泛，但是中国并没有断然接受美国的政治制度。这种事情早已有之。19世纪日本明治维新的政治家谙熟英美观念和制度，但有意识地转向了德国模式，因为他们认为后者更为适宜。③加拿大的宪政实践更强调责任或德国法律，限制种族攻击言辞，对今天世界上多数国家而言，它比美国的宪政实践

---

① Neal M. Rosendorf, "The Global Power of American Pop Culture"（向新罕布什尔州布雷顿森林召开的约翰·F. 肯尼迪政府学院"全球化远见项目会议"提交的论文）。

② Ibid., p. 10, fn. 28.

③ Richard Storry, *A History of Modern Japan* (Harmondsworth, U. K.: Penguin, 1960), pp. 115–116; Hioaki Sato, "The Meiji Government's Remarkable Mission to Learn from Europe and Japan," *Japan Times* (Oct. 14, 1999).

更为适宜。①

今天的全球主义是以美国为中心的,信息革命的绝大多数动力来自美国,全球信息网络的大部分内容在美国制造。美国在该网络所处的中心地位产生了"软权力":让他者之所想即为美国之所想的能力。②但是,从很多方面讲,这个进程是相互的,而非单向性的。美国的某些实践对他国非常有吸引力:例如,美国食品药物管理局关于药品的诚实管理规则;限制假公济私、高透明度的证券法及其实践,美国证券交易委员会负责监督等。有的时候,美国制定的标准难以绕过,如管理因特网本身的规则等。但是,美国的其他标准及其实践——如磅、英尺(而不是米制)、死刑、持枪权、绝对保护自由演说——受到抵制甚至不理解。"软权力"是一种现实,但它并不产生于美国生活的各个领域,而且也并非为美国一家所独享。

关联性、敏感性与脆弱性

200 年前,亚当·斯密(Adam Smith)和大卫·李嘉图(David Ricardo)提出了劳动分工和比较优势等古典经济学理论,人们对交换的经济获益理解甚深。恰如斯密和李嘉图指出的,贸易使得具有不同禀赋的地区可以专门从事自己最擅长的经济。人员和资本向高边际回报区域的流动也促进了生产率的提高。自由主义者常常强调的经济相互依赖也可以带来诸多收益。对我们许多人具有吸引力的世界主义观念,源自社会全球主义所特有的信息和观念的跨文化交流。

然而,相互依赖——和全球主义——也带来成本和限制。经济相互依赖需要调整,而调整常常是痛苦的。环境全球主义可能意味着病

---

① Frederick Schauer, "The Politics and Incentives of Legal Transplantation"(向新罕布什尔州布雷顿森林召开的约翰·F. 肯尼迪政府学院"全球化远见项目会议"提交的论文)。

② Joseph S. Nye, Jr., *Bound to Lead: The Changing Nature of American Power* (New York: Basic Books, 1990), pp. 31—32.

原体和有害化学物质的传送。军事相互依赖可以是破坏性的或代价高昂的——这主要发生在互相惧怕的敌对双方之间，也可以是帮助性的——如在亲密盟国之间。观念和信息通过迁移和网络空间的传播可能在文化上构成威胁或使人迷失方向。以上种种情形导致的结果是，相互依赖和全球主义引起政治问题：个人和群体继续争夺优势，并使全球主义为其所用。

相互依赖的政治意义提醒我们，相互依赖与相互联系并非一回事。1977年，我们根据相互的代价效应来定义相互依赖，并宣布"如果相互作用没有显著的代价效应，则它不过是相互联系而已"，而并不是相互依赖。① 类似地，我们将全球主义定义为：需要有关各方付出代价的、跨国或国家间相互联系的、空间广阔的网络。

所谓"代价效应"（costly effects），我们指的是引起后果的效应。它们可能会降低成本，提供收益，也可能增加成本。成本不一定是经济性的，也可以指对他人的价值观——如道德标准、审美情趣、个人安全或生态一体化（ecological integrity）——产生重大影响。问题的基点在于，"需要有关各方付出代价的效应"是人们所关注的效应。这些效应反过来产生了关注和政治。

例如，美中两国发电厂排出的二氧化碳影响着全球气候。中国并没有直接向美国排放二氧化碳——不像向美国出口服装和玩具那样，它也没有在相互交往中接受美国的二氧化碳排放。然而，任何国家的二氧化碳排放都对其他国家的气候产生了代价效应。进一步说，关于气候变化的探讨以及相关谈判促成了相互依赖的社会和政治网络。因此，在气候变化问题上形成的全球主义是多维的，既包含着相互依赖关系网络，也包含着以多边反馈为特征的全球复杂系统。

---

① 参见本书第一章"作为一个分析概念的相互依赖"部分。

在过去的一个半世纪里，相互联系无疑增强了。1866年跨越大西洋的电报将伦敦和纽约联络的时间从大约一周降低到几分钟——换言之，降到原来的0.1%。蒸汽轮船、飞机、电话和喷气式航空器极大地促进了相互联系；20世纪80年代以来，新的电信技术——以传真机，尤其是因特网为代表——大幅度降低了远距离交流的费用。一个人可以购买一台在全世界几乎任何地方都可以使用同一号码的手提电话。进一步说，按照关于集成电路处理能力和成本的摩尔定律，信息储存和发送的成本每18个月将下降一半。结果，本书第三版出版时的信息处理成本大约是1976年初版印刷时的百万分之一！关联性的增加和成本的大幅下降恰是全球化的核心。我们确实很难将当前阶段的全球化与信息革命割裂开来。

全球主义意味着相互联系，但其含义远为广泛。所谓的"广泛"是什么呢？我们在1977年提出的敏感性和脆弱性的区别可以帮助分析该问题。敏感性指的是在基本政策框架不变的情况下跨界交流对各社会和各国政府的代价效应。它比相互联系向前推进了一步，即包含代价效应的相互联系。主要金融中心利率的协变（covariation），纽约股市对亚洲股票价格的影响，1997年泰国金融危机向亚洲其他市场的蔓延效应，这些都是经济敏感性的事例。各国对自身安全威胁的认知说明了军事敏感性的存在。冷战期间，两极霸权结构和美苏之间相互确保摧毁的可能性导致了高度的敏感性。我们从如下方面可以认识当今的军事敏感性：美国具有发送高科技非核武器在全世界进行精确打击的能力，许多远离美国的国家正在做应对准备；美国加强了应对跨国恐怖主义的准备。非洲中部的气温变化或马尔代夫群岛海平面的变化，可能反映了环境敏感性，即工业化国家二氧化碳排放对气候的影响。最后，社会敏感性包括观念、信息和图像传播的各种影响，从全球时尚到关于相互依赖本身争论的跨国交流。例如，保守的伊斯兰政权希望保留传统的生活方式，它们对西方的音乐和形象非常敏感。

脆弱性代表着另一种成本的增加。它指的是敏感性变化或自身政策变化导致的调整成本。如我们在第一章所指出的，脆弱性可以定义为行为体因外部事件（甚至是在政策发生变化之后）强加的代价而遭受损失的程度。如果外在因素导致利息上涨，而后者对经济活动产生了负面影响，那么是否存在有效的应对措施？如果有，这样做的代价是什么？如果中国、新加坡或伊朗的领导人厌恶美国大众文化，美国大众文化会遭受过滤或抵制吗？如果这样，其代价是什么？是否存在应对美国军事力量或全球变暖的有效措施？如果调整的成本太高，敏感性关系就会发展成为脆弱性关系。我们曾经指出，"脆弱性相互依赖的衡量标准只能是，一段时间内行为体为有效适应环境变化做出调整所付出的代价"①。

敏感性相互依赖和脆弱性相互依赖都是全球主义的重要方面。它们都有赖于相互联系，但相互联系并不必然意味着敏感性或脆弱性——例如达卡的街头小贩身穿美国大学的T恤衫。我们可以消费进口的奢侈用品，但没有这些物品，我们也可以轻松生活，我们可以用当地的物品替代。因特网上有数以百万计的网址，我们有可能点击任何一个，我们没有点击的网址与我们无关，因为我们并不关注它们。我们知道远方社会的许多方面，但这些与我们的态度、日常行为或身体健康少有或没有关联。与此同时，道德关注或许会造就社会敏感性，例如，伊朗毛拉*反对妇女涂口红，西方反对阿富汗塔利班对待妇女的态度。

从政治立场上讲，脆弱性相互依赖尤其重要，因为它将人类的能动作用考虑在内了。只有当一个行为体或代理人对一系列流动做出反应时，脆弱性才能与敏感性区别开来：只有这个时候，我们才能从敏

---

① 参见本书第一章"权力与相互依赖"部分。
* 毛拉（Mullah）是伊斯兰国家对伊斯兰教学者的尊称。——译者

感性中区分出脆弱性。进一步说，脆弱性的说法意味着，代理人可能发现自己的选择受制于相互依赖。换言之，其他代理人能够操纵这些限制，增进自己在相互关系中的权势——获得所需结果的能力。如我们在第一章所指出的，非对称脆弱性相互依赖是一种重要的权力来源。类似地，与仅具有敏感性的全球主义相比，如果某种全球主义形式包含着空间广泛的相互依赖关系——这意味着脆弱性，则后者对全球权力和自主性的不平等分布影响更大。全球主义的重要性取决于它对代理人行为的影响，而后者在相当程度上依赖其他行为模式的相对成本。①

相互依赖和全球主义：举例说明

如果我们用相互依赖和全球主义的概念简要地分析某些世界政治中的现实关系，我们的探讨就不那么抽象了。以过去两个世纪的美日关系为例。1800年，由于两国之间的相互联系不多，它们之间的相互依赖程度非常之低：它们几乎意识不到对方的存在，没有正式的联系途径。19世纪中期，海军准将佩里（Perry）以武力威胁迫使日本"打开国门"，其后数十年，日本忙于从西方引进技术和法律，以增强自身的财富和能力，抵御西方的压力。因此，到1900年，两国社会和经济敏感性已经非常显著，尽管这些敏感性是不对称的。日本对西方的反应——直至接受了棒球这种典型的美国运动——超过了西方对日本做出的反应。当然，在审美领域特别是工艺、设计和建筑方面，日本对西方的影响也是显著的。两国之间军事相互依赖的程度依然很低，但并非微不足道：西奥多·罗斯福（Theodore Roosevelt）总

---

① 关于"脆弱性"概念在可持续发展分析中的探讨，参见 Jesse C. Ribot, "The Causal Structure of Vulnerability: Its Application to Climate Impact Analysis," *GeoJournal* 35, no. 2 (1995): 119-122。

统给予日本比中国更为优惠的移民政策（美国拒绝接收中国国民），他认为，日本是一个军事力量强大的大国，1905 年打败俄国证明了这一点。两国之间的环境相互依赖仍然微不足道，除 1911 年的北太平洋海豹毛皮协定（俄国和加拿大也同意遵守该协定）外，甚至没有人注意到这个问题。①

泛泛而言，第一次世界大战之前的美日相互依赖关系可谓是双边性的：它们并不与其他重要关系相互交叉。换言之，两国之间几乎不存在相互联系的网络。自第一次世界大战起，两国关系开始发生变化，这突出表现在军事全球主义方面。作为西方列强的盟国，日本曾被普遍视为边缘国家。战后，日本寻求被作为平等国家看待，特别是力图在《凡尔赛条约》中增加种族平等的条款，日本的这项努力遭到了美国的拒绝。1924 年，美国禁止日本移民，两国之间的社会相互依赖下降了。1921 年的《华盛顿海军条约》试图调整军事相互依赖增强的新模式，因为日本建立了强大的海军，避开了《华盛顿海军条约》的限制，开始在西太平洋挑战美国，两国军事相互依赖的程度（以更有可能爆发冲突的形式）加深了。同时，经济相互依赖的情况更为复杂：禁止日本商品进入美国市场的壁垒降低了彼此的敏感性和脆弱性。但是，由于日本依赖美国的石油和废钢铁供应，它对美国的经济政策存在敏感性和脆弱性，美国也试图利用这种脆弱性。换言之，两国在各个方面之间或某个方面内的相互依赖都是变化着的。

为惩罚日本入侵中国、阻遏日本向东南亚的推进，美国对日本实行废钢铁和石油禁运政策，这在一定程度上促成了日本偷袭珍珠港、占领东南亚的行动。换言之，军事相互依赖和经济相互依赖是密切相连的。日本与美国的关系同它与英国和法国的关系密切相关，因此英

---

① Alvin C. Gluek, Jr., "Canada's Splendid Bargain: The North Pacific Fur Seal Convention of 1911," *Canadian Historical Review* 63, no. 2 (1982): 179–201.

国和法国的财产也遭受到日本的攻击；日本与美国的关系也同它与德国（日本的轴心盟国，德国在日本偷袭珍珠港次日向美国宣战）的关系密切相关。此时，日本已经深深地卷入全球主义之中：连接日本与西方国家的各种网络合而为一了。具有讽刺意义的是，受到德日之间密切关系的推动，德国向美国宣战，而这恰恰使得罗斯福政府能够将其战争努力全球化，而非仅仅关注日本一国。

第二次世界大战之后，美国占领日本，并在日本建立了与美国密切结盟的议会制政权。两国之间的经济相互依赖程度急剧增加，尽管从更多的方面讲，双方的非对称性依旧存在。相比而言，日本对美国行动的敏感性和脆弱性更大，日本所谓的1971年"尼克松震荡"（Nixon shocks）——承认中国、美元贬值的影响、征收进口附加税等事件都清楚地表明了这一点。然而，到20世纪80年代后期，双方的经济相互依赖开始趋于对称。日本银行购买了大量的美国短期债券*，可以影响美国的利率走势；美国的高科技企业依赖日本的零件进口，反对政府实施贸易制裁。同时，尽管双方军事相互依赖程度依旧很高，但与1941年前不同的是，美国和日本保持着密切的盟友关系，双方的军事相互依赖是高度合作性的。社会相互依赖落在后面，反映了两国之间存在的巨大文化差异。但是，日本以多种形式模仿美国，或至少试图使美国的行为适应日本的情况。美国在组织方面也采取了同样的做法，如（为把原材料和零部件的仓储成本降至最低的）"及时"（just-in-time）库存的实践。

也许最重要的是，战后美日关系与其他各种联系网络和国际制度密切相连，构成了相当强的全球主义。日美贸易接受关贸总协定体制的调节。1955年，美国提议接纳日本加入关贸总协定，并迫使欧洲向日本商品开放市场。日本成为包括国际货币基金组织、世界银行、亚

---

* 美国短期债券的偿还期限一般为3—6个月。——译者

洲开发银行等在内的国际金融组织的主要捐助者。从军事方面讲，美日同盟关系成为美国全球军事计划中必不可少的组成部分，美日军事相互依赖有助于缓和20世纪90年代双方的贸易摩擦。更宽泛地讲，在以美国为中心的安全共同体中，日本是一个重要的组成部分。因此，全球性的复合相互依赖塑造着日本与美国和西欧的关系。相互依赖在诸多方面取得进展。例如，美元作为储备货币的管理，事关它与日元、欧元的关系。认识日美关系，我们不能仅仅从双边相互依赖的角度入手，而应该把它视为全球主义模式的一个组成部分，全球主义包含多种类似的关系，存在相互联系的诸多方面。

当代全球主义的新意何在？

迄今，我们一直强调相互依赖与全球主义的连续性。我们在1977年提出的许多概念，诸如敏感性与脆弱性的区别，仍然适用于对现状的分析。"全球化"是一个引人注目的字眼，它显然反映了相互依赖强度和广度的增加——在其"强度"（thickness）上。今天的全球主义不同于19世纪的全球主义，那时欧洲帝国主义提供了大多数政治结构，交通和传播的较高成本意味着直接卷入的人少得多。但是，今天的全球主义与1977年的全球主义存在根本不同吗？说某种事物"根本"不同往往是有问题的，因为人类历史并不存在绝对中断。任何一个时代都是建构在其他时代之上的，历史学家往往在历史中发现今天的先例。托马斯·弗里德曼认为，当代全球化"走得更远、更快、更便宜、更深入"[①]。我们相信，全球主义的强度可以引起如下三种不同程度的变化：网络密度（density of networks）的增强、制度转化率（institutional

---

① Thomas Friedman, *The Lexus and the Olive Tree: Understanding Globalization* (New York: Farrar Straus Girous, 1999), pp. 7–8.

velocity）的提高，以及跨国参与的加强。

网络密度

经济学家往往用"网络效应"指称如下情境：某种产品适用的人越多，则该产品的价值越大。这就是因特网引起如此迅速变化的原因之所在。① 世界银行首席经济学家约瑟夫·斯蒂格利茨认为，知识经济引起"强大的外溢效应，常常像火势一样蔓延，引起进一步的创新，并引发创新的连锁反应……但是商品——与知识相反——并非常常像火势那样蔓延……"② 而且，随着相互依赖和全球主义程度越来越强，不同网络之间的系统关系将变得越来越重要。网络之间的相互联系会更多。结果，"系统效应"（system effects）变得更为重要。③ 深入的经济相互依赖影响着社会和环境相互依赖，意识到这种联系的存在反过来也影响着经济关系。例如，贸易的扩大引起低环保标准国家的工业活动增加，促使环保主义者向经济上新兴但忽视环境的国家提出抗议，宣扬自己的主张。这些活动也许会影响环境相互依赖（如降低跨界污染），但也会引起新兴工业国家的愤恨，从而影响社会关系和经济关系。

全球主义的广泛性意味着，潜在的联系将在全球范围内出现，有时会导致意想不到的结果。即使我们对两个社会之间相互依赖的各个具体方面进行了详尽的分析，也可能忽略了这些跨社会联系的协作效应。

环境全球主义清楚地表明了这一点。美国科学家在20世纪20年代发明了冷冻剂，那时冷冻剂似乎代表着"现代化学的奇迹"。它们是有效的制冷剂，但在化学作用上是惰性的，不易爆炸或燃烧。直到20

---

① "A Semi-Integrated World," *The Economist* (Sept. 11, 1999): 42.

② Joseph Stiglitz, "Weightless Concerns," *Financial Times*, London (Feb. 3, 1999): op-ed page.

③ Robert Jervis, *System Effects: Complexity in Political and Social Life* (Princeton: Princeton University Press, 1997).

世纪 70 年代人们才对此有所怀疑，到 80 年代才证明了冷冻剂消耗平流层中的臭氧层，而臭氧层能防止有害的紫外线照射人体。"万物相互联系"，这是环境座右铭，它警告我们，许多人类活动——从木炭的焚烧（引起气候变化）到食物遗传基因的改变——都可能带来意想不到的后果。

环境全球主义导致政治、经济和社会后果。发现冷冻剂（及其他化学物品）有消耗臭氧的属性，这个问题被提到国际议程上加以讨论，并引起了国内的、国际的和跨国的争论，最后导致了一系列国际协议的签署——始于 1987 年的蒙特利尔会议，这些协议涉及这些物质的生产和买卖的管理。这些协议规定，对违反协议者实行贸易制裁，从而影响着经济全球主义。它们还引起人们对生态威胁的关注，从而促进了有关影响人类生态进程的信息和观念（社会全球主义）跨国传播的扩大。

关于网络相互联系的另一个事例是，1997 年 7 月始于泰国，并造成世界性影响的亚洲金融危机。出人意料的是，起初看起来像是一个小"新兴市场"国家的、孤立的银行和货币危机，却造成了严重的全球影响。它导致了亚洲其他国家和地区特别是韩国和印度尼西亚的金融恐慌，促成了世界金融最高级别紧急会议的召开，促使国际货币基金组织特别安排了巨额的一揽子"紧急财政援助"（bail-out packages），最终导致全球对新兴市场和国际金融制度的效率丧失信心。在全球丧失信心蔓延开来之前，俄罗斯早就（1998 年 8 月）开始拖欠贷款；美国联邦储备局通过一项计划，挽救突然崩溃的"长期资本管理"（Long-Term Capital Management）基金——一个以美国为中心的巨额投机性投资基金。即使在经济开始复兴之后，巴西也要求国际货币基金组织提供巨额贷款，并宣布货币贬值，以避免 1999 年 1 月的金融崩溃。

1997 年的外国投资相对数量并非空前。从某些方面讲，20 世纪末的资本市场比 20 世纪初更趋于一体化。1914 年之前的 40 年间，英国的资本平均净流出量占国内生产总值的 5%，而今天富有国家的资本净流出量只占国内生产总值的 2%—3%。① 1997 年全球规模的金融危机也有先例可循：1929 年美国华尔街的"黑色星期一"；1931 年澳大利亚信贷银行的倒闭引发了全球性的金融危机和经济萧条。（这些事例再次证明，全球主义并非新鲜事物。）主要金融中心的金融联系常常受到危机扩散的影响，某地的银行提款可能突然引发其他地方的提款风潮，因为某一个地方银行的失败会导致远距离信贷的失败。

1997—1999 年的金融危机有先例可循，但其规模非常之显著：泰国、印度尼西亚、俄罗斯和巴西大都遭受严重影响。而且，危机并非仅仅波及那些公开实行扩张性宏观经济政策的国家。相反，"由于市场预期发生突然、意想不到的变化"，即使那些基本立场与其汇率似乎一致的国家和地区——如中国的香港和台湾地区等——也成为投机者的攻击目标。② 这个进程被戏称为"触染原"（contagion）。由于这种触染效应，对经济学家、政府和国际金融组织来说，这场危机几乎完全出乎意料。此前，世界银行出版了一份名为《亚洲奇迹》（1993）的报告；流入亚洲的投资迅速增加，1996 年创历史新高，在危机来临之前仍然保持着高投资率。在回顾这次突然而意想不到的危机时，美国联邦储备委员会主席艾伦·格林斯潘做出了如下评论："我在过去 12 个月学到的关于国际金融新体制如何运转的知识，比我过去 20 年所学到的还要多。"③ 赫尔德（Held）等认为，当前全球化与过去时代的不同之处在于绝对的宏大规模、复杂性和速度。④

军事全球主义也存在相互联系。在超级大国的两极格局之下，冷战的结束代表着军事"去全球化"。偏远地区的争端与均势变得不甚

---

① "One World?" *The Economist* (Oct. 18, 1997): 80.

② *World Economic Outlook 1999* (Washington: International Monetary Fund), p. 67.

③ Greenspan quoted in Friedman, *The Lexus and the Olive Tree: Understanding Globalization*, p. 368.

④ Held, et al., *Global Transformations: Politics, Economics and Culture*, p. 235.

相关。但是，社会全球化的兴起却有着相反的影响。人道主义关怀与全球传播相互作用，导致某些地方——如索马里、波斯尼亚和科索沃——出现了带有戏剧性的冲突和军事干预。同时，苏丹南部等其他偏远地区的冲突几乎被忽略了，事实证明，这些地方也难以进入。从战术层次讲，全球军事力量的非对称性和各网络之间的相互联系为战争提供了新的选择。

我们可以得出如下带有普遍性的结论，即与20世纪70年代相比，全球主义强度（相互依赖网络的密度）的增加并非仅仅存在程度上的区别。"强全球主义"意味着，不同的相互依赖关系会在更多的环节上进一步地交织在一起。因此，某一地方发生的某方面事件也许会对其他地方的其他方面造成重大影响。正如自然科学的"混沌"（chaos）理论和天气系统，某地微不足道的小事可能造成灾难性影响，其后果及其对其他地方的影响可能是巨大的。① 这些系统非常难以理解，其影响也常常不可预见。进一步说，如果涉及人类系统的话，人类总是竭尽全力制胜他者，以出其不意的方式获得经济、社会和军事优势。所以，我们可以预料，全球主义将伴随着普遍的不确定性。一方面，复杂性和不确定性不断增加；另一方面，政府、市场参与者和其他行为体力图理解和控制这些复杂性不断增加的互联系统，二者之间的竞争关系将长期持续存在。

因此，全球化不仅影响治理，还将受到治理的影响。1997—1999年大规模的金融危机如果经常爆发，则必然导致限制相互依赖的民众运动和经济全球化的倒退。对于大多数人而言，追求更高水平的繁荣不能以导致混乱的不确定性为代价，因为这个代价太高了。除非全球化的某些方面得到有效的治理，否则目前的形势可能会难以为继。

---

① M. Mitchell Waldrop, *Complexity: The Emerging Science at the Edge of Order and Chaos* (New York: Touchstone Books, 1992).

传播成本的降低与制度转化率

我们将全球化定义为全球主义的增强。近年来，此类全球化涉及日益密集的网络联系，与早期的强全球主义形成鲜明的对照。

恰如我们在第九章强调指出的，信息处理技术和远程通信技术的巨大进步构成了当代全球化的基本源泉。"信息革命"处于经济和社会全球化的核心。信息革命使得跨国组织和市场的拓展成为可能，从而促进了新型的国际分工。恰如亚当·斯密在其名著《国富论》中所宣称的，"劳动分工受到市场规模的限制"[①]。军事全球主义早于信息革命发生，在第二次世界大战和冷战期间发展到顶峰；但信息技术改变了军事相互依赖的性质。污染促进了环境全球主义，而污染主要根源于约19世纪中期到20世纪的煤炭—石油—钢铁—汽车—化学制品经济，这种经济直到最近才变得全球化了；而信息革命有助于抵制或扭转该类全球主义的负面效应。

这些变化有时被视为信息流动的速度变化，但是这种特征概括是不正确的。信息传播的速度变化主要是蒸汽船和（尤其是）电报带来的：如前所述，1866年跨越大西洋的电缆将联络伦敦和纽约的信息传播时间缩短了一周多——约为过去的千分之一。与之相对照，电话也许将信息传递的速度提高了不过几分钟（因为电话信息不需要解码），而因特网与电话相比转化速率变化不大。

真正的区别在于传播费用的降低，而不是个体传播速度的提高。其效果也主要体现在全球主义深度的提高而不是广度的变化上。1877年，跨越大西洋发送电报非常昂贵，而1927年，甚至1977年，洲际长途电话也是非常昂贵的。公司和富有者使用洲际长途电话，而普通百姓采用写信的方式，除非紧急情况下才打长途电话。1999年，因特

[①] Adam Smith, *The Wealth of Nations*, reprint, George Stigler, ed. (Chicago: University of Chicago Press, 1976), chap. 3 heading.

网几乎是免费的，跨越太平洋的长途电话费用也不过一分钟几美分。因此，传播流量成倍增加，全球主义的深度呈几何级数加深。

市场反应比以前更为迅捷，因为信息传播增长大大加快，巨额资本可以在瞬间完成转移。随着全球资本主义越来越具有竞争性、更容易受到迅速变革的影响，跨国企业改变了它们的组织结构，促使企业生产更密切地建立在跨国基础之上，进入更多的联系网络，建立更多的联盟。非政府组织极大地提高了其活动水平。

就全球主义和转化率而言，有必要区分某一特定传播的转化率即"信息转化率"与我们所称的"制度转化率"。对相对富裕国家的人口中心而言，信息转化率变化并不太大，因为19世纪末期电报就基本普及了。但制度转化率——一个系统及其内在单位的变化如何之快——不是信息转化率的一个功能，而是涉及联系深度的变化，即全球主义的"强度"。例如，单就一条信息而言，从萨拉热窝传到纽约比1914年快不了多少；但是，有线电视和因特网使得"新闻圈"更短了，对传播速度的微小优势都大加关注。1914年，一份报纸比另一份报纸早一个小时收到消息并进行信息加工，一般并不算抢了后者之先：只要该信息在日报"上床睡觉"之前完成信息加工，它就是及时报道。但是，在1999年，一个小时——甚至几分钟——都可能造成有线电视网的天壤之别：不是头条，就会永落人后。制度转化率的提高比信息转化率的加快迅猛得多。制度转化率不仅反映了个人联系，而且反映了网络和网络之间的相互联系。就像我们以上所强调的，这就是真实变化之所在。

跨国参与和复合相互依赖

第三个方面是降低传播成本的方式增加了行为体的数量及其参与程度，增加了复合相互依赖的重要性。我们在本书第二章中指出，复合相互依赖是一种理想模式，它描述了一个带有三个特征的假想世界：(1) 各社会之间存在多种联系渠道，行为体多种多样，并不局限于国家；(2) 多种问题之间并没有等级之分；(3) 国家之间由于存在复合相互依赖联系，无须使用武力或武力威胁。在20世纪70年代提出复合相互依赖的概念时，我们曾经指出，它只是世界政治的部分特征。显然，美苏关系不具备这一特征；而中东、东亚、非洲甚至部分拉丁美洲地区也不具备这一特征。然而，我们确实认为，20世纪70年代的国际货币和海洋关系在某些方面接近于复合相互依赖；而某些双边关系——我们发现法德关系、美加关系——接近于复合相互依赖的所有三个条件。我们认为，在一个复合相互依赖的世界里，国家政策的目标和手段、议程设置和问题之间联系的进程乃至国际组织的重要性都将全然不同。

从全球主义的角度看，在复合相互依赖的政治中，经济、环境和社会全球主义的程度高，而军事全球主义的程度低。有争议的是，冷战期间，洲际复合相互依赖局限于美国所保护的地区，如大西洋"安全共同体"①。确实，第二次世界大战之后，在建设保护和支持复合相互依赖的国际制度（从北约到国际货币基金组织、关贸总协定）方面，美国的实力和政策至为关键。1989年以来，军事全球主义程度下降，社会和经济全球主义延伸到原苏联范围内，这意味着复合相互依赖区域的扩大，它至少延展到东欧地区某些有抱负的新北约成员国内。经济和社会全球主义似乎也促使南美各国的领导人主动解决彼此的领土争端，因为他们一则期望集中精力进行经济和社会发展，担心注意力被分散，二则担心领土争端会吓跑所需要的外国投资。

即使在今天，复合相互依赖仍然算不上普遍存在。20世纪90年代，从伊拉克、科威特、前南斯拉夫、克什米尔到刚果，对其他国家

---

① Karl W. Deutsch, et al., *Political Community in the North Atlantic Area: International Organization in the Light of Historical Experience* (Princeton: Princeton University Press, 1957).

使用武力或武力威胁的现象比比皆是。撒哈拉以南非洲地区经常爆发内战，有些内战甚至外溢，引起国际战事，就像卢旺达内战扩展到刚果那样。信息革命与电视节目对戏剧性虚拟意象的渴求，加深了全球对某些国内冲突如波斯尼亚和科索沃的认识，使得它们更迅速受到人道主义干预的压力。全球化的各个方面——包括社会层次和军事层次——相互作用，但其后果并不必然带来更大的和谐。然而，在世界某些地区的国家间关系中，武力或武力威胁确实已经不复使用——主要是位居大西洋和太平洋沿岸的、已经步入信息时代的发达国家之间，以及某些不那么富裕的拉丁美洲邻国和越来越多的中东欧邻国之间。

如我们在第九章指出的，自1977年以来，复合相互依赖各个方面的最大变化在于，各社会之间联系渠道的增加。长途传播成本的剧降直接导致了传播渠道的大幅增加。要与全球任何地方的人们进行实时交流，富有组织不再是一个必要条件。弗里德曼称之为技术、金融和信息的"民主化"，因为成本剧降使得原先的奢侈物在社会上普及起来。① 1919年，约翰·梅纳德·凯恩斯观察到，"伦敦居民一边在床上喝早茶，一边通过电话订购全世界各种各样、数量繁多的物品，直至自己满意为止，而且有理由期望这些物品会在早上送到自家门口"。但是，这个人必须是富有者。② 今天，对大多数发达国家而言，普通民众可以在当地超市或因特网上买到更多商品。因此，"民主化"也许是一个错误用词，因为市场的投票权由钱来决定，而人们在开始的时候并不处于同一条起跑线上。例如，资本市场上没有平等，尽管新的金融手段允许更多人参与。"多元化"（pluralization）或许是一个更恰当的词语，它表明全球网络中参与者数量和种类的大幅增加。非政府组

---

① Friedman, *The Lexus and the Olive Tree: Understanding Globalization*, pp. 41–58.

② John Maynard Keynes, *The Economic Consequences of the Peace* (first published 1920; reprinted, Penguin Books, 1988), p. 11.

织——大到"绿色和平组织",小到名不见经传的小组织——可以让全球听到自己的声音,这是前所未有的进步。如我们在第九章所述,它们能否赢得人们的关注、确立信誉已经成为关键性的政治问题。

由于媒体和非政府组织的兴起,洲际性的跨国传播渠道得到了巨大发展,并促成了复合相互依赖第三个方面——联系各社会的多种问题领域的扩展。越来越多的问题被提上国际议程,这些议题包括原来被视为政府特权的管理与实践——从医药检测到会计制度、产品标准、银行业务管理等。20世纪80年代末90年代初的乌拉圭回合贸易谈判集中在服务问题上,这是国际机制以前所未曾涉足过的:1997年7月到1999年1月的金融危机促使公共部门和私营部门都力图在全球推广透明的财务报告制度,这种制度早在发达工业化国家普及了。

远距离参与的加强、世界政治更接近于复合相互依赖的条件并不意味着政治的终结。恰恰相反,权力仍然是重要的。即使在以复合相互依赖为特征的领域,政治仍然体现出经济、社会和环境相互依赖的不对称特征,这种不对称性不仅存在于国家之间,也存在于非国家行为体之间和跨政府关系上。我们有必要牢记在心的是,复合相互依赖并非现实世界的描述,而是从现实中提炼出来的"理想模式"。当然,这种理想模式越来越与世界许多地区的现实相契合,甚至包括某些洲际关系——与认为世界政治不过体现了国家之间的实力和安全关系的陈腐观念相比,它对现实的描绘更为准确。

距离无关紧要吗?

有时,承认根本性变革比认识变革的限度或变化容易得多。1977年,我们将认识到变革却忽视延续性的人称为"现代主义者"(modernists),以区别于传统的现实主义者。今天,我们也许应称他们为"后现代主义者"。无论如何,这些现代主义者或后现代主义者倾向于承认,传播成本的降低使得距离无关紧要。从某些领域看,事实确实如此；但作为一种普遍性的概括，它就是半真半假了。首先，全球相互依赖的参与在加强，但是世界上许多人与其国土乃至当地社区之外的传播网络联系甚少。如前所述，世界上大多数人没有电话，亚洲、非洲和拉丁美洲的许多农村与整个世界的经济、社会和政治联系既缓慢又微不足道。进一步说，对那些与全球传播网络有着密切联系的个人而言，更为准确的说法是，距离的重要性因问题领域不同而存在巨大差异。所谓问题领域，我们指的是所涉及的具体交流模式，甚至存在于我们提出的全球主义四个主要方面之内。换言之，设若全球化意味着距离的缩短，在不同的问题领域，对不同的人而言，这种距离的缩短有所不同。①

例如，经济全球化在金融市场体现得最为显著。距离确实无关紧要——除时区差别外，阿比让*的投资者可以在纽约或香港的股市上瞬间将股票卖给一位在莫斯科的投资者。确实，如果股票可以在线出售或在网络空间内出售，说股票"在纽约股票交易所售出"不过是一种虚构而已。但有形商品的运送却比资本慢得多，因为汽车或插花无法转变为电脑数字。预定可以无视距离问题，但将汽车或插花从日本或哥伦比亚运送到雅加达或卡尔加里**却只能在有形空间内进行。货物运送的速度比以前快捷——喷气式飞机将鲜花送到数千英里之外，但这种运输并不意味着无成本或可以瞬间完成。个人服务更受限于距离因素：人们无法在线理发或美容！

其他形式的全球主义也受到距离变化的影响。观念和信息的传送几乎可以瞬间完成，但是观念和信息的理解和接受取决于不同人类群体的设想、态度和期望如何不同。我们可以称这种不同为"文化距

---

① Frances Cairncross, *The Death of Distance: How the Communications Revolution Will Change Our Lives* (Boston: Harvard Business School Press, 1997).

* 阿比让（Abidjan）是科特迪瓦共和国的首都。——译者

** 卡尔加里（Calgary）系加拿大西南部城市。——译者

离",它为人类和观念的昔日迁移所塑造,而后者又受到地理限制。美国总统可以同时向柏林、贝尔格莱德、布宜诺斯艾利斯、北京、贝鲁特、孟买、布琼布拉*的居民发表演说,但这7个城市对该演说的诠释却存在巨大不同。同样,某些文化的青年人可能认为美国大众文化是全新的价值观和生活方式;其他人却视之为微不足道的象征,不过是由棒球帽、T恤衫和音乐体现出来的大众文化罢了。对居住在同一城市(如德黑兰)的青年人而言,这种标志或是魔鬼撒旦的象征,或是自由的象征。文化距离抗拒同质化。最后,社会全球主义因素有赖于人员迁移,而后者严重受制于距离和司法管辖,因为对世界上绝大多数人而言,旅游是昂贵的,而且所有国家的政府都试图控制和限制移民。

环境领域也受到距离变化的影响。我们住在"同一个地球"上,但河流污染只会对下游造成直接影响,许多城市的有毒空气对当地或该区域的居民有着致命的影响。最致命的污染来自当地。与此同时,臭氧层的耗竭和全球变暖确实是全球性现象,尽管这些现象不是均质的,而是因地理位置和气候因素的不同而有所差异。

军事全球主义也受到距离变化的影响。只有少数国家拥有洲际导弹,只有美国拥有将常规力量运送到全球各地的后勤、指挥和控制能力。许多国家自视为大国,或至多是地区性大国。自二战期间纳粹对犹太人实行大屠杀以来,种族屠杀最致命的武器是1994年卢旺达的大砍刀。同时,当地的弱势行为体可以利用其他全球主义网络寻求报复。即使非国家行为体也可以做到这一点,跨国恐怖组织爆炸纽约的世界贸易中心就是明证。

所以,全球主义的新意何在?网络联系日益深化和强烈,常常带来意想不到的系统性效应。但是,这种强全球主义又不是均质的:它

---

* 布琼布拉系布隆迪共和国首都(旧称乌松布拉)。——译者

因地区、方位和问题领域而不同。与其说它是一个信息传播速度的问题，不如说是一个成本问题，它确实促进了我们所称的系统和制度转化率。全球化缩短了距离，但距离并没有变得无关紧要。国内政治和政治制度的过滤作用，仍然在很大程度上决定着全球化有什么实际影响，不同国家如何有效地适应全球化。最后，由于成本的降低，更多的行为体得以参与更遥远地区的世界政治，世界政治也更接近复合相互依赖的理想模式。

全球化与冷战的终结

信息革命促成了全球主义的诸多方面，但它并非造就当今全球化新纪元的唯一因素。同样重要的是，如下政治事件塑造或扩展了全球化：1945年以来的美国政策；1989年东欧剧变；1991年苏联解体。关于冷战的终结如何影响了相互依赖和全球化的问题，我们将研究它对全球主义四个主要方面的影响。

冷战的终结与全球主义的维度

就经济方面而言，冷战终结最深刻的影响是，资本主义作为一种经济体系进一步合法化了，市场化——市场利用的复兴——开始于英国的撒切尔时代和美国的里根政府时期，早在苏联中央计划体制的弱点和缓慢性得到全面认识之前。社会主义曾经在规范性背景——尤其是不平等的产生——和作为一种富有成效的体制等两个方面挑战资本主义。确实，当1959年尼基塔·赫鲁晓夫（Nikita Khrushchev）告诉尼克松总统"我们将埋葬你们"的时候，他所预测的是，苏联社会主义将在经济上战胜资本主义，而不是通过军事威胁达到目的。他怎么也想不到，苏联会解体，他的儿子在1999年7月宣誓成为美国公民！

245　　苏联经济比对手所认为的更为衰弱、腐败和贫富不均,这个事实的揭露具有破坏性。苏联在信息技术上绝望地落在了后面,其差距一直在扩大。1984年戈尔巴乔夫上台时,苏联只有5万台个人电脑,而当时的美国有3000万台个人电脑。4年之后,戈尔巴乔夫的改革使得苏联个人电脑拥有量增长了4倍,而美国个人电脑拥有量则增至4000万台。①尽管苏联军费开支占其国民生产总值的近1/4,但其军事发展已难以为继了。

更确切地说,苏联和绝大多数东欧国家(以及20世纪70年代末以前的中国)曾排斥资本主义,但冷战的终结扩展了资本主义的地理疆域。全球资本主义的地理扩张进程早就开始了,1945年之后创立的自由经济制度以及巴西、印度等国家20世纪80年代早期进口替代工业化战略——国家实质性参与的一种国家资本主义形式——的失败促成了这一进程。进口替代战略的失败、国家社会主义信誉的丧失、缺乏促进社会主义观念的强大集团,这些因素结合起来,共同使得前被保护地区迅速融入全球资本主义。

冷战终结的经济影响伴随着社会变革。自由主义——由西方特别是美国所代表的资本主义以及民主和法治——似乎已经取得了胜利。弗朗西斯·福山(Francis Fukuyama)称之为"历史的终结"固然过于简单化,但1989年之后自由资本主义鲜有对手,在这一点上他是正确的。②取而代之的是,出现了许多排他性的社区反应。经济全球化也许增强了这些反应,但它并没有产生支配性的共同意识形态。作为全球化反应之一的反美国主义(anti-Americanism)远非团结一致。

如上所述,尽管全球主义的出现早于美国,但当代全球主义被严

---

① Nye, *Bound to Lead*, pp. 121-122.

② Francis Fukuyama, *The End of History and the Last Man* (New York: Free Press, 1992).

重地美国化了。美国大众文化在全球的影响恰恰说明了这一点。我们还发现，有些国家在模仿美国的制度——如大学、证券交易委员会等管理机构，与市场为友的政府政策等。这部分是时尚和市场化的结果，部分是因为许多政策已经被证明有效。然而，如前所述，并非所有社会网络都源于美国。非洲法语区国家仍然唯巴黎马首是瞻，而柏林对东欧影响巨大。美国并非唯一的模式——但它常常是首要模式，或者说其他国家试图模仿的第一个制度。它无须与同等幅员、同样成功的强国进行竞争。

在这一点上，冷战终结之外的其他力量也发挥着作用。巧合的是，1991—1992 年之后，苏联解体与日本急遽经济衰退同时发生。20 世纪 80 年代，许多文献大量宣传日本将成为"第一"，现在看起来不合时宜了。① 欧洲正在趋向统一，但欧洲各国的社会和经济缺乏活力。在影响人们对人类社会可能如何的认知方面，美国几乎无可匹敌。因此，社会全球主义也高度美国化了。

冷战终结并没有增强环境全球主义。但是，冷战终结导致（能源密集型并污染严重的）苏联和东欧国家工业生产的大幅度降低，因而减少了苏联控制区的生态破坏。冷战终结对环境全球主义的主要影响更具有社会性（而非环境性）：它使国家社会主义名誉扫地。苏联解体之后，一系列环境灾难被揭开，有的是有意为之（细菌战试验、向海洋倾倒核废料、在酸雨数据上弄虚作假等造成的环境灾难），有的则是无心之失。

冷战终结没有加速军事全球主义，但导致了后者的转型。基于美苏对抗的旧全球主义不复存在。俄罗斯丧失了对尼加拉瓜或安哥拉等偏远地区进行干涉的能力。由于苏联威胁的消失，美国也无须像过去

---

① Bill Emmott, *Japanophobia: The Myth of the Invincible Japanese* (New York: Times Books, 1993).

那样关注安哥拉、阿富汗等偏远地区。当然，人道主义关注、前述非对称军事能力意味着，某些军事全球主义依旧残存。冷战终结与技术变革相结合，促成了另一种形式的、由美国主导的军事全球主义。冷战期间，苏联进行了种种努力，但在军事技术方面仍然落后于美国，无力应对里根的"战略防御倡议"*就是明证。实际上，到1994年，除核武器之外，俄罗斯军事似乎不复当年，其军事设施的衰败表明了这一点。苏联非核军事力量崩溃导致的后果是，俄罗斯无法有效抵抗美国的军事行动，恰恰因为如此，美国及其盟国可以人道主义等为由在伊拉克和波斯尼亚使用武力，并对塞尔维亚动武。

关联政治与全球主义的美国化

历史并非线性演进，其形式往往是并无因果关系的事件联合造就的。16世纪的推动力体现在如下方面：交通工具发明（造船和航海技术的变革使之成为可能）的影响；宗教改革运动（the Reformation）及其对宗教、社会和经济的影响。②工业革命产生了高爆炸药、毒气和喷气式飞机，使得战争更容易造成平民伤亡；这些发展只有与种族主义相结合才导致了第二次世界大战和对犹太人的大屠杀。

当代全球化也反映了关联（conjunctures），希望这些关联将更加良性。就经济层面而言，冷战终结及其上述影响，与进口替代战略和国家控制型工业化模式的失败同时发生。更为深刻的是，信息革命与生物技术的类似发展，为新企业家创造了重视技术情报和迅速适应新环境的机遇。20世纪90年代，两种制度安排突然变得更为重要：一方面是实验室与市场导向的企业之间的密切结合；另一方面是资本市场的深化，

---

* 战略防御倡议（Strategic Defense Initiative）又被称为"星球大战"。——译者

② Max Weber, *The Protestant Ethic and the Spirit of Capitalism*, 2nd Roxbury ed. translated by Talcott Parsons; revised introduction by Randall Collins (Los Angeles: Roxbury, 1998).

许多代理人愿意冒险。美国在这两个方面都超过了欧洲和日本。

科学与市场的联姻早已有之。在许多地区，大学与创新型企业形成了相互协作关系，如加利福尼亚的硅谷（斯坦福大学）、麻省坎布里奇（哈佛大学和麻省理工学院）和北卡罗来纳州的科研三角园（杜克大学、北卡罗来纳大学和北卡罗来纳州立大学）。为促进市场导向的生产，成功企业将它们的实验室与市场导向的生产联系得更紧密；如果这些联系减弱了，或产品市场化严重落后于实验发明，企业将进行重组。

美国资本市场在20世纪80年代已经深化，并摆脱了银行的控制。风险资本基金已经建立起来或曾经繁荣过，当然这些基金在下一个十年能否继续存在尚属未知。因此，当企业家——大多是美国企业家（尽管许多在外国出生）——寻找资金时，制度设施已经有所准备。如果美国市场做出回应，企业家更会认识到它们的重要性。美国将因身处崛起之地而更加繁荣。

从社会和军事层面讲，关联也非常重要。在抗拒美国大众文化的思想风潮过去之后，信息革命带动全世界越来越多的电视和电影院播放好莱坞的影片。苏联的解体导致美国唯一的强大对手（尽管其武器装备低劣）不复存在，美国的精确制导武器和信息战武器可以刀枪入库了。

综上所述，冷战终结对全球化的影响深刻而不均衡。这些影响并非仅仅源自苏联解体，而是苏联解体与其他各种因素相结合促成的。其后果之一是造成了全球主义的美国化：恰如我们看到的，美国并没有创设全球主义，但美国塑造了新千年之初全球主义的表现形式。

政治、公正、权力与治理

全球化通过对国家国内政治的影响来影响治理；它影响了经济活动中的收益分配，即国内和各国之间的公平分配；它影响了国家之间的权力关系。最后,它对治理产生影响。我们将在下文中逐一剖析。

全球主义与国内政治

全球主义以不同方式影响各国的政治和治理。比如,经济全球主义可以影响政治联盟,从而对各国的政策倾向产生影响。[①]例如,由于出口增长加强了支持出口的利益集团,而进口的增加削弱了进口竞争型的企业和产业,美国的贸易保护主义有所下降。恰如我们在探讨1997—1998年世界金融危机时所指出的,全球主义也会削弱宏观经济政策的效力,招致危机,影响政治。在那次金融危机中,即使中国香港等管理良好的经济体也遭受震动,似乎远离危机的市场——如美国的库存债券市场——也受到严重影响(导致势力雄厚的对冲基金"长期资本管理"基金崩溃)。为应对并非起源于美国的危机,美国联邦储备委员会在1998年秋季连续三次降低利率。

环境全球主义对政治联盟和网络也产生重大影响,因为各国居民都对全球环境面临的危险做出反应。[②]北方工业化国家援助巴西雨林或阻止印度建筑大坝的运动恰恰说明了这一点。

军事全球主义可以不同方式对国内政治产生深刻影响。美国及其盟国远距离投送兵力,从塞尔维亚的控制中夺取了科索沃,尽管没有导致该领土主权所属的正式改变,但却改变了这个政治实体的领土疆界。美国的军事行动确实影响着伊拉克、索马里和塞尔维亚的国内政治。然而,这些影响是否符合美国决策者的意图,我们不得而知。这些事件最清楚的体现是,从国内政治的角度看,通过使用武力实现预

[①] Peter Gourevitch, *Politics in Hard Times: Comparative Responses to International Economic Crisis* (Ithaca: Cornell University Press, 1986); Ronald Rogowski, *Commerce and Coalitions: How Trade Affects Domestic Political Alignments* (Princeton: Princeton University Press, 1989).

[②] Margaret Keck and Kathryn Sikkink, *Activists Beyond Borders: Advocacy Networks in International Politics* (Ithaca: Cornell University Press, 1998).

想目标是困难的。军事全球主义确实有影响,但它常常对国内政治产生意想不到的影响,其后果往往超出其预想。

社会全球主义的影响或许最为深刻,尽管该影响最难被清晰识别。如我们在第九章所指出的,任何社会都难以阻止民主、资本主义、个人主义或全然自我放纵等观念的流动。任何神奇的技术创新,比如(能阻隔或滤除暴力或色情画面的)V芯片,都难以阻止观念通过因特网或电话线向全世界传播。它对政治共同体认同谁或反对谁的影响也是深刻的。全球化的影响也许是极端不均衡的,以非常不同的方式改变着政治共同体的认同和相互关系。它对前南斯拉夫农村团体和城市团体的不同影响,当前伊朗极端保守的神职人员与奉行自由化的现代化主义者之间的争论说明了这一点。曾经组织1979年占领美国大使馆并扣留人质行动的一名伊朗学生最近说:"对美国而言,自由是每天的用品;对我们而言,在沙阿*的独裁之下,什么是民主无人知晓。因此,当我们占领大使馆时,我们根据平时所知的原则行事,这就是专制主义。今天,我们选择了不同的道路,这个选择建立在我们过去20年所学到的知识基础之上。"①

全球主义对政府机构的基本影响,因情境不同而有异。有时,全球主义显然削弱了政府机构。例如,生产流动的要素将削弱政府确定并征收税款的能力,自由观念的传播削弱了神权政治国家控制本国政治的能力。但是,全球主义有时也会增强政府的能力。经济全球主义给东亚带来了繁荣,增强了新加坡的政府能力。社会全球主义可以强化被效仿国家(如美国)的"世界领导者"的感觉,因此提高了民众对本国政府的支持率。美国军事力量在全球无处不在,如1999年5月轰炸中国驻贝尔格莱德大使馆,似乎已经引起了中国的民族主义浪

---

* "沙阿"(Shah)系伊朗国王的称号。——译者

① *New York Times* (October 13, 1999): A3.

潮，加强了中国民众对中国政府的支持度。

全球影响是巨大的，但是全球影响不可能在无中介的情况下进入各个社会。相反，它们还会被文化区别和国内政治所过滤。全球信息在不同国家如何被下载是国内政治的功能之一。从这方面讲，即使在全球主义时代，政治仍然是地方性的。不同的政治体制有不同的能力，塑造着影响它们的经济、社会、环境和军事力量；不同国家的人民对这些力量有不同的价值观；它们的政治制度对这些价值观的反应也不相同，从而产生对应的政策。

国内政治可以各种方式塑造全球主义的影响。国内机构或许阻止市场信号等进入本国社会。[1]苏联等国的社会主义经济制度禁止价格信号进入它们的市场，贸易壁垒、资本控制、扭曲的汇率安排等都有类似的效应。政府还试图阻止更为宽泛的社会观念入境，但是这样做非常困难；特别是政府还试图实现现代化，因此必须促进教育。我们在第九章简要分析了新加坡政府如何防止其公民或部分公民全面上网，以此减少全球主义的影响，或使其公民对全球主义抱有成见。

国内机构也为变革做出的反应提供渠道。有的国家模仿成功者，韩国、东欧等处于民主化进程中的资本主义国家可以为证。有的国家采取与众不同的灵巧方式做出调整：例如，欧洲小国对市场开放做出的反应是，维持相对庞大的政府，强调对弱势群体的补偿；而英美工业化国家一般强调市场、竞争和撤销管制。其他国家做出了调整，但并没有接受构成主要社会基础的价值观，1978年以来的中国，以及在某种程度上的印度和日本，都属于这一大类。有时类似的调整似乎取得了成功，如新加坡所展示的；有时这种调整却导致了政权崩溃，如

---

[1] Helen V. Milner and Robert O. Keohane, "Internationalization and Domestic Politics: A Conclusion," in Keohane and Milner (eds.), *Internationalization and Domestic Politics* (Cambridge: Cambridge University Press, 1996), pp. 242–255.

戈尔巴乔夫领导下的苏联。仍有某些国家强烈抵制全球主义,甚至采取了暴力抵抗手段。毛拉统治下的伊朗和伊斯兰原教旨主义主导下的其他国家(如阿富汗和苏丹)仍然抵制全球主义。

即使按照某些国家自己的价值观评判,它们将从模仿和调整中获益,其国内制度也仍有可能冻结相应的政策。其中的一个事例是,日本并没有调整自己的政策、银行业和企业来充分适应信息时代的要求,而是冻结了相关的联盟和政策。20世纪90年代的结果是日本经济陷入停滞:十年之间,其年经济增长率从4%降为零;空前的失业;(作为一种社会后果的)自杀率上升。

最后,国内的经济制度、民族制度及其分歧可能导致国内冲突,它可能以深刻、常常是意想不到的方式重新建构民族认同(identities)或政治认同。在波斯尼亚,政治家呼吁坚持农村地区的传统认同,力图压制和消除在城市发展起来的都市认同。在伊朗,伊斯兰原教旨主义者与更为自由化的对手——他们也是穆斯林,但更倾向于西方观念——仍在继续争斗。

公正与不平等加剧的政治影响

工业革命造就了全球不平等的巨大鸿沟。1800年,富有国家的人均收入是贫穷国家的4倍;现在,其差距达30倍之多。直到1960年,基本的趋势仍然是不平等的进一步拉大。自1960年起,出现了一个"平稳时期"。按照各国的人口来衡量,出现了既无趋异亦无趋同的现象:各国之间的不平等依旧。贫穷国家经济增长率较高,但却为高人口增长率所抵消;以购买力来衡量,这些国家的总体人均收入并未发生显著变化。①

---

① Glen Firebaugh, "Empirics of World Income Inequality," *American Journal of Sociology*, vol. 104 (May 1999): 1597ff.

这些总括性的数据掩盖了各国之间存在的巨大差异。成功国家的经验说明，尽管有政治因素和资源限制的制约，走出贫困是可能的。世界上大多数最贫穷的国家——主要在非洲或亚洲——遭受过暴政、腐败和错误的宏观经济政策。我们可以将其政治体制的缺陷部分归咎于殖民主义和19世纪的全球化，但是，造成这些国家贫困近况的原因却更为复杂。东亚的几个国家在20世纪50年代非常贫穷，但它们利用全球化网络，极大地增加本国财富，提高了自己在世界经济中的地位。1957年，加纳的人均国民生产总值比韩国高9个百分点①；今天，韩国人均收入是加纳的30倍②。1975—1995年，韩国人均收入的年增长率达到7%（翻两番），而加纳只有0.4%。这并非仅仅是一个特殊个案，因为许多其他亚洲国家也出现了加纳与韩国的类似兴衰情形：例如，老挝、缅甸和尼泊尔的经济发展水平低，经济都处于停滞状态。

同样令人震惊的是，就国家之间以及各国内部的个人而言，全球化收益的分配严重不公。托马斯·弗里德曼曾认为，从经济全球化获益的国家穿上了"黄金紧身衣"（golden straightjacket），它们从市场中获得利益，又受到市场力量的制约。问题是，在许多国家，一些居民获得了更多的"黄金"，而另一些居民感触更多的是"紧身衣"。例如，1995年，巴西最富有的1/10人口的收入几乎占国民收入的一半，最富有的1/5人口占国民收入的64%；最贫穷的1/5人口只占国民收入的2.5%，而最贫穷的1/10的人口占不到国民收入的1%。在美国，最富有的1/10人口的收入占国民收入的28%，最富有的1/5人口占国民收入的45%；而最贫穷的1/5人口约占国民收入的5%，最贫穷的1/10

---

① Bruce M. Russett, et al., *World Handbook of Political and Social Indicators* (New Haven, Conn.: Yale University Press, 1964 [repr. Greenwood Press, 1977]), p. 156.

② United Nations Development Program (UNDP), *Human Development Report 1999* (New York: Oxford University Press, 1999), table 11, pp. 180–183.

的人口仅占国民收入的 1.5%。① 就各国之间而言，不平等更为巨大：1998 年，世界上最富有的三个亿万富翁的总资产比世界上最不发达国家 6 亿人的年收入总和还要多。②

　　国内不平等的原因至少与国家间不平等的原因一样复杂。在过去 30 年间，全球化获得了长足发展，同期美国的工资差距也扩大了。平民主义政治家将不平等（以及工业调整带来的不安全感）归咎于全球化。但是，需要再次指出的是，其中的因果关系难以确定，因为诸多变化是同时发生的。部分原因在于熊彼特提出的"创造性摧毁"（creative destruction），即作为信息革命的一部分，技术代替了人工劳动；部分原因在于劳工组成的变化（妇女作用的增强）和经济制度的变革（工会的弱化）；部分原因在于贸易和移民的增加（经济和社会全球化）。许多经济学家认为，国内因素比全球因素重要，但做出确切的判断非常困难，因为全球竞争也许会影响对新技术的认识程度。③ 可以确定的是，即使移民等全球化进程对全国而言有好处，某些雇主——例如服装制造商、寻找佣人的富有家庭等——可能从廉价劳动力的增加中获益，但与此同时，由于竞争的加剧，非熟练工人的工资却受到了压制。④

---

　　① World Bank, *Knowledge for Development: World Development Report 1998–1999* (New York: Oxford University Press, 1999), table 5, pp. 198–199.
　　② UNDP, *Human Development Report*, p. 3.
　　③ Robert Lawrence, *Single World, Divided Nations* (Washington, D. C.: Brookings Institution Press, 1996); George J. Borjas, *Heaven's Door: Immigration Policy and the American Economy* (Princeton: Princeton University Press, 1999), chap. 1.
　　④ 关于移民对美国经济影响的乐观评估，可参见 Susan B. Carter and Richard Sutch, "Historical Background to Current Immigration Issues," in James P. Smith and Barry Edmonston (eds.), *The Immigration Debate: Studies on the Economic, Demographic, and Fiscal Effects of Immigration* (Washington, D. C.: National Academy Press, 1998); 关于富有的本土美国人的不平等收益，可参见 George J. Borjas, "The New Economics of Immigration: Affluent Americans Gain, Poor Americans Lose," *Atlantic Monthly* (May 1996): 72–80。

再以中国为例，自中国领导人决定对外经济开放即变得顺应全球化以来，这个贫穷的国度发展十分迅速。1976—1997 年，中国的人均国内生产总值增长率年均近 8%，或者说，总体增长达 450%。与此同时，联合国计算的中国"人类发展指数"——反映寿命、受教育年限、人均国内生产总值等——也获得巨大增长。①

统计显示，货币收入并非衡量不平等的最佳标准。问题的关键在于它对寿命和生活质量的影响后果。在过去几十年间，发展中国家的人均寿命有了实质性的增长。然而，某些最不发达国家的人均寿命仍然低于 52 岁，而工业化国家的人均寿命几近 78 岁。成人识字率是衡量生活质量的一项基本标准，最贫穷国家的成人识字率只有 50%，相比而言，富有国家达到 98%。

如上所述，早期全球化浪潮发生在第一次世界大战的四五十年之前，只是因为战争、战争期间的社会破坏和经济中断而终止。在 19 世纪后期，富裕国家的不平等在加剧，而贫穷国家的不平等程度在减弱，其中 1/3 到 1/2 的不平等加剧可归因于全球化的影响。许多变化是由大量移民造成的，后者可解释 19 世纪后期 70% 的真实工资趋同。②不平等变化的政治后果非常复杂，但卡尔·波兰尼在其经典著作《大转型》中颇有说服力地指出，工业革命和 19 世纪的全球化所释放出来的市场能量不仅产生了巨大的经济效益，还带来了巨大的社会分裂和不平等的加剧，它反过来导致了法西斯主义和共产主义的政治反作用。③问题的关键不在于不平等与政治反作用之间存在任何自动关系，而在于不平等引发政治反作用，最终导致对经济全球化的限制。

---

① UNDP, *Human Development Report*, p. 156.

② Jeffrey G. Williamson, "Globalization and the Labor Market: Using History to Inform Policy," in Philippe Aghion and Jeffrey G. Williamson, *Growth, Inequality and Globalization: Theory, History and Policy* (Cambridge: Cambridge University Press, 1998), pp. 105–200.

③ Karl Polanyi, *The Great Transformation* (New York: Rinehart, 1944).

经济全球化与福利国家不相容，因为后者引发了20世纪40年代以来西方民主国家的贫穷和不安全。政治稳定问题与以上说法有关联。当然，全球经济竞争产生了对福利国家的限制，但是从政治层面看，所谓不相容似乎有夸大之嫌。关于战争与安全的充分标准，似乎是民主国家的全球市场力量要求开放所必须付出的代价。拥有最慷慨的福利政府的欧洲小国，其经济也最为开放。① 长远观之，完全自由放任将是对经济全球主义的短视性回应。

权力与网络

冷战终结以来，在全球化和信息革命时代，美国比历史上任何国家都强大，其强大建立在全球基础之上。美国的导弹可以打击科索沃或伊拉克的目标，而无须担心有效的报复。甚至与最强大的竞争者相比，美国的军事力量也具有压倒性优势。

美国处于当代全球化所有四个方面的核心，这一点不容置疑。认识这一点的方式之一是，进一步思考关于全球主义的定义，即洲际相互依赖的网络。网络是一个系统内的一系列关联点。网络可以具有多种结构，其中各联系的集中程度和复杂程度由大及小，如毂辐、蜘蛛网、电极板或因特网等。网络理论认为，在绝大多数情况下，网络的向心性传送着权力。② 粗略地讲，我们把全球主义视为以美国为毂的

---

① Peter J. Katzenstein, *Small States in World Markets: Industrial Policy in Europe* (Ithaca, N. J.: Cornell University Press, 1985; Geoffrey Garrett, "Global Markets and National Politics: Collision Course or Virtuous Circle?" *International Organization* 52, no. 4 (Fall 1998): 147–184; Dani Rodrik, *Has Globalization Gone Too Far?* (Washington, D. C.: Institute for International Economics, 1997), chap. 5.

② Daniel Brass and Marlene Burckhardt, "Centrality and Power in Organizations," in Nitin Nohria and Robert Eccles (eds.), *Networks and Organizations* (Boston: Harvard Business School Press, 1992), pp. 191–215; John Padgett and Christopher Ansell, "Robust Actors and the Rise of the Medici, 1400–1434," *American Journal of Sociology* 98, no. 6, (May 1993): 1259–1319. 感谢戴维·拉泽（David Lazer）和简·方丹（Jane Fountain）就此提供的帮助。

网络，其辐条延伸到世界其他地方。该图景反映了某些现实状况。美国处于全球化所有四个方面——经济全球化、军事全球化、社会全球化、环境全球化（美国是最大的污染者，要想在环境问题上采取有效行动，美国的政治支持是必要条件）的核心。如前所述，在全球化的当前阶段，美国发挥着核心作用，这是由诸多原因造成的，其中包括美国的汇合文化（syncretic culture）、市场规模、某些机构的有效性及其军事实力。反过来，这种向心性也给美国带来了硬权力和软权力：美国有能力诱使他者做自己不愿意做的事情（硬权力），以及说服他者做美国希望它们做的事情（软权力）。

想象当前的全球主义网络就是毂辐，美利坚帝国塑造着小国的依赖，这种认识是错误的。作为认识全球化的一种角度，该比喻是有用的，但它无法提供全面图景。其原因有三：

第一，相互依赖网络的结构因所涉及全球主义的维度不同而不同。相比经济、环境和社会全球主义而言，毂辐比喻更适用于军事全球主义。即使在军事领域，许多国家也更关注来自邻国的威胁，而不是美国的威胁。许多国家呼吁美国动用全球军事来保持地区平衡，其原因概源于此。换言之，在军事领域，毂辐比喻更适用于解释权力关系，而不是勾勒相互威胁关系。

第二，毂辐依赖模式也许会误导我们，使我们忽视敏感性与脆弱性之间的关联。即使在权力一边倒的军事领域，美国有能力打击世界上任何地区，但这也并不意味着美国没有脆弱性。其他国家可以采取非常规方式使用武力，或从长期看，它们可以开发带有运载系统的大规模杀伤性武器，届时它们也可以对美国构成威胁。虽然美国经济最为强大，但它对全球资本市场的危机蔓延既存在敏感性，也有潜在的脆弱性。在社会领域，与其他国家相比，美国输出了更多的大众文化，但同时它进口的观念和移民也多于大多数国家。管理移民成为应对全球主义极为敏感和重要的方面。最后，从环境方面讲，美国对无权控制的境外活动——如他国的煤炭火电厂排放的废气有可能加速全球气候变暖——存在敏感性和脆弱性。

简单的毂辐依赖模式存在的第三个问题是，无法确认网络上其他的重要联系和交叉点。如前所述，在加蓬共和国看来，巴黎比华盛顿重要，莫斯科比中亚重要。马尔代夫群岛只高出印度洋海平面数英尺，因而对世界其他地区二氧化碳的潜在影响甚为敏感。它们也是完全脆弱的，难以想象它们能够摆脱政策变化带来的敏感性。同时，他国在焚烧多少煤炭方面有更多的选择，从未来的角度着眼，该问题与马尔代夫的相关程度大于美国。最后，如上所述，毂辐模式蒙蔽了我们的眼睛，使我们无视全球网络架构发生的变化。网络理论家认为，当其他参与者之间存在着结构漏洞即传播差距时，核心权力受益最大。因特网的发展将改变这一点。①例如，21世纪之初，美国的网民确实占全球网民的一半，但20年之后局面绝非如此。技术能力的扩展无可阻挡，网络架构也将发生演变。

问题的关键在于，全球主义的网络是复杂而易变的。美国现在似乎是"跨越全球的巨人"，但仔细观之，美国的主导因问题领域而异，许多相互依赖关系都是相互影响的。像美国这样的大国——在一定程度上中国也是——比小国有更多的选择空间，但它们无法免除外来影响。长远观之，我们可以进一步期望，随着能力的扩展，全球化本身将降低美国的主导程度。

全球主义的治理

如果说自由放任将会造成长期的不稳定，而相互依赖网络正在穿越民族国家的疆界，那么全球主义如何治理呢？有的作者以史为鉴，

---

① Ronald Burt, *Structural Holes: The Social Structure of Competition* (Cambridge, Mass.: Harvard University Press, 1992): chap. 1.

从美国历史中寻找类似例证。就像19世纪末国民经济的发展导致了华盛顿联邦政府权力的加强，全球经济的发展需要具有全球水平的联邦政府。① 有人将联合国视为权力中心的雏形。② 但是，美国的历史类比具有误导性。最初的13个殖民地共享英语及其文化，而现在世界上200个国家在语言和文化上多种多样，但就连美国也未能避免一场涂炭生灵的内战。当大陆经济发展之际，美国联邦框架的坚实基础就此奠定。如果我们只是坐等"麦迪逊时代"的到来，我们就会发现，情况发生了重大变化，时不我待。

在我们乃至我们子孙的有生之年，新的"世界宪章"都不大可能被接受。世界的政治和文化多样性——及其绝对规模——使得这种前景分外渺茫。然而，只要全球化继续深化下去，国家或其他行为体就会发现，它们的价值观越来越受到他者行为的影响。因此，它们将寻求管理相互依赖的影响，即治理全球化。

这种治理可以采用多种形式，我们在此列举出五种形式：

（1）在领土疆界内采取单边国家行为，降低脆弱性，或接受外在标准，增强竞争力；

（2）强国或国家集团采取单边行动，以影响领土之外的国家、企业、非政府组织等行为体；

（3）区域合作，增强政策的有效性；

（4）全球层次的多边合作，建立管理全球化的国际机制（见本书第三章至第六章）；

（5）跨国和跨政府合作——包括"市民社会"——以治理全球化，其方式不涉及一致性的国家行为。

---

① Michael J. Sandel, *Democracy's Discontents* (Cambridge, Mass.: Harvard University Press, 1996): 338ff.

② 尤请参见 UNDP, *Human Development Report*, chap. 5。

以上对全球化的回应都属于治理的尝试，但这些尝试似乎是四分五裂和混乱的，就像当前的全球治理一样。

国家和企业通常会对不利的跨境影响做出反应——提高对外部冲击的敏感性——通过内部行动来降低它们的脆弱性。这些行动可能会采取如下形式：创设跨界交流的壁垒或对内部经济政策进行调整，以减少外部交流的成本。例如，1974年石油震荡之后，进口石油价格猛增三倍之多，诸工业化国家为此采取了各种措施，有的成效卓著，有的则见效甚微。20世纪80年代，美国企业为应对美元升值进行了内部调整，增强了效率和竞争力。最后，20世纪90年代的信息革命给以欧洲大陆模式组织的政治经济（高福利国家、严格的劳动力市场）和以东亚模式组织的政治经济（政府、银行和产业集团建立密切联系）带来了特殊的困难。这些国家的政府采取的许多措施，以及在一定程度上欧洲联盟采取的许多措施，可以视为对全球化的外在压力做出的内部反应。用达尼·罗德里克的话说，"真正的政策变化是在于：我们如何能够保证世界的安全，确保不同名目的国家资本主义共享繁荣？"他的答案包括：采用多边程序；采取低关税但不是零关税；确立游戏规则，允许国家为确保合法的国家目标不受损害而重新实行限制措施。①

抗拒全球化往往要付出高昂的代价，某些国家身上的"黄金紧身衣"或许更紧身些。权力是决定后果的重要因素。有些弱国几乎没有选择，必须针对自己不喜欢的变化做出调整，至少在某些领域（对一体化的金融市场和环境体系做出反应尤其）如此。但对强国而言，做出其他形式的反应是可能的。这些国家（以及强大的地区组织，尤以欧盟为代表）可以采取单边行动，或联合一两个友好伙伴迫使他者改变政策，美国在20世纪80年代末90年代初采取了许多类似行动，包括单边贸易报复、试图通过单边行动救助海豚或实现其他良善的环境

---

① Dani Rodrik, "The Global Fix," *New Republic* (Nov. 2, 1998):17.

目标、(与英国联合) 强迫银行接受资本适度标准。

以上两种形式的治理实践加强了这样相对明显的趋势：未来全球治理的核心制度仍然是民族国家。民族国家消亡的条件远未成熟。① 然而，面对全球化，单边行动往往是不够的，它往往导致失败或引起对抗性反应。面对全球化的深化，各国越来越愿意牺牲某些合法的行动自由，以限制他国对自己采取的措施，或防止他国行为变得不可预测。有些类似的合作是在区域层次上进行的。经济地区主义兴起于20世纪60年代，自80年代初期以来，经济地区主义确实在全球复兴了。欧洲联盟建立了单一的市场和货币联盟，北美自由贸易区和南美洲的南方共同市场各自建立起来，环太平洋带的地区主义也有所增强。②

区域主义可视为国内政治做出的反应，也可视为对全球化做出的反应。区域化使得一群国家达到充足的"关键主体"，使它们可以对全球公司或其他流动性实体实行更为有效的管理。例如，相比欧洲的单个国家而言，作为一个群体的欧洲联盟更能够对美国的单边政策做出有效的反应。

第四种形式的合作包括，进行多边合作，以建立全球性的国际机制，如同本书第四章至第六章所描述的国际货币机制和国际海洋机制。大多数国家发现，要想自己的利益得到实现，就必须进行合作。有必要指出的是，合作并不意味着和谐（harmony）。相反，合作缘起于冲突，所以双方都认识到相互调整是必要的——纵然这样做常常伴随着痛苦。③ 合作可能采取的方式有：双边或多边协议；政府官僚之

---

① 相反的意见可参见 Susan Strange, *The Retreat of the State: The Diffusion of Power in the World Economy* (New York: Cambridge University Press, 1996), and Linda Weiss, *The Myth of the Powerless State* (Ithaca: Cornell University Press, 1998)。

② Edward D. Mansfield and Helen V. Milner (eds.), *The Political Economy of Regionalism* (New York: Columbia University Press, 1997)。

③ Robert O. Keohane, *After Hegemony: Cooperation and Discord in the World Political Economy* (Princeton: Princeton University Press, 1984), pp. 54—55.

间的非正式协议；向正式的政府间国际组织派驻代表团等。全球流动管理（regulation of global flows）的加强，往往采取层层叠加的方式，而不是通过某个协定确立的，这也使得全球流动管理难以在短期之内完善。但是，不完善的管理与没有管理毕竟不同——许多国家内部的交通法规可以为证。在有些情况下，合作相对容易些。例如，对因特网上的儿童色情进行起诉，这方面的合作比垃圾邮件的管理要容易得多。因为在前一个问题共享的规范多于后者。①

国际机制以多种形式出现，有多种规则、争端解决程序和各种漏洞。有的机制经过一段时间后有所加强——甚至被合法化，确立了更具有强制性和更精确的规则，以及争端解决安排。以贸易政治为例，自 1995 年以来，世界贸易组织的规则授权第三方仲裁，对贸易争端做出裁定。然而，与此同时，这些机制的条款也缓和了外在治理的影响。例如，对那些未能遵守自由贸易义务的国家，世界贸易组织并不将义务强加于它们，更不强迫它们履行应尽的义务。如果裁定失败的被告方未能履行裁决，世界贸易组织会授权其他国家在自己选定的领域实行报复行动以获得补偿，而又不侵犯被告方的国家主权。这种安排有助于协调总体原则与民主政体存在国内压力集团的现实之间的关系，时间证明，它像电力系统的保险丝盒一样有效。

最后，某些治理的尝试并不将国家视为统一的整体，而是涉及跨政府的行为，国家各部门有所参与，或是跨国性的行为，非政府行为体有所参与。换言之，除必要但不完善的国家间制度框架之外，还出现了一种非正式的政治进程，作为各国合作关系之正式进程的补充。

---

① Cary Coglianese, "Transforming Global Governance: From Nation-States to International Institutions"; Elizabath Hurley, "A Whole World in One Glance: Privacy as a Key Enabler of Individual Participation in Democratic Governance"; Viktor Mayer-Schoenberger, "Globality and Content Regulations"（以上都是向 1999 年 7 月新罕布什尔州布雷顿森林召开的约翰·F. 肯尼迪政府学院"全球化远见项目会议"提交的论文）。

公共部门的跨政府交流有所增长，政府的不同部门就此建立了非正式联系。① 即使律师和法庭也参与到这种联系之中。外事服务人员构成民主大国大使馆的驻外主体，他们极少不参与类似联系。在私有市场部门，跨国公司和海外投资公司经理人发挥着更大的作用。他们的实践与标准往往构成事实上的治理。如萨斯基亚·萨森指出的，"国际商业仲裁基本上是一种私有司法体制，而信誉评估机构是私有看门体系，它们与其他制度一起，构成了重要的治理机制，而其权威并不以政府为核心"②。在私有非营利部门，各类组织获得异乎寻常的增长，大多数组织仍然是西方建立的，但国际性组织在增加。正如第九章所分析的原因，这些组织和各种跨界渠道对国家、政府间组织和跨国公司的影响越来越大。私有行为体、跨政府行为体和跨国行为体联合，正在造就全球性市民社会的雏形——尽管它现在还不完善。

全球化对民主理论及其实践的影响非常有意义。协调全球主义与民主理论的一个问题就是，确定什么是相应的公众。③ 如果公共空间是可以确认的、相互联结着的一系列问题，公众即在该空间内相互交流的一些团体和个人。有些公众是国家性的，但有些是跨国性的。如果民主意味着多数原则（作为一个条件），那么什么是相应的大多数呢？谁投票？在什么范围内投票？原则上讲，政府间合作解决了民主责任的问题。只要参与合作的政府是民主政府，它们就会对自己的选民负责。但是，这些国际组织采取的行动往往是不透明的，并远离公民的

---

① Robert O. Keohane and Joseph S. Nye, Jr., "Transgovernmental Relations and International Organizations," *World Politics* (October 1974); Anne-Marie Slaughter, "The Real New World Order," *Foreign Affairs* (Sept. -Oct. 1997).

② Saskia Sassen, "Embedding the Global in the National: Implications for the Role of the State," *Macalester International* 7 (Spring 1999); *Globalization and Economic Space*, p. 39; 又见 Sassen, *Losing Control? Sovereignty in an Age of Globalization* (New York: Columbia University Press, 1996)。

③ Dennis Thompson, "Democratic Theory and Global Society," *Journal of Political Philosophy* 7, (no. 2, 1999).

日常生活。联系的长链降低了责任感。如果以初期国际市民社会的责任感为补充，那将是非常有帮助的。与选民相比，私有企业对市场更负责任，而非政府组织常常就是未经选举的精英。无论如何，非政府组织对政府、公司和国际组织的行为展开激烈的争论，增加了透明度，给民选政府带来压力，从而有助于全球治理的开放和多元化（如果不是民主化的话）。

就我们以上讨论的治理形式而言，第一种治理形式即内部调整的某些方面有可能导致"去全球化"，如果采取增加边界壁垒方式的话。这种反应不可排除，从第一次世界大战开始到第二次世界大战结束的历史可以为证。尽管全球化将持续进行下去，但许多国家内部不时出现反对全球化的运动。民主责任难以在全球化世界实现，这一事实使得鼓励全球化的政策容易受到合理的谴责。

我们既不假定全球化必将持续下去，也不就全球化的最终影响做出价值判断。就全球化做出价值判断，必须依照个人对因果关系的理解（迄今的理解不尽如人意）和个人的价值观而定。由于全球化包含着变革、不确定性和风险，关于全球化的意见也应该反映不同程度的乐观、悲观和风险规避。然而，全球化的多维性意味着，认为全球化毫无瑕疵或一无是处都是没有道理的。相反，理智的方式是，根据个人的态度确定对全球化的看法。全球化的不同方面以及由此引起的不同凡响，仍然是一个值得探讨的问题。

我们可以将社会空间视为一个三角形，市场、政府与市民社会是其中的三个角。该三角形的所有角及其相互关系，都受到信息革命和当前全球化的影响。市场在扩张，公司结构变得更像网络。在市民社会领域，新组织和交往渠道穿越了国家边界。与此同时，经济和社会压力促使政府的组织形式和职能发生变革。最终，变革将扎根于民众心中。许多国家已经出现了多层次的忠诚，新型社区也在演变之中，主权国家体系作为世界的主导结构仍将继续存在下去，但世界政治的内容正处于变革之中。社会的更多方面——但不是所有方面——开始接近于复合相互依赖的理想模式。如果出现全球化早期阶段的灾变,这些趋势有可能出现倒退甚至逆转。历史常常充满奇迹。但是,历史奇迹往往与历史背景背道而驰。无疑,我们所试图分析的当代全球化进程将对 21 世纪初期的历史奇迹产生重大影响。

第六编
关于理论与政策的进一步思考

跋[①]

如我们在本书第二版序言中指出的,我们想对《权力与相互依赖》以及国际关系文献的关注提出我们的看法。我们的主要目的并非辩护:我们确实热烈欢迎对本书的关注,并为此深感荣幸。由于才智非凡的批评家对本书的误解往往是作者的困惑和表达不力造成的,我们期望在此阐明自己的立场,并就未来的研究方向提出建议。

在本文第一部分,我们将检视《权力与相互依赖(第一版)》三个最重要的主题:权力与相互依赖的关系;复合相互依赖的理想模式;对国际机制变迁的解释。在第二部分,我们就自己提出的概念和理论进行评论,并检视哪些观点对日后的研究最有成效。在第三部分和第四部分,我们将提出"系统政治进程""学习"等新概念的问题,在《权力与相互依赖(第一版)》中,我们没有清晰解释这些概念,但认为它们对未来研究的方向富有深意。

[①] 本章是以下文章的修订版:Robert O. Keohane and Joseph S. Nye, Jr., "Power and Interdependence Revisited," *International Organization* 41, no. 4 (Autumn 1987): 725-753。本章全文出自《权力与相互依赖(第二版)》。

一、《权力与相互依赖》的主题

在《权力与相互依赖（第一版）》中，我们认为，"政治现实主义"接受了如下观念，即国家行为被"军事冲突的持续威胁所支配"。我们认为，"在20世纪60年代，许多持现实主义观念的敏锐观察家未能迅速认识到，新问题的出现和发展并不以传统的军事—安全考虑为中心"（第5页*）。如我们在《跨国关系与世界政治》中所做的①，我们说明了"当今经济、社会、生态等的多维相互依赖"的重要性（第4页）。然而，《权力与相互依赖》的风格与我们早期的作品不同，与经济相互依赖的倡导者也不同。我们批评现代主义者的观点，即"自封建时代结束以来，领土国家行为体一直在世界政治中占据主导地位；……随着多国公司、跨国社会运动和国际组织等非领土行为体的出现，领土国家的作用在减弱"（第3页）。我们同时批评了把现实主义"换成同样简单化的观点——如军事力量已经过时或经济相互依赖有利无害——将同样导致严重的错误，尽管这两种错误有所差别"（第5页）。

我们确实认为，大国使用武力的代价越来越高昂，其原因有四：（1）核升级的风险；（2）贫弱国家人民的抵抗；（3）经济目标实现的不确定影响或可能的负面影响；（4）反对使用武力导致人员伤亡的国内舆论。但我们也指出，第四个原因对专制或威权主义政府的影响甚微，我们警告道，"卷入地区敌对的国家和非国家恐怖组织发现，与过去相比，它们更难以使用武力。这些相反趋势对武力作用的最终影响是侵蚀了建立在军事力量基础之上的等级系统"（第228页）。

重读之下，我们认为这些基本观点仍然非常有效。越南入侵柬

---

* 本章括号注明页码者，均引自英文第一版。——译者

① Robert O. Keohane and Joseph S. Nye, Jr. (eds.), *Transnational Relations and World Politics* (Cambridge: Harvard University Press, 1972).

埔寨、以色列入侵黎巴嫩、两伊战争都表明，对参与地区冲突的中小国家而言，使用武力仍然是选择之一。但是，系统限制（systemic constraints）仍然制约超级大国对武力的使用。核力量仍然主要是威慑手段，而不是进攻武器。民族主义构成对超级大国的限制，苏联入侵阿富汗的失败、美国对伊朗扣押人质做出的软弱反应都是例证。美国对维护中美洲的意识形态负有义务，但里根政府对派驻美国地面部队仍然非常谨慎。艾森豪威尔政府对伊朗（1953）、危地马拉（1954）和黎巴嫩（1958）的干涉代价相对低且富有成效，与美国在20世纪80年代在伊朗、危地马拉和黎巴嫩遭遇的困难形成鲜明对照。美国对微型国家格林纳达基础薄弱的政权动武、对利比亚进行有限的空中打击是明显的例外，它们证明了美国奉行的准则：格林纳达几乎无力抵抗，而在打击利比亚时，美国避免派遣地面部队。

我们关于武力使用受到限制的观点，构成了分析经济相互依赖政治的基础。该分析包含三个基本主题，我们并未对三者进行明确的区分：

（1）利用讨价还价理论，对相互依赖政治进行以权力为导向的分析（power-oriented analysis）；

（2）分析复合相互依赖的理想模式及复合相互依赖对进程的影响；

（3）尝试解释国际机制的变迁——我们将国际机制定义为"对相互依赖关系产生影响的一系列控制性安排"（第19页）。

在第一章，我们提出非对称性依赖是一种权力资源的概念，从而将相互依赖与权力联系起来，以此分析相互依赖。我们写道："相互依赖的非对称性，最有可能向行为体的相互交往提供影响之源"（第10—11页，着重号为第一版所加）。阿尔伯特·赫希曼的专著《国家实力与外贸结构》①和肯尼思·沃尔兹的文章《国家相互依赖的神

---

① Albert O. Hirschman, *National Power and the Structure of Foreign Trade* (Berkeley: University of California Press, 1945).

话》①都明确地指出，非对称相互依赖是一种权力之源。

我们将现实主义、新现实主义的分析与自由主义对相互依赖的关注联系起来。现实主义和新现实主义都强调国家对权力和安全的需求、国家生存面临的危险。二者之间的关键区别在于，如沃尔兹的著作所指出的，新现实主义追求科学地位。②（当现实主义和新现实主义的主张类似时，我们一概用"现实主义"一词，以避免语言累赘。当特指沃尔兹的科学化理论或其他学者的类似观点时，我们使用"新现实主义"一词。）对以上两种现实主义而言，军事力量都是世界政治中最重要的权力资源。国家最终必须依赖自身资源，努力维持自己在系统中的相对地位，即使付出高昂的经济代价也在所不惜。自由主义也检视国家行为，但同时关注其他团体。对自由主义思想家而言，经济动机与安全关注同等重要。在共和政体之间，由于合作的潜在领域在扩大，武力的作用在下降，而国家不再那么强调在国际系统中的相对权力地位，军事威胁确实变得不再重要。

我们重视政治分析的自由主义传统，这反映了20世纪50年代和60年代地区一体化研究对我们的影响。卡尔·多伊奇侧重研究多元安全共同体（一群国家形成对和平关系的可靠预期，以此克服现实主义视为国际政治基本特征的安全困境）的发展。厄恩斯特·哈斯侧重研究欧洲联合、法德宿怨如何在战后转向政治和经济合作。此后，诸多学者开阔思路，加强了对经济、社会和政治相互依赖及其他地区的一体化研究。③这些研究的共同点是，它们侧重于分析交流与联系的增加

---

① In Charles Kindleberger (ed.), *The International Corporation* (Cambridge, Mass.: MIT Press, 1970).

② Kenneth N. Waltz, *Theory of International Politics* (Reading, Mass.: Addison-Wesley, 1979); 又见 Robert O. Keohane (ed.), *Neorealism and Its Critics* (New York: Columbia University Press, 1986)。

③ Karl Deutsch et al., *Political Community and the North Atlantic Area* (Princeton: Princeton University Press, 1957); Ernst Haas, *The Uniting of Europe* (Stanford: Stanford University Press, 1958); Joseph S. Nye, Jr., *Peace in Parts* (Boston: Little, Brown, 1971).

如何改变了态度、增加了跨国联盟机遇,以及国际制度如何有助于促进该进程。它们直接关注学习的政治进程和国家利益的重新定义。

区域一体化理论的发展超过了区域共同体理论,尽管西欧向多元安全共同体的转型是一项重大成就。但我们认为,国际经济相互依赖的诸多领域处于扩大之中,变得更加宽泛,我们可以借用一体化理论的许多真知灼见对此加以分析。我们关于跨国关系和相互依赖的初步研究,拓宽了对国家利益如何学习和变迁的认识。但是,只有在《权力与相互依赖》一书中,我们才明确说明了现实主义假设可以充分解释世界政治的条件,以及需要更为复杂的变迁模式对其予以补充的条件。我们的目标并非抛弃现实主义理论的洞见,而是建构一个更为宽泛的理论框架,既将现实主义者对权力结构的关注包括在内,同时也可以对国际系统进程的变迁提出解释。当现实主义用于分析相互依赖问题,或将其关注点转向新信息和研究方向时,许多异常事例随即出现,我们试图对此加以解释。我们的兴趣点是,我们无意摧毁现实主义,而是对它加以补充,使之被包含在更为宽泛的理论框架中。

《权力与相互依赖》对现实主义分析的不完整是有意为之的。我们无意侧重于描述现实主义传统,我们更感兴趣的是,检视现实主义的核心假设,评估它与相互依赖政治的分析之间有多大关联。有的评论家认为我们的任务是,借用霍尔斯蒂的话,"试图用过去的方法和模式分析他们从来无意涉猎的领域",因此"建立了稻草人(意即提出了莫须有的论点)"。斯坦利·米夏拉克评论说,我们的稻草人也许是"简练"且容易检验的,但与现实主义不甚相关。① 我们一字未提自由主义

---

① K. J. Holsti, "A New International Politics?" *International Organization* 32 (Spring 1978): 525; Stanley J. Michalak, "Theoretical Perspective for Understanding International Interdependence," *World Politics* 32 (October 1979): 148. 关于我们的错误以及我们试图对现实主义和新现实主义进行的系统分析,参见 Robert O. Keohane, "Theory of World Politics: Structural Realism and Beyond," in Ada Finifter (ed.), *Politics Science: The State of the Discipline* (Washington, D. C.: American Political Science Association, 1983), reprinted in Robert O. Keohane, *Neorealism and Its Critics* (转下页)

这种传统理论,尽管我们的分析明显地扎根于相互依赖理论,其基本假定与自由主义一致,但我们并没有试图将自己划归自由主义传统。我们提出了区域一体化的理论模式,其特点是避免目的论式的观点,并将军事力量的分布、经济权力和国家的作用充分考虑在内。① 如果能够将我们的观点与现实主义和自由主义传统的关系界定得更为清楚,我们或许就会避免日后的困惑了。

相互依赖引发了政治战略的经典问题,因为它意味着国家行为和重要的非国家行为体将成本强加于系统内的其他成员。这些受到影响的行为体将做出政治反应,以试图避免强加于其身的调整负担。从外交政策的观点看,每个政府面临的问题是,如何从国际交往中受益,同时又尽可能地保持自主权。从国际系统的角度看,各国政府(和非政府行为体)面临的问题是,如何在争取控制国际系统为自身利益服务的竞争中形成和维持互惠的合作模式。②

我们在分析相互依赖政治时,强调相互依赖并不必然导致合作,但我们并不认为其后果自然是良善的。关键不在于相互依赖导致权力过时——远离权力政治,而在于某一特定领域的相互依赖模式和潜在的权力资源模式密切相关——它们确实是一个硬币的两面。因此,我们不能

(接上页)(New York: Columbia University Press, 1986), pp. 158—203。在其后出版的一本专著中,基欧汉明确寻求建立制度理论,该理论具有自由主义的意义,但其前提与政治现实主义一致。参见 Robert O. Keohane, *After Hegemony: Cooperation and Discord in the World Political Economy* (Princeton: Princeton University Press, 1984)。

① 关于我们将一体化理论与相互依赖理论联系起来的考虑,请参见 Robert O. Keohane and Joseph S. Nye, Jr., "International Interdependence and Integration", in Fred I. Greenstein and Nelson W. Polsby (eds.), *Handbook of Political Science*, vol. 8 (Reading, Mass.: Addison-Wesley, 1975), pp. 363–414。卡尔·多伊奇的地区一体化著作与哈斯在该领域的研究同等重要。我们在 1975 年的上述文章中探讨了两人的著述,但我们的分析从哈斯的新功能主义中获益更多。

② 与该立场形成对照的是,霍尔斯蒂断言:"相互依赖的事实在有理由受到深切关注之前,只能导致一个问题,就像数世纪之前对战争、和平、秩序和权力的关注造就现有国际关系领域一样。"参见 K. J. Holsti, *The Dividing Discipline: Hegemony and Diversity in International Theory* (Winchester, Mass.: Allen & Unwin, 1985), p. 47。

仅仅把现实主义和自由主义观点并列，而是应该将它们统合到一个分析框架内。恰如戴维·鲍德温后来观察到的，"无须发展出一种涵盖国际交往关系的每个问题领域的单独的理论（a separate theory）"①。

本书第二章所提出的"复合相互依赖"概念反映了我们对仅仅存在讨价还价的相互依赖理论的不满，我们试图将地区一体化理论的洞见增添到简朴的现实主义假设中。第二章所使用的"复合相互依赖"与第一章使用的"相互依赖"之间存在着巨大的不同，认识到这一点非常重要。"相互依赖"是一个非常宽泛的术语，指的是"以国家之间或不同国家的行为体之间相互影响为特征的情形"（第8页）。它适用于苏联与美国之间的政治—军事相互依赖，也适用于德国和意大利之间的政治—经济相互依赖。与此相对照，"复合相互依赖"是关于国际系统的一种理想模式，我们有意提出该模式，以与"现实主义"的理想模式——我们在现实主义关于国际政治性质的假定基础之上归纳出来的——相对照。复合相互依赖指的是如下情形：在许多国家之间存在着联系各社会的多种渠道（即国家并不垄断这些交往）；各问题之间不存在等级之分；各国政府彼此不使用武力（第24—25页）。在第二章之初，我们指出，"我们并不认为复合相互依赖完全忠实地反映了世界的政治现实。恰恰相反的是，复合相互依赖与现实主义的观点一样，都是理想模式。大多数世界政治的实际情况往往介于这两个极端之间"（第24页）。

就像香烟盒的牌子经常被忽视一样，许多学者忘记了我们在第二章之初提出的警告，认为我们关于复合相互依赖的探讨就是对真实世界的描述，而不是对假说世界的建构。例如，罗伯特·阿特教授认为，相互依赖理论家宣称，"一个经济利益与其他国家密切关联的国

---

① David A. Baldwin, "Interdependence and Power: A Conceptual Analysis," *International Organization* 34 (Fall 1990): 471–596.

家不能使用武力……利益缠绕在一起,导致武力不可使用"。实际上,这是某些秉承自由主义传统的理论家的写照,但与我们无关。① 相反,我们在第一章就指出,"我们需要牢记在心的是,……军事力量支配着经济力量。……使用更多主导性权力将带来更高昂的代价。因此,就代价而言,在一特定目标的实现上,谁也无法保证军事手段比经济手段更有效"(第16—17页)。马丁·罗切斯特将我们的观点与"全球主义者"和"现代主义者"相提并论,尽管我们在《权力与相互依赖》开头就指出,"现代主义者和传统主义学者都未能就理解全球相互依赖的政治建立一个完整的理论框架"(第4页)。② 与现代主义者的观点不同的是,我们并不认为复合相互依赖必然是未来的潮流(第226—229页),尽管我们开始《权力与相互依赖》的研究主要是为了证实跨国关系的重要性,如同在《跨国关系与世界政治》中所探讨的那样,但我们的研究做出了更为合格的判断。

我们在《权力与相互依赖》第二章中指出,世界的所有真实情境都处于现实主义和复合相互依赖两种理想模式之间的连续体上。因此,第二章的重点与第一章非常不同。我们的重点不是用不对称相互依赖解释讨价还价导致的结构性后果,我们的问题是:现实主义—复合相互依赖连续体上某一情境的位置,是否有助于解释我们所观察的政治进程?第一章和第二章的理论谱系也非常不同:总体而言,第二章更受惠于自由主义理论,特别是区域一体化理论;而第一章有赖于修改后的新现实主义分析。与区域一体化理论一样,我们关于复合相

---

① Robert J. Art, "To What Ends Military Power?" *International Security* 4 (Spring 1980): 16–17. 阿特教授此后撰文,直率地承认他误解了我们的观点,我们应为此向他致意。参见 *International Security* 4 (Fall 1980): 189。

② J. Martin Rochester, "The Rise and Fall of International Organization as a Field of Study," *International Organization* 40 (Autumn 1986), note 52: 792. 类似的错误还可见 Ray Maghroori and Bennett Ramberg (eds.), *Globalism Versus Realism: International Relations' Third Debate* (Boulder: Westview Press, 1982)。

互依赖的讨论也强调跨国关系、跨政府关系和国家间关系，探讨政治进程模式如何影响行为体的行为，而不是采用结构解释分析行为。

《权力与相互依赖》的第三个主题关乎国际机制。在第一章中，我们将国际机制定义为"对相互依赖关系产生影响的一系列控制性安排"（第 19 页）。我们的国际机制概念来源于约翰·鲁杰的著作，他在 1975 年将机制定义为"一系列相互预期、普遍同意的规则、管理和规划，并据此分配组织化能量和财政义务"[①]。苏珊·斯特兰奇宣称该概念是社会科学家的杜撰，但事实并非如此，这个概念早就出现在国际法中了。[②]

《权力与相互依赖》第三章详细阐述了我们的国际机制概念，并提出了解释国际机制变迁的四种概略模式。其中，一个模式以经济和技术变革为基础。两个模式是结构性的：一个使用总体权力结构预测结

[①] John Gerard Ruggie, "International Responses to Technology: Concepts and Trends," *International Organization* 29 (Summer 1975): 569; 又见 Richard N. Cooper, "Prolegomena to the Choice of an International Monetary System," *International Organization* 29 (Winter 1975): 64。参见该文第 20 页注释 21。

[②] Susan Strange, "Cave! Hic Dragones: A Critique of Regime Analysis," *International Organization* 36 (Spring 1982), reprinted in Stephen D. Krasner (ed.), *International Regimes* (Ithaca: Cornell University Press, 1983). 这一说法出现在该书第 344 页。关于术语"机制"的早期使用，参见 Fernand de Visscher, *Le Regime Nouveau des Détroits* (Brussel, 1924), in *Extrait de la Revue de Droit Internationale et de Legislation Comparée* (1924), nos. 1—2; Oppenheim, *International Law*, 5th ed. (New York: 1937, edited by H. Lauterpacht), vol. 1, pp. 207, 366, 其中内容是关于卢森堡和易北河机制的。David M. Leive, *International Regulatory Regimes* (Lexington, Mass.: Lexington Books, 1976), 2 vols; 刊登在《美国国际法学刊》上的系列文章，包括：(1) William L. Butler, "The Legal Regime of Russian Territorial Waters," *American Journal of International Law* 62 (1968): 51—77; (2) Richard Young, "The Legal Regime of the Deep-Sea Floor," *American Journal of International Law* 62 (1968): 641—653; (3) Leo J. Harris, "Diplomatic Privileges and Immunities: A New Regime Is Soon to Be Adopted by the United States," *American Journal of International Law* 62 (1969): 98—113; (4) W. Michael Riesman, "The Regime of Straits and National Security," *American Journal of International Law* 74 (1980): 48—76; (5) John Norton Moore, "The Regime of Straits and the Third United Nations Conference on the Law of Sea," *American Journal of International Law* 74 (1980): 77—121。

果，一个依赖各问题领域内的权力分布。第四个模式是"国际组织模式"，其间关系、规范和制度的网络非常重要，而从属性因素有助于解释国际机制的变迁。

从某种程度上说，《权力与相互依赖》的第三个主题是独特的。相互依赖可用于政治分析，而无须认可复合相互依赖或国际机制的概念；复合相互依赖是关于现实的简单化抽象，国际机制的概念有效与否并不依赖于此。但是，我们试图将我们的主题与其他主题建立联系。我们尤其认为，相比现实主义条件而言，在复合相互依赖条件下，关于机制变迁的总体结构理论的解释力要小得多（第161页）。然而，从某种程度上说，我们的观点是"可分解的"（decomposable），在此后的学术探讨中，某些部分比其他部分更有说服力也就不足为奇了。

二、关于《权力与相互依赖》研究纲领的批评

在《权力与相互依赖》中，我们试图用强调讨价还价的相互依赖概念将现实主义与自由主义统合起来。我们承认权力的现实，但并不认为军事力量是主要的权力之源，并不将安全和相对地位视为国家压倒一切的核心目标。颇具讽刺意义的是，从我们早期研究跨国关系的著述来看，《权力与相互依赖》的综合分析以及基欧汉的《霸权之后》等随后著述的结果却是，丰富了新现实主义，赋予其新概念，而不是明确提出关于世界政治的另一种相关理论框架。就第一部分探讨的主题而言，与战略相互依赖和国际机制相关的主题与新现实主义最为契合，并在《权力与相互依赖》及随后的著述中得到了充分的解释。相对而言，复合相互依赖仍然是一个发展不充分或被低估的概念。

相互依赖与讨价还价

我们在分析相互依赖时强调，在世界政治中，军事脆弱性中的非

对称性仍然重要:"仅仅依靠经济手段对抗严重的军事威胁有可能是无效的,在此意义上,军事力量支配着经济力量"(第 16 页)。但是,我们认为,使用武力的代价在上升,"在一特定目标的实现上,谁也无法保证军事手段比经济手段更有效"(第 17 页)。

确实,在论述武力作用降低时,我们太过谨慎,以至于戴维·鲍德温批评我们没有进一步驳斥现实主义:"尽管基欧汉和奈明确怀疑权力资源的互换性,但他们好像不愿意要求那些坚持认为权力资源非常容易互换的人提供证据……斯普劳茨夫妇(the Sprouts)和达尔(Dahl)认为,如果不指定范围,则任何关于影响(influence)的论述在实践上都是无意义的。基欧汉和奈将自己限定起来,只建议'我们需要重估同质权力概念的有用性'。"他进一步抱怨说,我们"有时似乎夸大了军事力量作为权力资源的有效性"。①

鲍德温正确地指出,《权力与相互依赖》并非"现代主义者"的宣言,然而我们的许多朋友期望它是。相反,它一贯询问的问题是,在没有教条式先决条件的情况下,自由主义或现实主义理论家在什么条件下能对世界政治现实提供更精确的解释。对我们来说,某一特定情况下军事力量的重要程度是一个经验主义的问题,而不是教条式的现实主义或现代主义的基础所决定的。

随后,讨价还价理论澄清了某些概念,证实了我们追随赫希曼而做出的分析。鲍德温的著作强调如下问题:用有形资源成功地"解释"行为是困难的;在发生于其后必然是其结果的逻辑错误(post hoc)基础之上引进"强度""技术""领导"等因素是一种理论冒险,它拼凑而成的解释是不完整的。哈里森·瓦格纳证明②,在双边关系中,非对

---

① David A. Baldwin, "Power Analysis and World Politics: New Trends Versus Old Tendencies," *World Politics* 31 (January 1979): 169, 181.

② Harrison Wagner, "Economic Interdependence, Bargaining Power and Political Influence"(未刊稿), October 1986.

称性依赖少于对方并不意味着能够必然或充分地施加影响。并非必然的原因是，对某问题有强烈偏好的弱行为体可能在其他问题上做出巨大让步以获得目标的实现；并非充分的原因是，在均势情境下，假定协议条款充分反映了讨价还价的权力，即使强大的一方也未必会在某一特定问题上施加影响，如果这样做使它在其他问题上做出的让步超过其收益的话。无论如何，我们相信非对称相互依赖仍然是双边关系中的一个权力来源。正如瓦格纳本人谨慎地指出的，相比依赖性较多的行为体而言，依赖性较少的行为体在谈判中做出让步的代价较低。进而言之，强弱行为体之间的关系往往是多边规则或协议所确定的，而无须在双边层次上讨价还价。在这些条件下，愿意打破规则或改变协议的强国或许有未加利用的谈判权力。①

关于相互依赖的讨价还价分析必然引发有关问题间联系的问题：如果存在未加利用的谈判权力，在一个问题上施加影响意味着在另一个问题上做出让步。《权力与相互依赖》或许错置了问题的顺序，我们在第二章（分析复合相互依赖）而不是第一章探讨该问题。毕竟，许多最高层次的问题联系是出现于苏美等大国之间的经济和安全事务联系。换言之，联系既是现实主义国际政治现象，同样也是复合相互依赖现象。我们在第二章中曾经指出，相比复合相互依赖，现实主义条件之下的联系也许不那么有效（第30—32页）。

《权力与相互依赖》没有对问题间的联系进行全面分析，许多目光敏锐的读者将其视为本书最奇怪的方面之一。我们对于机制变迁的分析强调特定问题领域的权力之源，并发展出"问题—结构理论"。但正如阿瑟·斯坦指出的，"联系是国际政治问题研究纲领的核心分析问

---

① 我们对1971年国际货币系统变化的分析（第121页）表明了这一点。我们强调的不是美国软弱，而是构成美国地位的实力，借用亨利·奥布里的话，"债权国对美国的影响有赖于美国是否愿意继续按照旧观念和旧规则玩游戏"。参见本书第170页注释①。

题。问题分割走得太远了。……因为联系政治经得起许多情境的检验，问题领域纲领在国际政治研究中的可行性是自我情境依赖的"①。尽管该问题非常重要，但我们没有能够创立任何联系理论，详细说明什么情况下联系将会出现。我们认为，在复合相互依赖的条件下，特别是弱国将会创立各种联系（第122—124页）。但我们就此打住了。我们并非不愿意做出努力，事实上，我们就此问题起草了一章内容，但是由于它看起来像模糊的归纳和解说性轶事的混合物，我们将它丢进了废纸篓。

自1977年以来，该问题的研究已经取得了巨大成就。除斯坦外，肯尼思·奥耶、厄恩斯特·哈斯都创立了关于联系的类型学，为联系分析提供了较为复杂的分类。特别有意义的是，哈斯提出了策略性的、分裂性的、实质性的问题联系等三重区分，奥耶区分了"讹诈"（就自己不希望实行的进行威胁）与"私下交易"（提供报偿的交易）。奥耶的研究与斯坦关于强制性联系和胁诱性联系的区分如出一辙，都使我们回想起托马斯·谢林关于允诺与威胁的区分："当允诺成功实现时，其代价高昂；当威胁失败时，其代价高昂。"②

其他研究问题联系的著述超越了类型学，引进了较为严格的经济学或公共选择纲领。这种研究的基本观点是，问题联系就像经济交往，在一定程度上可以通过获得更多的稀缺物品、交换更丰富物品的方式增加自身的效用。罗伯特·托利森和托马斯·威利特在1979年撰写发表了一篇开拓性文章，而詹姆斯·西本纽斯采用博弈论和对海洋

---

① Arthur A. Stein, "The Politics of Linkage," *World Politics* 33 (October 1980): 81.

② Thomas Schelling, *The Strategy of Conflict* (New York: Oxford University Press, 1960), p. 177. 奥耶关于联系的讨论参见 Kenneth A. Oye, Donald Rothchild and Robert J. Lieber, *Eagle Entangled: U. S. Foreign Policy in a Complex World* (New York: Longman, 1979), Introduction, esp. pp. 13–17; 又见 Ernst B. Haas, "Why Collaborate? Issue-Linkage and International Regimes," *World Politics* 32 (April 1980): 357–402。

法谈判的分析，试图具体说明在何种条件下将问题联系在一起可以为双方获益的谈判创造新机遇。①

有必要指出的是，这些进步是采用两个行为体的简单模型取得的。但是，世界政治中问题联系的核心特征是，它必然包含着政府内部和跨政府间的斗争。如果一国政府试图将问题 A 与问题 B 联系起来，力图在问题 A 上获益，那么实际上，它为了在问题 A 上获得利益，将问题 B 上的某些利益交换了出去。例如，一国政府为了制止核扩散，威胁停止核电厂设备的出口，即为达到禁止核扩散的目标而牺牲扩大出口的目标。负责增加出口任务的政府部门自然不会欢迎该政策。确实，政府部门之间就某一政策发生冲突是可能的，它在某些情况下会成为一个跨政府联盟的问题。未来关于联系战略的论述，应该将严谨的分析或理性选择纲领与（在世界政治中与问题联系密切相关的）复杂多层博弈结合起来。②

《权力与相互依赖》在相互依赖和讨价还价研究上的主要贡献是，强调相互依赖政治的分析需要复杂的讨价还价概念，经济相互依赖模式会对权力产生影响，反之亦然。我们并未成功地提出一个联系理论，如果这样的话，必然会加深我们对世界政治的理解。我们只是将政治—经济互动关系与军事—政治冲突的模式纳入分析中，从而将新现实主义研究纲领向前推进了一步。我们对此并不满意，也不满足于新现实主义对政府利益和权力的强调及其静态倾向。我们著述的其他方面——如相互依赖和机制变迁——与新现实主义范式的冲突更为尖锐。

---

① Robert Tollison and Thomas Willett, "An Economic Theory of Mutually Advantageous Issue Linkage in International Negotiations," *International Organization* 33 (Fall 1979): 425–449; James Sebenius, *Negotiating the Law of Sea* (Cambridge: Harvard University Press, 1984), esp. chap. 6; Sebenius, "Negotiation Arithmetic," *International Organization* 37 (Spring 1983): 281–316.

② 关于《世界政治》1986 年特辑所载的经验主义文章的简要评述，参见 Robert Axelrod and Robert O. Keohane, "Achieving Cooperation under Anarchy: Strategies and Institutions," *World Politics* 39 (October 1996): esp. 239–243。

复合相互依赖

　　复合相互依赖显然是一个自由主义而非现实主义的概念。我们并未试图将复合相互依赖与现实主义的权力和结构概念统合起来。相反，我们的复合相互依赖观点与现实主义者关于世界政治的理想模式是对立的。我们坚持认为，复合相互依赖是一种理想模式而不是世界政治的精确描述或未来趋势展望，恰恰因为如此，复合相互依赖与当代世界政治的关联是模糊的。①

　　我们并不把复合相互依赖视为一种理论，而是视之为思想实验：当现实主义的基本假设彻底改变时，世界将是什么样？这恰是我们没有完全依赖自由主义理论的原因。如果我们这样做，或许复合相互依赖的概念会更完整，也更容易被理解。但是，我们确实进行了非常广泛的经验主义调查，以探究复合相互依赖的政治进程；我们还具体分析了两个问题领域（第五章的海洋和国际货币领域）、两国关系（第六章的1920—1970年间的美加、美澳关系）。这些案例构成了对比：在海洋领域和美加关系中复合相互依赖的迹象更为明显；而在国际货币领域（由于它处于各国政府政治—经济的中心）和美澳关系（由于距离遥远以及安全关注的秘密性）中，复合相互依赖就不那么明显。

　　我们担心，我们对复合相互依赖的分析不完善，在一定程度上要为它的理论含义在很大程度上被忽视这一事实负责。如前所述，《权力与相互依赖》第二章的讨论，是围绕现实主义与复合相互依赖之间的连续体来组织的。事实上，某一特定情况在该连续体上的地位构成了本分析的独立变量。然而，这一独立变量与我们试图解释的问题间的关系被混淆了。我们在《权力与相互依赖》中指出，复合相互依赖有三个主要特征：国家的政策目标并非以稳定的等级次序进行安排，而

---

　　① 考虑到当代国际关系理论文章中的惯用哲学术语，我们应称之为复合相互依赖的"本体论立场"。但是，我们并不太喜欢这样的用法。

是有待于协调；各社会之间存在着多种交往渠道，这些渠道扩展了政策应用的范围，限制了政府对外交关系的控制；军事力量不甚相关。《权力与相互依赖》表 2.1 列出了在复合相互依赖条件下的五类政治进程，它与现实主义条件下的政治进程非常不同。这些不同点体现在如下方面：行为体目标、政府的政策工具、议程形成、问题之间的联系、国际组织的作用。

一个方法论问题随即出现了。由于我们用行为体目标和政府的政策工具来定义复合相互依赖，关于局势与复合相互依赖或现实主义的接近程度如何影响目标和工具的任何一般性论述都将是同义反复的。因此，我们关于政治进程的主张必须限制在问题联系、议程形成和国际组织作用等方面。正如我们所看到的那样，由于对联系的探讨与现实主义世界相关，也与复合相互依赖世界相关，因此我们只剩下两个因变量：议程变化、国际组织作用的变化。我们原本期望提供合格的论述，具体分析议程变化和国际组织发挥重要作用的条件。我们在这些问题上取得了多少进步呢？

本书第五章与这两方面的进步有关。我们认为，议程变化是"某连贯且功能相关的问题领域内机制运行不良"造成的（第121页）。但我们并没有具体论述议程变化的模式，或告诉读者议程变化的发生时间和发展方向。理查德·曼斯巴赫和约翰·瓦斯凯对理解议程变化做出了非常有意义的贡献。他们提出了"包含缘起、危机、仪式化、蛰伏、决策与威权分布在内的问题周期（issue cycle）"的观点。[①] 至于在该模式主要阶段发挥作用的因果进程，曼斯巴赫和瓦斯凯并没有进行具体论述，就像他们所指出的，问题周期更像是一个分析框架，而不是理论。当

[①] John A. Vasquez and Richard W. Mansbach, "The Issue Cycle and Global Change," *International Organization* 37 (Spring 1983): 257-279, 这句话引自该文第274页。又见 Mansbach and Vasquez, *In Search of Theory: A New Paradise for Global Politics* (New York: Columbia University Press, 1981), esp. chap. 4。

然，它超越了《权力与相互依赖》关于议程变化的简要评述。

关于国际组织，我们需要多说一些，这部分是因为我们提出的"国际组织模式"，部分是因为我们早期的著述。① 我们并不将国际组织视为普通法的渊源，而是视之为制度化的政策网络，跨政府政策协调和联盟赖此建立。我们观察到，相比国际贸易关系而言，海洋政治中的国际组织似乎对国家议程和后果的影响更大。在过去的十年间*，国际组织是推动者而不是立法者的观点得到了很好的验证。这些国际组织得到扩展，国际货币基金组织等的活动扩展了——但它们几乎没有体现出具有真正超国家能力的倾向。基欧汉的《霸权之后》将这些国际组织的观点融入了更为宽泛的国际机制理论中。

为简洁起见，我们将《权力与相互依赖》的分析限定在国际系统层次：在我们看来，仅仅依赖有关国际系统的信息，我们能做出多少解释？了解这一点是非常重要的。我们承认国内因素的重要性，但我们的目的首先是区分出发挥作用的系统力量。② 鉴于我们做出了这样的决定，我们将利益主要视为外生的，我们的理论并未对此做出解释。因此，国内政治、国际关系对国内政治的影响——彼得·古勒维奇后来称之为"颠倒的第二意象"（the second image reversed）——被忽略了。③ 然而，在关于海洋政治和货币关系的个案分析中，我们提到了美

---

① 尤请参见 Keohane and Nye, "Transnational Relations and International Organizations," *World Politics* 27 (October 1974): 39–62。

* 即 1977—1987 年。——译者

② 作为一种研究战略，该研究纲领或许是明智的，因为如果从理论上将国内政治与国际系统联系在一起，分析将会降格为描述性大杂烩，要想防止这一点万分困难。最近，有些学者力图采用国家结构的概念跨越这个鸿沟，并取得了显著的进展。参见 Peter J. Katzenstein (ed.), *Between Power and Plenty: Foreign Economic Policies of Advanced Industrialized States* (Madison: University of Wisconsin Press, 1978); and Peter J. Katzenstein, *Small States in World Markets* (Ithaca: Cornell University Press, 1985)。

③ Peter A. Gourewitch, "The Second Image Reversed," *International Organization* 32 (Autumn 1978): 881–912; *Politics in Hard Times* (Ithaca: Cornell University Press, 1986).

国及其他国家对自我利益定义的变化,但并未对此加以充分解释。

此类困难出现在第五章,我们描述了货币和海洋问题领域接近于复合相互依赖理想模式的程度,并得出复合相互依赖模式更适用于海洋领域的结论。从现实主义的角度看,这一迹象表明,在对各国更重要的领域(如货币政策),复合相互依赖的进程就不甚相关了。进一步说,许多观察家认为,在1977年以来,海洋问题领域的复合相互依赖进程衰微了,而不是扩展了。(美国拒绝签署《海洋法公约》更加深了这种认识。)然而,认为复合相互依赖价值不大并迅速将其抛弃,这是一种太过简单的处理方式。美国起初奉行支持窄沿海管辖权和共享海底资源的立场,这是海军基于安全利益而决定的。但是,美国海军的立场被海洋法会议上形成的跨国和跨政府联盟所击败。在拒绝签署公约之前,美国就改变了考虑问题的优先顺序。现实主义认为,美国因"自我利益"而拒绝签署公约,这种说法回避了如下关键性问题:国家利益是如何定义和重新定义的?

由于我们以政府的目标和手段来定义相互依赖政治,未能从理论上说明利益形成的国内政治,这必然对相互依赖政治的分析产生尤其严重的影响。要想理解复合相互依赖的变化,就必须理解国家目标优先顺序的变化,而后者只有通过分析国内政治模式和国际政治模式的相互关系才能了解。进一步说,"联系的多渠道"意味着,国家并非单一的行为体——"国内"和"系统"的边界不复存在了。不难发现,接受系统—单元对照的研究方法如何削弱了对复合相互依赖进行深入分析的前景。这个概念仍悬而未决——有人为此着迷,许多人误解了它。许多国际关系学者非常珍视理论的简洁性,但是,如果不放宽系统理论的视角,想确立复合相互依赖的概念是不可能的。

国际机制变迁

国际关系的诸多文献都表明,国际机制这一概念被欣然接受了。

这与复合相互依赖被相对忽视形成了鲜明的对照。国际机制概念的价值得到了证实，它确认并将许多需要解释的现象聚拢在一起。它成为一种标签，确定着约翰·鲁杰所称的各种问题"制度化集体行为"的模式。① 国际机制概念有所扩展，将对国际安全问题的分析也包括在内。② 确实，"机制"似乎无处不在！

《权力与相互依赖》并非第一本提出国际机制概念的著作，但该书展示了国际机制概念如何用于系统性的实证分析，并使得国际机制作为汇聚一系列规则、制度和实践的描述性工具而得到广泛的应用。进一步说，它促进了理解机制变迁四种模式的发展。在过去十年间，关于机制的众多文献遵从鲁杰开拓的这条分析道路，而我们试图予以扩展。本书的相当部分内容试图检验霸权稳定理论——与过去四分之一世纪美国霸权侵蚀导致的国际机制衰落相关。总的说来，本书的结果增强了对霸权稳定理论效力的怀疑。但是，国际机制的文献并没有局限于对霸权稳定理论的验证：国际制度的特征、国内政治、精英的学习、相对权力能力的变化都可以对国际机制的性质及其变迁提供解释。

在过去十年间，国际机制研究取得了实质性进展。大家就国际机制的定义达成了共识，即国际关系某一特定领域的期望可以围绕一些

---

① Ruggie, "International Responses to Technology."
② 罗伯特·杰维斯分析了 19 世纪的欧洲协调；但在探讨当代国际政治时，他试图在美苏核心战略关系中寻找出某种机制，但未获成功。参见 Robert Jervis, "Security Regimes," in Stephen D. Krasner (ed.), *International Regimes* (Ithaca: Cornell University Press, 1983), pp. 173-194。贾尼丝·格鲁斯·斯坦和小约瑟夫·奈集中研究较为狭窄的领域，发现了当代世界政治中富有意义的安全机制。参见 Stein, "Detection and Defection: Security 'Regime' and the Management of International Conflict," *International Journal* 40 (Autumn 1985): 599-627; Nye, "Nuclear Learning and US-Soviet Security Regimes," *International Organization* 41, no. 3 (Summer 1987). 又见 Roger K. Smith, "The Non-Proliferation Regime and International Relations," *International Organization* 41 (Spring 1987): 253-282。史密斯对机制理论提出了许多富有洞察力的批评。

原则、规范、规则和决策程序汇聚在一起。① 该定义的运用依然存在问题：特别是国际机制的概念扩展到国家间正式协议的制度化结果之外时，机制与非机制情境的边界变得有些模糊。② 然而，关于机制的绝大多数文献探讨的是国家间的正式协议，尽管国际机制概念的一般反对者攻击国际机制在实践中的模糊性，但这些文献并未因此而丧失其解释力。

除定义与概念应用外，我们还可以从这些经验主义文献中了解到，国际机制如何和为什么发生变化——特别是在什么情况下促成合作，政府为什么寻求建立并愿意遵从机制规则。③ 进一步说，决策制定者——不仅是西方的，也包括苏联的决策制定者——开始以国际机制

---

① Krasner (ed.), *International Regimes*, p. 2.

② 参见 Stephan Haggard and Beth Simmons, "Theories of International Regimes," *International Organization* 41 (Summer 1987): 491−517。

③ 关于货币、贸易和石油的讨论，参见 Keohane, *After Hegemony*; 关于贸易和国际收支，参见 Charles Lipson、Jock A. Finlyson、Mark Zacher 和 Benjamin J. Cohen 的文章（载 Krasner 主编 *International Regimes*）; Vinod K. Aggarwal, *Liberal Protectionism: The International Politics of Organized Textile Trade* (Berkeley: University of California Press, 1985). 关于南极机制，参见 M. J. Peterson, "Antarctica: The Last Great Land Rush," *International Organization* 34 (Summer 1980); 关于核扩散机制，参见 Joseph S. Nye, Jr., "Maintaining a Non-Proliferation Regimes," *International Organization* 35 (Winter 1981); 关于民航机制，参见 Christer Jonson, "Sphere of Flying: The Politics of International Aviation," *International Organization* 35 (Spring 1981); 关于第三世界债务，参见 Charles Lipson, "The International organization of Third World Debt," *International Organization* 35(Autumn 1981); 关于国际航运机制，参见 Alan W. Cafruny, "The Political Economy of International Shipping: Europe versus America," *International Organization* 39 (Winter 1985); 关于国际商品机制，参见 Mark Zacher, "Trade Caps, Analytical Gaps: Regime Analysis and International Community Trade Regulation," *International Organization* 41 (Spring 1987)。最近有两本专著试图解释国际机制的演变和维持：Charles Lipson, *Standing Guard: Protecting Foreign Capital in the Nineteenth and Twentieth Centuries* (Berkeley: University of California Press, 1985); Stephen D. Krasner, *Structural Conflict: The Third World Against Global Liberalism* (Berkeley: University of California Press, 1985)。

的措辞来设想和探讨国际合作。①

无论如何，我们对国际机制的理解仍然是初步的。相比 1977 年，我们对国际机制变迁的认识更为清晰，但我们仍然缺少得到良好验证的经验主义概述，我们对该进程的解释理论也不那么具有说服力。如果不能将国内政治更好地融入解释国际机制的模式中，我们也不可能建立具有充分解释力的机制变迁理论。我们预期，国际机制的性质将影响国内结构，反之亦然：国际制度和谈判位居一端，国内政治在另一端，二者之间确实存在影响的互动。虽然社会科学工作者可以利用宏观经济学的程式化系统理论来理解国际机制运行的某些方面，但如果不对国内政治进行深入研究，我们就不可能理解国家偏好是如何变化的。如果我们继续将国家的倾向视为外生的，我们的理论将丧失推动国家战略变革乃至国际互动模式变化的力量。

关于国际机制对国家行为的影响，我们所知甚少。确实，国际机制学者常常简单地认定，国际机制可以改变行为体的利益计算或改变他们的能力，从而造成不同的结果。② 这种断言是精致的，但没有经过严格考验。《权力与相互依赖》对机制如何改变能力进行了观察，并使用了"依赖组织的能力"的概念（第 55 页）。其后的著述集中研究机制对政府自我利益以及国家战略的影响。③ 根据这一观点，国际机制

---

① 例如，1986 年 6 月 3 日，苏共中央总书记米哈伊尔·戈尔巴乔夫向联合国秘书长传达了这样的信息，"很显然，为确保核能的安全开发，现实需要立即不加拖延地建立相应的国际机制"。参见 New York Times, June 4, 1986。我们无法断定什么原因导致戈尔巴乔夫总书记使用了国际机制的概念，尽管苏联学者告诉我们，他们在 20 世纪 70 年代研究海洋法会议时就使用了机制这一术语。以上资料来源于 1986 年 6 月在莫斯科的私人谈话。

② Stephen D. Krasner, "Regimes and the Limits of Realism: Regimes as Autonomous Variables," in Krasner (ed.), International Regimes, pp. 355–368. 关于数个国际机制对贫富国家之间关系的影响，参见如下分析：Stephen D. Krasner, Structural Conflict: The Third World Against Global Liberalism (Berkeley: University of California Press, 1985).

③ 早期富有洞见的尝试，请参见 Oran R. Young, Compliance and Public Authority (Washington: Institute for the Future, 1979).

的原则、规则和制度对战略有两种影响。其一，它们形成一个焦点，围绕这个焦点汇聚愿望，以减少不确定性，为官僚提供关于合法行为的指导方针，为决策者提供可行的协议模式。长远观之，我们还可以观察到，政府界定自身利益的方向变化如何遵从国际机制的规则。其二，国际机制可能对通向决策的途径予以限制或禁止某些行为，从而对国家行为构成限制。由于机制几乎没有强制性权力，强国能够采取禁绝措施，但它们将为此付出名誉上的损失，从而削弱它们在未来制定协议的能力。

此类观点强调，只有在强调自我利益的分析框架下才能理解国际机制：国家或许为了保护自己的名声而遵从机制规则和规范。但是，这些著述以及其他关于国际机制的著述并未说明，在什么条件下，在多大程度上，机制对国际利益影响之大能够使得世界政治截然不同。我们对国际机制影响的认识相对浅薄，故未来研究的前景广阔。我们需要更为谨慎的经验主义研究，探讨国家行为的轨迹，探究国家政策如何紧密遵从机制原则、规则和制度。然而，这只是第一步，因为如果我们仍然将注意力停留在系统层次，研究者可能很难确定机制的因果地位——也许国家在缺少机制时仍然采取类似的政策；或者机制只是反映了利益，并未施展任何影响。

为确认机制的影响，我们必须追溯国内决策进程，以探究在缺少机制原则的情况下国家遵从何种战略。我们试图确认机制原则与政府所秉持的自我利益认识（除机制外）相冲突的问题——基欧汉称之为"短视的自我利益"①。我们的问题是，遵守机制原则的名誉动机或其他动机是否在价值上超过了打破规则的动机呢？机制规则的影响有多

---

① 基欧汉将"短视的自我利益"定义为，"对于政府而言，当某一特定问题与其他问题分开考虑时，政府对可选择的行动方案进行相对的成本和收益核算"。参见 Keohane, *After Hegemony*, p. 99。

大？只有仔细研究国内在这些问题上的争论，分析家才能超越各国政府的自我辩解言辞（似乎总是夸大自己对机制的尊重），研究影响它们做出决定的因素。如果我们对一些运行相对良好的国际机制进行类似的分析，认识到被调查的政府有打破机制规则的有限或实质性动机，我们就可以对国际机制的有效性有较为深入的了解。如果这项研究考察了在某一特定领域的相当长一段时间内如何做出决定来加强或扩大机制规则的范围，它可能有助于检验机制如何促进自身增长的认识。它也许会为如下问题提供洞见：在较长时期内，国际机制是否有助于改变政府对自我利益的界定？

诚然，目前在国家决策和国际机制方面已经做了一些研究（尽管不像我们建议的那样进行明确的设计）；这些研究表明，机制的相对薄弱点在于，各国打破规则的动机更大。[1]然而，各国政府在大多数情况下遵循大多数机制的事实说明，国际机制确实发挥着协调功能——但它并没有告诉我们，国际机制通过影响政府名誉或其他方式改变政府动机的效能如何。我们必须在更宽泛的范围内研究政府动机，才能对不同压力情境下的国际机制效能有更好的认识。目前，这方面所做的工作不多，但某些开拓性研究的影响却非常之大。[2]

在国际机制变迁的研究中，结构理论仍然发挥着作用：其简明恰

---

[1] 关于布雷顿森林国际货币机制的崩溃，可参见 Joanne Gowa, *Closing the Gold Window: Domestic Politics and the End of Bretton Woods* (Ithaca: Cornell University Press, 1983); and John S. Odell, *U. S. International Monetary Policy: Markets, Power and Ideas as Sources of Change* (Princeton: Princeton University Press, 1982)。关于在多边纤维协议保护伞下对纺织品限制规则的规避，参见 David Yoffie, *Power and Protectionism: Strategies of the Newly Industrializing Countries* (New York: Columbia University Press, 1983)。

[2] 我们宣称缺少关于（国际机制等所包含的）国际规范的研究成果，其中的一个例外是艾布拉姆·蔡斯（Abram Chayes）对古巴导弹危机中法律作用的研究。蔡斯并没有使用机制这一术语，他探讨了国际规范对和平解决争端的影响。这些国际规范包含在各种国际实践、国际协议（包括美洲国家组织和《联合国宪章》）之中。参见 Abram Chayes, *The Cuban Missile Crisis and the Rule of Law* (New York: Oxford University Press, 1974)。

恰突出了自我利益如何能够与国际制度的形成和维持一致。但是，结构理论并不等同于系统理论，因为系统不仅包含着权力结构，也包含着政治进程，包括规则化的行为模式（我们称之为制度）。但是，这些进程与国内政治纠缠在一起：一旦人们认识到这些进程的重要性，他们就会清楚地知道，仅靠系统理论无法充分解释国际机制的长期变迁或国际机制对政策的影响。我们试图在《权力与相互依赖》中提出结构理论和更为宽泛的、进程导向的系统理论，但它们本身的解释力就不够充分。研究者现在需要做的是，将进程导向的系统理论与国内政治分析紧密结合起来，并防止破坏理论的一致性——这是系统理论的支持者所一贯担心的。

三、结构理论的局限性：系统政治进程

我们承认国内政治的重要性，但在《权力与相互依赖》中，我们假定，如果对国际系统的精微、复杂之处有深刻的了解，就会对世界政治有更多的认识。我们认为，系统有两个维度：结构与进程。我们接受新现实主义对"结构"的定义，即结构主要指的是各单元能力的分布。①"进程"指的是互动的模式——各单元相互联系的方式。以扑克游戏做比喻，系统指的是玩家手中的牌和筹码，进程指的是正式规则、非正式惯例或常规以及玩家互动模式之间的关系。在单元或行为体层次上，玩家可以变换自己的能力，计算赔率，猜测对手手中牌的实力，或诱使对手推牌。

系统结构、系统内最重要单元的特征都会影响系统内发生的进程。国家的倾向使之预先确定了某些战略；系统结构既提供了机遇，也提出了制约。了解国家的行为，既需要关于国家偏好的信息，也需

---

① Kenneth N. Waltz, *Theory of International Politics* (Reading, Mass: Addison-Welsey, 1979).

要关于系统结构的信息。例如,仅仅了解 1886 年、1914 年或 1936 年德国周边的地理结构是不够的,我们还必须了解德国的战略:是俾斯麦的保守战略、德皇威廉二世不大为人所知的战略,还是希特勒的革命性战略(revolutionary strategy)。然而,即使我们对国家偏好与系统结构都有所认识,如果我们不了解系统的其他特征,如国家间交流和跨国交流的特征、国际制度的性质等,我们就无法对国家的行为予以充分解释。① 研究这些系统进程,必然使得研究者更仔细地关注系统与单元特征的互动关系——例如,研究行为环境的机遇与限制如何影响行为体倾向(反之亦然)。换言之,集中关注系统进程将我们的注意力引向国内政治与国际结构的相互联系——以及二者之间的传送带。

显然,国际政治行为有诸多变化,国家间的权力分布并未对此一一解释。新现实主义并不否认这一点,却将所有其他决定性因素都归结到单元层次上。② 但是,这一回应并不令人满意。国际相互依赖的强度或国际规则制度化的程度等因素并不因各国的内部特征而不同(不像国内遵循民主程序的程度,或国内政治经济是资本主义的还是社会主义的)。按照沃尔兹的早期定义,这些并非单元层次的因素。进一步说,将单元层次变为所有未解释变化的垃圾倾倒场,构成了理论发展的障碍。它不仅混淆了单元层次的因素(如国内政治和经济安排)和国际层次的因素,从而增加了分析的复杂程度,而且导致一些新现实主义分析家放弃了在系统层次上构建关于国家行为的非结构性决定因素理论的机会。

---

① 关于在这一点上对沃尔兹著作的批评,参见 John Gerard Ruggie, "Continuity and Transformation in the World Polity: Toward a Neorealist Synthesis," *World Politics* 35 (January 1983): 261-285, reprinted in Robert O. Keohane (ed.), *Neorealism and Its Critics* (New York: Columbia University Press, 1986), pp. 131-157。关于这一论点的继承发扬,参见 Keohane, *After Hegemony*, 尤其是第四章至第七章。

② Kenneth N. Waltz, "Response to My Critics," in Keohane (ed.), *Neorealism and Its Critics*, pp. 322-346.

影响国家战略的非结构性系统因素可划分为如下两大类：国际行为的非结构性动机；国家交流与合作的能力。非结构性动机影响成本和收益或风险的预期比率（而不是影响行为体之间的权力分布），从而提供机遇、改变对国家利益的预测。例如，由于武器杀伤力的增强，即使各国之间的军事资源分布并未因技术进步而改变，各国也可能产生不进行战争的动机。又如，运输成本的降低将增加贸易收益，鼓励推行进一步经济开放的政策，而无须改变行为体相对的讨价还价能力或它们在单元层次上的不同。

只有了解其他国家的倾向及其所拥有的权力资源，一个国家才有可能重新界定其国家利益、追求其战略目标，而交流和合作能力为此提供了机遇。像允许"囚徒困境"（Prisoners' Dilemma）的游戏者相互交流将改变游戏的性质一样，增强国家交流能力、促使它们达致互惠协议的制度将丰富改变结果的基本治国之道。① 让我们再次引用扑克游戏的比喻，每个玩家面前的筹码多少很重要，但他们是否同意游戏的性质和规则也很重要。

从传统上讲，自由主义强调系统进程的两个方面——非结构性动机、交流和合作能力的变化。例如，自由主义理论家一直强调（但精致程度不同），贸易和经济动机的获益方式会改变国家行为。同样，自由主义理论家也常常强调，越来越多的跨国（和跨政府）交往对态度和传播的影响。当然，制度和规范的作用一直是自由主义理论的重要内容。所有这些主题在20世纪50年代初期到70年代初期的一体化理论中都有所体现。它们都是国际关系系统理论的必要组成部分，以免人们把"系统"等同于系统结构——这是沃尔兹所犯的错误。

这并不是说，自由主义垄断了对系统进程的思考。例如，技术变

---

① 我们感谢小海沃德·阿尔克（Hayward Alker, Jr.）参与关于基本原理与促进合作的系统进程之间类比的讨论。

革是现实主义研究的核心方面，尽管现实主义并不认为它将改变权力分布。我们也并不认为，自由主义理论强调的所有因素都处于系统层次。但我们坚持认为，将进程水平加入定义国际系统的结构概念中，会增强我们的理论建构能力。同时，强调进程和结构（而非用强调进程代替强调结构）使我们趋向于现实主义与自由主义的结合，而不是激进的断裂。新现实主义合乎系统理论的结构层次，而自由主义在进程层次成果卓著。我们期望将二者结合起来，建构一种同时包含进程与结构的系统层次理论。

将新现实主义理论与自由主义理论结合起来的纲领确实有同义反复推理（tautological reasoning）的危险。如果我们将因变量模糊定义为"国家怎样作为"，而系统层次进程是研究它们如何作为，那么利用进程"解释"行为的同义反复就昭然若揭了。为防止出现这种情况，因变量必须从具体的行为出发谨慎定义。此外，还需要在进程层次确立相关因素明确的类型区分——以改变非结构性动机、影响交流与合作能力的因素来进行。技术变革、经济相互依赖和问题密度都是影响非结构性动机的因素。① 国际规则、规范和制度（"国际机制"）的特征是影响交流与合作能力的关键因素。最后，影响行为体动机及其交流与合作能力的力量、行为体的行为构成了因果进程，我们必须探究该进程的轨迹：我们不能满足于仅仅了解相互联系。②

---

① 关于问题密度，即某特定政策空间内问题的数量及其重要性，参见 Robert O. Keohane, "The Demand for International Regimes," *International Organization* 36 (Spring 1982), reprinted in Krasner (ed.), *International Regimes*。本引文出自该书第 155 页。

② 关于"探究进程轨迹"的方法，参见 Alexander L. George and Thimothy J. McKeown, "Case Studies and the Theories of Organizational Decision Making," in Robert L. Cardy, Sheila M. Puffer, Jerry Newman (eds.), *Advances in Information Processing in Organizati* 2 (East Hartford: JaI Press1985), pp. 21–58; Alexander L. George, "Case Studies and Theory Development: The Method of Structured, Focused Comparison," in Paul Gordon Lauren (ed.), *Diplomacy: New Approaches in History, Theory and Policy* (New York: Free Press, 1979), pp. 43–68。

任何系统层次的分析必定是不完整的。如我们所强调的，为了理解诸如复合相互依赖的系统进程，我们必须知道国内政治如何影响相互依赖的模式与机制形成。这就需要对经济相互依赖和国际机制等制度如何影响国内政治的对等理解。但是，结构理论和我们试图在《权力与相互依赖》中建构的更为宽泛的、具有进程倾向的系统理论本身并不能满足这些要求。

让我们以国家的交流和合作能力为例。尽管该能力部分取决于各国是否就管理相互作用的规则达成共识，但它也受到国家所追求目标的影响；这些目标反过来受到国内政治的影响。现状与革命目标的经典区分对理解合作的能力甚为关键。① 要断定是否存在稳定的或动荡的行为模式，我们必须观察各国目标的制定方式对系统进程的影响。目标变化有可能是单个国家的国内进程引起的——如法国大革命对18世纪经典均势的影响；也有可能是同时影响国内政治和多国外交政策目标的跨国进程引起的——如民主化和民族主义的扩展对19世纪均势的影响。如果严格界定结构的含义，则19世纪欧洲体系的结构确实是多极的。该定义无法解释机制变迁表明了，将进程纳入系统概念的结构之中是非常必要的。② 而且，对交流与合作中的系统进程维度的关注，通过将我们的注意力引向系统层次变化与单元层次变化的互动，充实了我们的研究纲领。

对国家目标影响系统进程（反之亦然）的关注，使我们重新理解

---

① 实际上，革命目标和现状之间存在着目标范围。而且，这些目标或许受到各国所拥有的手段类型的影响。参见 Barry Buzan, *People, States and Fear* (Chapel Hill: University of North Carolina Press, 1983)。

② 肯尼思·沃尔兹强调两极与多极的区分，在其专著《国际政治理论》中，他仔细而系统地提出政治结构的概念，我们对其解释力的贫乏已经做了批评。最近关于19世纪国际体系的探讨，参见 Paul W. Schroeder, "The 19th Century International System: Changes in the Structure," *World Politics* 39 (October 1986): 1-26。施罗德强调了保护小国规范的发展。他所称的"结构的变化"（changes in structure）并非沃尔兹的结构性变化（structural changes），我们称之为国际系统的进程变化。

认识（perception）和学习问题。它们当然不是新问题，但它们的理论地位非常模糊，现实主义甚至明确将其排除在外。采纳更为丰富的、包含结构与进程的系统概念，将使认识与学习更接近于该学科的理论核心，它也表明，更深入地理解政治组织如何"学习"非常重要。

四、认识与学习[①]

国家选择反映了精英对利益的认识，它可能有多种变化方式。最为显著的当属政治变革。选举、政变、新老交替都可能导致领导人的更换，从而带来不同的国家利益观点。"国家利益"的变化也许并未充分反映社会中有效的新观点或新认知。但是，领导人的变化更反映了国内问题或与外交无关的其他问题。

利益也可以因规范变迁而重新定义。随着规范的演变，某一阶段被接受的实践或利益也可能在其后阶段每况愈下，甚至丧失合法地位。关于奴隶制或殖民主义的观点变化就是明证。

国家利益也可以通过学习（learning）而变化。从最基本的意识来说，学习就是接受新信息、改变旧观念——通过研究（study）和实践获得知识或技能。这是一个简朴的定义，它并不意味着新观念导致更为有效的政策或道德上更为高尚的政策。该定义的优势在于，我们无须分析是否某些特定的观念变化导致了"更为有效的"政策，不管它意味着什么，我们总可以确定什么是学习。

但是，这并不是学习的唯一定义。实际上，学习是一个不可靠的概念，因为它的含义太多了。"学习"意味着提高某人行为的道德质量，这种观念往往引起困惑。但是，在一般的应用中，人们既可以"学

[①] 威廉·贾罗兹（William Jarosz）和丽萨·马丁（Lisa Martin）富有洞察力的评论有助于我们澄清该部分的问题，谨此致谢。

习"作恶，也可以"学习"从善：如发明闪电战战略、制造和使用防御性核武器、实施种族灭绝等。在探讨学习的定义时，社会科学工作者无须将学习等同于提高道德水平的行为。

在社会科学中，学习的宽泛定义与我们提出的简朴定义难以共处，甚至会引起更为严重的困惑。从更为宽泛的意义上讲，提高应对周围环境的能力是学习的部分内涵。其显著意义在于，将学习从公开的简单概括转向"基于现实主义关注之上的、复杂而统一的理解"①。厄恩斯特·哈斯是呼吁国际关系理论中学习重要性的领头人。他认为，当国家"开始意识到它们卷入了战略相互依赖的情境时"，国际学习就出现了。②当学习发生时，"新知识倾向于重新界定国家利益。对不良影响的新认识，往往导致采取不同的、更为有效的手段，以利于目标的实现"③。

如果我们将更为有效的目标实现包括在学习的定义内，新的研究困难随即出现。在国际政治等复合领域内，我们难以确定（甚至在事后也难以确定）这种"学习"是否发生过。领导人往往误读"历史教训"或类比不当，导致自身目标难以实现。④历史经验导致观念的变化，决策者越来越意识到他们所卷入的战略相互依赖网络的存在。他们获得的宝贵知识或技能是否促使其行为更有效，这仍是一个争论不

---

① Lloyd Etheredge, *Can Governments Learn?* (New York: Pergamon Press, 1985), p. 143; also "Government Learning: An Overview," in Samuel Long (ed.), *Handbook of Political Behavior* 2 (New York: Plenum Press, 1981), pp. 73-161.

② Ernst B. Haas, "Why We Still Need the United Nations: The Collective Management of International Conflict, 1945-1984," in Henry S. Rowen and Albert P. Williams, *Policy Paper in International Affairs*, no. 26 (Berkeley: Institute of International Studies, 1986), p. 68.

③ Ernst B. Haas, "Why Collaborate? Issue-Linkage and International Regimes," *World Politics* 32 (April 1980): 390. 又见 John D. Steinbruner, *The Cybernetic Theory of Decision* (Princeton: Princeton University Press, 1974); Robert Jervis, *Perception and Misperception in International Politics* (Princeton: Princeton University Press, 1976)。

④ Richard Neustadt and Ernest May, *Thinking in Time* (New York: Free Press, 1986).

休的问题。

在研究国际关系的学习时，必须说明我们使用的是学习的哪个定义。我们认为，从使用"学习"的简朴定义——通过获得新信息而改变观念——开始有助于澄清认识，因为该定义相对容易获得认同。就像哈斯所认为的，该学习的一种形式增进了对战略相互依赖的认识。在什么情况下学习能更为有效地促使目标实现？这成为一个经验主义和理论性的问题，而不仅仅是一个定义问题了。

在分析政府学习时，我们必须将组织、政治和心理进程的复杂性考虑在内。与政策相关的学习既是一个组织现象，也是一个心理现象。社会结构和政治权力的变化决定着谁的学习是重要的。进一步说，如果一个群体吸取的教训为另一个群体所吸收，则组织必须具有制度记忆和社会化程序。其中一个关键性的研究问题是，不同的精英如何认识和重新界定国际系统的制约与机遇、国家的适当目标和达致目标的手段。为什么奥托·冯·俾斯麦、德国皇帝威廉二世、阿道夫·希特勒为德国定义的国家利益和机遇如此不同？关于美国在欧洲的利益，为什么威尔逊总统和柯立芝总统的界定如此大相径庭？为什么富兰克林·罗斯福1940年甚至1936年对该问题的看法与1933年的看法差异如此之大？国家领导人及其支持联盟发生变化，或大权在握人士的观点发生变化，有多少国家利益因此而重新被界定？如果大权在握人士的观点发生变化导致了利益的重新界定，自由主义理论所强调的跨国交往和跨国联盟在多大程度上促进了学习呢？

未来研究的一个关键问题是，关注国际政治进程对学习的影响。有的学习处于渐增和持续过程中。当官僚和精英开始相信某些方案对他们目标的实现更为有利时，渐增学习（incremental learning）就出现了。国际机制也许在渐增学习中起着重要作用，因为在此背景下，国际机制能够：（1）改变国家官僚机构的标准运行程序；（2）为次国家行为体提供新的结盟机遇，为第三党派提供更多的准入渠道；（3）通过制度内联系改变参与者的态度；（4）提供规则遵从的信息，促进对他者行为的学习；（5）有助于某问题与其他问题的脱钩，从而促进专业谈判团体的学习。相比而言，有些学习来自断续性（discontinuous）的重大事件或危机，如慕尼黑、1929—1933年的大萧条和苏联入侵阿富汗。制度也有可能促进从危机中吸取教训的学习；这些制度可包括国际机制、国内政党或官僚。国际机制——政府间机制、政府与国际秘书处之间的机制——促进交往，而交往有助于重大事件同一诠释的传播。因此，不管学习是否处于渐增和持续过程中，国际机制都会在创立、改变和增进制度记忆方面发挥作用。机制的原则和规范可能会被重要团体内化，成为过滤信息的信念系统组成部分；机制本身提供信息，改变国家的关键参与者看待因果关系的方式。

在没有机制甚至没有公开谈判的情况下，合作也可以出现。阿克塞尔罗德的研究表明，当行为体对他者的对等战略做出反应时，他将界定自我利益，选择新战略，合作将从中演化而来。[①]进一步说，我们无法确定规则与制度会促进学习，或者，如果它们确实促进了学习，学习会产生外溢效应，惠及其他领域。但是，从机制角度研究国际政治确实是成果卓著的学术探究之道，它提出了许多重要问题，而一般研究纲领往往捕捉不到这些问题的存在。为什么某些领域的学习快，其他领域的学习甚慢？学习何时导致国际机制等制度的发展，何时不能？这些制度会带来什么不同？国内因素在多大程度上促进或阻碍受到国际机制影响的学习？在关键时刻，各社会能否利用危机创立新机制，促进学习的制度化？[②]我们不知道这些问题的答案——但这些答案非常重要。

---

① Robert Axelrod, *The Evolution of Cooperation* (New York: Basic Books, 1984).
② 一种观点认为，这应该是富有远见的决策者的目标。参见 Robert O. Keohane and Joseph S. Nye, Jr., "Two Cheers for Multilateralism," *Foreign Policy* 61 (Fall 1985). 本书收录了该文。

结 论

在我们看来,《权力与相互依赖》提出的研究纲领是卓有成效的。和其他人一样,我们也不时因言过其实、对相反观点有成见、对自己的理论和证明的某些模糊之处心生愧疚,但我们就该研究纲领贡献了自己的力量,它激发了进一步的研究,现在,将相互依赖作为政治和经济现象进行分析、详述各问题领域的相互依赖模式已经司空见惯。在分析情境变化和权力资源的有限互换时,政治学家使用的讨价还价和联系概念更为深奥和敏感。国际机制概念促进了关于世界政治中规则和制度演变的研究,并在某种程度上促进了关于这些规则与制度对国家行为影响的研究。学者们普遍(尽管不是完全一致地)认为,作为解释当代世界政治的框架,结构现实主义(或狭窄意义上的新现实主义)的解释力不足。

然而,这一研究纲领既有成功之处,也有败笔。如果没有学习理论,我们就难以理解机制变迁和国家政策的变化;然而,学习的概念恰恰非常模糊,迄今为止,尚没有人提出系统性的国际政治学习理论。进一步说,在我们的理论融合尝试上,与现实主义部分相比,我们在自由主义方面的努力更显不够。我们只是把自由主义强调的制度、相互依赖和系统性的跨国交往部分地融入关于世界政治系统和进程的复杂的、系统性的分析中。复合相互依赖的概念被忽视或曲解了;特别地,我们对国内与国际进程相融合如何塑造国家倾向的关注太少。需要更多地关注国内政治及其与国际政治的关系,这使我们相信,仅仅关注系统层次的研究或许已经到了尽头。

现在,我们需要集中关注国际系统(包括其结构与进程、国内有影响力的行为体对利益的认识等)的限制与机遇的相互作用。我们需要详细探究国际制度的演变、个人或团体学习、国内政治变革如何影响自我利益认识的变化。这一努力需要动态分析,并佐以详细的实证研究;它需要进一步模糊国际关系领域与比较政治的界限。对那些愿意迎接挑战的人而言,未来十年将是激动人心的学术发展时代。

为多边主义喝彩？三思而后行 ①

在第二次世界大战之后的独特历史时刻，美国创立规则和组织（国际机制）的力量之强大可谓亘古未有，这些规则和组织奠定了国际关系的全球框架，保护着美国的经济和安全利益。主要是由于美国的热心支持，联合国、国际货币基金组织、世界银行、关贸总协定等国际机制得以建立。国际制度如雨后春笋般创立并发挥作用，其间，时事评论家欢呼世界进入了"美国世纪"。

现在，全美国的情绪已经发生转变。一些人视国际组织为"魔术师的学徒"——失控了。美国常驻联合国代表珍妮·柯克帕特里克（Jeane Kirkpatrick）就持这种观点。她在1983年1—2月号的《管理》杂志（*Regulation*）撰文指出：

> 联合国机构……似乎是我们注定失败的斗争场所。管理（regulation）是重新分配所谓世界财富的工具。国际官僚机构发挥着"新阶级"的功能，而权力即将移交于它。许多人认为，全球社会主义是可预期的和期待的结果。

---

① Robert O. Keohane and Joseph S. Nye, Jr., "Two Cheers for Multilateralism," *Foreign Policy* 60 (Fall 1985). 本文版权属于卡内基国际和平基金会，感谢《外交政策》杂志惠予重印该文。

美国在联合国内遭受严厉谴责，并对此做出了反应。美国从联合国教科文组织中退出，并曾经考虑退出联合国粮食及农业组织和联合国贸发会议。"全球单边主义者"则赞颂美国在国际组织之外实施自己的政策、不受外来要求和抱怨干预的能力。

对1981年上台执政的里根政府而言，美国接受了太多以国际政策协调为由的政府干预。它把利率管理和汇率管理视为应由市场管辖的事务，将国际货币基金组织视为一个自我扩张的国际官僚机构。它认为，增加国内能源生产比加强国际能源署（IEA）及其国际政策协调程序更为重要。还是总统候选人的罗纳德·里根曾坚决主张暂停核武器扩散，现在却宣称这"与我们无关"。《联合国海洋法公约（草案）》不够完善，我们轻而易举地放弃了它。里根政府的解决方法不是进一步促进多边合作，而是复兴美国曾一度丧失的军事实力，恢复我行我素的行事风格。

在国际制度中"支持美国"，这是大众所接受的国内政治，在某些情况下也是正确的政策。来自纽约州的参议员丹尼尔·莫伊尼汉（Daniel Moynihan）正确地指出，十年前，当他担任美国常驻联合国代表的时候，美国在联合国大会的发言塑造着世界政治的议程。退出或许是推动联合国教科文组织等误入歧途的国际组织采取更务实策略的唯一途径。然而，美国也因此而面临难题：仅仅表示强硬或采取单边主义措施无法有效地应对复杂问题，因为这些问题的处理需要以国际组织为形式的国际合作。

更有意思的是，里根政府起初抵制国际政策协调和国际制度建设，但在面对现实时，它又回到了更为传统的政策上来。对美国的财政健康状况而言，一个存在墨西哥和巴西拖欠美国银行巨额贷款的世界实在太危险了。确保世界有利于资本主义的安全，需要国际货币基金组织这一国际组织的干预；而美国政府转变政策，试图说服国会增加国际货币基金组织的资源。在安全方面，美国政府也转变政策，从主张通过扩散核武器维护美国安全回归到维持前几任政府创立的不扩散机制上来。当两伊战争有可能导致波斯湾关闭时，里根政府的政策设计者对国际能源署的紧急协调作用持更为支持的态度。

里根政府心怀不满地接受了合理的国际主义（modest internationalism）。它表明，回归到以单边主义为美国外交政策指导方针是不可能的。即使对国际制度不抱任何期望的官员也发现了国际制度对实现美国目标的价值。相互依赖世界中的自我利益——而不是改善世界的愿望或集体主义的意识形态——可以对这种心理变化提供解释。单边主义偶尔可以带来外交成功，但是诸多问题必须通过国际合作才能解决，单边主义难以圆满解释这一现象。

遗憾的是，接受这一点并没有极大地推动美国的外交政策。这是因为，关键问题不在于对现有机制和制度仍有信心，而在于这些机制和制度在将来有所完善，参与国的国家利益能够得到更好的维护。尽管里根政府接受了国际制度的价值，但对国际会议所追求的集体主义和财富共享准则的恐惧败坏了它。这些恐惧使得里根政府无法从战略高度看待国际机制。战略思考意味着聚焦于现有政策争论很少涉及的一个关键问题：在一个分裂而多样的世界上，美国希望确立什么模式的国际合作？

从本质上讲，外交政策包含着对突发事件或矛盾事件的灵活应对，它几乎难以从长远行为规划中受益。然而，如果缺乏战略眼光，未来的战术部署也难以实现：对矛盾事件的变通应对将使政府忙得团团转。长期战略一个方面的内容是对突发事件的规划，以抓住战术机遇。妨碍对新事件做出创新性反应的长期规划会导致灾难性后果，但纯粹采取战术方案却忽略了政策选择对世界政治结构与制度的影响，改变美国与其他国家合作框架的重要机遇就这样白白丧失了。

需要国际机制

除非美国人接受这样的观点，即迄今他们仍生活在主权国家构成的世界上，他们才可能对国际制度的作用有清醒的认识。国际治理与国内治理大不相同。在过去40年里，尽管保守者很担心，但联合国成员并没有推进世界政府的发展。国际治理并没有被视为与联合国的众多机构等同，因为有的人只看到联合国机构的价值，有的则只看到了缺陷。影响各国管理其相互依赖关系的一系列规则和制度非常复杂，而联合国体系不过是其中的一部分而已。国际机制——确定行为体在各问题上可接受行为限度的规则和程序——已经远远超出了联合国的范畴。国际机制常常包括正式组织，但并不局限于此。机制是广义上的制度：确定游戏规则的、被认可的实践模式。

莫里哀的喜剧《醉心于贵族的小市民》的主角没有意识到自己说话乏味。与之相似，大众也常常意识不到，政府存在于一个由国际机制构成的世界。不同机制的范围和成员有巨大的不同。它涉及的问题也多种多样：从债务、汇率到捕鲸业和南极洲的地位；从贸易壁垒的扩展到核武器的扩散。有的机制向世界所有国家开放；有的机制则是地区性的。许多机制限定于能力或利益类似的国家。没有一个机制能将自己的意愿强加于成员国，尽管期望从国际机制中受益的政府必须接受对其国内和国际行为的限制。简言之，机制促进了政府目标的合作追求，但它们不能代替抽象而普遍的国家利益。

小国常常欢迎国际机制，将国际机制视为防止强国随意滥用权力的屏障。美国等大国希望为稳定的国际环境创立规则，但却无力支配它们。对大国而言，机制具有同等的价值。

例如，最近数十年来，国际机制协助防止核扩散、限制贸易保护主义、重新安排欠发达国家偿还债务的时间表，从而促进了美国的利益。1968年开放签署的《不扩散核武器条约》、1957年创立的联合国国际原子能机构并非核武器扩散如此之慢（未达到 1963 年约翰·肯尼迪总统预计总数的 1/3）的唯一原因。但是，劝阻核扩散国际机制的存在，对美国在此领域的政策给予了巨大的支持，促进了世界的安全。过去十年间，在经济不景气的巨大压力和相对优势迅速变化的情况下，关贸总协定未能确保贸易自由主义不受削弱。但是，关贸总协定在本质上是一种自由主义机制，与 20 世纪 20—30 年代相比，如果没有该机制的存在，贸易保护主义必将呈螺旋式上升，并失去控制。最近欠发达国家的债务危机没有引发世界金融崩溃，其主要原因是：精心设计的国际、跨国和国内安排确保了债务偿还时间的调整，为银行继续向欠发达国家提供贷款提供了动因。

当然，并非所有机制都能有效地促进集体问题的处理。有些机制享有的共识要少于其他机制。但是，那些运行良好的机制至少体现了如下功能：

其一，机制促进了负担共享。通常，只有在其他国家的政府也这样做的情况下，一国政府才会为集体目标做出努力。进一步说，当大国属意于明确的规则和程序时，他国政府非常难以逃避责任。机制确立的标准适用于所有国家，无论其大小。

其二，机制向各国政府提供信息。共享信息——特别是在某些易于跨越边界的问题上共享信息，如控制传染疾病的传播、分配远程通信频段、限制大气或海洋的污染——对有效行为极其关键。信息鼓励政府在其他可能采取单边行动的问题上进行合作。信息揭示实质性共享利益之处，重要协议因此而产生。国际机制使得政府政策显得更可预测，因而更为可信。因此，国际能源署监督国际石油储备并筹划紧急情况的应对，可以降低政府和企业的竞争性抢购风潮。尽管该任务未能在 1979 年顺利实现，但它在 1980 年发挥了积极的作用。[1] 机制

---

[1] 具体分析请参见 Robert O. Keohane, *After Hegemony: Cooperation and Discord in the World Political Economy* (Princeton: Princeton University Press, 1984), chap. 10, pp. 217—242。

也许间接提供信息——例如，通过谈判或私人交往，给政府官员提供进入对方决策程序的通道。债务谈判的政策制定者不仅了解相互的政策，彼此间也非常熟悉；通过这些个人交往，就其他国家对未来假设事件的反应而言，他们做出的预期更令人信任。

其三，机制有助于大国通过外交途径获得各种利益。由于相互依赖将各问题联结在一起，各国更容易自食其果。美国发现，50年之前，与某国的互惠贸易协定有可能损害与其他许多国家的贸易；现在却越来越不能在任一领域有效地达成此类协议，除非在某些特殊谈判可以进行的规则框架（在无条件最惠国待遇下的制度化）下。类似地，1945年，美国可以单方面宣布对接近美国海岸的捕鱼和浅海石油开采活动实施管辖；其结果是，其他国家也要求对各种海洋资源的控制，这些要求越来越多且相互抵触。精心设计的机制将问题汇聚在一系列规则之下，从而提供应对这些问题的某种秩序。

其四，国际机制将更多的行为准则引入美国外交政策中，许多批评家认为，美国外交政策越来越需要这一特性。因此，当政府更迭时，国际规则有助于增强美国外交政策的连续性。国际规则确定了选民向国会施加压力的限度。例如，最近美国国内酒商力图将欧洲葡萄酒排挤出市场。害怕遭受报复的美国小麦农场主援引关贸总协定的规则，击败了这一企图，并加强了自己的地位。

简言之，机制往往符合美国的利益，因为美国是世界上最大的商业和政治强国。如果许多机制已经不存在了，那么美国必定像过去一样创立新机制。

不切实际的观点

如下七句格言有助于美国确立关于国际机制的有效战略方案。

切莫试图重温历史

美国人怀念更为简单、井然有序的世界，他们不时提出"宏大设计"（grand designs）来解决外交政策问题。但是，他们关于战后的看法是不切实际的。实行一国一票制的联合国大会无法充分顺应美国的影响，难以成为美国外交政策可信赖的工具。最近，美国的政策制定者梦想召开"新布雷顿森林"会议，或召开大型会议改写和加强《不扩散核武器条约》，这些梦想使得事情更为糟糕。即使在美国主导的年代，普适性方案也常常劳而无功；与先前的设想恰恰相反，许多博士论文纷纷指出，即使在众多第三世界国家加入联合国之前，美国在联合国大会中也未享有"自动多数"。近年来发生的权力扩散使得大型会议外交更难以控制，也更容易带来失望。相互抵触的要求数量之多，常常摧毁达成满意解决的所有可能性。其中的一个例证是，联合国海洋法会议历时十多年，各国做出了不懈的努力，其结果仍然存在诸多麻烦。

在当今的世界上，与其说普遍性国际组织是决策机构，不如将其视为舆论媒介。如果美国仔细倾听而未予轻信，这些组织可以告诉美国其他国家观点的变化和坚持程度。这些论坛确实影响着世界政治的议程。它们可以赋予影响世界各地的重要决定合法性。其中的一个例证是，美苏谈判达成的某些军控条约随后在联合国大会投票通过。但是，普遍性国际组织为世界提供集体行动工具的可能性极小。

问一下世界真正需要什么

只有在政府的不协调行为比协调行动导致的结果远为恶劣时，才需要机制。缺乏严重利益冲突的问题领域不怎么需要制度结构。有的国际问题更像是沿路的左边或右边行驶的问题，而不是在交叉路口哪边的汽车先行的问题。一旦某社会确定了沿路的哪边行驶，其实际行为往往是自我执行的（self-enforcing）。只有力图自杀的疯子才会偏离该协定。许多国际机制也同样是自我执行的，如信件递送的安排、航道的位置、在国际空运管理上使用哪种语言的明确规定等。毕竟，将信件送错地址、使用错误航道招致碰撞事件、在芝加哥着陆时突然改说法语等，不符合任何人的利益。

更为重要的国际机制往往存在于这样的问题领域：每个国家政府都期望他国合作，而自己可以例外。例如，当一个国家有可能拖欠贷款时，共同利益的存在促使各国采取集体行动挽救整个借贷体系。当然，停止借贷甚至结清存在问题的借贷者的贷款符合任何一家银行的利益。如果每一家银行都采取这样的行动，拖欠还贷将不可避免，而整个借贷体系也必然崩溃。因此，银行本身也期望建立一个管理银行借贷的合作机制。同样，如前所述，能源消费安全的国际安排减少了各国在石油短缺时相互竞标的动机。债务机制和石油机制就像繁忙交叉路口的红灯：如果没有规则，各自追求自我利益必然导致灾难的降临。

为了纳入监督和执行规则的明确条款，非自我执行的机制往往需要国际组织。但是，这样的组织本身不具备执行规则的能力——只有各国政府才能做到这一点。这些组织只能实施监督功能，即确认过去协议的背离之处、参与未来计划的制订等，以确保各国更好地应对未来的紧急情况。令人惊讶的是，最有效的国际组织往往非常小。1980年，国际货币基金组织只有1530名职员，而关贸总协定只有255名工作人员。① 然而，与雇员超过其两倍的其他国际组织如国际劳工组织、联合国粮食及农业组织、联合国教科文组织等相比，其成就更为辉煌（尽管人们对此颇有争议）。与许多国内官僚机构相比，它们也处于优势。

关键问题在于，国际组织好在哪里？作为各国政府部分结构动机

---

① *United Nations Yearbook 34, 1980* (New York: 1983), pp. 1251−1344.

产物的机制好在哪里？关于国际机制的复杂战略方案并不假定，国际官僚机构必然庞大或可以发号施令。相反，当国际组织试图为政府提供更依赖市场而非国家官僚式管理的动机时，它往往最为有效。例如，关贸总协定的贸易机制通过限制政府的单边保护主义扩大了市场的规模。国际货币基金组织强调，市场规则应在借贷巨额款项的国家发挥作用；在20世纪70年代，它从试图帮助维持固定汇率转向支持浮动汇率在市场导向体制中的非严格界定作用。只有当国际组织有利于会员国之间导致互惠合作的谈判时，它才是有价值的。当国际组织为自己的利益服务时，各政府并不期望它的存在。

建立在共享利益之上

机制要想繁荣发展，必须促进各国政府目标的实现。各国政府在各问题上的利益多种多样，达成全球一致的协议几乎是不可能的，谈判建立国际机制的努力，最终必然导致在蹩脚协议和谈判失败之间进行痛苦的选择。关于国际经济新秩序的考虑建立在世界的利益多样性之上——这种利益多样性不仅体现在贫富国家之间，也体现在贫富国家内部。

然而，许多全球性谈判的失败，并不意味着新机制时代已经结束了。在过去十年间，影响发达工业化国家关系的许多新制度和一系列规则得以确立。其中包括：20世纪70年代末通过谈判确立的出口信贷协议，在贸易谈判的东京回合达成的许多准则；70年代中期，为确保更为安全的核贸易，在核不扩散机制上确立的核供应国指导方针。

这些机制与国际能源署等机制都有两个关键性特征。这些机制的目标都是解决共同的问题，即某些政府对本国利益无所限制的追求必然对其他国家的利益造成各种影响。这些机制并非建立在全球性基础之上，而是有所选择的。例如，出口信贷和核供应国"俱乐部"只包括主要的信贷国或核原料的供应国，国际能源署审慎地将非经合组织成员国排除在外。

当建立更小的俱乐部时，参与者必须考虑它们对更大机制的影响。例如，核供应国关心的是，形成该集团会加剧核不扩散机制支持者的愤恨。但是，对排除在外问题的敏感性有助于这些问题的解决。核供应集团的成员在1978年就出口指导方针达成协议后，就强调悄悄的双边外交，以维持对核不扩散机制的广泛承诺。

如果只有相对少数国家在某一特定问题上的共享利益大于分歧，明智的做法是限制这些国家的成员地位或至少限制其决策权。有时，只有排除反对者才有可能达成重大协议。但是，为促成某些机制如关贸总协定准则的最终普遍化，我们必须尽最大的努力。进一步说，必须特别关注发展中国家的长远利益，否则，在特定问题上取得进步的合法努力将转向歧视弱者的普遍模式。

热衷于东拼西凑国际机制似乎成为一个趋势，每个机制的成员都不相同。某些国际机制的边缘有些粗糙，但总好于空心的机制。一般来说，在各种问题上都有效但自身协调性差的联盟比因成员多样性而永远陷入僵局的普遍性谈判更可取。

利用机制来防范灾难

要控制事态发展并消除逆境，而不仅仅是共同承担责任，保险机制不像有效机制那样令人满意。在其他条件都等同的情况下，为防止洪水泛滥，建设堤坝好于仅仅投保。同样，国际能源署成员更期望防止石油禁运，而不是分担逐步减少的石油储备。但在某些情况下，享有足够的保险可以减少"分而治之"战略的潜在收益，从而防止敌对行动的发生。在任何情况下，能够控制事态发展的机制往往难以建立。当情况确实如此时，保险战略也许好于依赖单边行动或仅仅期望最佳机制。在思考国际合作时，人们常常提议政府"更有远见些"，完成自己可以做的事情，而不是仅仅哀叹自己不能做得更多。

最好的执行是自我执行

一般而言，通过等级安排来集中执行国际机制的规则是不可能的：因为国际机制没有警察部队，只有一个很小的国际官僚机构。如果各国准备遵从机制规则，这种遵从必然建立在长远自我利益的基础之上。

安排执行并不像想象的那么困难。主要发达工业化国家一直在许多问题的处理上相互磋商。每个国家的政府都有可能在特定违规行为上"逍遥法外"。但是，可行机制依赖这样或那样的长期互惠原则。没有人会相信惯于欺骗的人。经过一段较长的时间，各国政府建立了遵从法律条文及规则精神的名声。这些名声成为其最重要的资产之一。就像经济学家查尔斯·金德尔伯格曾经指出的，"在经济学上，过去的就过去了；但在政治学上，过去的是营运资金（working capital）"。

相比双边背景而言，在多边情境下，互惠更难以制度化。这是因为就"对等"（equivalent）贡献达成协议往往是困难的。例如，当美国与其北约盟国就责任共担发生争论时，美国集中关注财政方面的付出，而欧洲强调通过征用土地或提供国民服务做出的贡献。而且，在某种情境下提供的平衡有可能导致其他国家或在其他问题上的补偿要求。无论如何，互惠确实提供了遵从的动机，而且功能齐备的机制往往存在保证互惠的标准。例如，在关贸总协定东京回合上达成的补贴准则不仅具体规定了在什么情况下可以采用抵消关税应对补贴，还对这些抵消关税设定了严格的限制。

在制度设计中，执行应建立在信息共享和互惠的条款上，而非通过集中执行来强制。尽管国际能源署建立了广泛的投票规则，但它从未进行过正式投票，其成员国却可以共享石油公司和政府行为的信息。国际原子能署通过威胁由其核查体制发现核原料而不是保证在发现违规行为时实施制裁的方式，阻止了核燃料的滥用。其他当代机制——不管是监督汇率的五国集团，还是维持银行向债务国贷款的机制或出口信贷机制——都依赖通过信息传播而形成的自我执行，而不是超国家权力的运用。

意识不到这一点有可能导致各国政府低估国际机制的能力——为规则的分散执行提供框架。如果各国仅仅关注于国际机制无法通过超国家机构执行规则，国际社会将因此丧失建立新制度的机遇，而这些新制度可能通过提供信誉信息促成世界政治中更多的互惠实践的发展。

寻求恰当时机

在国际机制的生命周期中，随着政府和跨国行为体发现规则的漏洞，机制的侵蚀逐步发生。机制的维护者花费时间插手干预这一进程。

偶尔，危机可能会"决堤"，摧毁现有的秩序。现有机制的不充分已经暴露无遗；关于现实的原有概念被打破，导致利益和联盟的四分五裂。世界金融危机的前景一直在银行家的脑海中闪现。

在危机时期，建立国际机制的机遇特别容易出现。构成旧机制的先决条件不复存在或机制不存在而导致的满足不复存在都有可能导致"创造性摧毁"——这是经济学家约瑟夫·熊彼特的说法。因此，第二次世界大战之前，经济危机四伏。关于国际货币协调的第一次严肃探讨导致了布雷顿森林体系的建立。20世纪70年代和80年代的经济危机不仅导致了旧机制的崩溃或侵蚀，也导致了石油危机之后国际能源署的建立（1974）；为应对第三世界无法按约偿还贷款的威胁，国际货币基金组织在1982年之后得到了加强。

1929—1933年的经济危机表明，对危机的创造性反应并非自动出现的。在危机期间，决策者并不一定寻找创新性解决方案，而可能寻求得过且过。由于危机的侵袭太过突然，他们没有时间提出经过精心构思的制度变迁规划。但是，如果决策者从最基本的问题着眼，他们就能够运用危机创造的机遇，设计出支持长期战略的即时解决方案。

换言之，如果美国的外交政策是利用危机而不仅仅是对危机做出反应，在采取重大行动之前，决策者应考虑自己所期望的制度演变趋势。当然，这并不需要为新规则和新制度进行宏大设计。宏大设计将招致许多国内和国际利益集团的反对。但是，提前的思考可将特定危机——包括那些限于特定问题的危机——转变为建设性转折的开始。我们也许不能缔造一个影响巨大的综合性机制，但可以在特定领域创立具有建设性效应的部分机制（partial regimes）。

至少在过去 25 年间，美国政府没有体现出有效的长期规划。美国决策者完全可以做得更好。但是，许多关于未来机制的思考发生在政府之外；同时，局外者工作的有效性有赖于局内者的接受。这种联系不仅有助于确保对外交政策倡议的立法支持，也有助于将新观念纳入决策进程。

利用机制，使美国着眼于未来

在批评者眼里，美国外交政策声名狼藉，不值得信赖。美国反复无常、往往带有意识形态色彩的行为使得盟国困惑、不知所措，美国好像无法避免这一点。那么，探讨国际机制的战略还有意义吗？

但是，美国外交政策的这些缺点增强了巧妙利用危机、促进建设性转变的需要。在危机期间，总统通过国会采取决定性措施的余地常常会显著增大。美国往往难以意识到自己的长远利益。行政和立法的分工、政府部门内部的分歧尤其使得美国难以追求长远的自我利益。设计国际机制原则的尝试可以廓清美国的长远国际利益。像美国宪法一样，国际机制可以提醒美国其基本的目标是什么，因为国际机制可以赋予宽泛的、将他国价值观和政策考虑在内的国家利益概念合法性。

长期规划的努力也有助于确保美国在联盟中的领导地位。建设性国际机制带来的限制使美国成为国际社会中更值得信赖的伙伴，而非时常采取单边主义政策。拥有可信赖名声的伙伴将对美国产生信任预期。此外,由于国际机制促使各盟国遵守机制标准,它常常向盟国领袖提供影响其他盟国国内争论的机会。按照经济学家阿尔伯特·赫希曼的说法,这让参与国政府有机会行使"话语权",而不是简单地"退出",从而加强了联盟。如果盟国对美国的政策有所影响,它们更愿意保持与美国的联盟。美国联盟的巨大实力和持久性,部分归因于联盟对国际机制建设性限制的承诺。

机制的维持

在当今的世界政治中,行为体多种多样,许多问题领域相互交织在一起,令人眼花缭乱。权力的扩散降低了美国随心所欲创立国际机制的能力。不管美国的防务预算如何巨大,美国也不可能重新获得它在20世纪50年代所拥有的优势地位了。进一步说,维持军事实力只是可行外交政策的一部分而已。美国拥有巨大的政治和经济实力,在建设和维持国际机制方面也有巨大的国家利益。但是,最近的外交政策争论并没有关注外交政策的这个层面。

主要国际机制继续反映着美国的利益,这在很大程度上是因为美国在创立和维持这些机制上的影响力。但是,除非美国带头维持国际机制,其他国家没有利益或能力做出自己的贡献。就像英国在20世纪30年代所发现的,当主导贸易国关闭市场时,保护主义争夺就开始了。当1945年华盛顿扩展美国对沿海领域的管辖权时,它应该早就料到其他国家会争先恐后地循其先例——就像拉丁美洲几个沿海国家那样。如果美国放宽了对核出口的管制,其他核供应国也会放宽管制,或许放得更宽。美国的限制可能不足以建立或维持规则,但仍然是非常必要的。

美国在机制维持上的利益并不意味着,美国必须像其他国家那样为了维护狭隘的国家利益而消极应对现有的规则和安排。我们确实需要说明的是，互惠是维持世界政治中合作的有效途径。有时，互惠会带来报复，就像国际贸易中越来越多的报复所表明的。但是，报复的最终目标是增强其他国家对总体规则的遵从，而不是为自己寻求豁免——豁免也是暂时的，豁免可能导致国际秩序的衰落，这正是我们竭力避免的。因此，美国应该设计自己的战略，为其他国家提供以自我利益行事的切实可行的动机，促使它们支持美国所珍视的国际机制。

除维持现有机制外，华盛顿还应该寻求机会建立新机制，或在机会到来时扩大旧机制。在将来，我们可能在以下三个领域取得实质性进展。

联合国维和行动

维和是一个老话题，最近没有几个学者或决策者特别关注维和。但是，由于美国在黎巴嫩的维和失败，重新审视在联合国或地区组织的旗帜下派遣军队进行干预的不完善行动的时机成熟了。美国因在黎巴嫩的失利而备受谴责，而且有迹象表明，苏联早就开始重新思考它对维和的反对立场；苏联还认识到，如果能够找到限制国内或地区冲突的干预措施，两个超级大国的境况会有所好转。但是，有效的维和努力必须是有限的、审慎的。它们必须建立在《联合国宪章》关于和平维护定义的基础之上，即联合国安理会有责任执行五大国一致同意的决议，而不是像 20 世纪 50—60 年代那样由美国一家倡导。有效的维和行动也可以在联合国大会授权下进行，由某个大国及其盟国指挥。有限维和（limited peacekeeping）值得重新考虑，应该汲取朝鲜战争和刚果危机所公开体现出的野心导致失败的教训。

国际债务

在过去三年间，国际债务机制的超常灵活性展露无遗：它避免了巨额拖欠；墨西哥、巴西等主要欠债国采取了痛苦的调整措施，给人们留下了深刻印象。但是，危机管理尽管明智，却无法创立持久性的新安排，以避免最终崩溃和从一般借债到大举借债、危机到崩溃（接近崩溃）的历史循环。① 我们需要重申的是，在关于危机的记忆淡化之前，立即行动起来，建立一系列可持续的安排，确保资源稳定地从公有和私有部门流向发展中国家，确保债务的定期归还。

汇率

当前浮动汇率的既有安排令人大失所望。人们希望平衡汇率能够自动出现并产生平衡的往来账目，但是巨额资本流动导致美元定价过高、人们希望破灭。不仅以法国为首的欧洲对此表示不满，美国国内的保护主义压力也增大了，这只能加速衰退。我们无法确定能否召开像布雷顿森林那样的大型公共会议——即使能够召集这样的会议，也必须首先经过数月的密切磋商。可行的方案是设计一项"特定政策"（a deal），将更稳定的汇率、更低的美元价格和美国所期望的新一轮贸易谈判制度联系起来考虑。相比对法国——以及因此对欧洲共同体——采取差别对待的行动，以报复1985年波恩首脑会议拒绝确定新一轮谈判的日期而言，探索该特定政策的可能性更为明智。在汇率机制上采取一致行动的时机已经到来：我们应该集中精力，研究该机制应具备哪些特征，美国怎样采取战略性让步措施才能确保美国在贸易等其他领域目标的实现。

朝着联合国创始人所设想的世界秩序缓慢甚至不稳定地前进的梦想已经过时了。但是，美国不能仅仅用没有多边主义合作挫折的世界这样一个诱人的允诺更换梦想。经济与安全相互依赖已经是一个现实，不要奢望它们并不存在。美国并没有强大到稳健地认定，其他国

---

① 关于历史过程的精彩探讨，参见恰在最近危机爆发前出版的新著：Charles P. Kingdleberger, *Manias, Panics, and Crashes* (New York: Basic Books, 1978)。

家默许其重塑世界的单边企图。因此，像半个世纪前的孤立主义一样，20世纪80年代的全球单边主义仍是一个奢华的幻念。

全球单边主义所缺失的是，美国在国际机制中持续拥有利益。除担忧军事实力和苏联的干预之外，美国还应该关注权力的其他方面及其与整个世界体系的关系。如何与联合国教科文组织打交道？在核扩散问题上做什么？挽救还是放弃关贸总协定的非歧视条款？为了卓有成效地与这些关乎国际机制的问题打交道，美国需要对有效多边合作的条件有现实主义的理解，并在此基础上构建一个统一的战略。该战略应强调互惠——它意味着对规则的违反者决不手软，同时有意愿与期望合作者进行合作。对那些促进规则分散执行（decentralized enforcement）的国际制度，美国必须予以支持。美国不应天真地相信，执行是自动的或容易达成的。在危机爆发之前，美国就应该考虑国际制度如何有助于实现合作；在危机期间，美国必须准备提出稳定时期已经设计好的建议。

制度战略与灵活战术相结合可能既是有远见的又是现实主义的。从最好的方面看，它可能是机会主义的：准备抓住危机提供的机会，创立与美国利益和价值观相一致的国际机制。概言之，对于反复出现的全球单边主义幻想来说，它是一种可行的替代选择。

索　引

（"索引"中页码为英文原书页码，即本书边码）

A

Adjustment problems 调节问题, 57
Advocacy networks 倡议网络, 220–221
Afghanistan 阿富汗, 249
AFL-CIO 劳联－产联, 132
After Hegemony (Keohane)《霸权之后》(基欧汉), 267, 271
Agenda setting 议程设置
　in complex interdependence 复合相互依赖的议程设置, 27-28
　for oceans and monetary policies 海洋和货币政策的议程设置, 103–104
　politics of 议程设置的政治, 171–173, 180–181
Americanization 美国化
　conjunctural politics and 关联政治与美国化, 246–247
　globalization and 全球化与美国化, 230–231, 245
Anglo-American Joint Statement《英美共同声明》(1944), 68
Annan, Kofi 科菲・安南, 224, 229
Argentina 阿根廷, 61
Asia 亚洲. *See also* East Asia; specific countries 又见"东亚"和具体国家条目

financial crisis in 亚洲金融危机, 222, 237–238
Asian Development Bank 亚洲开发银行, 235
Asian-Pacific Forum (APEC) 亚太经济合作组织, 226
Association of Southeast Asian Nations (ASEAN) 东南亚国家联盟, 226
Asymmetrical interdependence 非对称相互依赖, 10, 14–16, 192, 263, 268
　in Australian-U.S. relations 澳美关系的非对称相互依赖, 173
　in Canadian-U.S. relations 加美关系的非对称相互依赖, 171, 173
　hard power and 硬权力与非对称相互依赖, 215
Australia 澳大利亚, 42, 82
Australian-American relations 澳美关系
　history 澳美关系史, 149–154
　issue hierarchy in 澳美关系中的问题等级, 151–153
　issue identification and outcomes in 澳美关系中的问题认定及其后果, 181–182
　transnational relations in 澳美关系中的跨国关系, 150–152

Autarky 闭关自守, 38
Authoritarian states, and information revolution 威权国家与信息革命, 222
Autonomy, of Canada 加拿大的自主权, 164

B

Balance of payments deficits, in U.S. 美国收支逆差, 71
Balance of power 均势
  agenda formation and 议程形成与均势, 103–104
  theories 均势理论, 7
Bank for International Settlements (BIS) 国际清算银行, 70, 129
  oceans policy and 海洋政策与国际清算银行, 93
Bank of England 英格兰银行, 60, 100
Bargaining 谈判
  asymmetry and 非对称与谈判, 174
  Australian-American 澳美谈判, 177
  Canadian-American 加美谈判, 157–163, 164, 174–176, 176–177
  interdependence and 相互依赖与谈判, 267–269
Barriers to entry 准入壁垒, 223
Beigie, Carl 卡尔·贝吉, 159n
Belgium 比利时, 67
Belgrade 贝尔格莱德, 249
Bilateral relations 双边关系, 36, 185, 186. *See also* specific countries 又见具体国家条目
  monetary policy and 货币政策与双边关系, 92
  power in 双边关系中的权力, 36
Biological globalization 生物全球化, 227, 229
Bismarck, Otto von 奥托·冯·俾斯麦, 275, 279
Bosnia 波斯尼亚, 238, 250
Bouteflika, Abdelaziz 阿卜杜勒-阿齐兹·布特弗利卡, 229
Brazil 巴西, 237, 248, 251, 293
Bretton Woods regime 布雷顿森林体系, 11, 17, 18, 46, 57n, 67, 68, 115, 119, 137n
  adaptation of 布雷顿森林体系的适应, 69
  collapse of 布雷顿森林体系的崩溃, 116
  erosion of 布雷顿森林体系的侵蚀, 71–72
  full establishment of 布雷顿森林体系的全面建立, 69–70
  international organization model and 国际组织模式与布雷顿森林体系, 130
  issue structure model and 问题结构模式与布雷顿森林体系, 119
  military power and changes in 布雷顿森林体系的军事权力与变革, 113
  monetary policies and 货币政策与布雷顿森林体系, 101
  suspension of convertibility of dollar into gold 暂停美元与黄金的自由兑换, 69
  United States economic strength and 美国经济实力与布雷顿森林体系, 38
Britain 英国
  and monetary regimes 英国与货币机制, 11, 68–69, 70, 119
  as monetary leader 英国作为货币领导者, 35, 58–63, 89, 112, 117
  as naval power 英国作为海洋霸权, 37, 55, 78–79, 80, 113, 122
  and oceans regimes 英国与海洋机制, 81,

83, 85–86, 124, 131
U.S. loan to 美国向英国贷款, 5–6, 29
Bundy, McGeorge 麦乔治·邦迪, 25
Burke-Hartke bill《伯克－哈特克法》, 203

C

Cable television 有线电视, 240
Cambodia 柬埔寨, 262
Canada 加拿大
 oceans policy of 加拿大海洋政策, 81, 86
 in postwar period 战后加拿大, 39
 relations with 与加拿大关系, 16
Canadian-American relations 加美关系, 46.
 See also Conflicts agenda formation politics in 又见"冲突议程形成政治", 171–173
 agenda mapping in 加拿大信息图示, 159
 alternative regime change explanations and 其他机制变迁解释与加拿大, 184–185
 complex interdependence and 复合相互依赖与加拿大, 143–149
 economic issues in 加美关系的经济问题, 144–149
 intergovernmental bargaining and 政府间谈判与加美关系, 155–162
 issue identification and outcomes in 加美关系中的问题认定及其后果, 155–166
 military force and 军事实力与加美关系, 143–145
 multiple channels of contact and 多种联系渠道与加美关系, 145
 social issues and 社会问题与加美关系, 147–148
 socioeconomic issues and 社会经济问题与加美关系, 154

transgovernmental politics and 跨政府政策与加美关系, 29
Capitalism 资本主义
 globalism and 全球主义与资本主义, 244–245
 internationalized 资本主义国际化, 33
Capital markets 资本市场, 237, 247–248
 pluralization in 资本市场多元化, 242
Caracas, law of the sea meetings in 加拉加斯海洋法会议, 99
China 中国
 Belgrade embassy bombing and 轰炸中国驻贝尔格莱德大使馆, 249
 globalization and 全球化与中国, 251
 monetary connections and 货币联系与中国, 58
 oceans policy and 海洋政策与中国, 81
 postwar economic order and 战后经济秩序与中国, 39
Churchill, Winston, gold standard and 温斯顿·丘吉尔与金本位制, 66
Civil wars 内战, 241
Coalitions 联盟, 28, 30, 127
Cold War 冷战, 4–6, 40, 93, 212, 244–246
Collective leadership 集体领导, 198, 199
Collective security 集体安全, 204
Commercial information 商业信息, 215
Common Market 共同市场, 40
Communication channels, NGOs as 非政府组织作为交流渠道, 218
Communications 传播
 complex interdependence and 复合相互依赖与传播, 240–242
 information revolution and 信息革命与传

播，211–214

reduced costs and 成本降低与传播，239–240

sensitivity interdependence and 敏感性相互依赖与传播，11

transnational 跨国传播，21

Communist Manifesto (Marx and Engels)《共产党宣言》（马克思和恩格斯），224

Communities, virtual and geographical 虚拟和地域社群，222

Complex interdependence 复合相互依赖，269–272. *See also* Monetary policy; Oceans policy; specific issues applicability of 又见货币政策、海洋政策和具体情况中的适用性，24

    Australian-American relations and 澳美关系与复合相互依赖，149–154

    Canadian-American relations and 加美关系与复合相互依赖，143–149

    characteristics of 复合相互依赖的特征，20–24

    as ideal type 复合相互依赖的理想模式，19

    information revolution and 信息革命与复合相互依赖，211

    international organization model and 国际组织模式与复合相互依赖，48

    leadership in 复合相互依赖中的领导权，196–198

    military force and 军事实力与复合相互依赖，22–24

    monetary and oceans issues and 货币和海洋问题与复合相互依赖，97–99

    political processes of 复合相互依赖的政策进程，24–30, 31

    power in 复合相互依赖中的权力，192–193

    realism and 现实主义与复合相互依赖，19–20

    transnational participation and 跨国参与与复合相互依赖，240–242

    trends toward 复合相互依赖的潮流，193–196

    use of term 复合相互依赖术语的使用，265–266

Conference diplomacy, oceans policy and 海洋政策与会议外交，99–100

Conference on the Law of the Sea 海洋法会议. *See* United Nations 参见"联合国"条目

Conflicts 冲突

    in Australian-American relations 澳美冲突，166–170, 174

    beginning of 冲突的开始，163

    in Canadian-American relations 加美冲突，156–157, 163–168, 173–175

    interdependence and 相互依赖与冲突，8

    outcomes of 冲突的后果，163

    religion and values in 宗教与价值观冲突，226

Congress, national security and 国家安全与议会，5–6

Connally, John B. 约翰·康纳利，90, 98, 101, 148, 182

Consultative arrangements, and domestic and foreign policy 协商安排与国内、外交政策，22

Conventional weapons, force and 武力与常规武器，24

Convertibility, of currency 货币兑换, 68, 116
Coolidge, Calvin 卡尔文·柯立芝, 279
Cooperation 合作, 280
 interdependence and 相互依赖与合作, 8, 110
Coordinated intervention regime 协调干预机制, 116
Credibility 信任, 221
 politics of 信任政治, 219–221
Cross-border effects 跨国影响, 254
Cultural globalism 文化全球主义, 228
Cunliffe Committee report 坎利夫委员会报告, 60, 65
Currencies 货币
 confidence in 对货币的信心, 57n
 discount rates and liquidity of 货币的贴现率与流动性, 61
 floating 货币波动, 65, 66–67, 72, 73, 74–75, 121–122, 136–137
 liquidity of 货币流动, 57n, 116
 par values of 货币平价, 68
Cyberspace 网络空间, 212
Czechoslovakia 捷克斯洛伐克, 106

D

Decentralization, information revolution and 信息革命与去中心化, 217
Defense issues, in Canadian-and Australian-American relations 加美、澳美关系中的防务问题, 174
De Gaulle, Charles 夏尔·戴高乐, 23
Deglobalization 去全球化, 257
Democracies, and information revolution 民主与信息革命, 219

Departments, of U.S. government 美国国务院, 22
Dependence 依赖
 cost of 依赖的代价, 11–12
 meaning of 依赖的含义, 7
Detente 缓和, 6
Devaluation 贬值. See also specific currencies
 of dollar and pound sterling 又见"美元""英镑"等具体货币的条目, 72
 gold standard and 金本位制与贬值, 67
Dickey, John S. 约翰·迪基, 171n
Diefenbaker, John 约翰·迪芬贝克, 165, 173n
Dillon Round tariff cuts 狄龙回合的关税削减, 40
Distribution of power 权力分布
 regime changes and 机制变迁与权力分布, 117
 underlying 潜在的权力分布, 49
Dollar 美元, 64, 71, 72
Domestic organization, international organization and 国际组织与国内组织, 201–207
Domestic politics 国内政治
 globalism and 全球主义与国内政治, 248–250
 interdependence and 相互依赖与国内政治, 7
 of interest formation 利益形成的国内政治, 271–272
 international leadership and 国际领导权与国内政治, 133
 power and 权力与国内政治, 36
 structural explanations and 结构解释与国内政治, 44–45

systemic explanation limits and 系统解释的局限与国内政治, 131–135

Drilling rights 钻井权, 75, 83

Dulles, John Foster 约翰·福斯特·杜勒斯, 114

Dyadic conflicts 双边冲突
- Australia-U.S.（1950-69）澳美双边冲突（1950-1969）, 168
- Canada-U.S.（1950s）加美双边冲突（20世纪50年代）, 158–159

E

East Asia 东亚, 250

East Timor 东帝汶, 229

East-West relations, force and 武力与东西关系, 23

Ecological interdependence 生态相互依赖, 7, 203, 204, 205, 207

Economic Consequences of the Peace, The (Keynes)《和平的经济后果》(凯恩斯), 224

Economic globalism 经济全球化, 227, 229, 251
- distance and 距离与经济全球化, 242–243

Economic growth model 经济增长模式, 180

Economic interdependence 经济相互依赖, 5, 11, 203, 207, 231
- and international regime changes 经济相互依赖与国际机制变迁, 32–35
- with Japan 经济相互依赖与日本, 234

Economic issues, separation and depoliticization of 经济议题、分离性与去政治化, 35

Economic policy, oceans policy and 海洋政策与经济政策, 75

Economic processes, regime change and 机制变迁与经济进程, 110–112

Economic process model 经济进程模式
- power of 经济进程模式的权力, 137
- regime change and 机制变迁与经济进程模式, 32–35, 137

Ecuador 厄瓜多尔, 80–82, 102

Efficiency, sacrifice of 效率的代价, 34

Enforcement powers, of hegemonic state 霸权国家的实施权, 38

Engels, Friedrich 弗里德里希·恩格斯, 224

Environment 环境. See also Ecological interdependence emissions and 又见"排放与生态相互依赖", 232
- intergovernmental interests and 政府间利益与环境, 30

Environmental globalism 环境全球主义, 228, 231, 236, 238–239
- Cold War ending and 冷战结束与环境全球主义, 245
- distance and 距离与环境全球主义, 243

Equity, and political effects of inequality 公正与不平等的政治影响, 250–252

Eurodollar market 欧洲美元市场, 71
- monetary issues and 货币问题与欧洲美元市场, 95

Europe 欧洲. See also specific countries 又见具体国家条目
- American policy toward 美国对欧政策, 115
- competitive position of 欧洲的竞争地位, 132
- economic perceptions and 经济份额与欧

洲, 40
  hierarchical patterns and 等级格局与欧洲, 40
  monetary policy after World War Ⅱ 二战后欧洲货币政策, 68
  in postwar period 战后欧洲, 39
  Third World relations with 第三世界与欧洲的关系, 40
  U.S. hegemony and 美国霸权与欧洲, 38
European Community (EC) 欧洲共同体, 17
European Economic Community (EEC) 欧洲经济共同体, 43
European Payments Union (EPU) 欧洲支付同盟, 69, 70, 116
European Recovery Program 欧洲复兴计划, 68
Evatt, Herbert B. 赫伯特·伊瓦特, 150
Exchange 兑换
  benefits of 兑换收益, 231
  controls over 货币兑换的管制, 69
Exchange rates 汇率, 57, 293–294. See also Gold standard; Pegged exchange nates 又见"金本位制""钉住汇率"条目
  under Bretton Woods regime 布雷顿森林体系的汇率, 57n
  economic process model and 经济进程模式与汇率, 112
  flexible 灵活汇率, 72
  floating 浮动汇率, 65, 67
  large-scale changes in 汇率的大幅变动, 121–122
  after Tripartite Monetary Agreement《三国货币协定》后的汇率, 67

F

Federal Reserve Banks, monetary issues and 货币议题与联邦储备银行, 100, 246
Financial crisis, worldwide impact of 金融危机的世界影响, 237–238
Fisherman's Protective Act《渔民保护法案》(1954), 102, 114
Fishing and fishing rights 捕鱼与捕鱼权, 56, 87, 102–103, 132, 133n. See also Oceans policy 又见"海洋政策"条目
  disputes over 捕鱼权纷争, 87
  jurisdiction and 管辖权与捕鱼权, 82
  oceans policy and 海洋政策与捕鱼权, 75
  three-mile limit and 3 海里领海权与捕鱼权, 78
  Truman Declaration and 杜鲁门宣言与捕鱼权, 80
  between World Wars Ⅰ and Ⅱ 第一次和第二次世界大战之间的捕鱼权, 123
Food and Agriculture Organization (FAO) 联合国粮食及农业组织, 287
Food shortages, intergovernmental interests and 政府间利益与粮食匮乏, 30
Foreign affairs, agendas of 外事议程, 21–22
Foreign investment 对外投资, 237
Foreign policy 对外政策, 283–285. See also Monetary policy interdependence and 又见"货币政策相互依赖与对外政策", 7
  traditional 传统对外政策, 192
  unrealistic visions of 非现实主义的对外政策, 286–292
Formal international institutions 正式的国际制度, 46
Fowler, Henry 亨利·福勒, 25

France 法国, 293. *See also* specific issues 又见具体议题条目

   franc in 法国法郎, 65

   gold bloc and 金集团与法国, 67

   gold standard and 金本位制与法国, 62, 63, 66

   monetary policy and 法国货币政策, 119

   and Tripartite Monetary Agreement 法国与《三国货币协定》(1936), 67

Free information 免费信息, 215

Free seas policy 航海自由政策, 113

   erosion of 航海自由政策的侵蚀, 126

   jurisdiction and 司法权与航海自由政策, 83

Free seas regime 航海自由机制, 78–81

Fulbright, William 威廉·富布赖特, 183

G

General Agreement on Tariffs and Trade (GATT) 关贸总协定, 17, 18, 30, 40, 43, 235, 282

General Agreements to Borrow 借款总安排 (1962), 70, 94

General Assembly 联合国大会, 47. *See also* United Nations Geneva Convention on the High Seas 又见《日内瓦公海公约》(1958), 82, 90

   free seas regime and 航海自由机制与联合国大会, 78

   oceans policy and 海洋政策与联合国大会, 84

Genoa Conference 热那亚会议（1922）, 65–66

Germany 德国, 275. *See also* Mark; specific issues(Germany) 又见"马克"和其他具体条目（德国）

   default on reparations 德国拖欠赔偿金, 66

   freedom of the seas and 航海自由与德国, 79

   gold standard and 金本位制与德国, 62, 63, 66

   monetary policy and 货币政策与德国, 100–101

Global capitalism 全球资本主义, 245–246

Global interdependence 全球相互依赖, 3–5

Globalism 全球主义

   biological 生态全球主义, 227

   characteristics of 全球主义的特征, 225–226

   Cold War and 冷战与全球主义, 244–247

   communications costs and institutional velocity 全球主义的传播成本与制度转化, 239–240

   density of networks in 全球主义网络密度, 236–239

   distance and 距离与全球主义, 242–244

   and domestic politics 全球主义与国内政治, 248–250

   economic 经济全球主义, 227

   environmental 环境全球主义, 228

   governance of 全球主义的治理, 254–258

   interdependence and 相互依赖与全球主义, 234–236

   migration and 移民与全球主义, 227

   military 军事全球主义, 227

   multidimensional nature of 全球主义的多维性质, 226–229

   social and cultural 社会文化全球主义, 228

   transnational participation and complex interdependence 跨国参与与复合相互依

赖, 240–242

Globalization 全球化, 225–226

    Americanization and 美国化与全球化, 230–231, 245, 246–247

    and Cold War ending 全球化与冷战结束, 244–247

    compared with globalism 全球化与全球主义的比较, 230

    interdependence and 相互依赖与全球化, 225–236

    maldistribution of benefits of 全球化收益的分配不均, 250

    political implications of 全球化的政治影响, 228–229

    power, networks, and 权力、网络与全球化, 252–254

    of world economy 世界经济的全球化, 214

Global networks, "uploading" and "downloading" of 全球网络的上传与下载, 230–231

Global unilateralism 全球单边主义, 294

Global village 地球村, 3, 211

Goals 目标, 277–278

    of complex interdependence 复合相互依赖的目标, 25

    of realism 现实主义的目标, 23–24

Gold 黄金, 116

    concern with 对黄金的关注, 58

    role as monetary asset 黄金作为货币资产的角色, 57

    role in international monetary system 黄金在国际货币体系中的作用, 72

    during and after World War I 黄金在一战期间和一战后的作用, 64–67

Gold bloc 金集团, 67

Gorbachev, Mikhail 米哈伊尔·戈尔巴乔夫, 245

Governance, of globalism 全球主义的治理, 254–258

Government, as international financial institutions 作为国际金融制度的政府, 68

Governmental bureaucracies, multiple channels of contact between 政府间多元联系渠道, 28–29

Governmental institutions, globalism and 全球主义与政府制度, 249

Great Britain 大不列颠. *See* Britain 参见"英国"条目

Great Lakes pollution 五大湖污染, 161n

Great Transformation, The (Polanyi) 《大转型》（波兰尼）, 252

Greenpeace 绿色和平组织, 221

Grenada 格林纳达, 262

Grotius, Hugo 雨果·格劳秀斯, 78

Group of Seventy-seven 七十七国集团, 127

Group of Ten 十国财团, 70, 94, 129

Guatemala 危地马拉, 262

H

Hague, The 海牙

    free seas regime and 航海自由机制与海牙, 80

    law of the sea and 海洋法与海牙, 76

Hague Conference 海牙会议（1930）, 80, 83, 90, 106

Harding, Warren 沃伦·哈定, 123

Hard power 硬权力, 216, 218

Hegemonic leadership 霸权领导, 196

Hegemonic stability 霸权稳定理论, 272

Hegemony erosion 霸权衰落

 economic collapse and 经济崩溃与霸权衰落, 38

 limitations of overall structure explanation 总体结构解释霸权衰落的局限性, 39–41

 limitations of theory 霸权衰落与霸权稳定论的局限性, 41, 131

 and regime change 霸权衰落与机制变迁, 35–39

 secondary powers and 次等权力与霸权衰落, 38

Hierarchy of issues 问题等级, 194, 195

 absence in interstate relations 国际关系中问题等级的缺失, 20, 21–22, 27–29

 in Canadian-American relations 加美关系的问题等级, 147–148

 changes in 问题等级的演变, 40

 and oceans policy 问题等级与海洋政策, 90–93

 after World War II 二战后的问题等级, 131

Hitler, Adolf 阿道夫·希特勒, 220, 275, 279

Holland, gold bloc and 金集团与荷兰, 67

Hong Kong 香港地区, 238, 248

Hub and spokes dependence model 毂辐依赖模式, 252–253

Human rights 人权, 229

I

IAEA. *See* International Atomic Energy Agency (IAEA) 又见"国际原子能机构"条目

IBRD 国际复兴开发银行. *See* World Bank 又见"世界银行"条目

IEA. *See* International Energy Agency (IEA) 又见"国际能源署"条目

IJC. *See* International Joint Commission (IJC) 又见"国际联合委员会"条目

IMCO. *See* International Maritime Consultative Organization (IMCO) 又见"政府间海事协商组织"条目

India 印度, 248

Indonesia 印度尼西亚, 238

 oceans policy and 海洋政策与印度尼西亚, 87

Industrial Revolution 工业革命, 250–251

Information 信息

 collection and production of 信息的收集和生产, 215–216

 control of 信息管控, 218

 distance and 距离与信息, 243

 politics and 政治与信息, 213

 power among states and 国家间权力与信息, 216

 velocity of 信息的转换, 239–240

 volume of 信息的规模, 217

Information revolution 信息革命, 211

 complex interdependence and 复合相互依赖与信息革命, 211–214

 effect of 信息革命的影响, 221

 power and 权力与信息革命, 216–219, 220

 transmission costs and 传播成本与信息革命, 212

Insecurity, economic interdependence and 经济相互依赖与不安全, 34

Institute of International Law, oceans policy and 海洋政策与国际法学会 94

Institutional setting, politicization patterns and 政治化模式与制度架构, 28
Intelligence collection 情报收集, 217–218
Interagency Task Force on the Law of the Sea 海洋法机构间特别工作组, 90
Inter-American Council of Jurists 美洲国家法学家委员会, 114
Interconnectedness, globalization and 全球化与相互联系性, 232–233
Interdependence 相互依赖. See also Asymmetrical; interdependence; Bargaining; Complex interdependence 又见 "非对称相互依赖" "谈判" "复合相互依赖" 等条目
    as analytic concept 作为一个分析概念的相互依赖, 7–9
    asymmetrical 非对称相互依赖, 14–16
    bargaining and 谈判与相互依赖, 267–269
    coping with 应对相互依赖, 189–207
    defined 明确的相互依赖, 232
    economic 经济相互依赖, 5, 11, 32–35, 203
    global 全球相互依赖, 3–5
    globalism and 全球主义与相互依赖, 225–236
    joint gains or losses and 共同得失与相互依赖, 8–9
    manipulation as instrument of power 作为权力工具管理相互依赖, 14, 15
    meaning of 相互依赖的含义, 225
    networks of 相互依赖网络, 252
    political aspects of 相互依赖的政治影响, 11, 264
    political sensitivity 相互依赖的政治敏感性, 11
    power and 权力与相互依赖, 9–16, 261–266
    relative gains and distributions and 相互依赖的相对收益与分配, 8, 9
    rhetoric of 相互依赖的表述, 5–7
    sensitivity and 敏感性与相互依赖, 10, 11, 15
    symmetry of 相互依赖的对称性, 182–183
    use of term 相互依赖术语的使用, 265
    vulnerability and 相互依赖的脆弱性, 10, 11–12
    in world politics 世界政治中的相互依赖, 3–5
Interest Equalization Tax 利息平衡税, 72
Interest rates, Britain, gold standard, and 英国、金本位制与利息, 61
Intergovernmental organizations 政府间国际组织. See International organization(s) 又见 "国际组织" 条目
Intergovernmental Panel on Climate Change (IPCC) 政府间气候变化专门委员会, 221
Interim Committee, of IMF 国际货币基金组织临时委员会, 129, 130
Interim Committee of Board of Governors on Reform of the International Monetary System, of IMF 国际货币基金组织国际货币体系改革理事会临时委员会, 73–74, 92
Interior Department 内政部, 127
International Atomic Energy Agency (IAEA) 国际原子能机构, 285
International debt 国际债务, 293
International Energy Agency (IEA) 国际能源署, 283
Internationalists, national security and 国家安全与国际主义者, 5

International Joint Commission (IJC) 国际联合委员会, 182

International law, enforcing 国际法实施, 17

International Law Association, oceans policy and 海洋政策与国际法学会, 94

International Law Commission 国际法委员会, 114
    oceans policy and 海洋政策与国际法委员会, 83, 90

International Law Committee, of League of Nations 国际联盟国际法委员会, 83

International Maritime Committee 国际海事委员会, 94

International Maritime Consultative Organization (IMCO) 政府间海事协商组织, 106, 127*

International Monetary Fund (IMF) 国际货币基金组织, 30, 40, 129, 235, 282. See also Special Drawing Rights (SDRs) 又见"特别提款权"条目
    Articles of Agreement of 国际货币基金组织协定, 68, 73
    Bretton Woods and 布雷顿森林与国际货币基金组织, 68–69
    gold standard and 金本位制与国际货币基金组织, 67
    international organization model and 国际组织模式与国际货币基金组织, 46
    monetary issues and 货币议题与国际货币基金组织, 107
    price sensitivity and 价格敏感性与国际货币基金组织, 11

International monetary regimes 国际货币机制, 115–117

Intergovernmental Oceanographic Commission (IOC) 政府间海洋学委员会, 95, 127

International organization(s) 国际组织, 17, 189, 271
    Canadian-American relations and 加美关系与国际组织, 182–183
    diagram of 国际组织图解, 47–48
    domestic organization and 国内组织与国际组织, 201–207
    factors underlying 国际组织隐含的因素, 48
    international monetary area and 国际货币领域与国际组织, 129–130
    oceans policy and 海洋政策与国际组织, 93–94, 126–128
    regime change and 机制变迁与国际组织, 46–49, 125–130
    regime persistence and 机制持久性与国际组织, 126
    role of 国际组织的角色, 29–30
    roles in monetary issues 国际组织在货币领域的作用, 106–107
    roles in oceans issues 国际组织在海洋议题上的作用, 106–107
    systemic explanations and 系统解释与国际组织, 131–132
    use of term 国际组织术语的使用, 46

International regimes 国际机制, 5, 242, 251–252
    change in 国际机制变迁, 16–18, 32–51, 110–117, 125–130, 179–186, 262, 272–275

---

* 1982年改名为国际海事组织（IMO）。——译者

compliance with 遵守国际机制, 289, 293

creation of after World War Ⅱ 二战后国际机制的创立, 282–284

definition of 国际机制的定义, 266

exchange rates and 汇率与国际机制, 293–294

focus of on future 国际机制的未来重点, 290–291

functions of 国际机制的功能, 284–285

institutions of 国际机制的制度, 284

to insure against catastrophe 以国际机制来防范灾难, 289

international debt and 国际债务与国际机制, 292

issue structure in 国际机制的议题结构, 42–46, 117–124

life cycles of 国际机制的生命周期, 290

maintenance of 国际机制的维系, 292–293

monetary issue area in 货币问题领域的国际机制, 63–74, 113–114

necessity of 国际机制的必要性, 287–288

need for 需要国际机制, 284–285

power of 国际机制的权力, 285

power structure and 权力结构与国际机制, 35–41, 112–117, 265–266

processes in 国际机制进程, 18–19, 110–111, 179

right moment for 国际机制的恰当时机, 290–291

role of in learning 国际机制在学习中的作用, 278

rules and 规则与国际机制, 18, 43, 118–120

self-enforcement in 国际机制的自我强制, 287–290

self-interest and 自我利益与国际机制, 274–275

state behavior and 国家行为与国际机制, 274–275

strategic approach to 国际机制的战略方案, 286–292

International Trade Organization 国际贸易组织, 17

International transactions 国际交易, 7

Internet 互联网, 213, 215, 218, 253

Interstate agreements, international regimes and 国际机制与国家间协议, 17–18

Interstate relations 国家间关系, 20

absence of hierarchy among issues in 国家间关系的问题之间没有等级之分, 20, 21–22

cooperative 合作性的国家间关系, 16

Iran 伊朗, 248, 249

Iran-Iraq War 两伊战争, 262, 283

Iraq 伊拉克, 248

Isolationism 孤立主义, 204

Israel 以色列, 262

Issues 问题

absence of hierarchy, a characteristic of complex interdependence 问题之间没有等级之分是复合相互依赖的特征之一, 21–22, 26–27, 90–93, 194

agenda setting and 议程设置与问题, 27–28, 83, 102–104, 171–173

Australian-American relations and 澳美关系的问题, 153–156, 166–170, 181–182

Canadian-American relations and 加美关系的问题, 145–148, 155–166, 171–173, 183–184

depoliticization of economic 经济问题的去政治化, 34–35

nonstructural incentives and density of 非结构性动机与问题密度, 277

structural hierarchy and 问题的结构等级, 42–46, 117–124, 153–156, 183

Issue structure model 问题结构模式, 42–46

limitations of 问题结构模式的局限性, 44–46

regime change and 机制变迁与问题结构模式, 117–124

J

Japan 日本, 245, 249. *See also* Yen 又见"日元"条目

American policy toward 美国对日关系, 115

competitive position of 日本的竞争地位, 132

economic perceptions and 经济份额与日本, 40

fishing by 日本捕捞业, 123

monetary policy and 货币政策与日本, 119

naval power of 日本海军实力, 124

oil price sensitivity and 油价敏感性与日本, 10–11

in postwar period 战后的日本, 39

U.S. hegemony and 美国霸权与日本, 38

U.S. relations with 美国对日关系, 185, 234–235

Johnson, Lyndon B. 林登·约翰逊, 116, 148, 177

K

Kennedy, John F. 约翰·F. 肯尼迪, 5, 116, 203, 285

Khrushchev, Nikita 尼基塔·赫鲁晓夫, 244

Kierans, Eric 埃里克·基兰斯, 173

Kirkpatrick, Jeane 珍妮·柯克帕特里克, 282

Kosovo 科索沃, 229, 238, 248

Kuwait 科威特, 219

L

Landmine Conference 地雷会议 (1997), 220

Laos 老挝, 250

Latin America 拉丁美洲, 80, 113

Law of the sea 海洋法, 76–77

Leadership 领导, 189

and action to stabilize international regime 稳定国际机制的领导与行动, 197

collective 集体领导, 198

in complex interdependence 复合相互依赖中的领导, 196–198

difficulty of 领导的困难, 132

domestic politics and 国内政治与领导权, 133

hegemonic 霸权领导, 198

multiple 多元领导, 199

nonhegemonic 无霸权领导, 197–198

stability of economic systems and 经济体系稳定与领导, 37

systemic explanation limits and 系统解释的局限性与领导, 131–135

unilateral 单边领导, 196–198

unitary 一元领导, 198

League of Nations 国际联盟, 65, 80, 83, 106

Learning, perceptions and 认知与学习, 278–280

Lebanon 黎巴嫩, 262, 293

Legitimacy, of international regime 国际制度的合法性, 117

Less developed countries (LDCs) 欠发达国家, 18, 106, 285

Liberals 自由主义者, 264, 276–277

Libya 利比亚, 262

Life cycles, of international regimes 国际机制的生命周期, 290

Linkage strategies 联系战略, 193, 268

    in Australian-American relations 澳美关系中的联系战略, 150–151, 153–154

    in Canadian-American relations 加美关系中的联系战略, 148, 180, 183

    complex interdependence goals and 复合相互依赖目标与联系战略, 25–26

    dominance and 主导与联系战略, 25–26

    economic zones and 经济区与联系战略, 105–106

    in monetary policies 货币政策中的联系战略, 106

    in oceans policies 海洋政策中的联系战略, 105–106

Local political activity 地方政治活动, 212

London Economic Conference 伦敦经济会议 (1933), 67, 89, 112

Long-Term Capital Management "长期资本管理"基金, 237, 248

M

MacDonald, Ramsey 拉姆齐·麦克唐纳, 67

Macmillan Report 《麦克米伦报告》(1931), 60

Malaya 马来亚, 89

Marine policy 海运政策. *See also* Oceans policy 又见"海洋政策"条目

    labor policy and 劳工政策与海运政策, 77

Market(s) 市场

    information and 信息与市场, 240

    science and 科学与市场, 247

Marshall Plan 马歇尔计划, 5, 68, 69

Marx, Karl 卡尔·马克思, 224

Mayaguez case "马亚圭斯号"事件, 87

Mbeki, Thabo 塔博·姆贝基, 229

Meany, George 乔治·米尼, 203

Mexican-American relations 美墨关系, 185

Mexico 墨西哥, 293

Migration 移民, 227

Military force 军事力量, 19–20, 194–195, 262

    in Australian-American relations 澳美关系中的军事力量, 150

    in Canadian-American relations 加美关系中的军事力量, 144–145

    changes in perceptions of 军事力量分布的变迁, 39

    complex interdependence and 复合相互依赖与军事力量, 20–21, 25, 96–98

    as instrument of state policy 作为国家政策工具的军事力量, 102–103

    international organization and 国际组织与军事力量, 128

    minor role of 军事力量起着次要作用, 22–24

    in monetary policy 货币政策中的军事力量, 85–90, 102–103

    national security and 国家安全与军事力量, 6

in oceans policy 海洋政策中的军事力量，56, 85–90, 102–103

in peacetime oceans issues 和平时期海洋议题上的军事力量, 88

realism and 现实主义与军事力量, 24–25

role of 军事力量的作用, 4–5

utility of 军事力量的运用, 26

vulnerability interdependence and 脆弱性相互依赖与军事力量, 14

Military globalism 军事全球主义, 227, 229, 234, 238–239, 241

Cold War ending and 冷战结束与军事全球主义, 245–246

distance and 距离与军事全球主义, 243

domestic politics and 国内政治与军事全球主义, 248

Military interdependence 军事相互依赖, 3, 231–232

with Japan 与日本的军事相互依赖, 235–237

Military power 军事实力

distribution of 军事实力分布, 125

information revolution and 信息革命与军事实力, 215

international economic order and 国际经济秩序与军事实力, 39

oceans, monetary policies, and 海洋、货币政策与军事实力, 113

political leadership and 政治领导权与军事实力, 116

Military technology, oceans policy and 海洋政策与军事技术, 88

Military threat 军事威胁, 40

Milosevic, Slobodan, propaganda and 宣传与斯洛博丹·米洛舍维奇, 220

Mineral rights 采矿权. See also Oceans policy 又见"海洋政策"条目

deep-water 深海采矿权, 56

oceans policy and 海洋政策与采矿权, 75–76

seabed and 海底与采矿权, 84

Modernists 现代主义者

accuracy of 现代主义者的准确度, 211–212

vs. traditionalists 现代主义者与传统主义者的对比, 3–4

Monetary arrangements 货币安排. See Bretton Woods regime 又见"布雷顿森林机制"条目

Monetary Committee, of EEC 欧洲经济共同体的货币委员会, 94

Monetary issue area 货币问题领域, 56

agenda formation for 货币问题领域议程的形成, 102–104

domestic concerns 对货币问题领域的国内关注, 132

international organizations and 国际组织与货币问题领域, 106–108

international regimes and 国际机制与货币问题领域, 11, 57–58, 63–74

issues linkage and 问题联系与货币问题领域, 91

issue structure model and 问题结构模式与货币问题领域, 119–122

multiple channels 货币问题领域的多渠道, 93–95

political hierarchy 货币问题领域的政治等级, 62

politicization of 货币问题领域的政治化,

100–101, 134

regime change and 机制变迁与货币问题领域, 110–112

role of force in 武力在货币问题领域中的作用, 88–90, 102

sensitivity dependence in 敏感性依赖与货币问题领域, 10

structure-regime incongruities in 货币问题领域结构与机制的不一致, 125

transgovernmental relations and 跨政府关系与货币问题领域, 99–101, 107

Monetary power resources 货币权力资源, 121

Monetary regimes 货币机制（1920-76）, 63–74

Montevideo Declaration 蒙得维的亚宣言（1970）, 82

"Moore's Law" "摩尔定律", 310n

Moreau (Governor) 莫罗（法兰西银行行长）, 89

Morgan, J.P., and Company J.P. 摩根公司, 95

Morgenthau, Henry 亨利·摩根索, 68

Moynihan, Daniel 丹尼尔·莫伊尼汉, 283

Multilateral collaboration 多边合作, 255–256

Multilateralism 多边主义, 282–294

Multinational firms 多国公司, 15

Canadian-American relations and 加美关系与多国公司, 172

communication and 通信与多国公司, 211

globalism and 全球主义与多国公司, 239

monetary issues and 货币问题与多国公司, 95–96, 121

multiple channels and 多种渠道与多国公司, 21

Multiple channels of contact 多种联系渠道, 20, 21, 194, 214, 242–243

among advanced industrial countries 发达工业化国家之间的多种联系渠道, 21

in Australian-American relations 澳美关系中的多种联系渠道, 150–151

in Canadian-American relations 加美关系中的多种联系渠道, 145

in monetary issues 货币领域的多种联系渠道, 95–96

in oceans issues 海洋领域的多种联系渠道, 93–94

transnational and transgovernmental relations and 跨国跨政府关系与多种联系渠道, 28–29

Multiple leadership 多元领导, 198, 200

Multitrack regime 多轨机制, 35

Munich 慕尼黑, 279

Myanmar 缅甸, 250

"Myth of National Interdependence, The" (Waltz) "国家相互依赖的神话"（沃尔兹）, 263

N

National interest 国家利益

defining 定义国家利益, 203

transgovernmental policy networks and 跨政府政策网络与国家利益, 29

Nationalism, of Canadian bargaining 加拿大谈判中的民族主义, 148, 164

National Power and the Structure of Foreign Trade (Hirschman) 《国家实力与外贸结构》（赫希曼）, 263

National security 国家安全

agenda setting and 议程设置与国家安全, 27–28

in Cold War 冷战时期的国家安全, 5–6

symbolism of 国家安全的象征意义, 6–7

National Security Council 国家安全委员会, 5

Nation-state, global governance by 民族国家的全球治理, 255

Neoclassical economic analysis 新古典经济分析, 32

Neorealist analysis 新现实主义分析, 266

Nepal 尼泊尔, 250

Netherlands, ocean policy and 海洋政策与荷兰, 81

Network effects 网络效应, 236–239

Networks, power and 权力与网络, 252–254

New International Economic Order 国际经济新秩序, 18, 30

New Zealand 新西兰, 150

Nicaragua 尼加拉瓜, 262

Nixon, Richard M. 理查德·尼克松, 6, 90, 98, 130, 132, 244

Nondiscriminatory trade 非歧视贸易, 117

Nongovernmental organizations (NGOs) 非政府组织

information and 信息与非政府组织, 214, 216, 240

Nonhegemonic leadership 无霸权领导, 197–198

Non-Proliferation Treaty (NPT) 《不扩散核武器条约》, 228, 285

Nonregime situation 无机制的情况, 17

Norman, Montagu 蒙塔古·诺曼, 100

Norms, of international organizations 国际组织的规范, 30

North Korea 朝鲜, 87

North-South relations, force and 武力与南北关系, 23

Nuclear policy, oceans policy and 核政策与海洋政策, 85–86

Nuclear weapons 核武器, 24, 129

O

Oceans issue area 海洋问题领域, 75–85

agenda formation for 海洋问题领域议程的形成, 103–104

changes in regimes and 机制变迁与海洋问题领域, 18

classical free seas regime and 传统的航海自由机制与海洋问题领域, 78–79

domestic concerns and 国内关注与海洋问题领域, 132

complex interdependence and 复合相互依赖与海洋问题领域, 21, 96

international organizations and 国际组织与海洋问题领域, 94–95, 106–107

issue hierarchy ambiguity in 海洋问题领域问题等级的模糊性, 42, 84, 90–93, 126–129

linkage of issues in 海洋问题领域问题的关联性, 104–106

multiple channels and 海洋问题领域的多元联系渠道, 93–95

naval power and bargaining regarding 海军实力与海洋问题领域的谈判, 77

peacetime regime and 和平时期的机制与海洋问题领域, 77

regimes and 机制与海洋问题领域, 79–83,

113–115
role of force and 武力的作用与海洋问题领域, 85–91, 102–103
territorial limits question in 海洋问题领域的领土界限问题, 77
transgovernmental relations and 跨政府关系与海洋问题领域, 99–100
OECD. See Organization for Economic Cooperation and Development (OECD) OECD 又见"经合组织"条目
OEEC. See Organization for European Economic Cooperation (OEEC) 又见"欧洲经济合作组织"条目
Offshore drilling 浅海钻探, 75, 83
Oil 石油. See also Petroleum politics Canada and 又见"加拿大与石油政治", 183, 184
oceans policy and 海洋政策与石油, 76, 102–103
offshore drilling and 浅海石油钻探, 75
Oil Forum《石油论坛》, 114
OPEC. See Organization of Petroleum Exporting Countries (OPEC) 又见"石油输出国组织"条目
Organizationally dependent capabilities 依赖组织的能力, 47
Organization for Economic Cooperation and Development (OECD) 经济合作与发展组织（经合组织）, 17, 40, 46, 70, 129
oceans policy and 海洋政策与经合组织, 94
Organization for European Economic Co-operation (OEEC) 欧洲经济合作组织, 69, 70, 94
Organization of American States, oceans policy and 海洋政策与美洲国家组织, 102

Organization of Petroleum Exporting Countries (OPEC) 石油输出国组织, 23, 37, 72
Overall structure model 总体结构模式
adequacy of 总体结构模式的不足, 115–117
Australian-American relations and 澳美关系与总体结构模式, 181
Canadian-American relations and 加美关系与总体结构模式, 180
distribution of capabilities and 能力分布与总体结构模式, 46
failure of 总体结构模式的失败, 125–126
hegemony erosion and 霸权衰落与总体结构模式, 39–41
international monetary area and 国际货币领域与总体结构模式, 115
international organization model and 国际组织模式与总体结构模式, 47
limitations of issue structuralism 问题结构主义的局限, 44–46
overall structure and regime change 总体结构与机制变迁, 112–117
power of 总体结构模式的实力, 137
regime change and 机制变迁与总体结构模式, 42–46, 137*/
of system 体系的总体结构模式, 18

P

Paradox of plenty, politics of credibility and 充足的悖论与信任政治, 219–223
Pardo, Arvid 阿尔维德·帕尔多, 76, 79, 81
Pax Britannica 英国治下的和平, 55
Peacekeeping, by UN 联合国维和行动, 293

Peacetime, oceans space and resources regulation during 海洋空间与和平时期的资源管理, 77, 86

Pearl Harbor 珍珠港, 235

Pearson (Prime Minister) 皮尔逊（加拿大总理）, 148

Perceptions, learning and 学习与认知, 278–280

Perfect competition 完全自由竞争, 33

Peru, fishing rights and 捕鱼权与秘鲁, 102

Peterson, Peter 彼得·彼得森, 132

Petroleum politics. See also Oil 石油政治, 又见"石油"条目

 and world political power 石油政治与全球政治权力, 36–37

Pluralistic approaches, critics of 对多元主义解释的批评, 33

Pluralization 多元化, 242

Political integration 政治一体化

 and Canadian-American relations 政治一体化与加美关系, 179

 international regimes and 国际机制与政治一体化, 18

Political issues 政治问题. See also Monetary policy; Oceans policy 又见"货币政策""海洋政策"条目

 British gold standard and 英国金本位与政治问题, 61–62

 economic model of regime change and 机制变迁的经济模式与政治问题, 34

 equity and inequality 公正与不平等的政治问题, 250–252

 force and 武力与政治问题, 102–103

 globalism and 全球主义与政治问题, 231

Political processes 政治进程, 24–30, 31

 agenda setting and 议程设置与政治进程, 27–28

 international organizations and 国际组织与政治进程, 29–30

 linkage strategies and 联系战略与政治进程, 25–26

 in money and oceans 货币与海洋的政治进程, 97–107

 realism, complex interdependence, and 现实主义、复合相互依赖与政治进程, 31

 systemic 系统政治进程, 275–278

 transnational and transgovernmental relations and 跨国、跨政府关系与政治进程, 28–29

Political sensitivity interdependence 政治敏感性相互依赖, 11

Political stability, economic globalization and 经济全球化与政治稳定, 252

Political structures, of issues 议题的政治结构, 42–46

Politicization 政治化, 134

 bargaining and 谈判与政治化, 176

 Canadian relations and 加拿大关系与政治化, 148–149

 linkage and 联系与政治化, 193

 sources of 政治化的来源, 27–28

Politics 政治

 of agenda setting 议程设置的政治, 27–28

 and Americanization of globalism 政治与全球主义的美国化, 246–247

 conjunctural 关联政治, 246–247

 of oceans and money 海洋与货币的政治, 55–56, 85

in oceans policy 海洋政策中的政治, 83–84

Politics of credibility, paradox of plenty and 充足的悖论与信任政治, 219–223

Pollution 污染, 239
 Canadian-American relations and 加美关系与污染, 161n

Postwar economic order, divisions of 战后经济秩序的分歧, 39

Postwar period 战后时期
 Australian-American relations in 战后时期的澳美关系, 181
 Canadian-American relations in 战后时期的加美关系, 179–180
 economic features of 战后时期的经济特征, 33

Pound sterling 英镑
 devaluation of 英镑的贬值, 70–71, 72
 gold standard and 金本位制与英镑, 64
 in 1920s 20世纪20年代的英镑, 65
 sterling-franc rate and 英镑－法郎汇率与英镑, 57

Poverty, movement out of 脱贫运动, 250

Power 权力
 asymmetrical interdependencies and 非对称相互依赖与权力, 14–15
 in bilateral relations 双边关系中的权力, 36
 in complex interdependence 复合相互依赖中的权力, 192–193
 concept of 权力的概念, 9–10
 defined 权力的定义, 10
 distribution of 权力分布, 14, 26, 27
 domestic politics and 国内政治与权力, 36
 economic 经济权力, 10
 explanations of 权力的解释, 49–50
 information and 信息与权力, 214–215, 216
 interdependence and 相互依赖与权力, 9–17, 224–225, 273–278
 networks and 网络与权力, 262
 political processes and 政治进程与权力, 24
 regime changes and 机制变迁与权力, 117
 structural explanations and 结构解释与权力, 44–45
 structural model failure and 结构模式的失败与权力, 125–126
 underlying distribution of 潜在的权力分布, 48–49
 in world politics 世界政治中的权力, 36–37

Power and Interdependence (Keohane and Nye)《权力与相互依赖》(基欧汉和奈)
 limitations of structural theory and 结构理论的局限性与《权力与相互依赖》, 275–278
 perceptions, learning, and 认知、学习与《权力与相互依赖》, 290–292
 research program of《权力与相互依赖》的研究议程, 266–275
 themes of《权力与相互依赖》的主题, 261–266

Power structure 权力结构
 before Bretton Woods breakdown 布雷顿森林体系崩溃前的权力结构, 120
 regime change and 机制变迁与权力结构, 35–41
 spread of changes in 权力结构的变迁幅度, 37
 underlying 潜在的权力结构, 43

索 引　435

Process, structure and 结构与进程, 18
Propaganda 宣传, 220
Protectionism 保护主义, 132, 293
 economic interdependence and 经济相互依赖与保护主义, 34
Public opinion, broadcasting and 广播与公共舆论, 218
Pueblo (ship) 普韦布洛号（轮船）, 87

R

Rambouillet summit meetings 朗布依埃首脑会议, 129, 199
Raw materials, economic power and 经济权力与原料, 10
Reagan, Ronald 罗纳德·里根, 283
Realism 现实主义, 4, 261, 263. *See also* Traditionalists; specific issues 又见"传统主义"和具体议题的条目
 applicability of 现实主义的适用, 24
 and complex interdependence 现实主义与复合相互依赖, 19–20
 military security as goal in 现实主义的军事安全目标, 25
 political 政治现实主义, 4
 political processes under 现实主义的政治进程, 31
 role of international organizations 现实主义在国际组织中的作用, 29
Regime change 机制变迁, 16–18, 268, 272–275
 agreement on 机制变迁的协定, 130
 Australian-American relations and 澳美关系与机制变迁, 184
 Canadian-American relations and 加美关系与机制变迁, 179–186
 combining explanations of 机制变迁的综合解释, 49–50
 economic process model of 机制变迁的经济进程模式, 32–35, 110–112, 136, 137
 four models of 机制变迁的四种模式, 50
 hegemony erosion and 霸权衰落与机制变迁, 35–39
 international organization and 国际组织与机制变迁, 125–130
 international organization model of 机制变迁的国际组织模式, 46–49
 issue structure model of 问题结构模式与机制变迁, 42–46, 117–124
 limitations of eroding hegemony argument 霸权衰落论的局限性与机制变迁, 41
 oceans policy and 海洋政策与机制变迁, 90, 91
 overall structure model of 机制变迁的总体结构模式, 39–41, 112–117, 136, 137
 power structure explanation of 机制变迁的权力结构解释, 35–41
 technology, economic change, and 技术、经济与机制变迁, 33
Regime process model, power relations in 权力关系中的机制进程模式, 126
Regional-integration theory 地区一体化理论, 263, 264
Regionalism, globalization and 全球化与地区主义, 255
Report on Foreign Policy for the 1970's《20世纪70年代外交政策报告》, 76
Research program 研究纲领, 266–275, 280

Resources 资源. *See also* Mineral rights; Oceans policy; specific resources power over 又见"采矿权""海洋政策"和具体资源的条目, 10

Ricardo, David 大卫·李嘉图, 231

Roosevelt, Theodore 西奥多·罗斯福, 234

Ruhr, occupation of 占领鲁尔区, 66

Rule-making 规则制定

   international regime and 国际机制与规则制定, 117

   in oceans and money 海洋和货币规则的制定, 110–139

   political activity in issue area and 问题领域的政治活动与规则制定, 43–44

   politics in oceans issue area 海洋问题领域的政治与规则制定, 106

   powers of hegemonic state 霸权国家的权力与规则制定, 38

   strong and 强大与规则制定, 37, 117

Russia 俄罗斯, 237. *See also* Soviet Union 又见"苏联"条目

Rwanda 卢旺达, 220

S

Schacht, Hjalmar 亚尔马·沙赫特, 100

Science, market linkages with 市场与科学的联系, 247

Scientific Committee on Oceans Research (SCOR) 海洋研究科学委员会, 94

Seabed, resources and arms control issues 海底资源与武器控制问题, 83–84

Seabed Committee 海底委员会, 105, 127, 128

Secondary states, hegemonic erosion and 霸权衰落与二流国家, 38

Security 安全, 204

   Australian-American relations and 澳美关系与安全, 150–151, 152, 180–181

   Canadian-American relations and 加美关系与安全, 145, 182–183

   monetary policy and 货币政策与安全, 89

   U.S. leadership in 美国在安全问题上的领导权, 40

Self-sufficiency 自给自足, 204

Sensitivity 敏感性

   globalism and 全球主义与敏感性, 232–233

   power, interdependence, and 权力、相互依赖与敏感性, 10–12

   in trade 贸易的敏感性, 13–14

   vulnerability and 脆弱性与敏感性, 10, 11–14

Sensitivity dependence, and regime change 敏感性依赖与机制变迁, 126

Sensitivity interdependence 敏感性相互依赖, 15

Serbia 塞尔维亚, 248

Shelf jurisdiction, oceans policy and 海洋政策与大陆架管辖权, 81

Shipping 航运, 79

   oceans policy and 海洋政策与航运, 75

Shultz, George 乔治·舒尔茨, 101

Silicon Valley 硅谷, 247

Simon, William 威廉·西蒙, 73

Singapore 新加坡, 222

Six-mile limits 6 海里领海宽度, 80

Smithsonian Agreement 《史密森协议》, 72, 129

Smuggling 走私

   freedom of the seas and 航行自由与走私,

79, 80

 oceans policy and 海洋政策与走私, 94, 113

 U.S. and 美国与走私, 123

Social globalism 社会全球主义, 228

 domestic politics and 国内政治与社会全球主义, 248

Social sensitivity interdependence 社会敏感性相互依赖, 11

Socioeconomic issues 社会经济问题

 in Australian-American relations 澳美关系中的社会经济问题, 151

 in Canadian-American relations 加美关系中的社会经济问题, 145–148

Sociopolitical vulnerabilities 社会政治脆弱性, 13, 14

Soft power 软权力, 216–217, 219–220, 221–222

Somalia 索马里, 238, 248

South Korea 韩国, 250, 279

Soviet Union 苏联. *See also* Cold War fear of 又见"苏联的冷战恐惧", 115, 116

 force and oceans policy 苏联武力与海洋政策, 86, 87

 freedom of the seas and 航行自由与苏联, 79

 IMF and 国际货币基金组织与苏联, 68

 monetary connections and 货币联系与苏联, 58

 naval power of 苏联海军力量, 123

 oceans policy and 海洋政策与苏联, 85–86

 postwar economic order and 战后经济秩序与苏联, 39

 power structure, oceans regime, and 权力结构、海洋机制与苏联, 113–114

 sensitivity in trade and 贸易敏感性与苏联, 13–14

 South Pacific and 南太平洋与苏联, 148–149

 strategic interdependence and 战略相互依赖与苏联, 8

 threat from 来自苏联的威胁, 40

 United States and 美国与苏联, 35

Sparta, Athens and 斯巴达、雅典与苏联, 35

Special Drawing Rights (SDRs) 特别提款权, 57n, 70, 73

Stalin, Joseph, propaganda and 宣传与约瑟夫·斯大林, 220

Standard of living, governments and demands for better 生活水平、政府与更好生活的要求, 33

Sterling 英镑. *See* Britain; Gold standard; Pound sterling 又见"英国""金本位制""英镑"等条目

Sterling-franc rate 英镑－法郎汇率, 57

Stockholm Environment conference 斯德哥尔摩环境会议, 30

Stock market crash, monetary policy and 货币政策与股票市场崩盘, 95

Strategic information 战略信息, 213–214

Strategic interdependence 战略相互依赖, 8

Strength, rules and 规则与实力, 37, 117

Structural change, war and 战争与结构变迁, 36

Structural theory, limitations of 结构理论的局限性, 275–278

Subject perceptions, policies and 政策与主观认知, 56n

Sudan 苏丹, 238

Suez invasion 入侵苏伊士运河, 41
Summit conferences 峰会, 199
Surplus, Soviet sensitivity to 苏联对盈余的敏感性, 13
Surveillance 监控, 199
Survival, interdependence rhetoric and 相互依赖的辞令与生存, 7
Switzerland, gold bloc and 金集团与瑞士, 67
Symbolism, of national security 国家安全的象征意义, 6–7
Systemic explanations 系统解释, 131–135, 191
Systemic political processes 系统性政治进程, 275–278

T

Taiwan 台湾地区, 238
Tariff, Dillon Round cuts in 狄龙回合的关税削减, 40
Technical characteristics, politicization patterns and 政治化模式与技术特征, 28
Technological changes, in monetary and oceans policies areas 货币和海洋领域的技术变迁, 110
Technology 技术, 4
    economic change and 经济变迁与技术, 33
    military 军事技术, 88
    oceans policy and 海洋政策与技术, 75–76, 82–83
    role of change and 变迁与技术的作用, 211
Telecommunications 电信, 3, 211
Test Ban Treaty《部分核禁试条约》(1963), 40
Thailand 泰国, 238

Thatcher, Margaret 玛格丽特·撒切尔, 244
Theories, role of 理论的作用, 4
Third World 第三世界, 23, 30, 39–40, 105–107
Tous azimuts strategy 全方位防御战略, 23
Trade 贸易
    comparative advantage and 相对优势与贸易, 8–9
    sensitivity in 贸易敏感性, 13–14
Trade barriers, monetary cooperation and 货币合作与贸易壁垒, 67
Trade Expansion Act《贸易扩展法》(1962), 5–6, 203
Trade wars 贸易战, 120
    with Australia 与澳大利亚的贸易战, 149
Traditionalists 传统主义者. *See also* Realism 又见"现实主义"; specific issues complex interdependence characteristics and 特定问题的复合相互依赖特征与传统主义者, 21
    vs. modernists 传统主义者与现代主义者的对比, 3–4
Transaction costs, of information 信息的交易成本, 221
Transactions 交易
    economic 经济交易, 71
    interdependence and 相互依赖与交易, 8
Transgovernmental networks 跨政府网络, 128
    monetary issues 货币领域的跨政府网络, 107
    policy networks 跨政府的政策网络, 28–29
Transgovernmental relations 跨政府关系, 21, 28–29, 46–47, 97–98, 175, 182–183, 266

索 引 439

monetary issue area in 货币领域的跨政府关系, 98–99, 105, 129

oceans issue area in 海洋领域的跨政府关系, 98, 123

policy coordination in 跨政府网络的政策协调, 198–199, 206

Transnational communications 跨国传播, 21

Transnational networks 跨国网络, 128, 221

Transnational organizations 跨国组织, 121

and Canadian-American and Australian-American issues 跨国组织与加美、澳美议题, 173, 174, 178–179

in Canadian-American relations 加美关系中的跨国组织, 178

Transnational participation, complex interdependence and 复合相互依赖与跨国参与, 240–242

Transnational politics, structural explanations and 结构解释与跨国政治, 44–46

Transnational relations 跨国关系, 21, 28–29, 34, 94–95, 175, 178, 180, 262–263, 266

importance of 跨国关系的重要性, 266

Transnational Relations and World Politics (Keohane and Nye) 《跨国关系与世界政治》（基欧汉和奈）, 262

Treasury Department, U.S. international financial policy and 美国国际金融政策与美国财政部, 58

Trends 趋势, 138, 193–196

toward inequality 不平等的趋势, 250

Trilateral Commission 三边委员会, 21

Tripartite Monetary Agreement 《三国货币协定》(1936), 67, 112

Tripolar naval structure 海军的三极结构, 123

Truman, Harry S. 哈里·杜鲁门, 279

IMF and 国际货币基金组织与杜鲁门, 69

national security and 国家安全与杜鲁门, 5

Truman Declaration 杜鲁门宣言（1945）, 104, 113, 132, 135

oceans policy and 海洋政策与杜鲁门宣言, 80, 81

Truman Doctrine 杜鲁门主义（1947）, 40

U

UNCTAD. *See* United Nations Conference on Trade and Development (UNCTAD) 参见"联合国贸发会议"条目

Unilateral initiative 单边倡议, 196–198

Unipolar prewar naval structure 战前海军的单极结构, 123

Unitary leadership 一元领导, 198

United Nations 联合国, 46, 282, 294

Conference on Trade and Development 联合国贸发会议（1964）, 18, 47, 282

erosion of free seas regime and 航海自由机制的衰落与联合国, 126

General Assembly of 联合国大会, 47

International Atomic Energy Agency (IAEA) 联合国国际原子能机构, 285

monetary issues and 货币问题与联合国, 107

on ocean rights 联合国与海洋权, 81, 84

peacekeeping by 联合国维和行动, 293

proposals for New International Economic Order 联合国关于国际经济新秩序的倡议, 30

Seabed Committee 联合国海底委员会, 105, 127, 128

United Nations Conference on Trade and Development (UNCTAD) 联合国贸发会议, 127

United Nations Educational, Scientific, and Cultural Organization (UNESCO) 联合国教科文组织, 229, 282

United States 美国
 Canada and 加拿大与美国, 143-147
 dollar and 美元与美国, 71
 economic strength of 美国经济实力, 38
 effective foreign policy for 美国有效的外交政策, 286-292
 European finances and 欧洲金融与美国, 69
 force and oceans policy 美国武力与海洋政策, 86, 87
 globalization and 全球化与美国, 252
 gold standard and 金本位制与美国, 66-67
 international economic position of 美国的国际经济地位, 120
 monetary leadership after World War II 二战后美国的货币领导地位, 131
 monetary rule-breaking by 美国打破货币规则, 119-120
 oceans policy of 美国的海洋政策, 80, 83
 oil price sensitivity and 油价敏感性与美国, 10-11
 postwar economic order and 战后经济秩序与美国, 39
 power structure, oceans regime, and 战后结构、海洋机制与美国, 113, 114-115
 as preponderant naval power 美国海军力量占据主导地位, 123
 prominence in international economy 美国在世界经济的主导地位, 63
 regime maintenance and 机制维系与美国, 292-294
 relative economic strength of 美国的相对经济实力, 39
 sensitivity in trade and 贸易敏感性与美国, 13-14
 sensitivity under Bretton Woods and 布雷顿森林体系的敏感性与美国, 11
 short-run economic sacrifices in 美国的短期经济损失, 40
 Soviet Union and 苏联与美国, 35
 transgovernmental contacts of 美国的跨国联系, 206-207
 and Tripartite Monetary Agreement 美国与《三国货币协定》, 67

United States government, departments of 美国政府部门, 22

Uruguay round 乌拉圭回合, 242

V

Velocity, globalism and 全球主义与转化率, 239-240

Vietnam 越南, 262

Virtual communities 虚拟社群, 220

Vulnerability interdependence 脆弱性相互依赖, 13-14, 103
 asymmetry and 不对称性与脆弱性相互依赖, 174
 globalism and 全球主义与脆弱性相互依赖, 232
 power and 权力与脆弱性相互依赖, 10
 sensitivity and 敏感性与脆弱性相互依赖, 12-14

W

Washington Naval Agreements《华盛顿海军条约》(1921), 234

Washington Naval Conference 华盛顿海军会议 (1922), 123

Weak states, international organizations and 国际组织与弱国, 30

Wealth, inequalities of 财富的不平等, 250–252

Wealth of Nations (Smith)《国富论》(斯密), 224, 239

Weapons, force and 武力与武器, 24

Welfare, economic 经济福利, 33–34

Welfare-oriented responses, to economic and technological change 对经济技术变迁的以福利为导向的反应, 110

Welfare state 福利国家, 252

West, opposition to military conflicts in 西方对军事冲突的反对, 24

Wilhelm (Germany) 威廉二世（德国）, 279

Wilson, Woodrow 伍德罗·威尔逊, 278

World Bank 世界银行, 40, 68, 238, 282

World economy 世界经济, 212

World political structure, international organization model and 国际组织模式与世界政治结构, 46–49

World politics 世界政治, 36–37, 138, 194–196

World trade, growth of 世界贸易增长, 33

World Trade Organization (WTO) 世界贸易组织, 228, 256

World War I 第一次世界大战, 55, 63, 122–123

World War II 第二次世界大战, 68, 81, 90, 150

World Wide Web 互联网, 217

Y

Yen, overvaluation of 日元估价过高, 71

Yugoslavia (former)（前）南斯拉夫, 248

Z

Zacher, Mark 马克·察赫尔, 316n

Zumwalt (admiral) 朱姆沃尔特（海军上将）, 305n